TEUFELBÜCHER IV

AUSGABEN DEUTSCHER LITERATUR
DES XV. BIS XVIII. JAHRHUNDERTS

unter Mitwirkung von Käthe Kahlenberg
herausgegeben von Hans-Gert Roloff

TEUFELBÜCHER
IN AUSWAHL

WALTER DE GRUYTER · BERLIN · NEW YORK
1978

TEUFELBÜCHER
IN AUSWAHL

herausgegeben von
RIA STAMBAUGH

VIERTER BAND

ANDREAS MUSCULUS:
HOSENTEUFEL · FLUCHTEUFEL
EHETEUFEL · HIMMEL UND HELLE
TEUFELS TYRANNEY

WALTER DE GRUYTER · BERLIN · NEW YORK
1978

CIP-Kurztitelaufnahme der Deutschen Bibliothek

Teufelbücher in Auswahl / hrsg. von Ria Stambaugh. — Berlin, New York : de Gruyter.
NE: Stambaugh, Ria [Hrsg.]
Bd. 4. Hosenteufel. Fluchteufel. Eheteufel [u. a.] / Andreas Musculus. 1. Aufl. — 1977.
  (Ausgaben deutscher Literatur des XV. [fünfzehnten] bis XVIII. [achtzehnten] Jahrhunderts)
  ISBN 3-11-007331-5
NE: Musculus, Andreas [Bearb.]

©

Copyright 1978 by Walter de Gruyter & Co., vormals G. J. Göschen'sche Verlagshandlung, J. Guttentag, Verlagsbuchhandlung — Georg Reimer — Karl J. Trübner — Veit & Comp. Printed in Germany — Alle Rechte des Nachdrucks, einschließlich des Rechtes der Herstellung von Photokopien — auch auszugsweise — vorbehalten.
Satz und Druck: Walter de Gruyter & Co., Berlin 30
Bindearbeiten: Lüderitz & Bauer, Berlin 61

EFFIGIES ANDREÆ MVSCVLI
Doctoris in Ecclesia & Academia Francofordiana, ab anno Regnantis Gratiæ 1541. vsq; ad annum 73. Ætatis suæ LIX.

Vom Hosen Teuffel.

ANNO M·D·LV·

Vom Hosen Teuffel.

Anno M. D. LV.

⟨*Aij*ʳ⟩　　**Reime vom Zötlichen**
　　　　　Hosen Teuffel.

WEh denen / wie Isaia sagt /
　　Welchn das böse vor gut behagt /
Und das gut als böse achten /
　　Nach finsterm mehr dann liecht trachten.
Wie jtzt thut die jugent gemein /
　　Die da helt wider recht noch rein.
Was Gott gebeut im höchsten tron /
　　Dem gehorchen Stern / Sonn unnd Mon.
All Creaturn das ihre thun /
　　Mit lust / lieb / zier / und grossem rhum /
Daran nicht gedenckt menschen kindt /
　　Wird im hellen liecht schentlich blindt.
Nicht mehr sich der erbarkeit fleist /
　　Ihr eusserlicher wandel aus weist.
Wie man sicht an der hosen tracht.
　　Die der Teuffel hat her gebracht.
Hosen Teuffel wirdt er genandt /
　　Deutscher jugent nun wolbekandt.
Wie fewr flammen die schnit flincken /
　　Als wolt sie zur Hellen sincken.
Mit Karteck / Samet / und Seiden /
　　Thut sie ire schambd bekleiden.
Eitel jung Teuffel auskucken /
　　Wie kefer / bremsen unnd mucken. ⟨*Aij*ᵛ⟩
Viel nasen daran seindt gezirt /
　　Mit mancherley farben polirt.
Der latz muß auch so geputzt sein /
　　Als wer süsse honig sehm drein.

So doch die vorderbte natur /
   Bedeckt will han diese figur.
Die alten hiltens vor groß schand /
   Auff erden wol im gantzen land.
Wenn entblöst wardt des leibes ordt /
   Das man weiset kwer uber bordt.
Ziegn beltz war der ersten eltern kleid /
   Welchs inen Gott hat selbs bereid.
Darnach von wollen wardt gemacht /
   Die kleidung / damals gros geacht.
Balt hernach es zur leinwand kam /
   Fränckscher kittel uberhandt nam.
Zuhandt folget der wörmer kot /
   Bracht seidenwerck und alln unflat.
Letzlich mit sylber / edlem gstein /
   Mit rodtem Goldt / perln gros und klein.
Der kleider pracht wardt hoch geschmuckt /
   Da wurdn alle Stende verruckt.
Der frum Augustin zeigt fein an /
   Wie Gott nichts wil gehalten han.
Am uberflus solcher kleider /
   Wolt Gott man bedechts doch leider.
Sondern an guten sitten frey
   Mit demůt jder gekleidt sey.
Hieronimus der lerer gut /
   Mit klaren worten schreiben thut / ⟨*Aiij^r*⟩
Die ire ubrig / hab wenden.
   An unnützn dingen vorschwenden.
Stelen was eim armen gehört /
   So verfůrn sie sich hie und dort.
Gregorius auch recht vormelt /
   Dis unartign leuten dar stelt /
Die newe weise zu sůnden /
   Hier inn dieser welt erfinden /
Inn der helln werden grosser qwal /

Leiden und außstehn uberal.
Zephaniae am ersten stedt /
  Wie dann Gott diese wort selbs redt.
Ich wil heimsuchn die Fürsten groß /
  Des Künigs kinder all genoß /
Die da ein frembden schmuck tragen /
  Das inen nicht sol behagen.
Der stinckendt hosen Teuffel new
  Wirdt in bereiten einen brew /
Dran sie zu schlingen werden han /
  Wis erfaren wirdt jederman.
Solch schnöd kleid vorletzt wie ein dorn /
  Die keuscheit reit mit einem sporn.
Der Moabiter weiber kleid
  Bracht Israel in gros hertz leid.
Zu huren man daselbs begund /
  Vergassn all erbarkeit zur stund.
Dyna des Jacobs tochter fein /
  Kompt balt mit Sichem uber ein.
Vorleust irn junckfrawlichen krantz /
  Es gerewt vielen dieser tantz. ⟨Aiij^v⟩
David schendlich bewogen wardt /
  Von den beinen Bersabe zart.
Inn ehebruch er fiel zuhandt.
  Wardt groß jamer im gantzen landt.
Dieser schmuck ist wie ein todts grab /
  Das von außwendig viel schöns hab.
Inwendig ists aschn / grewlich gbein /
  Gleichen sich / kommen uber ein.
Wie gros sünde es sey vor Gott /
  In solchn Lardumpschen hosen spott.
Sich kleiden / und den anhangen /
  Mutig sein und darmit brangen.
Wirdt dis büchlein fein zeigen an /
  Zur warnung gestelt jederman.

Ach das man gedecht an Gottes wordt /
So ergings wol an allem ordt.

D. Gregorius wagner
von Resel.

⟨A 4ʳ⟩

Von zuluderten Zucht
und ehrerwegnen / Pluderichten
Hosen Teuffel / vormanung
und warnung.

DEr heilige Paulus saget / zun Rômern am 6. Capitel. Das der sûnde sold / sey der todt / und nicht allain der zeitlich oder ewig todt / sonder alles unglûck / trûbnis / kranckheit und was fûr unfal diß leben auff sich hat / wie dann solchs alles / als zu einer straff der sunden / unser ersten eltern Adam und Eva / Gott auffgelegt / Genesis am 3. capit. Aber nach dem alten gemeinen sprichwort / CRESCENTIBUS PECCATIS CRESCUNT & PŒNÆ, lest es Gott nicht bey solchem gemeinen unglück bleiben / sondern wie die sûnd in der Welt zu nimmet / wechst unnd steiget / also lesset Gott auch mit und neben der sûnde seinen zorn und straff wachsen und auff steigen. Wie nun allezeit in der Welt biß auff diese stunde die sûnd gewachsen / die leut immer erger und bôser worden / also hat auch immer mehr und mehr unglück unnd grosser unfal / darnach gefolget / wie dann solchs die Historien des Alten unnd Newen Testaments / unnd auch die Heidnischen geschicht / reichlich erweisen. Und demnach / dieweil in diesen ⟨A 4ᵛ⟩ letzten zeiten / nach der weisagung Christi / die boßheit uber hand genomen / und die sûnd auffs hôchst gestiegen / so seind wir auch mer straffen / unglück / kriegen / blutvergiessung / pestilentz / kranckheiten / schwerer thewrer zeit / ubersatzung unnd beschwerung der Herrschafften / unterworffen / wie wir es denn hart genugsam erfaren / fühlen und greiffen das auch / uber das alles / nun ferner die Vogel in der lufft / die Visch im wasser / und also alles unter den henden vorschwindt / das wir ja gnugsam an der straff / die wachsende

sůnde / und hóchste gestigene boßheit / erkennen solten /
Das erweisen auch / und uberzeugen uns / der uberschweng-
lichen sůnd halben / so mancherley viel newe und seltzame
kranckheiten / welche zuvor nie / und den alten unbekandt
gewesen sein.

In solcher wachsung / mehrung / und stetter auffsteigung
Gottes zorns / straff / und vielfaltigen unglůcks / thuen wir
gleich wie die hundt / wenn sie geworffen sein / lauffen sie
zum stein / damit sie vorletzt worden / beissen gantz grimmig darein / unnd dencken noch sehen nit / von wem oder aus
waser ursach sie geworffen sein worden / Eben dieser art
und eigenschafft nach vorhalten wir uns jetzunder auch / Wir
beklagen diese bóse zeit / mit so viel unglůck uberladen /
hengen den Kopff in die aschen / und beissen uns mit unserm
unglůck / sein schwermůtig und traurig / ist uns leid das wir
mit unseren kindlein / diese bóse zeit erlebt haben / unnd gedencken nit eins doran / wie wir solchen zorn Got-⟨Bʳ⟩tes
und alles unglůck / vordienet und reg gemacht haben / wie
wir solten Gott in die ruten fallen / ein fußfall thun / gnad
bitten / unnd besserung unsers lebens vorsprechen und zu
sagen / sein eben die gesellen unnd fromme frůchtlein /
darůber der Prophet Esa. 9. capitel klagt / da er spricht /
das volck keret sich nit zu dem / der es schlecht / unnd fraget
nichts nach dem Herrn / Darůmb mógen wir uns auch mit
unserem eigen unglůck beissen und fressen so lang wir
wóllen / aber damit ist uns nit geholffen / sonder machen nur
ubel erger / unnd beissen entlich die zeen am stain aus / und
gehen in unserem unglůck zu boden / Also sol es auch zugehn /
unnd geschicht uns eben recht / darumb das wir auff die
ursach unsers unfals nicht sehen / noch sehen wóllen / und
ob wir es gleich sehen / wann / und woher / unser unglůck
fleusset / nicht darnach dencken / und trachten / wie solcher
zorn Gottes móchte von uns abgewendet werden.

Und das wir auff dißmal hindan setzen / unnd nichtes sagen
von vielen ubertrefflichen / wichtigen haupt sůnden / in

welche wir in diesen letzten zeiten gefallen sein / nach der
weissagung Christi. Da wir gar from / unnd keine sůnd sonst
hetten / vordienet Deutschland jetzunder nit allein den zorn
Gottes / und diß gegenwertige unglück / darinnen wir biß
uber die ohren stecken / Sonder were kein wunder / das uns
auch die Sonne nicht ansehe / die Erde nicht mehr trůge /
und Gott mit dem jůngsten tage gar drein schlůge / von wegen
der greulichen / un-⟨B^v⟩menschlichen unnd Teuffelischen
kleidung / damit sich jetzunder die jungen leuth zu unmenschen
machen / und so schendtlich vorstellen / das nicht allein Gott /
die lieben Engel / unnd alle fromme erbare leuth / sondern
auch die Teuffel selber einen cckcl und grewel dafůr tragen /
wie man dann fůr war und gewis saget / das jetzunder inn
kurtz vergangner zeit / ein frommer man / bey einem Maler /
eine tafel bestalt / unnd gebeten / das er im darauff das jůngste
gericht ernst und erschrecklich malen / unnd sonderlich die
Teuffel greulich machen wölle / Welchs der Maler sich beflissen und die Teuffel / als auffs aller greulichst / mit solchen
pluderichten hosen gemalt / wie sie jtzt die jungen gesellen
tragen / do sey der Teuffel komen / unnd dem Maler ein gewaltigen backenstreich geben / unnd gesagt / er hab im
gewalt gethan / mit unwarheit also gemalet / dann er nit so
scheutzlich unnd greulich sey / als er in mit den Luderhosen
abcontrafeht hab / Unnd das sol jetzunder fůr Gott / unnd
den menschen / ein wolstandt und zier heissen / des sich der
unreine unnd unfletige Teuffel selber schemet / Daraus aber
haben wir leichtlich abzunemen / unnd zu ermessen / wenn
Gott noch lenger auff hielt mit dem Jůngsten tage / das die
welt noch ein weil stehen sol / was wir mit solcher jugent /
fůr ein welt hinder uns lassen wollen / ob es auch můglich
sey / das die erde solche unsere nachkůmling tragen werde
können / ob sie nit dem Teuffel in ir ampt und stat tretten /
erger unnd greulicher auff erden / als die Teuffel in der ⟨Bij^r⟩
Helle wůrden werden / Wie denn albereit in verstockung und
boßheit / das meiste theil / die Teuffel ubertreffen / welche /

da inen solche gnad / als uns jtzunder / angebotten würde / nimmer so frevenlich und mutwillig die selbige würden verachten / unnd mit füssen tretten / als jtzunder geschicht / Wo es aber naus wil / unnd was fur ein end darnach folgen / wird die Welt nicht ehr erkennen / bis in das wasser uber dem kopff zusam schlecht / bis sie schreien / kompt her ir fels und fallet auff uns / etc.

Dieweil aber Gott alwege unnd zu jeder zeit / vor seinem zorn und straff / seine gnad lest vorhergehen und anbieten / als der nit unsers todes / sonder unserer besserung unnd lebens begeret / unnd wird on allen zweiffel nit one grosse ursach geschehen / das uns Gott so mit reicher und uberflüssiger genade und grossem licht seines Worts heimsucht / als zuvor in funfftzehenhundert jaren nit geschehen / es wird nach einem heissen Sonnenschein / ein gros wetter unnd hagel / nach solcher grosser angebotener gnade / ein grosser unleidlicher zorn folgen.

Und do wir nun von Gott beruffen / mit ernstem und hartem befelch / im Predigampt / Gottes gnad jedermenniglich / heuffig und uberflüssig anzubieten / welche aber / do sie veracht und nit angenomen wirt / Gottes folgenden zorn und straffe vorkündigen / und uns widerumb wider die Welt trötzlich aufflenen / und irer boßheit widersprechen sollen / und do unser straffen bey inen nicht hafftet / und nichts außrichtet / das sie auch unter unser trewen vormanung immer ⟨B ij^v⟩ erger wirdt / sollen wir mit Noha / Lot / Abraham / den Propheten / unnd Aposteln / nicht müde werden / nit auffhören zu schreien / bis es Gott im Himmel verdreust / das ers nit lenger dulden / noch zusehen kan / unnd entlich alles in einen hauffen werffe.

Demnach hat mich mein Ampt und beruff / darein ich von Gott (wie wol gantz unwirdig) gesetzt / vorursacht / das ich nicht allein in meiner Kirchen / und Universitet / mit predigen und lesen / sondern auch mit einem offentlichen schreiben und weeklagen / wider solche grosse boßheit (welche den jůngsten tag one zweiffel bald wirdt rege machen) mich habe wollen auff lenen / unangesehen was ich fůr undanck damit verdienen / unnd auff mich laden werde.

Dieweil es aber auff ein mal zu viel zu schreiben / unnd andern zu lesen / sein wůrde / do ich in der gemein und weitleufftig von dem jetzigem / unerbarlichem pracht der kleidung / allein zur sunde / ergernis / und zu anreitzung bôser begirde und unzucht / schreiben solte / will ich alles hindan setzen / bis zu seiner zeit / Unnd mich jtzt allein an den einigen hosen Teuffel machen / der sich in diesen tagen unnd jaren / aller erst aus der Helle begeben / den jungen gesellen in die hosen gefaren / unnd in 6000. jaren nie sich hat důrffen erfůr machen / Das ichs gewißlich darfůr halte / das diß der letzte Teuffel sey / der noch fur dem jůngsten tag / in der ordnung als der letzte / auch das seine auff erden thun und außrichten sol.
⟨Biij^r⟩
Wolan wir wollen uns an im vorsuchen / und in angreiffen / damit er sich bey seiner geselschafft nit zu růmen hab / er allein hab seine sach on allen widerstandt naus gefüret / und wollen es do anheben.

Die Erste sůnd des Pluderichten hosenteuffels / wider die scham / zucht / und erbarkeit / von natur den menschen angeborn unnd eingepflantzt.

IM Buch der Schôpffung / am 2. capit. sagt Moises / das Adam und sein Weib sein nackent gewesen / und haben sich nicht geschemet / wie wir denn des noch ein fůncklein unnd kleine anzeigung haben / an den kleinen kindern / welche von wegen der unschuldt / auch von keiner schew oder scham wissen / auch nicht ander leut / sich irer nackenheit schewen / sondern am aller liebsten also blos stehen unnd handeln / Aber folgendt in der Historia des erbfals / do Adam die schantz vorsehen hat / da im die augen auffgethan / unnd er sich nacket sihet / macht er im als bald / sampt seiner lieben Eva / von Feigen blettern einen schurtz / hůllet unnd decket zu auffs best er kan / aus ursach das er wol erkandt hat / was er ausgericht / und in was schandt er geratten / wie hinfurt an / seine nachkůmling / in solcher vorrůckter unnd vorderbter natur / in sůnden entpfangen / wie David sagt / in sůnden geborn / in sůnden leben und sterben / und zu ewiger schand sollen ⟨Biij^v⟩ gesetzt werden / Des wegen decket unnd hůllet er sich / als zur anzeigung unnd erinnerung solcher schand unnd unfals / Das also inn die natur solche scham gepflantzet / das theil des leibs zu decken unnd zu vorbergen / daraus der vorderbten natur mehrung / iren anfang und ursprung hat / als zu einem gedechtnis und erinnerung / der vorderbung der natur / durch die erbsůnd / Unnd das auch fleisch unnd blut / welches in bösen lůsten unnd begirden / gantz und gar entzůndet / nit mehr und ferner durch entplössung / geergert unnd angereitzet werde.

Darumb ist nun hieraus erstlich und unwidersprechlich zu schliessen / das dieser jetziger Pluderischer hosen Teuffel / gar ein newe sůnde in die Welt bracht unnd reg gemacht hat / die auch wider die natur selber ist / so doch alle andere Sůnd / iren ursprung und herkomen haben / von der natur / bösen lůsten und begirden zum argen / unnd mit der natur stimmen und uber ein kommen / Darumb kan auch jederman leichtlich urtheilen und erkennen / was für ein boßhafftiger unnd unvorschampter Teuffel / jetzunder die jungen leuth regiert / die so vergeßlich mit kurtzen röcken / die nit recht die nestel erreichen / und mit hellischen flammen das entplössen / unnd jederman so unverschempt / das für die augen stellen / zum ergernis und anreitzung böser begird unnd lůste / das auch die natur bedeckt und vorborgen haben wil.

Nach dem wir nun nach solchem exempel unseres ⟨B 4^r⟩ ersten Vaters Adams / unnd nach solcher anleitung unser

eigen natur / in solcher deckung unnd hůllung / unser Sůnd /
Scham und schand / darein wir seind gefallen / solten erkennen /
Gott von hertzen klagen / wider böse begirde unnd lůste
streiten / aller unreinigkait widerstreben / und auch andern
leuten an uns anreitzung zum bösen benemen / Und also fůr
Gott / den Engeln und menschen / uns decken und bergen /
Wil ich jetziger zeit jungen gesellen in ir eigen hertz und gewissen zu bedencken heimgestelt haben / was in fůr ein greulicher unvorschampter Teuffel in hosen sitze / wie hart sie
Gott drumb straffen werde / das sie sich durch solche Pluderhosen / viel mehr zu aller böser anreitzung aller unkeuscheit /
entplössen fůr Gott / Engeln und menschen / als wenn sie
gar nackendt rein giengen / Wie sie am jůngsten tag / ir eigen
natur und gewissen / zum vordamnis wird anklagen und sie
uberzeugen / das sie sich selber / noch böser und erger gemacht
haben / als sie durch vorterbung der natur / inn die Welt kommen unnd geborn sein / Unnd entlich auch wie mit grossem
frolocken und triumphieren der hosen Teuffel am jůngsten
Gericht auff sie warten / und nach ergangenem Gottesurtheil /
mit iren hosen flammen / in die ewige / hellische flammen
ziehen und reissen wird / als denn werden unsere junge gesellen sehen und erkennen / was fůr ein schmuck unnd zier
sey / unnd wie fein solche Pluderichte Teuffelische hosen
stehen / Indes můssen wir uns zu friden geben / das sie unser
spotten / unnd uns ein lachen dran geben. ⟨*B 4ᵛ*⟩

Die ander Sůnde / des Lumpenden ho-
sen Teuffels / wider Gott / seine einsa-
tzung / und ordnung.

WEitter schreibt Moises im buch der schöpffung / am 3. capit.
Do nun Adam also bedecket mit dem Feigen blat / fůr Gottes
gericht gefůrt / und sein urtheil ausgestanden hat / damit

Adam mit allen seinen nachkömlingen ein ewig memorial unnd gedenck zetel hab / daran er sich mag erinnern / wie sein sach stehe / in was sůnd und zorn er gefallen / zu welcher scham / schand und unehren er fůr Gott komen sey / one das / das im Adam selber / sich solchs zu errinnern / ein gedenck zetel gemacht / in dem das er im selber ein questen geflochten / (wie oben vormeldet) Machet Gott Adam unnd seinem Weib / einen rock von fellen / und zog sie an / Welchen rock zum uberfluß Gott der Herr / Adam angezogen hat / wie auch solchs der Heilig Chrisostomus vormelt / das er sich an solcher kleidung seiner sůnden / schaden / schand unnd unfals erinner / darůber bůssen und klagen / Gottes zusag vorheissung unnd widererstattung in jenem leben sich trősten / do er mit vorklartem leib nach ablegung aller schand und scham / wider fůr Gott glentzen sol als die Stern am Himmel / wie solches Christus und der heilige Apostel Paulus erkleren unnd anzeigen / Dann das ist leichtlich abzunemen / wenn der liebe Adam den unfletigen stinckenden ziegenbeltz an seinem leib hat angesehen / wie er wird ge-⟨C^r⟩dacht haben / an den vorigen schmuck / damit er auch mit nackendem leib fůr Gott one scham unnd mit ehren gestanden / wie er aber nu für Gott ein grewel unnd zu schanden worden ist / wie gar fleissig wirt sich der liebe Adam vor aller entblössung gehůtet / unnd mit seiner lieben Eva mit dem beltz sich bedecket haben / zu vermeiden und zu dempffen seiner vorderbten natur bőse lůste und anreitzung.

Hier aus haben nun zum ander mal zu sehen die jungen gesellen / so sich zu diesen zeiten unter des hosen teuffels dienst gegeben haben / ob diese jetzige tracht und kleidung ein solch gering fůrnemen sey / welches on all ergernis oder sůnde geschehe / wie sie es dann darfůr achten und halten / Sintemal es stracks ist wider Gottes ordnung / welche es auffheben und zu nicht macht / in dem / das sie das theil entblősset / unnd mehr dann blos entdecket / was Gott selber zugedecket / unnd zu vorhůllen geordnet hat / Ist aber solche kleidung wider Gott und seine ordnung / so ist es auch gewis / das sie Gott mißgefalle und in zu zorn bewege und reitze / zůrnet aber Gott darumb / so folget gewisse straff nach seinem zorn / wie aber Gott jtzunder deutschland von wegen der / und anderer sůnde / heimsuchet und straffet / sehen und greiffen wir genugsam / und sollens noch besser fůlen / dieweil wir solche straffe / keiner sůnde zuschreiben / darvon ablassen und uns bessern / wie oben angezeigt. Ich wolt nit geren ein Prophet sein / bin auch keiner / aber ich besorg mich gantz seer / dieweil Gott / wie das alt sprichwort ⟨C^v⟩ lautet / gern damit straffet / damit man gesůndiget hat / das er nit heut oder morgen den Tůrcken / uber den schůldigen unnd unschůldigen schicke / der unsern kindern die schenkel unnd beine also zuhawe und zurfetze / wie die hosen zerflammet sein / unnd zwar / wer solches ein wolgegůnte straff uber die zuhaderten lumpen und bůbischen hosen / wenn nur Gott der unschůldigen verschonet / Wie denn vor wenig jaren ein gemeine sage und geschrey uberal gangen / das der Tůrck alberait in Ungern / mit unsern Deutschen also umbgangen unnd gehandelt hat / unnd in die schenkel also hat lassen zuhawen / wie die hosen sein zufladert gewesen / daraus dann genugsam abzunemen / das Gott eben der hosen halben / solche straffe uber die Deutschen hat gehen lassen / noch wil kein besserung folgen / sondern machen nun ferner nach solcher straff / Gott unnd dem Teuffel zu trotz / die ludern unnd flammen noch grösser / unzůchtiger unnd bůbischer / Dieweil wir uns aber an solche straff nicht keren / ist leichtlich zu ermessen / was fur grosses und erschreckliches unglůck hernach folgen werde / dann Gott kan die sůnd ungestrafft nicht lassen / sondern lest seinen zorn unnd straff mit unnd neben der sůnde auffsteigen unnd wachssen / Gott wöl sich uber unsere arme nachkůmling erbarmen / welchen wir / neben uns ein solch bad zurichten.

Man saget fůr war / wiewol ichs selber nit gesehen hab / das in diesem jar / eines grossen mans son / welchen ich seiner wirde und hoheit halben nit nen-⟨C ij^r⟩nen darff / im hab drey låtzen an solche luderhosen lassen machen / das mich groß wunder nimet / das einen solchen vorgessenen menschen / nit die Erden verschlungen hat / Aber Gott lest es geschehen / sihet durch die finger / und straffet darnach als der erger und greulicher / theter und vorhenger / die obrigkeit mit den unschuldigen / die solcher boßheit zusehen / und ungestrafft lest hingehen / sintemal das gewis ist / wie es die gemein erfarung gibt / das alles das / was die weltliche Oberkeit nit strafft / Got in seinem grimm und zorn / als der greulicher heimsucht / Was derhalben auff solchen unmenschlichen mutwillen folgen wil / weis Gott / Ich besorg / zeitliche straff sey zu gering / Gott werd es mit ewiger straff / des jüngsten tags heimsuchen.

Die dritte sünde / des zulumbten hosen Teuffels / wider den bund / pflicht / und eid der heiligen Tauff.

DAs wissen wir aus der heiligen schrifft / unnd unser eigen erfarung / das wir in sünden entpfangen / geboren / unnd darinnen unser leben zubringen / zum bösen geneigt sein von jugenth auff / wiewol solchs von allerley sünden geredt wird / so ist es doch an dem / das in unserm fleisch und blut / sonderlich regieret unordentliche brunst unnd begirde zur unkeuscheit / das auch im ehstandt solche sünde mit unterlaufft / und das unrein machet und ⟨*Cij*ᵛ⟩ beflecket / das für dem erbfall / on alle sünde und unordentliche brunst zugangen were / Adam hett solch werck der mehrung one brunst begangen / aber wie oben vormeldet / bald nach dem falle / mercket und fület er solche brunst / und seiner natur vorderbung / hüllet deß wegen unnd decket zu / das er nit durch entblössung / solche böse begirde erger mache unnd mehe entzünde. Demnach wie wir alle von Adam geborn / solche schwacheit unnd unordentliche lüste in uns befinden / sagen wir zu unnd vorbinden uns mit Gott in der Tauff / das wir solchen bösen lüsten in unserm fleisch widerstandt thuen / unseren leib tödten unnd casteien / unnd vor allem hütten wöllen / was solche lüst in uns erregen / vorursachen und anreitzen möge / Das wir auch nit ander leuten / mit worten / geberden unnd kleidung / oder wo mit es sonst geschehen kan / wollen ergernis geben / sonder wie Adam zudecket / unnd auch Gott selber Adam mit dem ziegenbeltz bekleidet / das wir uns auch also erbarlich und züchtig mit kleidung vorhalten / und niemand zum bösen anreitzen wöllen / Das ist der bund den wir in der Tauff mit Gott gemacht haben darnach wir uns sollen halten und leben / wie denn unsere lieben vorfaren unnd groß eltern / bis auff diese jetzige zeit / solcher erbarkeit in kleidung / sich beflissen haben / unnd noch auff den heutigen tag / alle andere frembde Nationes demnach / mit der kleidung also sich vorhalten / wie wir bald wöllen weitleufftiger anzeigen.

Hiemit aber wöllen wir zum dritten mal zu be-⟨*Ciij^r*⟩dencken geben / und die Pluderichen hosen unseren jungen leuten für die nas halten / das sie sich wol darinne spigeln / und sehen / wie sie so gantz vorgeßlich an Gott unnd an irer heiligen Tauff / meineydig und zu Buben werden / in dem / das sie nicht allein solche böse lüste inn hertzen tragen / sondern was sie im hertzen haben / auch eusserlich mit der kleidung / Gott zu wider / und dem nechsten zur ergernis / erweisen / und jederman für die augen stellen / Dann lieber sag mir / wo zu dienet es sonst? Warumb wirt es angefangen? Aus was anderer ursachen geschicht es? Das in unsere junge gesellen lassen so kurtze röck und mentel machen / die nit die nestel / geschweig dann den latz bedecken / Unnd die hosen so zuludern lassen / den latz forn also mit hellischen flammen unnd lumpen / unmenschlich unnd gros machen / die Teuffel auff allen seiten lassen also raus gucken / dann allein zum ergernis und böse anreitzung / der armen unwissenden unnd un-

schůldigen meidlein / welche was sie fůr gedancken not halben
unnd unwiderstreblich fassen und haben můssen / nach dem
du in also fůr die augen tritest / geb ich dir selber zu bedencken /
du weist es auch unnd thust es darumb / das soltu aber dar-
5 neben auch wissen / das dir viel besser were / nach der ernsten
trewung und warnung Christi / das du nie geborn werest /
oder dir ein můlstein am hals hing / und legest im meer da es
am tieffsten ist / mit deinen teuffelischen lumpichten hosen /
damit du so frevenlich und bůbisch / die jungen unschůldigen
10 meid-⟨*Ciij^v*⟩lein / jungfrawen / und frawen ergerst / und zum
bösen anreitzest / Dann das soltu erfaren / wo du nicht darüber bůssest / das dirs ubler unnd untreglicher als andern
ergehen wird / wie Christus selber sagt / wie dich die hosen
teuffel von dem angesicht Gottes und aller lieben Engel und
15 Heiligen angesicht / zum grössern vordamnis reissen / dir
die schenckel mit hellischen flammen anzünden / und unauffhörlich zu brennen werden / Gott geb das du dich inn des
erkennest unnd ablassest / Ist aber alle trewe vormanung an
dir verloren / wolan so far fort hin was den raben gehört /
20 das erseufft nicht.

Die Vierdte sůnd / des unverschempten hosen Teuffels / wider das Vierdte gebot und gehorsam der Eltern.

WAs ein wenig betagte unnd alte leut sein / die haben sich zu
25 erinnern / inn was zucht unnd erbarkeit / sich unsere voreltern
mit der kleidung vorhalten / wie ehrlich sie sich mit zu-
gethanen kleidern / und langen röcken angethan / ergernis
und anreitzung zur unzucht zu vorhůten / uns in dem als
fromme und getrewe Eltern / ein Exempel und fůrbilde ge-
30 geben haben / das wir auch in solcher zucht und erbarkeit
auffwachsen sollen / und deßwegen am jůngsten tage genug-

sam für Gott werden entschüldiget sein / irer ungeratener kinder halben / denen sie zu solcher bübischer / unzüchtiger unnd un-⟨C 4ʳ⟩menschliche kleidung / kein ursach geben haben / Sie werden sich aber am jüngsten tag von hertzen irer kinder schemen müssen / von hertzen erschrecken / unnd wünschen sie hetten sie nie geborn / noch zu der Welt bracht / wenn sie sehen werden / wie die selbigen so greulich zuflambt und zuhackt / und mit solcher unzüchtiger kleidung fur Gottes Gericht und Angesicht werden gestellet / und zu ewiger vordamnis vorurteilt und gefüret werden.

Ich halte es auch gewißlich darfür / wenn jetzunder unsere Eltern zum theil solten auffstehen / und an iren nachkümblingen solche pluderichte hosen sehen / sie würden sie anspeien und vorfluchen / erstlich von wegen des ubelstands / dadurch sie sich zu unmenschen machen / zum andern / von wegen der ergernis und anreitzung zu allen bösen begirden / zum dritten / von wegen der unkost / das jetzunder ein junger rotzlöffel / ehe er noch das gele am schnabel gar abwüschet / mehr gelds zu einem par hosen haben mus / als sein vater zum hochtzeit kleid / wie ich dann berichtet werde / nach dem jetzunder 20. 30. oder 40. ellen Karteck gemein ist zum unterfuter unnd hellischen flammen (wie man es aber darein bringet / do laß ich die schneider für sorgen / ich achte wol sie behalten auch ihr theil darvon) das im ein landßknecht habe lassen 99. eln unter futern / do ist er gefragt worden/ warumb er nicht hab 100. eln genomen / hat er geantwort / 99. sey ein lang wort / unnd gut landßknechtisch / hundert aber sey kurtz / unnd nicht so prechtig zu reden / Ich darff ⟨C 4ᵛ⟩ auch nicht wol sagen / das einer 100. unnd 30. elln hab unter ein par hosen gefüttert / Wie kan doch Gott solchen mutwillen leiden und zusehen? Mich wundert nach dem Got zuvor im alten und newen Testament gar viel geringer sünde / hart gestraffet hat / wie es nu mus in Gottes gericht ein gelegenheit haben / das er nu so langmütig ist / und solche grosse untugent duldet / Aber ich halt es dafür / das unsere sünde jetzunder zu gros seind / das sie mit zeitlicher straff nit kőnnen bezalt werden / unnd Gott derhalben seinen gefasten zorn auffziehe / bis zum Jűngsten tage / an welchem er dann als der grimmiger vorgelten unnd bezalen wird / was er uns jetzt auffs kerbholtz borget.

Die Fünffte Sűnde / des zuflambten hosen Teuffels / wider die gewonheit / gebrauch unnd recht aller vőlker auff erden.

DAs ist am tag / unnd erweiset es auch die gemeine erfarung / das alle Vőlcker unter dem Himel / nach eingebung der natur / gleich wie Adam mit dem feigenblat / als oben vormeldet / sich an dem teil des leibes / den jtzund unsere jugent so unzüchtig entblősset / auffs fleissigest bedecken unnd vorhűllen / das auch die leut / so doch sunst der hitze halben in den heissen Lendern gar nackent gehen / dennoch aus eingepflantzter zucht / scham unnd er-⟨D^r⟩barkeit / mit schűrtzen von schőnen federn oder anderen kőstlichen dingen / ire scham zudecken / Wir achten jetziger zeit für uns die Wenden etwas gering / noch sehen wir das bey in mehr erbarkeit und zucht ist / als bey uns / die wir doch etwas besser sein wőllen / Du sichst keinen Wenden / so geringes standes er ist / der mit so kurtzen und auffgethanen kleidern / für Jungfrawen und Frawen / forn gar blos und entdecket gehe / der nit umb seine lenden einen schurtz habe / und sich ehrlich zudecke / Welche erbarkeit jtzunder gar vorgessen und hindan gesatzt ist / auch bey grossen leuten und Potentaten / die nit allein für sich mit entdeckten hosen / für frawen unnd jedermenniglich gehen / sondern / kőnnen es auch leiden unnd zusehen in irem Frawen zimmer / das michs nit anders ansicht / als sey alle erbarkeit aus Deutschlandt gewandert / und sich an die stadt allenthalben der unzüchtige unnd unsaubere Teuffel eingesatzt. Alle Nation / Walen / Spanier / Frantzosen / Polen / Ungern / Tartern / Türcken / haben ire lange kleider / unnd gewönliche zudeckung des leibs / wie sie es von iren Eltern entpfangen / behalten / Allein Deutschland hat der unvorschambte teuffel gar besessen und eingenomen / das jetzunder mehr zucht / scham und erbarkeit im Venus berg / und vorzeiten in den hinderheusern gewesen ist / als bey uns Deutschen / die wir doch uns alle jetzunder Erbar / Ersam / und Ernfeste schreiben/ und nennen / und nit so viel Erbarkeit / Ehr und zucht haben / als ein mucke mag auff dem schwanz wegfüren. ⟨D^v⟩

Und wenn ich solte hiemit einfüren / der Römer ehrliche tracht und kleidung / auch wie sie sonderliche gesetz und ordnung darinne gehalten / so würden wir sonderlichen müssen sagen und bekennen / wir hetten es wol vordienet / das Gott ein frembd Volck uber das ander / uber uns Deutsche rein füret / das sie mit krieg und blutvergiessung / uns aus der Welt gar außtilgeten unnd trieben / in einem hefftigen eiffer / als leut die nicht werd sein / das sie mit ander leuten auff erden wonen solten / bey denen alle zucht und erbarkeit hinweg gethan / unnd alle schand und unzucht / uberhand genomen hat / Wie denn Gott zuvor in der Sintflut von wegen unzüchtigkeit der kinder Gottes / mit den Töchtern der menschen / gehandelt hat / welcher sünde doch kinderspiel / one allen zweiffel / gegen offt und viel genanter jetziger unzucht / gewesen ist.

Ob aber gleich jetzunder auff obgenante weiß / Gott uns Deutschen nit straffet; so haben wir teglich für augen / den Regenbogen am Himel / an welchem Gott uns zum exempel unnd beispiel / teglich für helt / seinen erzeugten zorn / mit der Sintflut / An der wasserfarb am Regenbogen / und mit der andern farbe / welche dem fewr gleich ist / gnugsam teglich weiset und erinnert / was er mit dem fewer am Jüngsten tage thuen / und auff einen hauffen / mit ewigem zorn / was er lang gesparet hat / bezaln wil. Darauff wollen wir die Luder

Teuffel / und hosenlumpen / immer lassen dahin gehen / so lang es weret / ich hoffe aber es sey alberait zu grob vorse-⟨*Dij^r*⟩hen / das es Gott vordreust / und nit lenger wirdt dulden können / vorzeuhet aber Gott noch ein weil / so halt ichs für war / sie werden noch gantze Tücher unnd Karteck / umb die bein hengen / oder ja noch ein unfletigere tracht erdencken / damit sie Gottes zorn und die Hell nur wol verdienen.

Die sechste sünde / des Hellenflammichten Hosen Teuffels / wider unser jetzige Religion / unnd leer des heiligen Evangelij.

ES möcht sich billich ein Christ hoch darüber vorwundern / unnd der sachen nachdencken / wie es doch immer mehr kome / das solche unzüchtige / und unehrliche kleidung / sonst bey keinem volck erfunden / als allein bey den Christen / und nirgent in keinem Land so gemein und erschrecklich / als eben in den Lendern und Stetten / in welchen Gott sein genad außgossen / sein liebes Wort unnd reine leer des Evangelij / hat Predigen lassen / denn wer lust hette / von wunders wegen / viel und die mennig solche unfletige / bübische unnd unzüchtige Pluderteuffel zu sehen / der suche sie nicht unter dem Bapstum / sondern gehe in die Stet unnd Lender / die jetzunder Luttherisch oder Evangelisch gennenet werden / do wird er sie heuffig zu sehen kriegen / bis auff den höchsten grewel unnd eckel / das im auch das hertz wird darüber weh thuen / und dafür als ⟨*Dij^v*⟩ für dem greulichsten Meerwunder sich entsetzen unnd erschrecken.

Und ist eben dis die ursach / das in den Evangelischen Stetten solche erschreckliche Meerwunder / so viel unnd heuffig gesehen werden / das der Teuffel / wie unser Herr Christus vormeldet / nit gern in der wüsten unnd unreinen

stetten und örthern ist / sondern er wil auch in dem hause
wonen / das geschmücket / und mit pesem gekeret ist / Unnd
wie im Job stehet / so wil er auch sein / da die kinder Gottes
am dickesten stehn / und wie das sprichwort lautet / bawet er
alzeit sein Capel und nobiskrug / wo Gott seine Kirche hat.

 Deßwegen folget hieraus unwidersprechlich (ob der hosen
teuffel gleich noch so sauer darzu sehe unnd solchs nit geren
hören wil) das alle die / es sein Landsknecht / Edel / Hoffeleut /
oder noch grössers Stands / so sich mit solchen unzüchtigen
Teuffels hosen bekleiden / des newen erfürkommenden hosenteuffels / aus dem aller hindersten ort der Hellen / geschworne
unnd zugethanene gesellen / unnd hoffgesinde sein / durch
welche / als seine mittel unnd werckzeug dieser letzte hosenteuffel / das hoch unnd theure Wort Gottes vorunreiniget /
das Heilige Evangelium unnd Sacrament / vorunehret / zum
ergernis / bösem geschrey und ubel nachreden setzet und
brenget / das sich die feinde des Herrn Christi und dieser
jetziger seiner leer / daran stossen / ergern unnd gentzlich
schliessen / das nit müglich sey / man sing / sag / oder
schreib / von dieser leer / wie / unnd ⟨Diij*r*⟩ was man wil /
das sie von Gott sey / nach welcher verkündigung unnd offenbarung / unnd eben in denselben lendern do sie an tag kommen / die leut zu solcher unzüchtiger und unmenschlicher
kleidung geraten sein / die do wöllen für fromme Christen
und kinder Gottes gehalten sein / unnd sehen doch in warheit
mit solcher kleidung dem unflettigsten Teuffel enlicher / als
menschen / geschweige denn Gottes kindern. Das ich auch
selber für mein person mus sagen unnd bekennen / wenn ich
jetzunder junge leut auff der strassen / marckt / oder in der
kirchen sehe / das ich nit weis ob ich sie für Menschen oder
meerwunder — und wol gar für Teuffel sol ansehen / denn
sie sich wol so grewlich verkleidet / zuhacken unnd mit lumpen unnd hadern behenget haben.

 Sie sprechen aber kleider verdammen nicht / das ist war /
sie machen auch nicht selig / das ist auch war demnach bleibet

das auch war / wie das sprichwort lautet / an federn kenth man ein vogel / Wie auch ein weiser Heid davon geschrieben / wie man eines menschen hertz / natur unnd eigenschafft / an seinen gliedmassen / sprach / gang unnd kleidern erkennen sol / demnach ob dich deine zuhackte hosen nit vordammen / so vordambt dich doch dein eigen hertz / das du durch solche kleidung offenbar machest / an deinen kleidern sihet man / was du für sinn / gedancken unnd mut hast / An deinen unzüchtigen / unmenschlichen / zufladerten / lumpen hosen / sihet und spüret man wol / ob der Geist Gottes / oder der geist des bösen / der unzucht unnd unreinigkeit in dir ⟨*Diij^v*⟩ wone / An deinen federn / zulapten hosen / kennet man dich / was du für ein leichtfertiger / bübischer und unzüchtiger mensch seiest / Das sein die lappen / die dir zun hosen raus hengen bis auff die füß / also sol man sie nennen unnd tauffen.

Die Sibende Sünde / des zucht unnd ehr vorgessenen Hosenteuffels / wider das ebenbild Gottes / darnach der mensch geschaffen.

ES hat Gott in fünff tagen / viel schöner Herrlicher Creatur geschaffen / am Himmel / in der lufft / auff erden / und im wasser / das er auch selber alles für gut ansihet / wie Moises sagt / und gefellet im hertzlich wol / Do er aber am sechsten tag den menschen / mit sonderlichem gepreng / caeremonien / unnd radt / der gantzen heiligen Dreyfaltigkeit / geschaffen hat / nach seinem ebenbilde / gefellet im für allen solch geschöpff also wol / das er selber schier nit weis / wie er sich frölich / lieblich / unnd freuntlich / gegen dem Menschen vorhalten unnd stellen sol / machet im viel mit Adam zu thuen / Bawet im ein herrlich Schloß und wonung das Paradeis / füret in mit seiner eigen handt hinein / setzet in zu einem Herrn uber alle Creatur / bawet im ein gesellin / und gehülffin aus seinem leib / Das sich deßwegen Gott genugsam erkleret / und sein hertz geoffenbaret hat / was im an dem Geschöff gelegen / wie ⟨D 4ʳ⟩ hoch und wirdig er es halt und acht / Und das diß alles weit ubertrifft / unnd mit Menschlicher vornunfft und vorstand unbegreifflich / hat Gott den Menschen also geliebet / wie Christus selber saget / Das er seinen einigen Son für die Welt gegeben hat / ꝛc. Das er seinen einigen Son in die schantz geschlagen hat / auff das der Mensch nach seinem ebenbild geschaffen / nicht in vorderbnis / und in der gewalt des Teuffels bliebe.

Unnd ferner zeuhet der Apostel das auch hoch an / den wolgefallen Gottes an der schöpffung des Menschen belangend / Das auch der Son Gottes nit eins Engels gestalt / sonder unser fleisch unnd blut an sich genomen / unter uns gewonet / zu miterben aller seiner güter / das wir nun ferner als ein gebein und fleisch / in ewigkeit mit im Herschen unnd regieren werden.

Demnach ist nun ferner leichtlich zu schliessen / wie sich selber vorunehren / wider sich selber sündigen / sich selber so gering / unfletig / vorechtlich / unnd so scheutzlich machen / als kein Meerwunder sein kan / die Gott so schön und lieblich geschaffen / und so gar ein grossen gefallen an inen hat / wie dann David sich darüber verwundert / do er sagt / Ach Gott was ist doch der Mensch / das du dich sein so annimest.

Wiltu aber nit glauben das dir solche kleidung ubel anstehe / und dich vorstelle / so wende dich nur umb / wenn du auff der gassen so zuhackt unnd lumpicht rein gehest / unnd sich wie die leut nach dir still stehen / dir nach sehen / und deiner unmenschligkeit ⟨D 4ᵛ⟩ sich vorwundern / Sehen dir aber die Menschen nach / pfuen dich an / so denck mit was augen dich Gott viel mehr an sehe / zornig und grimmig uber dich werde / Ich main ja das heisse sich schön schmücken / das mügen ja schöne hosen sein unnd heissen / Aber hie hilfft kein sagen / der Teuffel hat jetzunder die jugent gar vorblendt / und sitzet in mit gantzem Legion in den lappen und Lumpen.

Darumb wolt ich wůnschen / damit sie es doch möchten erkennen / wie feine gesellen sie weren / und wie schön in die hosen anstůnden / das die jungen auff der gassen sie mit dreck / und die meid mit faulen eiern würffen / das sie es doch fůleten /
5 sintemal in der Teuffel die augen zugethan / das sie es nit sehen können.

Ich acht auch ein Obrigkeit thet nit ubel doran / wenn sie sonst solch unzucht nit straffen wolten / das sie böse buben bestelleten / die in als Meerwundern unnd faßnacht narren nach lieffen.
10 Wie ich dann bericht bin / das sich unser Gnedigster Chur und Land Fürst / Marggraff Joachim von Brandenburg / in kurtzer zeit also hab löblich und Fürstlich gegen solchen luderichten hosenteuffel eingelassen / nach dem Seine Churf. G. drey Landßknecht mit solchen lappenden hosen hat sehen
15 auff der gassen gehen / mit einer fůrgehender fiedel / als die nur zu mererm mutwillen sich als unfletige Meerwunder von jederman wolten lassen schawen / hat ire Churf. G. solche landsknecht lassen greiffen / und in ein offen vorgittert gefengnis ⟨E^r⟩ drey tag setzen lassen / unnd damit sie ja zu-
20 schawer genug hetten welches sie denn suchten / und darnach giengen / hat der fiedler aussen fůr dem gefengnis / mussen solche zeit uber hoffieren und fiedlen / Wolt Gott im Himel / das die Fürsten und Herrn / ire augen aufftheten / sich ires ampts erinnerten / solche Teuffelische boßheit straffeten /
25 damit nit Gott vorursacht würde / den frommen mit dem bösen zu straffen / Wie dann Paulus sagt / 1. Corin. 11. Wenn wir uns selber richteten / so würden wir von Gott nit gerichtet.

So hör ich auch sagen / das etliche hohe Potentaten / und Christliche Obrigkeit / sich ires ampts haben angenomen /
30 nach dem jetzunder auch grosse Hansen unnd Hofjunckern sich solcher unmenschlicher kleidung gebrauchen / und nit wöllen gestraffet sein / als Freyherrn alles böses / damit dennoch solche junckern sehen und mercken mögen / wie rümlich unnd ehrlich in solche kleidung anstehen / haben ein
35 gebot lassen außgehen / das sich alle hencker inn iren Landen /

so bůbisch und zuludert sollen kleiden / solche hosen antragen / das die hellischen lappen die schue erreichen / Damit auch die kinder auff der gassen können urteilen / wenn sie solche Lumpichte hosen juncker sehen / wo für sie die sollen halten unnd ansehen / was auch das für leut sein / denen solche hosen wol anstehen / Gott gebe das Fürsten unnd Herrn solchem vornemen nach setzeten / unnd den Hosenteuffel wider zu der Hellen aus Deutschland jagten unnd trieben. ⟨E^v⟩
  Mit uns Predigern ist es umb sonst / wir sein diesem Teuffel allein zu schwach / wo die Weltliche Obrigkeit nicht ir hand mit anlegen / denn es ist ein starcker Teuffel / hat viel hart und vorstockt Hoffgesind / er mus mit gewalt angegriffen werden / Der Prediger warnung / drewung / unnd vormanung schlegt er in wind / oder treibet das gespött daraus wie dann in diesem jar / meiner Predicanten einem widerfaren / do er hart unnd hefftig auff der Cantzel / wider diese unzüchtige unnd zuluderte hosen hat geprediget / hatten im die Hosenteuffel zu spott unnd trotz / des andern Sontags / solche lumppen hosen gegen dem Predigstuel uber gehenget / Das sag ich / allein darumb / das mit unserem straffen umb sonst ist / wo nit unsere Weltliche Obrigkeit auch ire hülff mit anlegen.

Die achte Sünde / des unvorschempten Hosenteuffels / wider den gemeinen nutz unnd wolfart Deutscher Nation.

WIewol Deutschlandt sey gestanden / ehe der bracht unnd hoffart eingerissen / frembd gewand / Seiden und ander ding in Deutschland ist gefüret worden / wil ich jetzunder nit anrüren / es wer zu lang und müst mich vom Hosenteuffel weit weg begeben / ich wils aber einem jetzlichen selber zu bedencken heimgestalt haben / Unnd ist kürtzlich da ⟨Eij^r⟩ bey abzunemen / wie Deutschland gestanden / was für gelt und guth darinnen gewesen sey / Erstlich / das Fürsten unnd Herrn one Kirchengüther / und one beschwerung der unterthanen / so reich gewesen / das sie solche grosse gebew der Klöster / Stifften / Hospitaln / wie noch vor augen / haben können auffrichten / grosse Krieg darneben füren / und haben noch grosse schetz uber behalten / wie dann solchs aus den Historien fein könte erkleret werden / do wirs kürtz halben nicht unterliessen / Jtzunder nemen Fürsten und Herrn wider / was ire groß eltern zur Kirchen gegeben haben / beschweren die unterthanen / und ist gleichwol nichts da / es vorschwindet eines mit dem andern.

Zum andern / wie es die Historien außweisen / so ist Deutschland zum mehrern theil / wie es jtzunder stehet / mit wolgebaweten Stetten und Schlössern / innerhalb achthundert Jaren erbawet worden / von Carolo Magno an / daraus kürtzlich zu ermessen / was für ein Silber kamer Deutschlandt gewesen sey / Jetzunder können wir die decher an solchen gebewen nit erhalten / Zu jener zeit / hat ein Stadt / Kirchen und andere grosse gebew / (darüber wir uns jetzunder vorwundern) können auffrichten / welches jetzunder ein gantz Lannd zu thun nicht vormöcht.

Zum dritten / wissen die noch / so etwas alt sein / wie reichlich Bürger unnd Pawren / München / Pfaffen / und so viel müssiger leut haben können erneren / das manche Stad / 4. 5. 6. hundert müssige ⟨*Eij^v*⟩ personen / von Pfaffen / München / und Schülern hat reichlich auffgehalten / hat jederman noch uberrig behalten / unnd sein reiche leut dabey blieben / Jtzunder nemen die Edelleut / die huffen und wiesen von der Kirchen / die Pauren geben nichts / die Bürger haben die Beneficia unnd Stifften / und kan ein Dorff nit einen Pfarher / ein grosse Stad / schwerlich unnd kümmerlich / drey oder vier Predicanten erhalten / do zuvorn ein Thumherr mehe einkomen gehabt / als jtzunder 20. Predicanten / unnd hat gleichwol niemandt nichts darbey / sein betler gegen unseren voreltern.

Hosenteufel 31

Dieses unfals wil ich nicht mehr als ein ursach anzeigen / unnd dißmal die andere hinden setzen / weil sie zu unserem vornemen jetzunder nit nôtig / und sage das / wo Deutschland noch lenger stehen sol / so würde kein pfennig darinne bleiben / nach dem es die kremer und Kauffleut / mit wagen und schiffen hinaus füren / unnd bringen uns hosenlappen / Karteck / Seiden / Vorstadt / und ander ding mehr herwider / das man wol sagen darff / Franckfurt am Mayn sey jtziger zeit das thor / durch welches alles gelt aus Deutschland / in frembde Nation gefürt würd / es geschicht aber uns Deutschen narren recht also wöllen wirs haben / Und dieweil Fürsten unnd Herrn zusehen / solchen bracht von iren unterthanen dulden / unnd können es leiden / das jetzunder junge leut schier mit iren hosen / allein das gelt aus dem Lannd brengen / das ein junger rotzlöffel / mehr ein jar zu hosen mus haben / als sein ⟨Eiij^r⟩ groß vater für all seine kleidung / so müssen sie auch vorlieb nemen / das sie mit den unterthanen in armut gerathen / Und wenn heut oder morgen uns ein not fürstösset / das man sich für frembden Nation sol schützen / das wir kein gelt im Lannd haben / unnd unser arm Vaterland / zum raub gesetzet werde / frembden Völckern / die das gelt zuvor naus haben / mögen Land unnd Leut darzu nemen.

Das derwegen Fürsten unnd Herrn wol so viel daran gelegen ist / als uns Predicanten / guter Policey unnd gemeines nutz halben / das sie sich neben uns wider den Hosenteuffel legen / und mit gewalt wider aus Deutschland jagen / inn das loch do er raus krochen ist. Wie Fürsten und Herrn / solten auch dem anderen bracht / unnd uberfluß der kleider / steurn unnd wehren / das wil ich jetzunder hie mit nit einmengen / sonder inen selber / unnd andern hoch verstendigen leuten / sonderlich aber den Hof Predigern / do ir Herrschafft in dem nachlessig und seumig / befolhen / und sie ires ampts erinnert haben.

So fern sich mein beruff unnd ampt erstrecket / wil ich in meiner Kirchen das meine darbey thun / wie denn allbereit / nit vorgebens unnd one frucht bey uns geschehen. ⟨Eiij^v⟩

3 Teufelbücher 4

DIse kurtze vormanung aber / vom Hosenteuffel / wil ich euch meinen großgůnstigen Herrn beide stets Regierenden Burgermeister und meinen freuntlichen lieben gevatter / Herrn Caspar Witterstadt Doctor / und Herrn Michael Bolfras / dediciret und zuschreiben haben / Der meinung / das ewer gunsten / zu erinnerung und anreitzung / neben mir hand anlegen / solchem ubel wehren unnd steuren wöllen / so lang bis sich unsere hohe Obrigkeit selber ires ampts erinnern / solchen unfal mit irer gewalt wehren und steuren / Und das ich die warheit bekenn / so ist es an dem / das mir ewer gunsten ursach geben haben / diß bůchlein zu schreiben / deßwegen / das ich von euch etlich mal gehört / wie euch solch kleidung höchlich zu wider und vordrißlich / Damit ihr aber solchem ubel zu steuren vorursacht werdet / hab ich aus Göttlicher Heiliger schrifft den grund wöllen anzeigen / was für Sůnde mit solcher kleidung geschehe / wie seer sie Gott zu wider sey / und wie hart mit uns allen Gott zůrnen werde / den schůldigen mit dem unschůldigen straffen / Do auff beiden seiten / Weltlich und Geistlich Obrigkeit / nit ein einsehen haben werden / ꝛc.

        Gegeben zu Franckfurt an der Oder / am tag
           Assumptionis Mariae. M. D. Lv.
E. A. und E. W.
              G. W.
           Andreas Musculus Doctor.

Vom Gotslestern.

Vom Gotslestern.

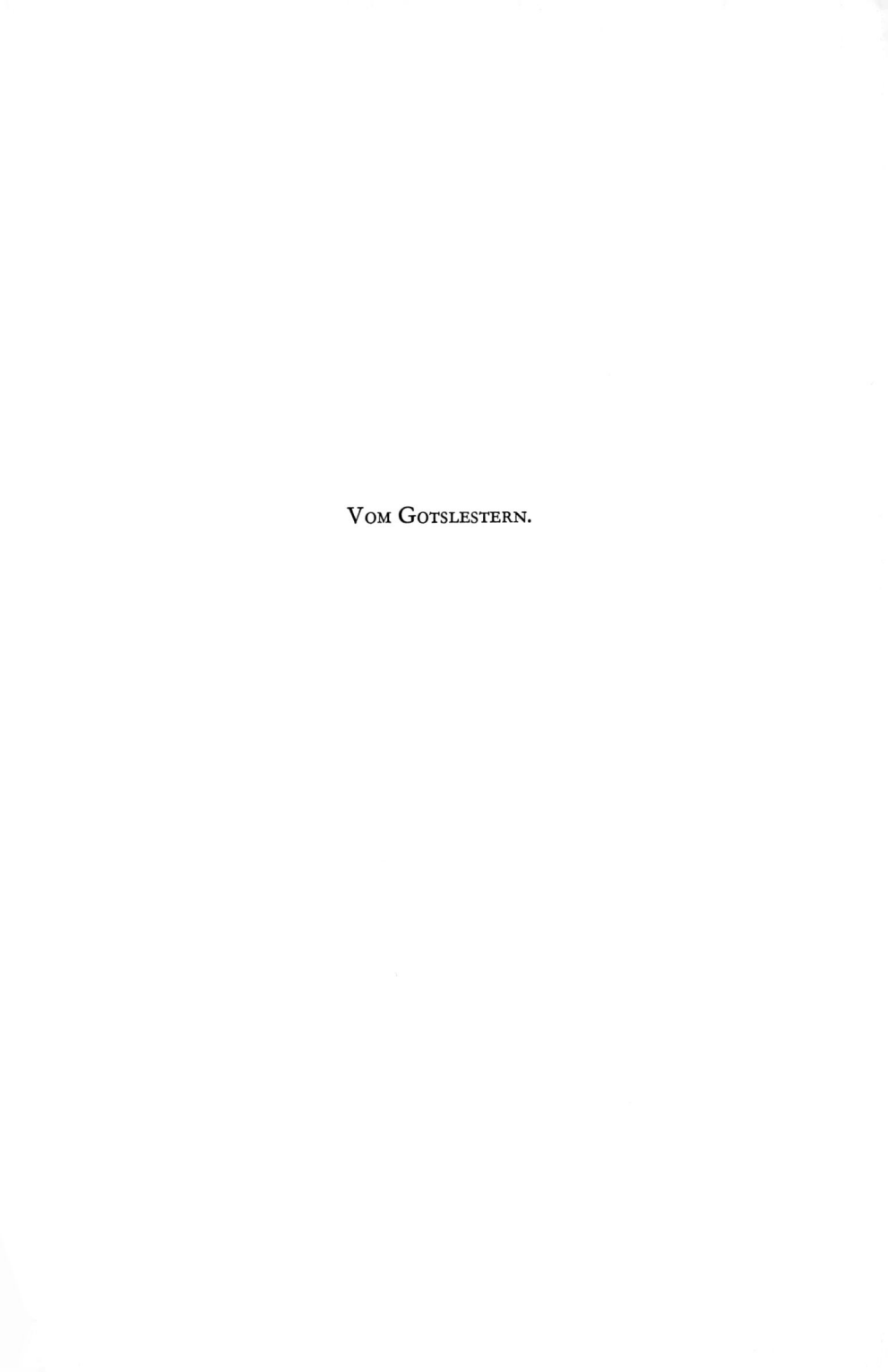

⟨Aij^r⟩ Dem Edlen / Ehrnvesten und Erbarn /
Georgen Pudewilßen zu Schwartzaw
Erbgesessen / etc. Meinem besundern groß-
günstigen Herrn und freund.

ES wissen E. E. G. als ein gelarter / und der Historien bey den
Christen und Heiden wol erfarner / das allezeit / so offt ein
grosse vorenderung / in den Monarchien oder königreichen hat
geschehen sollen / Wenn Gott ein volck der sünd und missethat halben / hart hat straffen / schwechen / oder gar austilgen
wöllen / das allezeit viel oder wenig / darnach die verendrung
und folgende straff gros oder gering gewesen / Zeichen und
Wunderwerck / als gewisse Vorpoten / Gottes erregten und
wolverdienten zorn / vorhergangen und geschehen sein. Und
ob wol inn den Historien nit viel zu finden / das sich irgend
ein Volck solche Zeichen hab lassen schrecken / von sünden
abgestanden / Buß gethan / und from worden sey / So sein doch
die Zeichen darumb nicht umb sonst oder vergebens / one bedeutung gewisser folgender straff / geschehen / Sondern haben
zu jeder zeit ir angezeiget und gedrohet unglück mit sich
bracht / und allewege ein solch ende genomen / und den
außgang erreichet / wie das gemeine sprichwort lautet / VÆ TER-
RÆ, IN QUA FIUNT PRODIGIA. Und kan in dem fall Gott keine
schuld gegeben / oder irgent ein ungerechtigkeit zugemessen
werden / als der solche Zeichen nit geschehen lest / die hertzen
der menschen damit zu verhertern / oder allein den zorn und
straff dardurch anzuzeigen / son-⟨Aij^v⟩dern welches meinung
und vornemen viel mehr ist / das jedermeniglich seine langmütigkeit sol erkennen / in dem / das er nit plötzlich und
tyrannisch (wie er doch wol aus erregtem zorn thun möchte)
bald zur straff greiffet / sonder seinen zorn neben den vorge-

henden Zeichen auffzeuhet / der zuvorsicht und hoffnung / das die Lewt durch solche erinnerung / sich bedencken / ire sůnd erkennen / im inn die schos fallen / und die auffgezuckte ruth / mit flehen / und der straff abbittung / aus der hand reden und
5 nemen sollen / damit er nachmals seinen gefasten zorn an der ruthen auslasse / dieselbig zu breche / oder gar ins fewer werffe.

Nach dem aber nun derhalben im anfang dieses 6. Jars / und sonderlich die Zwőlff tag / wie man sie pfleget zu nennen / vom Christag an / biß auff Trium Regum, welche sonst in sonderheit
10 in acht gehabt werden / als nach denen sich das gantze Jar durch und durch im gewitter vorhalte / solch gros unnd unerhőrt gewitter / so vil / manichfaltige / und erschreckliche Zeichen und wunderwerck / in so wenig und kurtzen tagen / so plőtzlich und heuffig / sich haben zugetragen / Haben wir daraus gewiss-
15 lich nichts anders oder gewissers abzunemen unnd uns zu vermuthen / denn das diß jar / ein sonderlich jar werden wolle. Und nach dem die zeichen nicht glůck / fried / oder wolfart / sondern allezeit groß unglůck / Krieg und gefehrlich vorenderung der reich / bedeuten / das auch sonderlich unfahl dis jar
20 sich erregen / und Gott die offt aufgezuckte ruth endtlich / nach grosser langmůtigkeit / zum streichen fassen werde / und doch gleichwohl zum uberfluß / noch mit so viel erschrecklichen zeichen / uns unser sůnd erinnert / und als ein getrewer gůttiger Gott / der mehr lust und lieb hat zum leben als zum
25 thod / zur buß und besserung / locket und reitzet. ⟨Aiij^r⟩

Das aber nach solchem erschrecklichen ungewitter und wunderzeichen / auch zum uberfluß / ein Comet am Himel etliche wochen / sich hat sehen lassen / sich mit dem schwantz oder straal in alle winckel und ecken gewendet / und sich so
30 seltzam vorendert / das auch die / so der gestirn und Himelslauff erfaren / etwas irr darůber worden sein. Ob es aber etwas anders oder geringers bedeute / dann eben das / das Gott gleich / in diesem Cometen / seine eigene hand aus dem Himel raus recke / und die ruthen darein gefasset habe / mit ausgestrecktem
35 arm die ruthe weise und anzeige / wie er mit feusten drein

Fluchteufel

schlahen wil / unnd den lang gedroeten zorn ins werck brengen / das will ich die Astrologos lassen streitten und fechten.

Das es aber fast meins bedůnckens da hin naus wil / zeiget genugsam an die gegenwertige růstung / nit allein des Tůrcken und Bapst / sondern auch der Deutschen Fůrsten unter sich selber / Dann zu besorgen / wo bruder Veit / dißmal wieder in harnisch krieche / es werde nit so gering abgehen als zuvor / Gott weis den ausgang / der erhalte seine Kirch / und erbarm sich uber arme und unschůldige leuth.

Do es denn nun an dem ist / das wir nach solcher erőffnung Gottes zorn / noch ein wenig zeit im vorrath haben / das wir uns mit Gott / des angezeigten unglůcks halben / in freundlich und gůtig handlung legen und einlassen kőnnen / wie der liebe und getrewe Gott dann / mit auffziehung der straff / darauff gewißlich wartet / unnd hertzlich gern gůtige handlung und vortrag leiden will / solten die fůrnembsten unnd gelertesten Theologi / inn den grossen Stedten / sonderlich aber die Hoff prediger / solche gůtige handlung iren Obrigkeiten / Fůrsten unnd Herrn anbieten / gelegenheit und weis anzeigen / wie und ⟨*Aiij*ᵛ⟩ welcherley gelegenheit Gott zufrieden gestellet / und der gefaste zorn im abgeteidiget und benomen werden mőchte / wie ich nit in zweiffel bin / sie werden solche erschreckliche zeichen ires Ampts sich erinnern lassen / und neben Gott und seinen Zeichen / den zorn und straff erőffnen und ausschreyen / und allen fleis furwenden / damit zur Buße und besserunge endtlich gegriffen werde. Do aber solches / meiner gentzlichen gewissen hoffnung nach / geschehen wird / bin ich in gewisser zuvorsicht / da darauff ein gegenwehre / gegen dem zunahenden Feind der Christenheit fůrgenommen wird werden / Gott werde uns einmal glůck und sieg wieder den Tůrcken vorleihen und geben / welches ohne das in keinen weg zu hoffen oder zu gewarten ist / sintemal ein Teuffel den andern nicht gern schlegt / Und do wir Gott one Buß und besserung in die ruthen fallen / als die ungeratene Kinder / werden wir

Gott nur als der grimmicher und zorniger machen / und dem Türcken den sieg und victorien / selber mit uns hinab bringen / und in die hende geben / welches Gott genedigklich abwenden wölle / Amen.

Was aber meine Person belanget / der ich von Gott nicht zu solchem hohen beruff gefordert und gesetzt / Damit ich dennoch etwas / und vieleicht das aller geringste darbey thue / und der gantze handel des vortrags und ablegung Gottes zorns darauff beruhet / das wir anfencklich die ursach alles unfals und Gottes zorns / als nemlich / unsere Sünd und missethat erkennen / Habe ich zu befürderung solches fürnemens / nur eine Sünd für mich genommen / von welcher wegen / als in der geringsten / Got zu grossem zorn erreget / Dieweil aber dieselbige / gar für keine Sünde jetziger zeit / sondern für ein tugent und wolstand geachtet wird / mich des nach meinem höchsten ⟨A 4r⟩ vermügen und vorstandt befliessen / die selbige als die gröste sünde / und eine sonderliche und ubertreffliche ursach alles unglücks / jtziger zeit Deutschland und der gantzen Christenheit zunahend / zu erweisen und zu erklären / damit nicht allein in gemeinem hauffen jederman solche erschreckliche sünde erkenne / sondern auch furnemlich die Obrigkeit / welche solche missethat für keine sünde neben den Unterthanen helt / welches aus dem klar genugsam ist / das auch mit der aller geringsten straff von der selben solche sünd nicht gestrafft wird / durch solch mein gering und einfeltig / aber getrewe und wolmeinende vormanung / solche erschreckliche Sünd zu behertzigen / und der selben mit aller straff zu wehren und zu stewren / verursacht werde / damit solche grausame sünde aus dem mittel der Kirchen Christi weg genommen / und Gottes zorn zum teil gestillet werde / das wir lenger im friede Gottes wort mit einander / sampt unserer auffwachsenden Jugent / mügen hören und lernen / und durch das erkentnis im wort des Sons Gottes / mit einander zur ewigen seligkeit komen / Auch glück / sieg und victorien wieder den Türcken inn des haben mügen.

Fluchteufel

Das ich aber solch mein gering erbeit E. E. G. habe zuschreiben und dediciren wöllen / hat mich darzu verursacht der gros mißgefallen / so ir an solcher sünd und Gots lestrung traget und habet / wie ich das wieder alle meine hoffnung / an einem Kriegsman sonderlich / mit frewden von euch erkant habe und genugsam erfaren in der kurtzen zeit / so ich mit euch umbgangen / und in kuntschafft kommen bin / Wie ir mich dann auch rathweis in dem ersuchet / nach dem ir mit kriegs verpflichtung behafftet / und mit solchen Leuten unvormeidlich umbgehen must / bey welchen solche / und der gleichen andere sünde mehr / ⟨*A 4ᵛ*⟩ als Tugendt gebreuchlich / wie ir in dem one verletzung ewrer Gewissen / müget ewrem Beruff nachsetzen und folge thun. Das ir aber solches alles bey mir ernster meinung / und nicht mit vergeblichen worten (wie jetzunder bey vielen gebreuchlich) gesucht habt / bin ich deß bey mir genugsam versichert / das ir auch euch alle Tomos oder Bücher Lutheri hochseliger gedechtnis zu kauffen / und euch zuzuschicken (welches dann auch geschehen) bey mir fleißig ansuchen gethan habt / das ich bey euch das Christlich fürnemen vermerckt und vorstanden habe / welches jetzunder bey wenig Kriegsleuten gespüret oder vormercket wird / welche sich umb die heilige Schrifft und Religion nicht fast sehr bekümmern / das ich deßwegen nit allein in guter und gewisser hoffnung bin / das euch solch Büchlein angenem sein werde / und auch von euch in vieler Kriegsleut hende kommen und werde ausgebreitet werden / sonder das es auch euch zu bestetigung und mehrer anreitzung / zu aller Gottförchtigkeit dienstlich und förderlich sein werde. Und thue hiemit E. E. G. in die Genad / schutz und schirm der höchsten Majestet befehlen / mit wünschung reicherer zunemung im erkentnis des Herrn Christi / und mehrung Gottes forcht und lieb / AMEN. Gegeben zu Franckfort an der Oder / den 1. Martij / im 1556. Jar.

      E. E. G.
        W.
          Andreas Musculus Doctor. ⟨*Bʳ*⟩

Von dem unchristlichen / erschrecklichen / und grausamen fluchen und Gottslestern / trewe und wolmeinende vormanung / und warnung.

WIe in den letzten tagen / nach der weissagung des Herrn Christi / die boßheit soll uberhand nemen / wachsen und auffs höchste steigen / und die selbige zeit / nach der prophecey des Heiligen Pauli / gar gefehrlich sein sol / von wegen / der ubertrefflichen untugent / sünden / und schanden / das hat uns der liebe und getrewe Gott / neben / und lang für solcher weissagung / durch den Propheten Daniel / fein sichtbarlich und augenscheinlich lassen abcontrafehen und fürmalen / In dem gesicht und bilde / so der König Nabuchodonosar im traum gesehen hat / welches heubt war von gold / die brust von silber / der bauch von ertz / die schenckel von eisen / und die fûs / eins teils eisern / und eins teils thönern / Welches gesicht Daniel / aus offenbarung Gottes / aus leget und deutet / auff die vier Monarchien oder Königreiche / Der Asyrier / Meder und Persier / der Krichen / zum vierdten und letzten / der Römer / Inn welchen Königreichen / ⟨B^v⟩ wie es die historien ausweisen / die Welt immer ist erger worden / und vom gold letzlich gar auff den thon und koth kommen / auff welchem nu ein solche schwere last nit in die leng wird stehen können / sonder wenn die thönern füß nur ein wenig werden angerüret werden / das als dann die gantze last sincken / und auff einen hauffen fallen werde.

Das aber nun eben diese zeit vorhanden / und wir jetzunder in der selbigen sein / und leben / inn welcher das bild nicht allein auff thönern / sonder gar auff kotichen füssen stehe / aber nit inn die leng und ferne bestehen kan / und ferner nichts zu gewarten / dann daß alles durch einander gehe / sein wir inn

dem / alle semptlich und einstimmig / unser eigen Propheten /
und unsers eigen unglücks verkündiger und weissager /
schreien / klagen und sagen zu gleich / die boßheit sey auffs
höchste gestiegen / alle untugendt habe den höchsten grad
erlanget / die Welt vormag noch kan nit erger werden / und ob
Gott gleich die Welt / noch ein zeitlang auffhalten / und inn
seiner macht und gewalt / das bild (do es sonst nit wol müglich)
noch etwas lenger auff den weich thönigten und dreckitten füssen wolt stehen lassen / so werde doch die Sonn am Himel /
solche auffs höchst gestiegene boßheit / nit mehr ansehen / und
die erde nit lenger tragen können. ⟨Bij^r⟩

So fern haben wir es nun / Gott lob / bracht / inn diesen
letzten und aller gefehrlichsten zeitten / das wir sehen / oder
viel mehr greiffen und fülen / das die Welt auff den höchsten
grad aller boßheit / gestigen / was hoch steiget das fellet hoch /
es werde müssen brechen / bey solchem wehklagen bleibt es
stecken / do wir es unser grossen anligender gefahr und noth
halben / hin bringen solten / das können wir noch zu keinem
anfang bringen / das wir alle / und ein jeder für sich / sein leben
bessert / sich in diese gefehrliche zeit / unnd böse tag schicket /
mit buß und besserung des lebens / Ein jeder wirfft sein sünd
(wie der Heid sagt) hinder den rücken / und spiegelt sich in des /
an ander leut gebrechen / schreiet und wehklaget darüber / keiner aber fenget an im an.

So hat die Obrigkeit das schwert auch niedergelegt / sicht
durch die finger / hat den prilnmachern ir handwerck auffgehoben / lest alle grewliche sünde gehen / wachsen und steigen /
Denn wo keine straff ist / do ist auch keine forcht / wo aber
kein forcht ist / wie der Heid saget / LICENTIA OMNES DETERI-
ORES SUMUS, do kan es nicht anders zugehen / mutwillen
wechst / die untugent steiget auffs höchste / und nimmet uber
hand. ⟨Biij^v⟩

Das ich aber mein wehklagen auch darzu thue / so stimme
ich gentzlich mit solchem gemeinen geschrey und wehklagen
uberein / und halte es auch mehr denn gewiß darfür / das nicht

allein alles böses auffs höchste gestiegen / sonder auch kein
laster mehr dahinden sey / welches der Sathan / noch für dem
jüngsten tag / (so lang sein zeit noch weret) aus der Hellen
mag oder kan herfür bringen / und ich deßwegen diese jetzige
zeit / mit gemeiner Prophecei unsers eigen wehklagens / halte
und achte / für die letzte / und aller fehrlichste / welche nu
mehr nit erger werden mag / Und das ich nach zulassung des
Heiligen Pauli / auch ein wenig meines sins und gutdüncken
mich gebrauche / unnd an dem ist / das der Sathan für dem
jüngsten tag / alle seine boßheit und gifft zuvor werde heraus
giessen / und nichts dahinden behalten / halte und acht ichs
gentzlich darfür / (ich will einem andern sein gutdüncken /
auch lassen gut sein) das albereit die aller gröbste und letzte
boßheit / welche der Teuffel zum stich gesparet / dem Heiligen
Evangelio / und dem Reich des Herren Christi / zum valete
damit schaden zu thun / und sich zum letzten doran zu vorsuchen / herfür kommen / seinen Sturm an dem Herrn Christo
und seiner Kirchen / angelauffen habe. ⟨Biij^r⟩

Welche letzte und aller ergeste sünde Gott am hefftigsten zuwieder / ist on allen zweiffel / die erschreckliche unnd grewliche
Gotteslesterung / welche zuvor der massen als jetzunder / nit
inn der Welt gewesen / oder je erhöret worden ist / Es haben
die Heiden auch ire flüch und lesterung gehabt / des gleichen
unsere vor Eltern / aber der grausamen Gotteslesterung / so
jetzunder inn allen Stenden / bey jung und alt gebreuchlich /
hat Got noch die thür / bis auff diese zeit / nit wöllen öffnen
lassen / sondern inn der Hell beschlossen gehalten / welche nun
also herfür gebrochen / und als lang verschlossen / mit grosser
gewalt uber hauffen heraus gefallen ist / das sie gantz Deutschland / und sonderlich die örter und Stedt / do das Heilige
Evangelium Geprediget wird / also eingenomen und erfüllet
hat / das auch nun ferner / fast bey jedermenniglich / das dritte /
oder ja vierdte wort / ein grewliche Gotteslesterung ist / und die
Deutsche sprach nit mehr sich will reden lassen / oder lieblich
lauten und klingen / sie sey dann mitt Gotteslesterung dick und

Fluchteufel

feist gespickt / welches lesteren und schenden / nu für kein sůnd / sondern für ein zier und schmuck der red geachtet wird / Das auch die junge kinder / als mit dem a b c bald von der wiegen an / damit auffwachsen / und viel ferti-⟨*Biij^v*⟩ger und geleufftiger sein / in mancherlei art und weis zu fluchen / als inn den artickeln des Glaubens / und Vater unser oder Gebet / an welches stadt / die Gotteslesterung getretten und komen ist / Dann die Hausvåter können solch lesterung / in iren heusern / von irem gesind und kindern / auch wol am tisch / on allen vordrus / anhören / nicht anders als hieß fluchen / beten / Die Obrigkeit hat / wie die Schlang / gegen solchem fluchen / auch die ohren zugestopfft / wils nit hören / und ob sie es höret / für kein sůnd helt und rechnet.

Und das ich diese sůnde für ein sonderliche / und für die letzte / so sich bis auff diese zeit vorhalten / achte / bewegt mich erstlich solchs zu gleuben / das sie gar new / und sonst bei keinem Volck / noch bis auff diese stund / auch in keiner andern Nation oder sprach / als allein in Deutscher gehört / Und darnach nirgent gemeiner unnd gebreuchlicher ist / als wo das Seligmachende liebe Wort Gottes Gepredigt wird. Und zum dritten / nicht one sonderliche Gottes vorhengung / mit und neben dem Evangelio / innerhalb 40. jarn auffkommen ist / als dem Wort / und Reich Christi zum letzten und erschrecklichsten anstos. Zum vierdten aber / das ich nicht acht / das ein grössere sůnde sein kan / oder auch an tag kommen / als diese jetzige regie-⟨*B 4^r*⟩rende Gotslesterung / welche doch inn kein wege / und fast von niemand für ein sůnd wird gehalten.

Man hat für unsern zeiten in allen Kirchen gescholten / inn der Marterwoch vorflucht und vormaledeiet / den vorrheter Judam / und die andern Juden / so den Herrn Christum zum Creutz und todt bracht haben / Man hat sich auch vorwundert / das sich nit die erden auffgethan / oder das fewer vom Himel gefallen sey / unnd solche vorrheter und mörder des Sons Gottes / vorschlungen und vorzeret habe / welche doch den Herrn aus unwissenheit zum todt vorurtheilet / wie solchs der Heilige

Petrus von inen zeuget / und Christus auch selber bittet / fůr die / so in gemartert / und ans Creutz gehenget haben / als die nit gewust / was sie gethan haben / Aber do jetzunder unser erlőser und seligmacher / wissentlich / mutwillig / vorsetzlich / als ein erkanter Herr der ehren / und Son des lebendigen Gottes / als ein Heiland der gantzen Welt / tausent mal grewlicher vorwundt / gemartert / vorschmehet / gelestert und geschendt wird / Do wil sich kein mensch finden / der inn dem mitleidung habe / dem solche grausame lesterung zu wieder were / denn es ist nun mehr ein wolgefellig / lieblich und zierlich red daraus worden / Der Herr Christus hatt noch ⟨B 4ᵛ⟩ etliche Weiber / do er ausgefůret wurde / die in beweineten / aber jetzunder / hőren die Eltern von iren kindern / solch martern / lestern / unnd wunden / on allen vordries / mehr mit wolgefallen als wiederwillen / Do Christus gecreutziget wurde / hat noch ein mitleiden mit im / der Hauptman / und die andern so darbey stunden / aber jetzunder da Christus vielmal erbermlicher geschmehet und geschendt wird / hőret solches die Obrigkeit one alles mitleiden zu / nemen noch wol die lester spieß selber inn die hende / vorwunden / martern / und thőtten.

Hatt aber Gott die / so seinen einigen Son ermordet / und doch wie oben angezeiget / aus unwissenheit / so grausam und erschrecklich heimgesucht und gestrafft / wie das die vorgehende weissagung des Herrn Christi / Matth. am 24. cap. anzeiget / und von wort zu wort erfůllet ist / wie das die historien erweiset / und wie es Josephus ein Jud / welcher selber bey der vorstőrung gewest / beschreibet / Und nun lenger als funfftzehenhundert jar / alle ire nachkůmbling in gleicher straff / von Gott vorstossen / und als elende leut / in alle lender zustrewet sein / Was lassen wir uns důncken / unangesehen das wir es jetzunder gar nicht achten oder behertzigen / was fůr ein grau-⟨Cʳ⟩samer zorn uber Deutschland fallen / wie greulich Gott die straffen und heimsuchen werde / die wie oben angezeiget / mutwillig / vorsetzlich und wissentlich / auffs new / und des wegen Got verdrißlicher / den Herrn Christum viel erger

Fluchteufel

zumartern und zureissen / der doch für sie gestorben ist / welches Wort und Evangelium / sie doch mit dem mund bekennen / Das jetzunder nu mehr keine gliedmas an dem Heiligen und Gebenedeiten Leib des Herrn Christi sein (welche auch von den Juden unvorseret blieben) die jetzunder von den Christen / nit zurissen / vorwundt und zumartert werden / wie das jederman besser bewust und bekandt ist / dann das es von nöthen stückweis zu erzelen / Und wiewol mir von hertzen grawet / wenn ich nur gedenck / an die schentliche Gottslesterung / und deswegen weniger lust habe / solche aus der federn auffs papir zu bringen / kan ich doch nicht unterlassen / damit aus einem exempel erwisen werde / wie doch die Gottslesterung gestiegen / und wie erbermlich der Herr der ehren / der uns mit seinem thewren bluth erkaufft hat / zurissen / gemartert / und verwundet werde / Das jetzunder auch bey dem Ingeweid des Herren Christi / weil die andern Gottslesterung / bey den anderen geliedern Christi / nun etwas ge-⟨C^v⟩breuchlich und alt sein / geflucht unnd gelestert wird / Gott wöll mirs gnediglich verzeihen / das ichs nennen mus / Do aber nun solche erschreckliche Gottslesterung so hoch steiget / das einem fromen Christen das hertz darüber erkaltet / und wunder ist / das die erden nun sich vergessen hat auffzuthun / und solche puben mit leib und seel nit verschlingt / so sie doch zuvorn viel geringere sünder inn sich gerissen hat / Und die Obrigkeit auch darzu still schweiget / und sich nicht inn der aller geringsten straffe lest vormercken / Will nun ferner die last alle auff uns / die wir im Predigampt sein / liegen und beruhen / do wir auch ferner still schwiegen / Gott vorursacht würde / den Hirten mit den reudigen schaffen / unnd lesterpöcken zu straffen.

Was aber uns in sonderheit diß laster / so inn der Welt nun unstrefflich / auffs herttest anzugreiffen vorursacht / ob wir nit grossen danck dardurch bey der Welt vordienen / das sie gleichwol weis / das wir ampts halben / und bey vormeidung grösser vordamnis / dann inen mag wiederfaren / darzu getrieben und gezwungen werden / will ich die harte Predigt

4 Teufelbücher 4

der höchsten Majestet / von wort zu wort setzen / wie die sel-
⟨Cij^r⟩ bige lautet im Propheten Ezechielis am 3. capit. do
Gott also saget zu uns allen / welche er zum Predigampt be-
ruffen und angenomen hat.

Ich hab dich zum wechter gesetzt uber das haus Israhel /
du solt aus meinem munde / das wort hören / und sie von
meinet wegen warnen / Wenn ich den Gottlosen sage / du must
des todes sterben / und du warnest in nicht / und sagest es
im nicht / damit sich der Gottlose für seinem Gotlosen wesen
hütte / auff das er lebendig bleibe / so wird der Gottlose umb
seiner sünde willen sterben / Aber sein bluth / will ich von
deiner hand fordern / Wo du aber den Gottlosen warnest /
und er sich nicht bekeret / von seinem Gottlosen wesen und
wege / so wird er umb seiner sünde willen sterben / aber du
hast deine Seel errettet.

Was deswegen nun mein Person belangt / nach dem ich auch
von Gott / wiewol gar unwirdig / zu diesem ampt beruffen /
welchem Gott so grosse gefar und last auffgelegt / und mich
solches urtheils hart zu befôrchten hab / und one das / mit
mir selber / und meinen eigen sünden / leider mehr dann zuviel
mit Gott zu thun habe / das ich mich nit darff mit frembden
sünden beladen / oder der ⟨Cij^v⟩ selbigen durch ferner stilschweigen / teilhafftig machen / hat mich mein beruff / ampt
und gewissen / auch die grausamen / erschrecklichen zeichen /
so in diesem newen jar anfenglich / etliche tage an viel orten
geschehen und gesehen / neben der erschrecklichen zunahung
des Türcken / darzu vorursacht / das ich ausserhalb meiner
Kirchen / nach dem uns Gott so vielfeltig seinen zunahenden
grossen zorn anzeiget und weiset / auch mit einem öffentlichen
schreiben / mich meines ampts hab müssen verwaren / Weil
ich mich aber zu gering befinde / weitleufftig / und wie es wol
von nöthen nach der leng / von diesem grausamen laster zu
schreiben / hoffe ander leut / die es thun können / werden solchs
ausrichten / wil ich mich nit unterstehen / radt und weis anzuzeigen / wie solche laster / so nun zur tugent worden / und viel

Fluchteufel

mühe kosten wil / auszurotten / soll von der hohen Obrigkeit gestrafft / unnd ausgetilget werden / damit wir den angezeigten zorn von uns abwenden möchten / sondern will mich allein deß auff dißmal befleißigen / dieweil diese Gottslesterung für kein sünd gehalten / und darumb auch nit gestraffet wird / Ob ichs mag zum wenigsten erweisen / was für eine erschreckliche Sünde die Gotslesterung sey / nicht ein gemeine / sondern die ⟨*Ciij*ʳ⟩ aller gröste / uber alle Sünd und missethat zu straffen / und mit allen martern und peinen / so man erdencken mag / billich außzurotten. Wenn ich das kan erhalten / und bey ettlichen erheben / will ich Gott dancken / und mich düncken lassen / ich hab das meine zum teil gethan / Vorliere ich aber mühe und arbeit / so will ich mit Noha und Loth / den spot gern zum lohn nemen / und gleichwol mich inn meinem Gewissen freyen und versichern / biß so lang uns Gott den Türcken / oder ander unglück uber den halß schicke / und mache uns das zur Sünde / was wir jetzund für tugend halten.

Die Jüden erkantens auch nicht ehe / biß der Römer Vespasianus / und bald nach im Titus sein Son kam / und Jerusalem / neben dem gantzen Land / zum steinhauffen machet / Wir werdens auch nit ehe inne werden / es falle denn Deutschland / in welchem so erbermigklich der Son Gottes / ohne auffhören für und für / gemartert / getödet / gelestert und geschmehet wird / uber einen hauffen / Als dann wöllen wir aller erst / aber wenns zu lang gehart ist / erkennen / waran wir es gessen haben.

Nun wöllen wir entlich zu unserem vornemen greiffen / und uns unterstehen / mit Gottes hilff ⟨*Ciij*ᵛ⟩ und gnad zu erweisen / das fluchen und gottslestern / nit beten heist / wie es jetzunder wird geachtet / und nicht eine schlechte sünd sey / die gar nicht / oder ja mit geringer straff / von der Obrigkeit / und allein an den armen und geringen gestrafft wird. Die grossen hansen aber / die am besten und sersten fluchen können / die setzet man zu grossen emptern / die müssen duppelt / zehen und zwentzig feldig solt haben / die müssen befelch haben / Fenderig und Heuptleut werden / mit denen wöllen wir jetzunder den Türcken zu Constantinopel heimsuchen / und mit einem Teuffel den andern schlagen.

I.

Das die Gottslesterung eine Sünd sey / und grosse schmehung / deß grossen geheimnis / der Menschwerdung / des Sons Gottes.

JOannis am 3. capit. sagt Christus / Also hat Gott die Welt geliebet / das er seinen einigen Son gab / auff das alle die an in gleuben / nicht verloren werden / sonder das ewig leben haben. ⟨C 4ʳ⟩

Das ist das grosse geheimnis unnd werck / welches auch die Engel nit genugsam können anschawen / das sich der Son Gotes / aus der schos seines Himlischen Vaters / zu uns herab gelassen hat / inn unser arm fleisch und bluth / ist Mensch worden / und uns durch sein Leiden / Sterben / Wunden und Bluthvergiessung / vom todt unnd ewigem verdamnis erlöset hatt / Darumb nennet auch der Heilig Paulus / 1. Thimo. 3. diese voreinigung des Sons Gottes mit unserem fleisch und bluth / das Gottselige geheimnis / welches ist offenbaret im Fleisch / gerechtfertiget im Geist / erschienen den Engeln / geprediget den Heiden / gegleubet von der Welt / auffgenommen inn die Herrligkeit. Und zun Ephe. am 5. capitel / zeuhet ers noch grösser und höher an / als ein groß geheimnis / das sich Gottes Son also zu uns gethan hat / das wir glieder sein seines leibes / von seinem fleisch und von seinem gebeine / das wir / wie Petrus auch sagt / teilhafftig worden sein / seiner Göttlichen Natur.

Und das ist eben das groß ding gewesen / als nemlich die voreinigung des Sons Gottes / mit unserem fleisch und bluth / darnach Abraham so hertzlich vorlangen gehabt hat / und begeret zu sehen / und hat es auch gesehen / wie Christus sa- ⟨C 4ᵛ⟩get / Joan. am 8. und sich von hertzen darüber gefrewet / Eben das vorlangen haben auch gehabt / solchs zu sehen / die gerechten und Propheten / aber nit gesehen / wie Christus sagt Matth. 13.

Darumb hat sich auch der Sathan von anfang mit grossem fleis / mühe / und arbeit / wieder diese voreinigung / der zweien Naturen in einer Person / gewaltig auffgelenet / und als bald er sich ein wenig hat lassen düncken / das der Son Marie / sey der Son Gottes / und Meßias / hat er sich nit zu ruhe geben / bis er in ans Creutz / und vom Creutz ins grab bracht hat / Do er aber nach der Aufferstehung Christi aller erst / der sachen recht vorsichert wird / und für gantz gewies erferet / das der Son Marie sey der Son des lebendigen Gottes / dem er nun ferner nichts mehr anhaben kan / der sich aus den stricken des todes gerissen hat / und nun nit mehr stirbet / vorsuchet ers auff ein andere weis / ob er diß grosse werck Gottes / der Menschwerdung des Sons Gottes / auch nach seiner Aufferstehung / könne zu nicht machen / leget sich mit vielen hohen unnd geschwinden köpffen / mit grossen und gelerten leuten / wieder diese voreinigung auff / die selbige zu nicht zu machen / zu trennen und zu reissen / oder ⟨Dʳ⟩ gar inn einander zu vermischen und zu mengen / Versucht sich auff die weis ongefer bey 500. jarn an dem Herrn Christo / bis viel unnd unzeliche Ketzer / in der zeit / den kopff an dem eckstein zustossen und zuknirschen.

Nach dem aber die Kirch und das gantze reich des Herrn Christi / eben und allein auff dis geheimnis der voreinigung der zweien Naturn in einer Person funditet und gebawet ist / auch auff diesem bekentnis bestehet / und bestehen wird bis zum ende der Welt / wieder die pforten der Hellen / und alle macht des Teuffels / wie das erweiset die historien und frag vom Herrn Christo / wer er sey / Matth. am 16. capitel / do Petrus antwort und spricht / du bist Christus / des lebendigen Gottes Son / darauff Christus antwort und spricht / Du bist Petrus / und auff diesen fels wil ich bawen meine gemeine / und die pforten der Helle sollen sie nicht uberweldigen / etc.

Darumb ist es auch dem Teuffel allein umb diß bekentnis zu thun / das er die gewalt der pforten der Helle / und alle seine kreffte / daran vorsuchet / Dieweil er aber diß fundament nicht hat können fellen / in so langer zeit / mit allen seinen rotten und secten / nur schand und spot eingelegt / ⟨D^v⟩ unnd diß bekentnis und geheimnis auff keinen weg können umbstossen / sondern der Silo / der stercker denn er ist / je mehr und mehr sein reich zustöret / und dargegen seins weit ausgebreitet und befestiget / hat sich der Sathan gar gewaltig auch an den gliedmassen des Herrn Christi vorsucht / ob er inen solch bekentnis entziehen / und aus dem hertzen brengen möchte / und das erheben bey den gliedmassen / als die etwas schwecher unnd leichter zu fellen / als der Herr Christus.

Unnd des wegen von anfang die gleubigen hart gedrenget / bis in die 600. jar ongefer / mit verjagen von haus und hoff / benemung der gütter / und auch durch grausame tyranney / verfolgung / marthern und töten / wie das die geschicht der Apostel / und historia Eccle. auch Nicephorus neben andern reichlich erweisen.

Do aber durch solche harte drengung / das bekentnis nit allein wieder die pforten der Helle unbeweglich blieben / sondern auch alle die / so auff diß fundament sein erbawet / auff keinen weg davon abzuwenden gewesen / sondern nur stercker und mutiger worden / wie das die historien ausweisen / hat er abgelassen auff die zwo obgenante ⟨Dij^r⟩ weis / sich wieder die Christen zu legen / unnd hat von solcher zeit an / bis auff diese stund / sich auff die dritte weis / an den auserwelten des Herrn Christi vorsucht / und auch den schaden der Kirchen zugefügt / mehr erhalten und ausgericht / als im zuvor je hat wöllen glücken und wiederfaren / In dem das er die successores und nachfolger Petri / die Bischoff / Pfarherr / unnd leerer / mit gelt

Fluchteufel

und reichthůmern / von der zeit Caroli Magni anfenglich / nun bis in die neunhundert jar uberschůtet / unnd eitel Epicureer aus inen gemacht / welche den Herrn Christum gantz unnd gar unter die banck gesteckt / dem Teuffel sich anhengig gemacht / unnd in / und seine reichthůmer angebetet / wie solchs noch augenscheinlich vorhanden.

Diß sein nun die drey sturm und anstöß / mit welchen sich redlich der Sathan / an dem Herrn Christo / Matth. am 4. cap. vorsucht hat / 40. tag und nacht / Erstlich mit hunger / Zum Andern / mit abfallung vom wort / do er in auff des Tempels spitze hinauff füret / Zum Dritten und zum herttesten / do er im weist auff dem berg die gantze Welt / mit iren reichthůmern / inn welcher anfech-⟨*Dij^v*⟩tung / als etwas hart / in Christus von sich abweiset / Und eben auff diese drey weis / hat im Gott auch vorhenget / die gliedmas des Herrn Christi zu versuchen / aber als wenig bey den auserwelten / als am Herrn Christo / erhalten / wie denn solch fundament / und Kirch Christi / auff diß bekentnis gebawet / bis auff uns geerbet / und unbeweglich bliben ist / unangesehen / das der Sathan durch diesen letzten sturm / ein groß loch inn die Kirch Christi gemacht hat / durch abfallung deß Römischen Stuels / etc.

Weil nun das die drey anstöß sein / mit denen sich der Sathan erstlich am Herrn Christo inn der wůsten versucht hat / und eben auff diese drey weis / und sonst auff kein andern weg von anfang bis inn die 1500. jar / Gott dem Teuffel wieder das Reich seines Sons sich zu legen / nit gestattet / Und nun aber innerhalb 40. jarn / ausserhalb dieser dreien zuvor nachgelassenen angriffen / der Teuffel auff die vierte weis / herter / schedlicher unnd erschrecklicher / die Kirch inn irem höchsten alter / und kurtz für dem end der Welt / angreiffet / mus ich inn dem mein vorstand und unwissenheit entblössen und bekennen / das ich noch zur zeit nit weis / noch erdencken kan / warumb Gott dem Teuffel in diesen letzten zeiten / ⟨*Diij^r*⟩ ein sonderlich stratagema / geferlichern / gewaltigern anstos und erschrecklicher aufflenung / wieder das Reich seines lieben

Sons / als zuvor nie / vergund und nachgeben habe / Allein das wir das fest und unbeweglich müssen halten und gleuben / das bey Got / wie sich auch S. Paulus zun Röm. am 9. cap. damit schützet / kein ungerechtigkeit ist / Gott ist und bleibt gerecht in allen seinen wercken / gehet es anders zu / dann es gehen sol / hat Gott dem Teuffel jetzunder für dem Jüngsten tag / etwas mehr nachgeben / so mügen wir es der grossen und vorgeßlichen vorachtung seines lieben Worts / und unseren ubertrefflichen sünden zuschreiben / Das hat der Teuffel 1500. jar aus vorhengnis Gottes / sich dörffen unterstehen / das er / wie oben angezeigt / diese offt genante geheimnis / der voreinigung des Sons Gottes mit unserem fleisch und bluth / das bekentnis und fundament der Kirchen / das der Son Marie / sey der Son des lebendigen Gottes / hart und gewaltig auff die drey oben angezeigte weis / hat wiederfochten.

Das er aber auch mit offentlicher lesterung / und schmehung / sich an dem Herrn Christo vorgreiffe / das ist im zuvor nie nicht gestattet / sondern wie Jacobus sagt / mus er sich entsetzen / und ⟨*Diij*ᵛ⟩ mit seiner gantzen geselschafft / zittern und beben / wenn er nur den Namen Jesu höret nennen / Zuvor hat der Teuffel / und gleichwol mit gelimpff / allein die natur im Herrn Christo zurissen / und disputirlicher weis / mit zancken unnd hadern / zutrennet unnd zuteilet / oder gar inn einander geworffen / vormischet und vormenget / der hoffnung das er das fundament der Kirchen / gar umreissen / und auff solche weis den Herrn Christum zu nicht machen wolle / Das aber jetzunder dem Sathan vorgünnet unnd vorhenget wirdt / das er seinen gifft gar auff einmal heraus schütet / und mit vollem maul / auffs aller grewlichst / und erschrecklichst / den Herrn Christum lestert / schmehet und schendet / mügen wir uns wol darumb bekümmern und darnach dencken / mit was sünd wir Gott so hart erzürnet / unnd solch groß vorhengnis vordienet haben.

Und das wir uns entlich erkleren und zu vorstehen geben / wo wir hinaus wöllen / was wir meinen mit dieser vierten nachgelassen weis / das reich Christi in den letzten zeiten anzugreiffen / wollen wir das kind bey seinem rechten namen nennen / und stehet der handel also. ⟨*D 4ʳ*⟩

Christus wie oben angezogen / Joan. am 3. capitel sagt / das Gott also die Welt geliebet / das er seinen Son herab zu uns aus seiner schos gesandt habe / welcher sich mit unserem fleisch und bluth voreiniget hat / und ist Mensch worden / und das alles darumb / und aus der ursach / das alle so an in gleuben / sollen nicht verloren werden / sondern das ewig leben haben / Denn Gott / sagt er weitter / hat nicht seinen Son inn die Welt gesandt / das er die Welt soll verdammen / sonder das die Welt durch in selig werde / so sagt er auch weitter / und mit vielen herrlichen tröstlichen worten / im 6. und 17. capitel / das das der einige / ewige / unvorendlicher wille sey seines Vaters / das jederman / so in annimbt / und an in gleubt / der sol selig werden / Wie der Heilig Paulus auch mit hohen worten sagt / 1. Thimo. 1. Das ist gewißlich war / und ein theuers werdes wort / das Jesus Christus kommen ist inn die Welt / die sünder selig zu machen / Darumb gibt im auch der Engel / ehe er noch entpfangen war inn muter leib / den namen / das er sol Jesus heissen / aus der ursach / das er sol sein ein Heiland und seligmacher / und bey seinem namen sich alle arme sünder erinnern sollen / weß sie sich zu im vorsehen / und sein trösten sollen. ⟨*D 4ᵛ*⟩

So dem nun also ist / wie es nicht weitter erklerung bedarff / und zu dieser zeit / Gott lob / jedermeniglich / aus Gottes Wort bewust ist / wil ich den Gottslesterern und schendern zu bedencken / inn ir eigen hertz und gedancken heim gestalt haben / ob sie sich nit schmehlicher / lesterlicher / einlassen / und an dem Son Gottes vergreiffen / als inn 1500. jaren irgent von allen Ketzern / rotten und seckten mag geschehen sein / wie wir solches oben angezogen haben / Denn heist das nicht ein sünd uber alle sünd / do Gott so reichlich vom Himel herab erkleret / das er inn seinem Son niemand vordammen / sonder jederman selig machen wil / Der Son Gottes stehet

mitten unter uns / und erweiset es mit der that / trit mitten unter die sůnder / nimbt sie auffs aller freuntlichst an / vorgibt in ire sůnde / isset und trincket mit inen / Das nun ein Gottslesterer das maul vol nimpt / vordammet / vorfluchet und
5 vormaledeiet seinen nechsten / bey allen gliedmassen deß Herrn Christi / welche er an sich genomen hat / das er Gott und mensch unter uns wone / unnd uns selig mache?

Heist das nicht eine sůnd uber alle sůnd / mit keiner ketzerey oder schmach / so irgent inn 1500. ⟨E^r⟩ jaren / der gantzen
10 heiligen Dreifaltigkeit / wiederfaren sein mag / zu vergleichen / das ein solcher Gottslesterer auff einen bissen so viel auff sich nimmet / und darff zugleich den Vater / den Son / und den Heiligen Geist lůgenstraffen / und das alles zum vordamnis und vormaledeiung wenden / was uns die gantze Heilige Drei-
15 faltigkeit / im Wort / zur ewigen seligkeit / hat lassen vorkůndigen und anbieten.

Wie kan oder vormag sich auch am Son Gottes / in sonderheit ein mensch / vordamlicher vorgreiffen / als das ein Gottslesterer den Leib / das Blut und Fleisch / und alle gliedmas so
20 am Herrn Christo nur sein mügen / die uns alle zur seligkeit dinstlich gewesen / nimet und gebraucht dieselbigen zur vormaledeiung und vordamnis / mit einem unvorschembten und vorlogenen maul / wieder so manigfaltige und warhafftige zusag und vorheissung / des Sons Gottes / wieder die holdseli-
25 ge freundligkeit / in welcher er alle sůnder auffgenomen hat / allezeit / und niemals einigen trostlos von sich gelassen hat. Ich meine das heist viel auff ein bissen genomen / und die Hell wol vordienet / mit solchem unwarhafftigen lestern und schenden. ⟨E^v⟩
30 Wenn solchs die Gottslesterer betrachteten / oder nur ein wenig zuvor bedechten / ehe sie also vorgeßlich heraus fůren / acht ichs gentzlich / der sachen wůrde halb gerathen sein / sie wůrden sich selber fůr solchen worten entsetzen / und ire zung im zaum halten / Aber es ist ein tugend / zier / und gewonheit
35 aus dem lestern worden / sie sein zu tiff hinein gesuncken /

Fluchteufel

PECCATOR CUM IN PROFUNDUM VENERIT CONTEMNIT, sagt Salomon / es ist in nit zu helffen / sie werdens nit ehe erkennen / biß sie ein mal sehen / wie die schrifft saget / in wem sie gestochen / weß leib / bluth / fleisch / und wunden / sie mißbraucht haben / zur vormaledeiung / zur lesterung und schendung.

Inn deß aber will ich die Obrigkeit / welche von Gott verordent das böse zu straffen / erinnert haben / sie wollen doch in dem fall bedencken / do sie solche lesterung ungestrafft lassen gehen / wachsen / und zunemen / wie sie sich mit so greulichen / erschrecklichen / frembden sünden beladen / und durch stillschweigung / wie S. Paulus sagt / zun Röm. am 2. cap. sich selber selbst schüldig machen / Wie auch die Heiden gesagt haben / QUI NON VETAT PECCARE CUM POSSIT, IUBET, Wer ein sünd weren und steuren kan / und thut es nicht / der gibt weitter ursach zu sündigen / und macht sich der sünden selber schüldig. ⟨*Eij^r*⟩

Wir lesen inn den historien / wie sich viel frommer Keiser und König / von Constantino unnd Theodosio an / so mit grosser unkost / grosser müe und arbeit / angenomen haben / wenn irgendt ein Ketzerey erstanden / wie der selbigen zu wehren / und zu steuren / Das aber jetzunder die Obrigkeit sich nichts annimbt / und lest solche / weit weit ubertreffende schmehung uber alle Ketzerey / gehen wie sie gehet / je lenger je höher steigen und wachsen / steuert und wehret nicht mit der aller geringsten straff / das kan ich nit anders deuten oder vorstehen / denn das es ein sonderliche straff von Got sey / und der Teuffel / durch vorhengnis Gottes / der Obrigkeit die augen und ohren gar zugeschlossen hat / das sie solche lesterung weder hören noch sehen / Damit er aber diese grosse schmehung / des grossen geheimnis / der voreinigung des Sons Gottes mit unserem fleisch und bluth / als der besser kan ausgiessen / ehe im die zeit vorkürtzet / und der Jüngste tag im solchs were. One das kan ich nit erachten / das sich die Obrigkeit so nachlessig / gegen dieser grausamen Gotteslesterung könte vorhalten / unangesehen / das sie Got ires ampts

trewlich erinnert / und durch so vielfeltige zeichen und wunderwerck / und durch die jetzige erschreckliche zunahung des
Türckens / ⟨*Eij^v*⟩ genugsam sich erkleret und vornemen lest /
wie er das schwerdt selber auffheben / das sie nidergelegt / und
mit beiden feusten drein schlahen / Fürsten / Prelaten / und
unterthanen / einen mit dem andern straffen wil / Und ob
vormanung / warnung / zeichen / und wunderwerck / noch zur
zeit nichts bey uns erheben / sondern alles voracht / und inn
windt geschlagen wirdt/so mügen wir doch das gleichwol vor
gewiß halten / und schliessen / wie die Heiden auch gesagt
haben / DEUS & NATURA NIHIL FACIUNT FRUSTRA, Gott und die
natur thut nichts vorgebens / Ob wir jetzunder gleich nichtes
achten / es wird darumb nicht umb sonst sein / oder aussen
bleiben / was uns Gott drewet. Und do wir Deutschen sunst
gar one sünd weren (wie wir doch tieffer als all völcker auff
erden darinne stecken /) so vordienet die einige jetzige newe
sünd / des grausamen Gottslesterens / so von der Welt anfang /
nie erhöret / und noch auff diese stund bey keiner Nation oder
volck auff erden / als bey uns allein gebreuchlich / mehr dann
zu viel / das uns Gott auffs greulichst straffe und heimsuche /
wie er uns denn zu thun drewet und weiset / und wird one
zweiffel Deutschland als ein heisser Badt zugericht werden /
auch aus der ursach / das solchem erschrecklichen schmehen
⟨*Eiij^r*⟩ unnd schenden nicht gewehret / noch von der Obrigkeit gestewert wirt / wo sie anderst nicht uber das alles auch
selber darinnen stecket.

II.

**Das die Gotteslesterung eine sünd sey /
wieder das hohe und theure werck Gottes / unserer erlösung / durch das Leiden / Schmertzen / Wunden /
Bluth / Marter / und Sterben / unsers Herrn Jesu Christi.
Das auch die Gottslesterer / vordamlicher / erger / unnd
schmehlicher / auffs new Creutzigen / Martern / Schenden /
Vorwunden / Morden / und Thödten / den Herrn
der Ehren / als die Kriegsknecht zu
Jerusalem an im gethan
haben.**

CHristus sagt Joan. am 3. cap. wie Moises in der wůsten eine Schlange erhöhet habe / auch also můste deß Menschen Son erhöhet werden / auff das alle die an in gleuben / nicht verloren werden / sondern das ewige leben haben sollen / Aus diesen worten deß Herrn Christi / ist nun wol zu vorstehen / warumb Got seinen Son hat lassen erhöhen und ans Creutz schlagen / ob es darumb geschehen sey / das man mit seinen Wunden / Bluth / Marter / und Leiden / vorbannen und vormaledeien sol / oder wie der Prophet ⟨*Eiij*ᵛ⟩ Esai. am 53. cap. anzeiget / Das er unsere kranckheit getragen / unsere schmertzen auff sich geladen / umb unser missetat willen verwundet / umb unser sünde willen zuschlagen / und die straff auff im liege / auff das wir fride haben / und durch seine Wunden geheilet sein / Das zeiget auch Joannes in der ersten Epistel am 1. cap. klerlich genugsam an / do er spricht / Das Blut Jesu Christi reiniget uns von allen unseren sünden / Und 1. Petri. 2. Er hat unser sünde geopffert an seinem leib / auff dem holtz / auff das wir der sünden los sein / und der gerechtigkeit leben / durch welches Wunden ir seid heil worden.

Es ist an dem / das der Sathan / wie zuvor wider das gros Gotselig geheimnis der Menschwerdung / auch mit vielen geschwinden köpffen / rotten / secten und ketzern / sich wieder diß grosse werck unser erlösung / durch den Todt des Herren

Christi / auffgelenet hat / dasselbig durch mißvorstand und ketzereyen / zu nichte / unnützlich und unfruchtbar zu machen / Wie wol von nöten / aber jetzunder zu lang werden wolte / solchs weitleufftig zu erkleren / Das wir aber in diesem jetzigen
5 unserem vornemen bleiben / ist das gewißlich war / das alle zureissung / schmehung / mißvorstand und ketzereyen / wieder das Leiden unnd ⟨*E 4ʳ*⟩ Sterben deß Herrn Christi / gegen dieser jetziger / mehr als das Vater unser / gebreuchlicher Gottslesterung / fluchen und schenden / bey dem Bluth /
10 Wunden / Marter / Leiden / und Todt des Herrn / nichts / oder ja kinder spil gewesen sey / Dann so grob / erschrecklich / schmehlich unnd lesterlich / hat kein Ketzer dörffen heraus faren / unangesehen / wie seer er auch vom Teuffel vorfüret und eingenomen gewesen ist / das ichs bey mir nicht anders
15 kan ermessen / je mehr ich im auch nach dencke / denn das solche Gottslesterer / nit allein des Teuffels instrument und wergkzeug sein / durch welche der Sathan / inn diesen letzten zeiten / das Heilig Evangelium / wie zuvor durch mißvorstand / viel hundert jar / in den Ketzern geschehen / nun aber
20 durch offentliche lesterung und schmehung / angreiffet / sondern auch gar vom bösen also eingenomen und vorblendt sein / das sie nit gleuben in irem hertzen / wie der 53. Psalm sagt / das ein Gott sey / ein aufferstehung der Todten / oder ein ander leben / sonst one das / kan ichs bey mir nicht finden /
25 wie es müglich sein möchte / das sich ein mensch so gar vorgeßlich gegen Gott / mit solcher schendung und schmehung einlassen könte / wenn ein gedancken da were / das ein ander zukünfftig leben zu gewarten / ⟨*E 4ᵛ*⟩ und für alle unnütze wort / geschweige dann für solche mutwillige und unvorursachte
30 lesterung / solle rechenschafft gegeben werden.

Dieweil aber bey den Gottslesterern / als bey vorblenten leuthen / nichts mehr zu erhalten / oder besserung zu hoffen ist / nach dem diese sünd zur tugend worden / und nun also in gebrauch kommen ist / das die so sich drein gegeben / und
35 gewonet sein / nit wol sich darvon entbrechen können / will

ich den fromen und Gotfürchtigen / so mit solcher Gotteslesterung nit befleckt / in ir eigen gedancken heim gestalt haben / was daran gelegen sey / das man solche Gottslesterer meid und fliehe / keine gemeinschafft mit in habe / damit man sich nit irer sünde teilhafftig mache / und mit gleichem urtheil und zorn Gottes sich belade / wie der 49. Psalm sagt / Wenn du einen diep siehest so leuffest du mit im / und hast gemeinschafft mit den ehebrechern. Unnd nach dem wie der Heilig Joannes sagt / Die nicht auffgenomen / und auch nicht sollen gegrüsset werden / so nicht die rechte leer deß Evangelij mit sich bringen / wer sie aber auff nimmet / und gemeinschafft mit inen hat / der mache sich irer sünde teilhafftig / Wie viel mehr / will fromen Gottfürchtigen hertzen gebüren / sich von denen abzusündern / nit gemeinschafft mit inen zu haben / ⟨F^r⟩ die nicht allein unserer leer nit anhengig / sondern auch die selbige auffs aller greulichst und schentlichst / durch ir Gottslestern / beflecken und vorunehren / Ich achte es auch gentzlich darfür / wenn solches frome Christen bedechten / und sich solcher lesterer eusserthen / sie würden zum theil in sich selber schamrot werden / sich etwas zum wenigsten erkennen / und solcher lesterung gar enthalten / oder ja etwas messigen / Dieweil aber niemand für solchen Gottslesterern scheu treget / niemand sondert sich von inen ab / sondern jederman schweiget still darzu / isset und trincket mit inen / one alle straffung und vormanung / macht man sich irer sünde teilhafftig / eben aus der ursach / das sie durch solch stilschweigen / inn irer sünde gestercktt / und sich düncken lassen / es stehe in gar wol an / und jederman höre es gar geren von inen.

Was aber die hohe Obrigkeit in dem fall zu thun schüldig were / nach dem ich mich zu gering befinde / maß und weis anzuzeigen / wie solche sünde zu wehren oder gar auszurotten sey / wil ich sie allein ires Christlichen unnd löblichen eiffers erinnern / in welchem sie fast in allen Landen und Fürstenthumen / die Juden / als feind / lesterer und wiedersprecher unser Christlichen ⟨F^v⟩ Religion / vortrieben / und auch nit

mehr ire Lande mit einem fuß zu berůren gestatten / Und do sie sich also gegen den Juden bis hieher verhalten haben / und nun aber dargegen zehenmal erger Gottslesterer / nit allein im Lande leiden unnd dulden / sondern auch noch an
5 ihren Hôffen / wo nit gar am tisch / haben / und darzu mit sonderlicher besoldung auffhalten / was sie Gott fůr schwere rechnung darfůr werden geben můssen / one das / was ihn / iren landen und leuten / sonst Gott / solcher ungestraffter und gedulter Gotteslesterung halben / fůr unglůck und straff zu-
10 schicken wird / Und do die Obrigkeit gleich wieder die ruthe Gottes sich aufflenet / die ursach aber des zorns nicht weg nimet / und mit grosser růstung wieder den Tůrcken sich einlesset / so haben wir doch nun etlich mal erfaren / wie glůcklich es naus gangen ist / Und gehet auch / die warheit zu sagen /
15 also eben recht zu / nach dem die Obrigkeit / die Gottslesterer nicht straffet / heuffig aber zusam gefast / als an einem strick / solche lesterer wieder den Tůrcken schicket / das die selben der Tůrck an irer stad mordet / wůrget und zusebelt / damit ja solche grausame Gotteslesterung ungestrafft nit bleibe / Dann
20 was seind jetzunder unsere Kriegesleut anders / als ein hauffen lesterer und ⟨Fijr⟩ schender / das auch niemand jetziger zeit sich selber fůr ein Krigßman heldt / es sei dann / das er nur wol wunden / martern und lestern kan / und wer im Gottslestern am fertigsten ist / der ist der best / wird zu grossen
25 emptern / und zu vielfeltigem sold erfůr gezogen / Daher dann nun auch im gebrauch ist / das man die grosse kriegßleut / marter hansen nennet. Unsere Deutschen haben vorzeiten ire manschafft mit der hand / und ritterlichen thaten erwisen / die feinde mit iren wapen unnd wehren / vorwundet / gemar-
30 tert und gethôtet / jetzunder aber / ist alle manschafft / wehre unnd wapen niedergelegt / und wird der krieg mit dem maul gefůret / die feinde werden mit der zungen martern wunden und thôten / angegriffen / aber also redlich auff die scheide darůber geschlagen werden / das in keinem zug / glůck oder
35 wolfart / mehr erfaren wird.

Gott gebe gnediglich das wir es zu jetziger zeit / do sich der Türck zu uns nahet / unnd wir mit solchen marter hansen / im begegnen werden / nit auch mit grossem unnd unuberwindlichem schaden erfaren / und inne werden. ⟨*Fij^v*⟩

III.

Das die Gottslesterung eine sünde sey / wieder das gantze ampt des Heiligen Geistes / und wieder den dritten Artickel unsers Christlichen glaubens.

JOannis am 14. 15. und 16. cap. in der langen predig / so Christus thut zu seinen Jüngern kurtz vor seinem thod / gedenckt er zum öffternmahl des heiligen Geistes / vorheisset den selber seinen Jüngern zu senden / redet und prediget von seinem ampt / was er bey inen thun und ausrichten sol / als nemlich / das er sonderlich sol sein / SPIRITUS VERITATIS, ein geist der warheit / der sie und alle gleubige / sol füren und leiten in alle warheit / sie gewisser seligkeit / wieder alles zagen unnd zweiffeln vorsichern / und gleich ein gewiß unterpfandt sein sol / PIGNUS HÆREDITATIS, der ewigen erbschafft / Und zu mehrer vorsicherung des ewigen lebens / sol er bey den gleubigen imer bleiben / und inn ihn wonen / wie Paulus sagt / 1. Corint. 6. Wisset ihr nicht / das ewer leib ein tempel des heiligen Geistes ist / der inn euch ist / welchen ihr habt von Gott. ⟨*Fiij^r*⟩

Do aber nun dis das ampt ist des Heiligen Geistes / wie wir in unserem dritten Artickel des Glaubens bekennen / das er uns heiliget / und nit vormaledeiet / vorsichert der vorgebung der sünden / und nit die ungewiß macht / uns des ewigen lebens gewisslich vertröstet / und nit in zweiffel setzet / Will ich demnach die Gottslesterer in ir eigen gewissen gehen lassen / und inn ihren eigen busen lassen greiffen / das sie doch die sünd heraus schütteln / in die hand nemen / und wol ansehen /

ob es auch ein geringe sůnde sey / oder ja nit gros zu achten / das sie mit solcher Gottslesterung raus faren / es geschehe auch in schimpff oder ernst / unnd wieder alle vortrôstung / zusag / vorsicherung des Heiligen Geistes / vorfluchen / vordammen / vorunheiligen / Und die wunden / das Blut / den thod / das leiden / des Herren Christi / mißbrauchen zur vordamnis / und also offentlich und mutwillig / nit wieder ihren nechsten allein / sondern auch wieder den Heiligen Geist sich aufflenen / unnd lůgenstraffen / inn dem das sie den vormaledeyen / welchen der Heilige Geist heiliget / den vordammen / welchen der Heilige Geist gewisser seligkeit vortrôstet und vorsichert / Es were das sůnde genugsam / und mehr denn zu ⟨*Fiij^v*⟩ gros / das sie wieder Gottes verbot / richten / urteilen und vordammen / Matth. am 7. cap. Das sie sich ferner am heiligen Geist auch vergreiffen / und zu gleich wieder den selben sich aufflenen / wil ich inen zu bedencken geben / was fůr ein urtheil am jůngsten tage uber sie ergehen werde / do sie nicht ablassen und sich bessern.

Es habens ihm die alten Veter lassen sawer werden / zu schliessen unnd zu deuthen / was die sůnd in Heiligen Geist / fůr ein sůnde sein môge / welche weder hie noch dort / sol vorgeben werden / von welcher Christus sagt / Matth. am 12. und schliessen fast eintrechtig / das es sey DESPERATIO, oder FINALIS IMPŒNITENTIA, Das ist / wenn einer in sůnden on alle besserung und buß / bis inn den thod verharret / und darnach gar vorzweiffelt / welches heist in den Heiligen Geist gesůndiget / und ihm wiedersprechen / in dem / das der Heilige Geist / Gottes gnad grôsser macht / als die sůnde / heist niemand verzweiffeln / sondern trôstet und richtet auff wieder die verzweiffelung / alle zaghafftige und trostlose / Wer ihm aber wieder solchen trost des Heiligen Geistes selber die gnad abschneidet / und verzweiffelt / der straffet den Heiligen Geist lůgen / und sůndiget in im unvorgeblich. ⟨*F 4^r*⟩

Ich will aber hieraus nit geschlossen haben / das die Gottslesterer in den Heiligen Geist sůndigen / sonst wůrde es můhe

Fluchteufel

mit inen haben / und würde inen alle gnad abgeschniten sein / welche in doch noch offen stehet / so sie ablassen und sich bessern / Doch wil ich das hieraus nemen und schliessen / ob die Gottslesterung nit an ir selber eine sünd ist in den Heiligen Geist / so ist sie doch deßhalben ein grausame grosse und erschreckliche sünde / in dem / das sie ander leuten / welche der Heilige Geist tröstet / heiliget und wieder alle verzweiffelung / hoffnung der seligkeit gibet / solche verzweiffelung und ewig vordamnis wünschet / und gar von Gott und seiner gnad absündert / das blut / die wunden die marter / das leiden und den thod des Herren Christi / an ihnen gantz und gar auffhebet / und zu nicht macht / Und darumb ob die Gottslesterung nit an sich selbst ein sünd ist in Heiligen Geist / so ist sie gleichwol eine solche sünde / die wieder Gottes Wort / gnad und verheissung / solchs ander leuten flucht und wünschet. Ob aber nit Gott billich solche lesterer am jüngsten tag / nach dem urtheil des Herrn Christi / Matth. am 7. ca. werde schenden / lestern / vordammen und vermaledeien / die ander leut also verdammet und vermaledeiet haben / das wil ich inen inn ir eigen gewissen heim geben / ⟨F 4ᵛ⟩ zu bedencken / wöllen aber sies jtzunder nit bedencken / sich dafür entsetzen / sich bessern und ablassen / so mügen sie es sparen / bis sie am jüngsten tag sehen werden / in wen sie gestochen haben / bey welches Blut / leiden / marter / sterben unnd thod / sie ander leuth vorflucht und vordampt haben.

Ich hab aber oben bereit an vormeldet / was für ein grosse sünd / die Juden am Herrn begangen haben / so ihn zum Creutz und thod bracht haben / das sich uber solcher sünde / die fels auffgethan haben / die erden gepibet / die Son iren schein verloren / und der fürhang im Tempel zurissen / unangesehen / das sie solche sünd unwissentlich begangen haben.

So nun dem also ist / bedarff es nit mehr wort oder erklerung / sondern ist am tag / und den Gots lesterern selber unverborgen / was das dargegen für ein grausame sünd sein mus / an denen / die den Herrn der ehren / auffs new lestern / schenden / vor-

5*

wunden / martern und ermorden / viel schentlicher und erbermlicher / als zu jener zeit ist geschehen / Was auch für ein straff ergehen wird / uber theter und vorhenger / uber Obrigkeit und unterthanen / in Deutschlande / ist leichtlich zu ermessen und abzunemen / Und obs niemand beden-⟨G^r⟩ cken wil / so kompt uns Gott jetzunder zuvor / zeiget uns gnugsam an / mit dem greulichen donnern und plitzen im anfang dieses jars / mit so vielen erschrecklichen zeichen / so in diesen tagen viel und heuffig geschehen sein / was er mit uns thun wil / und im vorhaben ist / Aber es bleibt darbey / wie Christus sagt / Non cognoverunt donec venisset diluvium & sustulisset universos, man wils nicht erkennen noch zu gemüt füren / bis das wasser uber dem kopff zusam schlahe / wolt man aber Gott noch in die Rût fallen / so het die Oberkeit hoch zeit / das sie mit gewalt zur straffung solches lasters grieffen / ehe Gott das schwert und die rûte selber auff hebe / und den hirten mit den schaffen zurknirsche.

IIII.

Das die Gotteslesterung eine sünd sey / wider die heilige Tauffe / und der selbigen bedeutung / und das auch alle Gotslesterer / an Gott / der zusagung halben in der Tauff geschehen / meineydig werden.

WIe Sanct Paul, zun Romern am i. ij und iij. cap. mit vielen worten anzeigt / und solches auch David im 51. Psalm bezeuget / so hat ⟨G^v⟩ es die gelegenheit mit uns allen / wie wir nach fleisch und blut geborn sein / das wir mit unserem munde und zungen / Gottes lob und preis nicht ausreden kônnen / sondern mit dem hertzen / gedancken / sin und muth / auch mit allen gliedmassen von Gott abgewendet / in sünden entpfangen / geboren / und auch gar darinne leben / das gantz und gar / ausserhalb der wiedergeburt / nichts guts in unserem fleisch ist / und stecket / das Gott nit mehr von uns hat / als feintschafft / schmehung / allen wiederwillen / unnd wolgefallen / lust und lieb zu allem dem / was Got entgegen / Do wir aber Got so gar entfallen unnd abgestorben waren / hat er sich in seinem gelibten Son / wieder zu uns gethan / sich unsers elends angenomen / in seinem geliebten Son / in der Tauff durch die wiedergeburt / wieder lebendig gemacht / das wir nun als newe creaturen / inn einem newen leben und wandel / ihm sollen dienen / in heiligkeit und gerechtigkeit unser lebenlang / seinen Göttlichen Namen loben und preisen / wie wir den selben zuvor gelestert und vorunehret haben / Darumb unsere zunge wiederumb auch zu seinem lob und preis / vornewet und eröffnet / und mit so vielen reichen wolthaten in seinem geliebten Son / uberschüttet / das wir auch mehr denn zu viel ursach haben / ⟨Gij^r⟩ unser gantzes leben also anzustellen / damit Gott widerumb sein lob und ehr von uns bekome / das wir nicht mehr der sünden / sonder der gerechtigkeit leben.

Das wir aber als new geborne Christen uns gegen Gott also wöllen vorhalten / vorbinden und vorpflichten wir uns solches zu thun in der Tauff / vorheissen und sagen Got zu / das wir dem alten Adam widerstreben und tödten / unnd nu ferner Gott gantz und gar leben wöllen.

Do es aber diese gelegenheit haben sol / nach der Tauff und widergeburt / mit den Christen und heiligen Gottes / warfur können wir anders halten und achten / die mutwilligen Gotslesterer / als fur meineydige unnd freveliche bundt brecher / unnd vonn Gott abtrennige leut / Darumb sie der heilig Petrus wol / unnd mit iren rechten hoff farben abmalet / do er solche Gotslesterer / und ires gleichen / helt und acht / gleich als die gewaschene und geschwempten sew / welche sich als baldt wider in der nechsten pfitzen und kot sudeln / und erger vorunreinigen / als sie zuvor gewesen sein / Welche er auch ferner vorgleichet den hunden / die das als balt wider in sich ⟨Gij^v⟩

schlucken / was sie newlichst von sich gegeben haben / das mit
solchen das letzte erger werde als das erste / und inen viel besser
were / das sie den weg der warheit nie erkandt hetten / Dann
es mit solchen leuten nicht anders zugehet / als wie der herr
Christus sagt Matt. am 12 cap. Wenn der unsauber Geist von
den menschen aus gefaren ist / so durchwandelt er dûrre stedt /
sucht ruhe / und findet sie nicht / da spricht er denn / ich wil wider umbkeren in mein haus / daraus ich gangen bin / und wenn
er kompt / so findet ers mûssig / gekeret und geschmûckt / so
gehet er hin / und nimpt zu sich sieben andere geister / die
erger sind / denn er selbst / und wenn sie hinein komen /
wonen sie alda / und wird mit dem selbigen menschen hernach
erger / denn es vor hin war / Ich sags nicht gern / ich hab aber
all zu sehr sorg / es sey an der thad mehr war / als gut ist / das
solcher erschrecklicher unfal / davon Christus sagt / in sonderheit den Gotslesterern widerfare / sindtemal die thad solches
ausweiset / denn ich kan bey mir nicht finden / das der heilig
Geist / in einem solchen hertzen wone / aus welchem solche
erschreckliche Gotteslesterung heuffig / und allzeit im dritten
und vierden wort ohn allen schew unnd bedencken raus fert /
Ist aber der heilig Geist nicht bey solchen grewlichen ⟨Giij^r⟩
Gottslesterern / so folget und schleust sich selber / was fur ein
gast widerumb nach der widergeburt bey inen ein gekeret habe.
So erweiset es auch die frucht selber / als solche erschreckliche
Gottslesterung / das noch sieben ander Geister mit ein geritten
sein / und das letzte mit inen erger worden ist als das erste /
Dann wie ich zuvor baldt im anfang hab angezeiget / und wie
jderman bewust ist / nach dem zuvor / ehe das Evangelium
wider an tag komen / solche Gotteslesterung nie ist erhôrt
worden / und noch heudt zu tage in keinem Landt erhôret
wird / als eben do das heilig Evangelium gepredigt wird / wil
ich wol nicht schliessen / aber ich besorg mich gantz sehr / das
solche erschreckliche Gotteslesterung eine gewisse anzeigung
sey / der sew und hundt davon Petrus redet / der Leut / welche
Christus meldet / mit welchen es erger als zuvor worden ist /

und heist recht sieben mal erger worden / dan wer zu vor die drůse / gicht / peuel / nach der alten gebrauch geflucht hat / der macht es jtzunder siebenmal siebentzig mal erger / bey dem leyden / sterben / wunden und marter des herrn Christi. Solche unsaubere rede aber / kan nicht wol anders als von einem unsauberen / und auffs new sieben mal erger vorunreintem hertzen herkomen. Ich wun-⟨*G iij^v*⟩sche aber / und bitt von hertzen / was noch nicht in der grausamen Gotteslesterung verhartet ist / wölle solchs bedencken und sich bessern / ehe die thůr der gnaden vorschlossen werde.

Was aber die Oberkeit belanget / so zu jtziger zeit zum regiment beruffen / und solch laster hören / wachssen und immer höher steigen sehen / und gleichwohl sich noch niemand wil finden / der sich seines ampts unnd beruffs erinnerte / das schwerd in die hand nehme / und solchem grausamen / und von der weldt ahn unerhörtem laster / mit gewalt und aller heftigsten straff steuerte / wil ich den selbigen allein zu betrachten das fůrstellen / fůr waß sůnd die Gottslesterung im alten testament sey geachtet / unnd wie hart sie sey gestrafft worden.

Do es sich erstlich zu treget / Levit. am 24. cap. Das sich ein Israheliter mit einem andern hadert / in der wůsten im gezelt / und den namen Gottes lestert / wird er also baldt und grimmig gefenglich angenomen / fůr Moisen bracht / Do aber Moises noch nicht wůste / mit waß marter oder pein er solche sůnde straffen solte / ließ er in gefenglich einzihen und wol verwaren / biß er sich bey dem herrn erkůndiget / was er ime fůr straff ⟨*G 4^r*⟩ anlegen solte / do gibt im Gott den bescheidt / und antwort / das er solchen lesterer soll aus dem lager fůren / und alle die Leudt / so die Gottslesterung von ihm gehört haben / sollen ire hende auff seinen kopff legen / und alles volck sol inen mit steinen zu thodt werffen.

Und von diesem fall ahn / gibet Gott Moisi den befehl dem gantzen volck zu vorkůndigen / auff das ein jtzlicher / er sey auch waß stands er wölle / so in solche sůnd fellet / sol des tods schůldig sein / und von der gantzen gemein mit steinen zu todt geworffen werden.

Nach dem nun Moises / die sůnd der Gottslesterung / so gros und hoch achtet / das er sie auch nicht zu straffen weiß mit gnugsamer pein / unnd darumb den herrn selbst ersuchte unnd radtfraget / damit er im jo nicht zu wenig thete / Und Gott auch ein harte straff auff die lesterung / als die steinigung / leget / und auch hinfort zu halten / ernst befilt / Und ferner gewislich an dem ist / das die selbige Gottslesterung kinder spiel / (ohn allen zweifel /) gewesen ist gegen dem jtzigen erschrecklichen schenden und lestern / Waß wird doch die Oberkeit immermehr Gott am Jungsten tag mů-⟨G 4ᵛ⟩ssen fůr schwere rechenschafft geben / das die aller hôchste gestigene Gottslesterung so gar nicht gestrafft wird / und auch dieser unfal weiter daraus erfolget / weil solche sůnd nicht gestrafft wird / das sie auch nicht vor sůnd gerechnet / sonder nuhn mehr zu einer tugendt und wolstandt worden / wechst und steigt durch solche nachlessigkeit / also hoch und grewlich / daß nicht můglich ist / das Gott wird lenger kônnen zusehen / er wird in grossem grim unnd zorn mit feusten / in kurtzer zeit / můssen drein schlagen / Fůrsten / Kônige / Herrn / Landt und Leudt uber einen hauffen werffen / und seine ehr retten můssen.

Matth. am 26. cap. do der hohe Priester Christum bey dem hôchsten Eyd / bey dem lebendigen Gott / ermanet / das er frey rauß sagen soll / ob er sey Christus der Son Gottes / und der Herr darauff antwort / er sage es / und er seis auch / do zureist der hohe Priester seine kleider / zeiget auch ursach ahn / warumb ers thue / unnd spricht / er habe Gotteslesterung geredt / und darauff auch der gantze rhadt das urteil fellet / er sol des todts sterben / Solchen gebrauch aber unnd anzeigung / mit zureissung der kleider / uber dieser sůnd / haben sie ohn allen zweiffel von alters ⟨Hʳ⟩ her behalten / unnd damit zu vorstehen geben / das die Gottslesterung ohn alles mitleidung / als eine sonderliche sůnde / in grossem eiffer und grimm soll gestraffet werden.

Da aber nun aller ernst verloschen / kein eiffer bey keiner Obrigkeit / uber solche von der Welt anfang unerhörte Gotts-lesterung / mehr zu spüren oder zu mercken / sehen / hören und greiffen wir / Gottes vorgehende güte / für seinem zorn / wie vetterlich er die Obrigkeit muntert und auff wecket / das sie zur straff / und zum schwerdt greiffen sollen / inn den grossen und vielfeltigen wunderzeichen / so sich in diesem jar anfenglich zugetragen haben / Im fahl aber / do die Obrigkeit mit nach-lessigkeit zu hart uberfallen / unnd auff keine weis zur straffe zu bewegen / sehen wir darneben / wie uns Gott den Türcken an die grentz geschickt hat / und selber den hohen mit dem niedrigen / greulich heimsuchen und straffen wil / Ge-schicht es aber / so mügen wir für lieb nemen / unnd nicht hart darumb zürnen / wir habens nicht anders haben wöl-len. ⟨H^v⟩

In deß aber wöllen wir uns wieder die selbige ruthe / als die ungerathene kinder / aufflenen / wollen einen hauffen solcher grausamer Gottslesterer lassen zum Krieg / unnd gegen wehr / aus allen winckeln zusammen fordern / wer am aller scheuß-lichsten fluchen kan / der sol zum Obersten / zum Hauptman / Fenderich / und andern kriegs emptern angenomen werden / Und wollen in dem fahl eben thuen / wie man lieset in den historien / von den Hunis / welche mit grosser hereskrafft / etliche hundert tausent starck sich erhaben / unnd fast das meiste theil / Europæ jemmerlich vorheret / unnd vorwüstet / Das sie aber jedermenniglich erschrecklich anzusehen wehren / unnd die leut auch für ihn fliehen müsten / wenn sie nur ihrer ungestalt innen würden / zuschnitten und zuhackten sie inn selber ire angesicht / wie jetzunder die Braunschwiger auch in gleichem vornemen / sich so grewlich unnd unfletig / an kleidern unnd angesichtern auch vorstellen / Gleich also wollen wir solche erschreckliche leut und Gottslesterer wieder den Türcken schicken / die ihn one büchsen und mans krafft / alleine mit den unfletigen hosen / und dem erschreckli-⟨Hij^r⟩ chen Gottslesterern sollen in die flucht treiben / und wieder gen

Constantinopel jagen / wo es anders uns nicht bekombt / wie den hunden das gras / und fort gehe / wie die pauren die spiß tragen / do wir doch fleissig für bitten wollen.

V.
Das die Gottslesterung eine sünd sey /
wieder das hochwirdig Sacrament /
deß Leibs und Bluths unsers
lieben Herrn Jesu
Christi.

DEr Herr Christus unser erlöser und seligmacher / gleich do er im werck und fürnemen war / unser erlösung unnd seligmachung / durch seinen thodt / leiden / und sterben / machet er zuvor sein testament unnd letzten willen / lesset hinder ihm / seinen auserwelleten / und gleubigen / zum schatz / erbschafft / und gewisser versicherung seiner genaden / vorgebung der sünden / und ewiger gewisser seligkeit / seinen waren Leib und Bluth / und spricht wir sollen den selben Leib und sein Bluth essen und trin-⟨*Hij*ᵛ⟩cken / zu seinem gedechtnis / zur vorsicherung seiner gnad und barmhertzigkeit / wieder alle anklagung des gewissens / wieder alles verdammen des Gesetzes / und ewiger vormaledeiung / das wir ja wol / und allenthalben sollen vorsichert sein / das er uns durch sein leiden unnd sterben / vom ewigen todt erlöset / und die ewige seligkeit erlanget habe / Und diese vorsicherung / testament / und bestettigung unsers glaubens / zeuhet der Heilige Apostel Joannes / inn der ersten Epistel am 5. capitel / mit hohen unnd tröstlichen worten an / do er spricht / Das uns Gott aus grosser güthe und genade / one das / das wir durch drey zeugnis im Himel unser seligkeit uberflüssig vorsichert / des Vaters / des Sons / des heiligen Geists / auch auff erden dergleichen / drey zeugnis gelassen habe / als nemlich den Geist / das Wasser / und das Bluth.

Fluchteufel

Nach dem aber nun hieraus genugsam erweiset / warumb / und warzu der Herr Christus sein heiliges Sacrament eingesetzt / und sein testament gemacht habe / warzu es uns nützlich und dienstlich sein sol. Und auch ferner an dem ist / wie der Apostel sagt / das eins menschen ⟨*Hiij^r*⟩ testament niemand darff endern oder zubrechen / ist hieraus leichtlich zu schliessen / was die Gottslesterung für grausame und erschreckliche sünde sey / welche solchen letzten willen des Herrn Christi gantz und gar auffhebet / sein unvorendlich testament / endert / gantz und gar zubricht / und zu nicht machet / in dem das solch testament / Sacrament / Leib und Bluth / welches zur vorsicherung der seligkeit allein ausgesatzt / zur greulichen vordamnis und vormaledeiung / mit lestern und fluchen gebraucht wird / wie dann mehr als zuviel jederman bewust ist / mit was worten / und auff waserley weis / fast alle buchstaben des Abendmals des Herrn / zur grausamen lesterung angezogen werden / Das aber solche erschreckliche sünd / von niemand fast mehr / hoch und nidriges stands / von jung und alt / für sünd gerechnet wird / und nun mehr bey jedermenniglich / wie das Vater unser / gebreuchlich worden ist / das kan ich nicht anders vorstehen / als von der grossen geferlichen zeit / davon Paulus sagt / 2. Thimo. 3. und von der höchsten gestigenen boßheit / davon Christus weissaget / Matth. am 24. von welcher wegen / die tage werden müssen / der auserwelten halben / vorkürtzet werden. ⟨*Hiij^v*⟩

Dieweil aber nun die Welt in solcher sünd ersoffen / und gar versuncken ist / auch kein besserung zu hoffen / meines bedünckens / man greiff es auch an wie man wöll / so mag sich ein jeder auffs beste vorsehen / auff die berg fliehen / aus Sodoma und Gomorha raus gehen / von solchen Gottslesterern sich absündern / damit sich niemand irer sünde teilhafftig mache / und sampt inen vorunreiniget werde / Dann Gott wird seinen zorn nit lenger können auffhalten / wie wir des mehr dann zuviel anzeigung haben / Hat Gott zur zeit der sindflut zweintzig jar am hundert ab müssen brechen / von wegen der auffsteigenden boßheit / geben die Gottslesterer gar viel mehr ursach / das er die letzten tage / wird müssen vorkürtzen / und gar viel davon abschneiden.

Das auch Gott zum ende wird müssen eilen und greiffen / gibt nit weniger ursach darzu die Obrigkeit / als die unterthanen / welche durch ihr nachleßigkeit / und seumung der straff / in solcher / für Gott und den menschen / unleidlicher sünde / Gott zum höchsten zorn und grim erwecket / und das schwerdt selber in die hand gibet. ⟨H 4ʳ⟩

Man lieset in den historien / das die Juden an vielen orten / zum offtern mahl / die Hostien / so sie von Kirchenreubern bekommen / durchstochen / geschmehet / und vorunehret haben / aus gefastem und grossem neid gegen der Christlichen Religion. Solche sünd aber und missethat / wie es die historien ausweisen / hat die Obrigkeit / so offt sie darhinder kommen / hoch behertziget / und aus grossem und Christlichem eiffer / auffs aller scherffste gestraffet / Wie dann bey uns in der Marck für etlich jaren / zu Perlin auch die Juden / von wegen obgenanter ubertrettung sein vorbrandt worden.

Das aber jetziger zeit / aller eiffer verloschen / und die Obrigkeit sich der grausamen Gotteslesterung / der Hostien / des Leibs / des Bluths / unnd des Sacraments / welche gar in keinen weg mit der Juden schmehung / als viel viel mal greulicher / zu vorgleichen / sich nicht im geringsten annimmet / und mit keiner straff / auch nicht mit der aller leidlichsten erweiset / darbey man künte mercken und spüren / das sie solche Gotteslesterung für sünde hielten / Wolt Got sie hetten selber zum theil nit ein schincken im saltz / Was ⟨H 4ᵛ⟩ können wir uns anders vormuthen / wies uns denn albereit Gott gar reichlich weiset und drohet / dann grossen und erschrecklichen Gottes bald zukomenden zorn und grim / uber solche schmehung unnd lesterung / des Leibs unnd Bluths / seines lieben Sons / wo anders nicht zu besorgen / dieweil der Türck und ander unglück zu gering ist / zur ruthen / solche erschreckliche sünde zu straffen / das nit der Jüngste tag gar reg gemacht werde /

Fluchteufel

und das gestreng Gericht des Herrn Christi / solche lesterer unvorsehens auff einem hauffen uber falle / und auff ein mal zur ewigen straff weg neme / alle die so jetzunder ungestraffet / das register vol machen / die rechte und ewige straff wol vordienen / und on alle buß und besserung / im lestern und schenden so hoch auff steigen / das sie auch nit höher kommen können.

Wir haben in diesen unseren zeiten erfaren und gesehen / wie viel Fürsten und Herrn / mit grosser gefahr Land und leuth / von dem grossen mißbrauch der winckelmessen / sich haben entbrochen / die selbige aus iren Landen unnd Kirchen ausgerottet / Auch auff den Reichstagen / sich aus Christlichem eiffer / der Kirchen ⟨I^r⟩ enthalten und geeussert / in welchen solche meß gehalten / damit sie sich solcher prophanation / durch ihr gegenwertigkeit / nit theilhafftig machten / Das aber nun die Obrigkeit / die Gotteslesterung / für kein prophanation / mißbrauch / und lesterung des hochwirdigen Sacraments helt / der selbigen nicht wehret oder steuret / und aus ihren Landen nit ausrottet / (welche doch mit keiner blasphemien oder irgendt einer lesterung zu vergleichen ist) das macht mir (nit weis ich wie ander leuten zu muth ist) viel seltzamer gedancken / das ich mich nit kan drein richten / wie unnd aus was ursach der Obrigkeit die ohren / gegen solcher lesterung / so hart vorstopfet / und die augen gar zugethan sein / es ist aber zu besorgen / wir werdens allzubald mit einander erfaren und innen werden / warzu es komen und gereichen wirt / Gott erhalt die seinen / und reiß raus was ihm zugehörig ist.

Ich mus noch ein exempel anziehen / unnd dardurch erkleren das ich / vieleicht neben viel fromen Christen / ursach hab / billig zu vorwundern / wie es immer mehr zu dieser zeit zugehe / das so gar kein eiffer / bey keiner Obrigkeit / hoch und nidrig / gegen solchen langwerigen / unnd immer höhersteigendem laster / im aller gering-⟨I^v⟩sten kan vormarckt werden / und ist eben das / Für wenig vorgangen jaren / hat man das Sacrament in ein silbern oder gülden heuslein gesperret / (wie denn noch im Babstumb gebreuchlich) unnd das selbig mit

grosser pomp unnd bracht / mit vielen ceremonien und gebreng auff der gassen getragen / von einer Kirchen zu der andern / Do nun jetzunder wiederumb solcher abgethaner mißbrauch unnd prophanation / mit gewalt einer Stadt wieder
5 auff zurichten und zu halten befohlen / würden (Gott lob) sich in dem viel frommer Stedt also vorhalten / das sie lieber / alles in gefahr und vorlust setzen würden / als solchen mißbrauch wiederumb in sich dringen zu lassen / Das man jetzunder aber in keiner Stadt / weder Burgemeister noch Richter findet / die
10 solcher jetzt gebreuchlicher vorunehrung des Leibs und Bluths Christi / mit jetzt obgenanter prophanation gar nicht zu vergleichen / wehren und steuren / Eben das ist mein bewegnis / das ich schir nit weis / wo ichs hin dencken oder ziehen soll / Man findet ja inn etlichen Stedten / wiewol gar wenig / do ein
15 kleine auffachtung / auff die Gottslesterer gegeben wird / und allein bey den taglönern und holtzhawern / aber so gar mit geringer straffe ⟨*Iij^r*⟩ und einsehung / als mögen gestraffet werden zwen böse puben / so sich umb leere nusschalen auff dem schnellplatz rauffen oder schlahen / Und wil hie gar ge-
20 schweigen / das die Eltern solche Gottslesterung nit allein von iren kindern in heusern anhören / leiden und dulden / sondern auch wol ein wolgefallen zum teil daran tragen / als zur anzeigung / das aus solchen kindern / feine kerel werden sollen / welches sie mit solcher anfenglicher Gottslesterung erweisen /
25 und anzeigen / Wiewol ich auch achte / das viel fromer Eltern sein / die uber solchem Gottslestern erschrecken / und auch an den iren hart straffen / Dem gemeinen hauffen aber / hab ich sorg / thue ich nicht sehr unrecht / Denn dieweil man auff der gassen solche Gottslesterung höret / ist auch die vormutung gewiß / das
30 sie es in den heusern zuvor müssen gehöret / gelernet / und gebraucht haben / Dann also gehet es zu / wie der Heid sagt.

SIC AGITUR CENSURA, & SIC EXEMPLA PARANTUR,
CUM IUDEX ALIOS QUOD MONET IPSE FACIT.

Wie die alten sungen / so lerneten es die jungen.

Fluchteufel

Ich war im fürnemen / diese vormanung von der Gottslesterung / zu erlengern / und etwas weitleufftigers zu treiben / und wolt wei-⟨*Iij^v*⟩ter angezeigt haben / wie diese Gottslesterung auff heb und zu nicht mache / das Reich des Herren Christi hie auff erden / wie er dann dasselbig in seine sonderliche Gesetz und Statuta verfasset / in der lange predig die er thut / do er vom berg herab gehet / Matth. am 5. 6. und 7. cap. und unter andern diese statuta in seinem Reich auffrichtet und spricht / Ich aber sage euch / liebet ewere feinde / segnet die euch verfluchen / thut wol denen die euch hassen / bitet für die / so euch beleidigen und verfolgen / auff das ihr kinder seit ewers Vaters im Himel / Unnd sagt nicht / wundert / martert / lestert / schendet / etc.

In diesem fürnemen wolt ich auch haben erwiesen / wie die Gottslesterung eine sünd sey / wieder den Articktel der schöpffung / welchen es auch gantz und gar auff hebet / und Gott selber zu nicht mache.

Wolten auch ferner angezogen haben / das ander Gebot / so Got in der ersten taffel / wieder alle Gottslesterung gesetzet hat / Unnd da die Obrigkeit / einen armen dieb / umb 5. oder 6. flo. an galgen henget / den aber so gar ungestraffet lest hingehen / der Gott seine Ehr / unnd dem nechsten sein Leib und Seel mit der Gottsle-⟨*Iiij^r*⟩sterung abstilet / was sie für schwere rechenschafft darumb wird geben müssen / und was grossen zorn Gottes sie sich in dem fall belade / welches sich alles finden wird / wenn Gott wirt sagen REDDE RATIONEM, wie wir es aus gericht haben.

Das ich in solchen angezeigten articketn nit fort fare / hab ich auff diß mal meine ursach / Do ich aber werde erfaren / das sich jemand diese vormanung hat lassen bewegen / und ein wenig zur straff gegriffen / und wenn es auch nur inn einem kleinen Stedtlein / angefangen würde / so will ich meinen fleis auch weiter fürwenden / und nach der lenge / diese vormanung vollenden / Richte ich aber gar nichts aus / so mus ich auch vorlieb nemen / und mich allein in meinem gewissen zufriden geben / Es hat der liebe Noha / Loth / die Propheten / der Herr Christus und die Apostel / wol so viel mühe unnd arbeit umb sonst gethan / und wenig ausgericht / als jetzunder ein armer Prediger mag erhalten und zuwegen bringen.

Wie hoch aber Gott die lesterung seines gelibten und einigen Sons zuwieder sey / was für harte und grosse straff / uber solche sůnd / er auch von der Obrigkeit fordert / wil ich zum beschluß mit dieser nachfolgender historia / der Obrigkeit ⟨Iiij^v⟩ zu bedencken heimgestalt haben / dieweil etliche blat im druck ledig blieben.

Und hat sich ein solche geschicht bey der Stat Willisaw in Schweitz / drey meil von Lucern / zugetragen / Es haben drey spieler mit einander an eim Sontag uffm platz uff der scheiben gespielet / unter welchen einer Ulrich Schrôtter genandt / desselben tages viel gelt verspielet / angefangen ubel zu fluchen und zu schweren / Do ime aber ein gut spiel komen / hat er nicht gemeinet / das es môglich wer / solch guth spiel zu verlieren / hat trůtzig gesagt / Verlier ers / wôl er Gott im Himel erstechen / so er kan / Dasselbe spiel hat er verloren / Do stehet er auff / nimbt den Dolchen bey der spitzen und wirfft in in die hôhe / und spricht / kan ich / so wil ich den Dolch Got in leib werffen / der dolch aber ist verschwunden / und sind fůnff bluts tropffen bald runder auff die scheiben gefallen / Da ist der Teuffel mit grossem ungestůmb komen /und hat den selben der den dolch geworffen sichtiglich hin weg gefůret / die andern zween / nach dem sie ser erschrocken / haben die scheiben genomen ans wasser getragen / das blut abzuwaschen / Aber je mehr sie gewaschen / je mehr das blut geschienen / und je lenger je rôter worden ist / in des kompt das geschrey in die Stadt / leufft jederman heraus / fin-⟨I 4^r⟩den die zwen am wasser / die man nach aussagung und bekentnis der that als bald gefenglich angenomen. Es ist aber der eine so schwach worden / das er im thor umbgefallen ist / Dem seind plôtzlich am gantzen leibe grosse leuse gewachsen / die im grosse lôcher gebissen / das er davon jemerlich und schmertzlich gestorben /

Der dritte ist in der Stadt von der Obrigkeit mit dem schwert gericht / das bluth hat man von der scheiben abgeschnitten und beygelegt / das man es den leuten zur warnung weisen kan.

Diese historia aber / ist on allen zweiffel geschehen / den Gottslesteren damit anzuzeigen / was für ein erschreckliche sünd die Gottslesterung sey / gegen welcher diese angezogene historia / wol für kinder spil mag gerechnet werden / Die Obrigkeit aber damit ires ampts zu erinnern / do Gott diese drey personen so hart / eilends / und auff frischer that gestraffet hat / in der sünde / welche mit der jetzigen erschrecklichen lesterung nit zu vergleichen ist / wie sie / als von Got darzu beruffen / mit grossem eiffer und aller hertesten straff / sich gegen den Gottslesterern sollen einlassen / Im fall aber / do sie in dem seumig / wie Gott selber zur straff greiffen wolle / das einer des andern entgelten werde müssen / wie oben zum offtern mal vormelt. FINIS.

Wider den Ehteuffel.

Gedruckt zu Franckfurt an der Oder/
durch Johann. Eichorn/
Anno/

M· D· LVI·

WIDER DEN EHTEUFFEL.

GEDRUCKT ZU FRANCKFURT AN DER ODER /
DURCH JOHANN. EICHORN /

ANNO /
M. D. LVI.

⟨Aij^r⟩ Den Erbarn unnd
tugentsamen Frawen / Margaretha
Gôrg Weissens / Reginæ Doctor Bartho-
lomæi Rhadmans / und Katharinæ Servatij
Rhadmans ehliche hausfrawen / all drei
geschwistern / und semptlich meinen
freuntlichen grossgůnstigen lieben
Gefattern.
Gnad und fried in Christo Jesu unserm
HERRN und Heiland.

ES ist ein gemein und war sprichwort / wer am weg und auff der gassen bawet / der mus viel meisterns hôren und dulden / Also auch wer vielen leuten dienen / und seine / von Gott vortrauete und entpfangene pfundt unnd gaben / nach Gottes befelich / auff den wucher und wechsel austhun wil / der mus viel urteilens / und vieler wort / die im nit zugleich lieblich zu hôren / gewertig sein / und das fůr seinen gewissen lohn achten / und halten / das ers nicht jederman recht und zu gefallen machen / ubel deutung und auslegung nicht uberhaben sein wird / wie dann solch glůck noch keinem / mit waser und hôchsten gaben er auch begnadet / hat wieder faren kônnen. ⟨Aij^v⟩

Solchs mus ich mich auch in diesem jetzigen meinem vornemen / als der gewisser und mehr besorgen / eben aus diser ursach / das der Teuffel / keinem werck / keiner ordnung / und einsatzung Gottes / so feind / gram / und gehessig ist / als eben dem Ehestand / und des wegen nicht zufrieden mit denen / lest es auch ihnen nicht zu gut nausgehen / on allen zweyffel / welche vom Ehestand / lôblich / ehrlich / und Gôttlich reden / predigen oder schreiben. Aber wie dem allem /

dieweil ich mich meinem Nechsten zu dienen / mit wasser weg und weis mir möglich / in meinem beruff vorpflicht und schuldig befinde / mus ich solchs an sein stel setzen / und geschehen lassen / was ich nicht wehren / oder überhaben sein kan / und las mir an dem genügen / es gerad wie es kan / das ich bey mir selber vorsichert bin / das ich nicht aus leichtfertigkeyt / oder müssigkeyt / gleich als hett ich sonst nicht nötigers zu thun oder zu schreiben / sonder aus dieser nötiger und beweglicher ursach / diesen handel vom Eheteuffel vor mich genommen habe / als nemlich / nach dem ich nun / Gott lob / bey dreyzehen oder vierzehen jaren / nach beruff und willen Gottes / im ampt und regierung der kirchen Christi gewesen / und das in vorhörung und vortragung zweyspaltiger und vom eheteuffel zurtrenter Eheleut / erfahren und gelehrt habe / das ich mich ohn das nimmer mehr vormutet oder gleubet hette können / das der leydige Sathan im Ehestand so unmüssig were / so viel und mancherley zurüttung / zancks / haders / und jammers stifftet und anrichtet / das ich für ⟨Aiij^r⟩ mein person / solche zeyt unnd jar über / unter andern geschefften / nicht die wenigste und geringste zeyt / mit solchem unlustigen unnd vordrislichem Eheteuffels haderhendel / habe müssen zubringen. Damit ich aber mir solche arbeyt und unlust ein wenig lindern und benehmen / und vieleicht auch andern gleich des meines beruffs und ampts / in dem förderlich sein möchte / habe ich mich gentzlich lassen düncken / und auch entlich bey mir beschlossen / das ich nicht ein vorgeblich und unnütze arbeyt vorbringen würde / so ich aus Göttlicher heiliger schrifft / einen bericht und underweysung auffs papir zusammen brechte / darnach sich nicht allein meine befohlne schefflein / sondern auch viel andere fromme Christliche Eheleut / zu richten hetten / wie sie den Ehestand nach Gottes wort und einsatzung / dem eheteuffel zu wider und zu vordries / mit liebe anfahen / in unvorwandlicher liebe / friedlich darinne leben / unnd auch entlich ihr zeyt und tag darinne beschliessen sollen. Dann wie es die erfahrung gnugsam aus-

weyset / und im Büchlein nach der leng wirdt erkleret und
angezeyget werden / ist es nicht wol möglich / das ausserhalb
Gottes wort / irgent jemandt nach der vernunfft und weld
weisheyt / den Ehestand recht / friedlich / und glücklich
regieren könne / in solchen geschwinden liesten / heimlichen
tucken / grossen has und feindschafft des Eheteuffels / mit
welchen er / on ende und ablassung den Eheleuten zusetzet
und nachtrachtet / und ist eben meines erachtens / auch die
ursach alles widerwillens / zanck und haders im Ehestand /
wenn ⟨Aiij^v⟩ man in dem selbigen nicht nach Gottes wort
und ordnung / sondern nach menschlichem verstand und vernunfft / lebet und wandelt / sintemal eben aus dem / das ein
jetzliches / Man unnd Weib / sich seiner vernunfft / verstandt /
und rechtes / gebrauchet / und mehr recht haben wil / nach
der vernunfft / als ihn nach Gottes wort und ordnung ge-
büret / erwechset aller zanck / hader / und unfried / das demnach der Eheteuffel nur unser eigen witz unnd weisheyt
brauchet / als ein gewis und zutreglich mittel zu allem unlust
und widerwillen.

Euch aber Grosgünstigen unnd freundtlichen lieben Gefattern / hab ich dis Büchlein zugeschrieben / nicht der
erachtung und meinung / das ihr solches meines raths in
sonderheit benötiget / sintemal euch alle drey Geschwister /
Gott mit glücklichem unnd friedlichem Ehestand höchlich
begnadet / sondern das ich in dem / gegen euch meinen lieben
Gefattern / unnd ewren lieben Hausherrn / welche mir / und
allen Dienern des HErrn Christi / mit sonderlicher gunst /
lieb / und förderung zugethan / mich habe wollen danckbar
erzeygen / und das zu verstehn geben / das wir / als Diener des
heiligen Evangelij / widerumb lieb unnd gunst / neben
unserm Gebet zu Gott / tragen und haben / gegen denen so
uns / von wegen des HErrn Christi / forderung / und alle
dinstligkeyt beweysen. Bitte deswegen / ihr wollet solch
Büchlein willig und günstlich annemen / so viel zeyt und
weyl euch abbrechen / so nicht offter / doch ⟨A 4^r⟩ ein mal

zu lesen / in der hoffnung / das euch solchs zu mehrem glück
unnd wolfart / ewers Christlichen und friedlichen Ehestands
gereichen werde / Und hiemit thue ich euch Gott dem Vatter
unsers HErrn Jhesu Christi in seine gnad schutz und schirm /
5 sampt ewren lieben Herrn und Kindlein / befehlen / mit
fleissiger bit unnd wünschung / das euch Gott neben aller
zeytlicher wolfart / in dem erkentnis des HErrn Christi /
wölle lassen reichlich zunemen / und bis ans end / euch /
ewer liebe Herrn / und Kindlein / in dem selbigen gnedig-
10 lich erhalten / Amen. Datum zu Franckfort an der Oder /
Anno 1. 5. 56. den fünff und zwantzigsten Septemb.
     E. W. G.
      Andreas Musculus.

⟨b^r⟩ **Vom Eheteuffel.**

DAmit wir bey dem / was der titel vormeldet und mit sich bringet / auff diß mal allein bleiben / wollen wir jetzunder alles hindan setzen / und auff ein ander zeit sparen / was sunst weitleufftig und nach der lenge vom Ehestandt zu reden were / Von wem / und zu waser zeit / stell / und orth / in welcher wirde und acht er eingesatzt sey / wie Gott solche seine ordnung / in so grausamen grossem wůthen und thoben des Sathans / vom anfang bis hieher / erhalten habe. Und deßwegen uns jetzunder allein mit den heimlichen listen und tůcken des Eheteuffels / mit welchen er sich wieder Gott / und solche seine ernste / hőchste / und vornembste ordnung und einsatzung / aufflenet / einlegen und in kampff begeben / damit wir des Eheteuffels gedancken und hinderlist erkennen / fůr im fleissig hůten / und den Ehestand mit Gott anfahen / friedlich darinne leben / und glůckselig volenden můgen. ⟨b^v⟩

Auff das wir aber solches ordentlicher weise anfahen / und den gantzen handel auffs kůrtzte zusam fassen můgen / wőllen wir allein fůr uns nemmen / was Moises im ersten buch der Schőpffung im andern capitel vom Ehestand schreibet unnd vormeldet / wie die heilige Dreifaltigkeit uber dem selben zu rath gehe / nach vorgehender rathschlagung zum werck / mit sonderlichem gepreng und ceremonien greiff / Evam aus der rieben Adę erbawe / die geschaffene / und auffs schőnste formirte Evam / Adę selbst zufůre / Ehelich zusammen spreche und vortrawe. Wie fleissig aber und hinderlistig / mit waser heimischen hertzen / und schilenden augen der Eheteuffel / als ein erbfeind Gottes / auff solches alles sehe / mit was listen unnd bubenstůcken er sich auffs hőchste befleisse / solch werck / darinn Gott so grossen wolgefallen hat / und mit so herrlichem und sonderlichem gepreng umbgehet / zu beflecken / zu vorrůcken / und gantz und gar zu nicht zu machen. Diß alles wollen wir aus dem fundament unnd brunqueln ziehen / und also anfahen. ⟨bij^r⟩

Der erste angriff des Eheteuffels / wieder den vorgehenden rathschlag der heiligen Dreyfaldigkeit / do Got spricht / Es ist nicht gut das der Mensch allein sey / etc.

Anfenglich aber wollen wir die Menner für uns nemen / wie der Eheteuffel sich erstlich an die selben mache / nach welchen er sich darnach auch an den Weibern vorsuchen wird.

Darzu vorursacht uns auch der text Moisi / den wir für uns nemen / und wollen nit ehe von Weibern sagen / bis wir auff die schőpffung Evę kommen.

NAch dem Gott Himel und Erden / und alle Creatur darinne geschaffen / und am sechsten tag / nach vorgehaltem rath der gantzen Heiligen Dreifaldigkeit / den Menschen nach seinem ebenbilde geformiret unnd gemacht hat / siehet die Gőttliche Majestet / inn gleichem radschlag aller dreien Personen / nicht vor gut an / das der erschaffene Mensch soll allein sein / Sondern CONCLUDIRT und beschleust / das er ihm wil ein gehilffin machen / die stetz vor ihm sein sol. Und diß ist das fundament / anfang und ursprung des Ehestands / aus welchem leichtlich zu ermessen / wie viel ⟨bij^v⟩ hőher / herlicher und wirdiger / die zusam vorbindung zum Ehestand Mannes und weibes / zu halten und zu achten sey / als die andere vormischung / und zusam lauffung aller anderer Creaturen.

Demnach erweiset auch die erfarung / wie Gott solch sein vornemen / wolgefallen / und rathschlag / in aller Menschen hertzen / eingepflantzet habe / das sich auch ausserhalb Gottes wort / nach anleitung der natur / wo es anders recht zugehet / auch bey den aller gröbesten unnd ungehewerten Heiden / so jemals gewesen sein / allezeit zwey und zwey zusam verfüget / und in Ehestand begeben haben / die unordentliche vormischung gehasset / für unrecht gehalten / und auch hart gestraffet haben / wie dann das reichlich und nach der leng / aus der Heiden historien und geschicht zu erweisen ist. Und das ist eben diß / das Paulus zun Hebre. saget / HONORABILE INTER OMNES CONIUGIUM, & CUBILE IMPOLLUTUM, Das der Ehestand bey allen völckern in seinen wirden und ehren sey gehalten worden.

Auff diesen sonderlichen radschlag und wolgefallen der höchsten Mayestet / siehet der Sathan / nun ferner Gottes abgesagter und geschworner feind / mit schilenden / gehessigen unnd neidischen augen / gehet mit seiner geselschafft auch zu rath / ⟨biij^r⟩ wie er sich wieder Gott setzen / im zuwider sein / und solches vornemen Gottes zu nichte machen möge / Betrachtet deßwegen diese wörtlein deß obgedachten ratschlags wol und fleissig / dencket und trachtet / wie er inn die hertzen und gedancken der Menschen einen wiederspenstigen rath unnd gutdüncken werffe und eingiesse / damit sich jedermenniglich für dem Ehestand hüte / denselben für bös halte und achte / und zur unordentlichen vormischung greiffe / Gott / und seiner eigen natur zuwider.

Und daher fliessen dann die gedancken erstlich / wenn der eingepflantzte rath und gutdüncken einem Menschen fürfellet / sich mit einer zu vorehlichen / das er des teuffels rath und eingebung / mehr als Gottes willen betrachtet / und schleust entlich / es kan nit so gar gut sein im Ehestand zu leben / inn welchem so viel wiederwertigkeit / angst / mühe / und arbeit ist / achtet und schleust / das ein weib nemen nicht anders sei / als unglücks hosen anziehen / und spricht wie jener Heid saget / ET QUOD ISTI FORTUNATUM PUTANT, UXOREM NUNQUAM HABUI. Es ist ein grosse wolfart / und nicht das geringste glück / nie kein weib zur ehe gehabt haben. Aus solcher eingebung und rath des Eheteuffels / sein erwachsen und herkomen / diese gemeine / und dem Ehestandt ⟨biijᵛ⟩ zuwieder und schedliche sprichwörter / welche in irer sprach / als inn der Kriechischen besser lauten / als in unserm Deutschen.

Ein Eheweib ist nicht anders im haus / als ein dick schwartz und ungestům wetter am Himel.

Item / es ist kein weib gut / auch die aller beste nit.

Item / ein weib ist nichts anders im haus / als ein schatz voller unglůcks.

Item / wer wil seinen feind zu tisch und bet haben / wer mit zanck und hader sich wil nider legen und auffstehen / der neme ein weib.

So lesen wir auch / wie der Eheteuffel die hertzen / auch der aller weisesten bey den Heiden also regiret / vorirret / und in gantz widersinnig gedancken / wieder Gott und die natur / gefůret hat / und demnach gab Bias / einer aus den sieben weisen / einem so in fraget / ob er ein eheweib nemen solt / diese antwort und sprach / nimbstu eine schöne / so wirstu sie nit allein haben / nimbstu aber ein scheutzliche / so hastu stets ein gewisse straff für augen / und mit dieser antwort wolt er so viel zu vorstehen geben / daß nit gut sei / wie es Gott für gut angesehen hat / wie oben vormeldet / ein weib nemen / und besser sei / allein bleiben. ⟨b 4ʳ⟩

In gleicher meinung und eingebung des Eheteuffels / antwortet auch Diogenes / do er von einem jungen gesellen gefraget ward / wenn er solt ein weib nemen / sagt er / Ein junger gesell sol nicht eilen / sondern sich lang bedencken und auffziehen / ein alter man aber sol es gar lassen nach bleiben / Und mit dieser antwort vorwarff er gantz und gar den Ehestand / als bös unnd zu vermeiden. Ferner erweiset es auch diese historien / wie der Eheteuffel / das böse und auffs aller ergste machen kan / in den gedancken und hertzen der menschen / was Gott für gut ansiehet / Do einer bey den Heiden mit namen Pacuvius / seinem nachpauern Ario sein leid klaget / wie er in seinem haus so gar ein unglückseligen baum hette / an welchem sich drey seiner Eheweiber nacheinander erhencket hetten / antwort sein nachpaur Pacuvius darauff und sprach / O lieber nachbar lasset mir auch von diesem baum ein zweiglein zukommen / das ich mir auch inn meinem haus einen solchen baum auffziehe.

Wie dann wir Deutschen auch sagen / das der glückselig sey / dem die weiber wol abgehen.

Solcher sprüch und historien / weren noch mehr ⟨b 4ᵛ⟩ zu erzelen / aber wir sehens an diesen erzelten genugsam / wie wir oben angezogen haben / was der teuffel für gegenrath / und wiedersinnig gutdüncken in die hertzen der Menschen pflantze / das er auch so viel bey den Heiden erhalten hat / und das unzüchtig / vihisch und hurn leben / so gut und wolgefellig gemacht hat / das auch Lycurgus / Plato / und andere grosse leut bey den Heiden / die gesellen und menner / mit gesetzen und harten straffen haben müssen zum ehestand treiben unnd zwingen / Und auch die Römer / die doch in gutem und wolgefastem Regiment sassen / mit solchem fürnemen und rathschlag sich musten bemühen / unnd mit noth den Ehestand kaum erhalten konten.

Wie der Eheteuffel diesen rathschlag und gutdüncken Gottes vorrüttet / und mit seinem gegenwertigen rath unterdrücket hat / haben wir auch zu unsern zeiten genugsam erfaren / in der Priester / Mönchen / und Nonnen jungkfrauschafft / das auch der Ehestand in solch bedencken und zweiffel ist gesetzet worden, ob auch ein Christ in dem selben seliglich und Göttlich leben möge / Und deßwegen die leut dahin sind gedrungen worden / das sie den Ehestand als unselig / und Gott mißgefellig haben geflohen / und gleichwol in alle unreinigkeit und ⟨cʳ⟩ Sodomitisch wesen geraten seind / wie das alle München und Nonnen Clöster / und auch des heiligen vaters zu Rom eigen hoff / genugsam erwisen haben.

Wir lesen auch inn den historien / das der Eheteuffel / Gottes rath und gut düncken / so gar aus der menschen hertzen

gerissen / und seine torheit darein gepflantzet / das die Münche nit allein bös geachtet den Ehestand / sondern auch nit vor gut gehalten / das man die weiber ansehen sol / und das weiblich geschlecht / das Gott aus sonderm gutdůncken geschaffen /
5 also vornichtet haben / das sie auch vor grosser heiligkeit / und der weiber unwirdigkeit / mit besem noch gekeret haben / wo weiber gestanden oder gangen seind.

Wie man dann auch lieset von einem Münch / der sein eigen muter und schwester / die es doch mit grossem seenen und
10 vorlangen begerten / sich nit hat wöllen anschawen lassen / Das es billich einen Christen wunder nemen sol / wie doch der teuffel solchs bey den leuten hat können erhalten / und sein gutdůncken uber Gottes erheben / dasselbig mit seinem gantz hat können auffheben / so doch die wort so gar hell und
15 klar da stehen / Es ist nit gut das der mensch allein sey / wir wollen im ein gehůlffin machen die steths für im sey / etc. ⟨c^v⟩

Wie auch ferner der Eheteuffel / Gottes ordnung / rath unnd wolmeinen / auch bey denen so Gottes rath nachgesetzet/ unnd sich albereit in Ehestand begeben haben / vorunreine /
20 erweiset eines jetzlichen eigen erfarung / wie mühselig / vordrießlich der Sathan den Ehestand mache / was er vor unkraut zwischen Eheleuten sehe / das auch frome Christen solchen stand nicht allezeit zugleich für gut achten und halten / sondern bißweil auch in ungedult und widerwillen fallen / Auch
25 etliche wol gar in diesen unrath kommen / das sie mit ungedult raus faren und sagen / hat mich dieser und jener zum weib gebracht / wolt Gott ich were einer los / ich wolt die ander nicht nemen / Mancher auch wolt / wenn es wünschens gült / das sein weib ein wolff were und lieff im holtz / Oder das sie
30 Gott beim kopff hette und er bey den füssen / er wolte sich nit hart mit Gott darumb zweyen / oder fest halten / sondern ihr gern den Himel gönnen.

Nach dem wir aber nun als Christen / solche gedancken / rath / vornemen und listigkeit deß Eheteuffels wissen und er-
35 kennen / wil uns auch gebüren / das wir uns wieder solche

boßheit deß Sathans rüsten / für seinen listigen und betrieglichen anschlegen hüten und vorsehen / welches dann auff ⟨cij^r⟩ kein andere weis / besser und füglicher geschehen kan / dann das wir unser hertz / gedancken / unnd augen / von allen dem / was der teuffel im Ehestand bôs machet / abwenden / und allein auff Gottes ewigen rath und gutdüncken sehen / mit und neben Gott / solchen stand für gut und nützlich achten und halten / bey Gottes urtheil beruhen und bleiben / es gehe auch zu wie es immer mehr kan / ob es sich gleich viel anders lest fülen und mercken.

Sollen derhalben uns in dem fall gleichmeßig den bienen vorhalten / welche allein das gute aus den blumen nemen und saugen / das böse aber und gifftige den spinnen lassen / damit sie auch nach inen etwas finden / Und deßwegen / wiewol es an dem ist / daß nicht alles gut ist im Ehestand / sonder es lauffet viel böses mit unter / sol ein Christ dem teuffel nicht so viel einreumen / das er im das gute aus den augen reisse / und das böse allein für das angesicht stelle / sondern von wegen etliches böses / das gut nicht hindan setzen / viel mehr aber auffs gute allein sehen / unnd derwegen das böse nicht achten / noch sehen wöllen / sondern sich den teuffel damit lassen beissen und fressen. ⟨cij^v⟩

Was aber solches gut / und nützlich ding im Ehestand sey / von wes wegen er uns mit Gott hertzlich wol gefallen / und darauff wir unsere augen wenden sollen / das vormeldet Salomon Prover. am 18. cap. do er spricht / Wer ein Eheweib findet / der findet was guts / unnd kan guter ding sein im Herrn / Und Psalm. 128. Dein weib wird sein wie ein fruchtbar weinstock / umb dein haus herumb / Deine kinder wie die Ölzweige / umb deinen tisch her / Sehet also wird gesegnet der man / der den Herrn fürchtet / Der Herr wird dich segenen aus Zion / das du sehest das glück Jerusalem dein lebenlang / Und sehest deiner kinder kinder / etc.

Und im vorgehenden Psalm sagt David / Sich / kinder sind eine gabe des Herrn / Und leibes frucht ist ein geschenck / Wie die pfeil in der hand eines starcken / also geraten die jungen knaben / Wol dem / der seine kôcher derselben vol hat / Die werden nicht zuschanden / wenn sie mit iren feinden handeln im thor.

So ist das auch nit das geringste unter allem dem / was im Ehestand nützlich ist / und gut heist / das man wol auff die wag legen / und entgegen halten môge / allen dem was der Sathan bôs im Ehestand macht / davon Jesus Syrach saget am 26. ca. do er spricht / Wol dem der ein tugentsam weib ⟨ciij^r⟩ hat / deß lebet er noch eins so lang / Ein heuslich weib ist irem mann eine freude / und macht ihm ein fein rûhig leben / Ein tugentsam weib ist ein edle gabe / und wird dem gegeben / der Gott fürchtet / Er sey reich oder arm / so ists ihm ein trost / und macht in allzeit frôlich. Und wie der Prediger Salomonis sagt / Es ist besser zwey / denn eines / denn sie geniessen doch irer arbeit wol / fellet ihr einer / so hilfft im sein gesell auff / Wehe dem der allein ist / wenn er fellet so ist kein ander da / der ihm auffhelffe.

Was aber ferner und nach der lenge / von dem / was gut im Ehestand heist und ist / darauff ein Christ sein hertz gedancken und augen wenden sol / und mit Gott schliessen / das es nit gut sey / das der mensch allein ist / damit des teuffels gegenrath / nichts bey uns erheb oder erhalte / das wollen wir bald hernach anzeigen und vormelden / wenn wir auff die schôpffung des weibs aus der seiten Adam komen werden.

Dieweil dann nun die gantze heilige Dreifaltigkeit schleusset / daß nit gut sey / das der mensch allein sey / sollen wir als Christen / solchen rath uns lassen wol und zum besten gefallen / darauff ruhen und uns zu frieden geben / den selbigen stand als kôstlich / herrlich / und gut / mit Gott / mit lust / ⟨ciij^v⟩ lieb und freuden anfahen / die augen gar zuthuen / und nichts sehen oder hôren / was uns zur forhinderung solches anfangs / unser eigen hertz / oder auch der eheteuffel selber eingibet (wie oben angezeigt ist) und entlich schliessen und sagen / zu trotz dem teuffel / Wie das gemein sprichwort lautet / frûe aufstehen und frûe freyen / sol niemand gereûen.

Eheteufel

Ob sich aber im Ehestand / gleich auch viel bôses zutregt / das wir von wegen vieles gutens / des bôsen nicht achten / mit gedult uberwinden / unnd durch kleinmûtigkeit dem teuffel nit so viel einreumen / das er uns im Ehestand matt / mûd / unlûstig und uberdrûssig mache / sondern allezeit auff gemelte Gottes ordnung / einsatzung / rath / und wolgefallen sehen / und uns deßwegen allezeit und allenhalben zu frieden geben / Wenn wir das thuen / so werden nit die ersten vier wochen / sondern die gantze zeit / mittel und end / im Ehestand / so freuntlich / lieblich und frôlich sein / als eben die flitterwoche / Denn es je an dem ist / das nichtes anders den anfang des Ehestands so lieblich und freudig machet / als allein das / das junge leut auff nichts anders sehen und dencken / als alleine auff das / was nach Gottes ordnung und gut dûncken / gut im Ehestand ist / und das bôse dargegen / gar hindan setzen / und nicht eins doran gedencken. ⟨c 4ʳ⟩

Und das sey genug / von der ersten wiederstrebung / aus dem ersten wôrtlein des rathschlags Gottes vom Ehestand genomen / wieder den ersten angriff des Eheteuffels / durch welchen er die leut / eintweder gar vom Ehestand wieder Gottes willen und ordnung abwenden / zu hurerey und unzucht treiben / oder ja den angefangenen Ehestand zu trennen und zu reissen sich auffs hôchste befleissiget. Nu wollen wir das ander wôrtlein fûr uns nemen.

Der ander angriff / listige und betriegliche wiederfechtung des Eheteuffels / Wieder das ander wôrtlein des rathschlags / der H. Dreifaltigkeit / da Gott weiter sagt / Ich will ihm ein gehûlffin schaffen / etc.

WArumb / und aus waß ursach / Got Adę eine gehûlffin zu schaffen beschlossen / erkleret genugsam der nachfolgende

text / do Moises schreibet / wie Gott alle thier zu Adam geführet habe / auff das er einem jetzlichen seinen namen gebe / wie er sie nennen wolt / und spricht weiter / das unter solchen thieren allen / keines sich zu Adam hab wöllen gesellen / Darumb lest
5 Gott einen tieffen schlaff fal-⟨*c 4ᵛ*⟩len auff Adam / bawet im ein weib aus seiner rieben / und füret sie zu im / welche Adam als bald mit freuden annimbt / und spricht / Das ist doch bein von meinen gebeinen / unnd fleisch von meinem fleisch / man wird sie Mennin heissen / darümb das sie vom mann genom-
10 men ist / Darumb wird ein mann Vater und Muter verlassen / und an seinem Weib hangen / und sie werden sein ein fleisch.

Dieweil nun Adam / Vater und Muter nennet / und auch der kinder gedenckt / wie sie Vater und Muter verlassen werden / hat er aus eingepflantztem von Got erkentnis / wol vorstanden /
15 als bald er Evam angesehen hat / warumb / und warzu im Gott ein solche gehülffin geschaffen und zugeführet hab. Von solchem / von natur eingepflantztem erkentnis / sehen und spüren wir noch heut zu tag etliche fünckklein / auch in den kleinen kindlein / do wir sehen / wie die kneblein als bald mit bawen /
20 erbeiten / reiten / fechten und schlahen umbgehen / die meidlein aber / mit tocken / kinderwiegen und deßgleichen.

Aus diesem allem können wir nun vorstehen / was für ein freuntlich und lieblich geselschafft zwischen man und weib gewesen were / do unsere erste eltern in irer volkommenheit
25 blieben weren / wie freuntlich sie sich zusam gehalten / kinder gezeuget / ⟨*dʳ*⟩ und in Gottes forcht auffgezogen / und den hauffen würden gemehret haben / der im rechten erkentnis Gott gedienet / ihn gelobet und gepreiset würde haben / welche nit von einander / wie die andern thier / würden gelauffen sein /
30 sondern beysam blieben / Gott ein heufflein unnd Kirch gemacht / unnd ihm den dinst geleist haben / von welches wegen / er sie nach seinem ebenbilde so schön und herrlich vor allen andern thieren erschaffen hat / Do het man können sehen / was für ein herrlich / wirdig / und Götlicher stand / die geselschafft
35 mans und weibs würde gewesen sein. Mit waßerley betrug aber /

Eheteufel

hinderlist / und wiedersetzung / der Eheteuffel / nach der erbsünde / solches vorrücket und vorfinstert hat / und diß vornemen Gottes / noch heut zu tage / zwischen den Eheleuten zu nicht mache / Das Euę und Adæ nochkümbling / nun fast mehr solche geselschafft brauchen zur mehrung und erbawung des reichs des Sathans / als unsers Herrn Gottes / das wöllen wir mit wenig worten und kürtzlich anzeigen / damit wir Christen / die wir aus solchem Reich deß teuffels / durch das Bluth des Sons Gottes erkaufft sein / unseren Ehestand wieder zu Gottes Reich / mehrung / und preys seines Göttlichen Namens mögen anfangen und naus füren / und für aller hinderlistigkeit des ⟨d^v⟩ Eheteuffels / uns als der besser mügen hütten und fürsehen.

Und erstlich / do die vornembste und beweglichste ursach zum Ehestand sein solte / nach obgemelter Gottes ordnung / die freuntlich geselschafft und mithülffe / Gott sein Reich zu mehren / wissen wir aus eigener erfarung / und sehens teglich an ander leuten / wie sich der Eheteuffel so hinderlistig zwischen die leute geselle und einmenge / so sich zu solcher geselschafft nach Gottes einsatzung und willen / begeben wollen / die hertzen und gedancken der leut einneme / und dohin treibe / das sie mehr zum anfang solches standes / durch unmenschliche / unordentliche und vihische brunst und hitz / als aus betrachtung der mehrung des reichs Gottes / getrieben und vorursacht werden / das gar viel leut den Ehestand / der kinder halben zu Gottes forcht / dienst / und ehr / auffzuziehen / wol würden zufrieden lassen / und gar hindansetzen / do sie nicht zu solchem / durch unreine begirde / unnd andere brünstige anreitzung gedrungen würden. Wie dann der grosse man Gottes David / solches auch vormeldet / und zu verstehen gibet / mit waser unreinigkeit / und unnatürlicher brunst / der ehestand angefangen und volbracht wird / do er saget im 51. Psalm / Sihe ich bin aus sündlichem samen ⟨dij^r⟩ gezeuget / und mein muter hat mich in sünden entpfangen.

Und das ist auch eben die ursach / das sich der Ehestand / mit vielen lieblich und freuntlich anfehet / in der flitterwochen /

und darnach das jubeljar kurtz und bald umblaufft / dann als bald die erste hitz und brunst ein wenig getilget / so hôret die lieb und freuntligkeit auch zum meisten teil auff / und seet dann der teuffel allerley unkraut mit ein / treibet die hertzen mit
5 uberdrůssigkeit wieder von einander / wie er sie unordentlich zusam getrieben hat / stifftet und richtet allerley unfals an / machet solchen Eheleuten einen eckel teglich rint fleisch zu essen / erwecket bôse lůst und begirde / dardurch dann der Ehestand zurůttet / und Gottes zorn erreget wirt / Und eben
10 daher ist erwachsen das sprichwort / das man sagt / Wer wil einen tag wol leben / der wůrg eine gans / Wer wil acht tag wol leben / der schlacht ein schwein / Wer aber wil vier wochen ein gut leben haben / der nem ein weib. Und tretten entlich solche Eheleut in sechs Mŭnch orden / do immer einer herter ist als
15 der ander / Vorharren ein kurtze und kleine zeit / in der Benedicter orden / inn welchem alles recht und wol zugehet / Tretten aber bald in der Prediger orden / do eines dem andern saget / das im nicht gefellet / und list im ⟨dijᵛ⟩ die Epistel / lenger als im lieb ist / Von diesem wenden sie sich dann zu der
20 Parvoten orden / inn welchem trawren und wehklagen die beste freud ist / Aus diesem begeben sie sich zu den Peytschbrůdern / do man sich mit rutten hauet / Von denen wandern sie inn der Cartheuser kloster / do man maulen / stillschweigen / von tisch und beth sich absůndern thut / Das demnach solcher
25 ubler angefangener Ehestand / lauter teuffels merterer machet / die herter leben fůren und haben / als alle stende der Mŭnchen / Das kan denn der teuffel fein in das feustlein lachen / wenn ers so ausgerichtet / unnd Gott sein ordnung und einsatzung also zurůttet hat / Das inn solchem Ehestand / anruffung der hôch-
30 sten Majestet / gebrauch der Sacrament / und aller Gottes dienst / durch steten unwillen unnd unfried vorhindert / unnd wol gar auffgehaben wirt / die kinder auch inn solcher zertrennung vatter und muter / zu keiner forcht Gottes / und erbarkeit / kônnen auffgezogen werden / Gottes Reich also zustôret / und
35 des teuffels erbawet wird.

Solchen unrath zu vorhůten / und vor dieser hinderlist des Eheteuffels sich zu bewaren / ist das der nechste und beste rad / das die leut / so sich zum Ehestand begeben wollen / nicht so unbedacht / wie ⟨diij^r⟩ die wilden thier zusam lauffen / auch sich nit darzu eilents fůrfallende brunst vorursachen lassen / sondern auff Gottes willen und ordnung sehen / warumb / und aus was ursach / er den menschen nicht wil allein haben / sondern einem jetzlichen seine gehůlffin gemacht / vorordnet / und zuschicket / das sein Reich gemehret und erbawet werde / Wenn sichs dann durch gebůrliche mittel / und zu gelegener zeit zutregt / das sich solche gehůlffin sehen und vormercken lest / das ein Christ als denn mit vorgehendem gebet / solcher meinung und ordnung Gotes nach / solche seine gehůlffin / in Gotes forcht anneme / auff die weis und gelegenheit / wie wir hernach von Adam sagen werden / in waser freuntligkeit / lieb und wolmeinenden hertzen / er seine Evam von Got hab entpfangen und angenomen / damit die flitterwoch und jubeljar nicht auffhöre / sondern die lieb immer grösser werde und zuneme / und der Ehestand in rechter frewde angefangen / in grösser mag volendet werden.

Die dritte anfechtung des Eheteuffels / wieder das wörtlein / da Gott in seinem rathschlag (eine) und nit mehr / oder viel gehůlffin / Adam zuordnet / welche stets vor im sein sol. ⟨diij^v⟩

FErner saget Moises / wie Gott inn seinem rath beschlossen habe / das er Adam wolle ein gehůlffin schaffen / eine / und nit viel oder mehr / die stets umb in sein sol / Und solchem Götlichem rath / willen und meinung nach / nimet auch Adam seine Eva an / als sein einige und allerliebste gehůlffin / wendet hertz / sinn und muth / allein auff sie / stellet sie im fůr seine augen / und wil kein andere sehen / noch von keiner andern wissen / und thut solches alles / nach eingepflantzter natur von Got / mit solchem ernst / das er auch saget / wie sich Eheleut in solcher lieb / von iren eigen eltern / abwenden / ir zwey in einem fleisch sein / und eins dem andern / mit hertzen / willen / sinn und gedancken / gantz und gar anhangen werde.

Dieser ordnung und schöpffung nach / wie es sich an Adam erstlich lest ansehen / wie er dann auch mit worten / sein hertz und gedancken eröffnet / were der Ehestand / ein freuntlicher / lieblicher und holtseliger leben gewesen / als wir nun nach vorrüttung solicher ordnung Gottes / mit worten können ausreden / oder mit gedancken können ergreiffen / Es lest sich solchs wol ein wenig sehen und vormercken / in den newen und anfahenden Eheleuten / aber es ist doch noch zu gering / damit zu erkleren / die grosse und herrliche freuntligkeit / ⟨d 4r⟩ so für dem fall zwischen Adam und Eva / und auch so fort an / in allen seinen nachkömlingen / gewesen were / wie ein jetzlicher die seine / für die aller schönste gehalten / und am liebsten gehabt hette / die im stets im sinn / gedancken / hertzen gelegen / und für im gestanden were / Und solchs were alles zugangen / one alle böse / ehbrecherische gedancken / und one das schalcks aug / davon Christus saget / Matth. am 6. capitel.

Wie feintlich / gehe߇ig / und gewaltig / sich der Sathan / in diesem fall wieder Gott auffgelenet / solche seine ordnung zurrüttet / und alles ins wiederspiel bracht habe / erzeigen und beweisen die historien der Welt / vom anfang her / welche er gar fast zum hinderhaus gemacht / mit hurerey und greulicher unreinigkeit / gantz und gar erfüllet hat / unangesehen / das im Gott hart wiederstrebet / unnd solche sünde mit der Sintflut / mit fewer / schweffel und pech vom Himel herab / mit krieg und anderem unglück / bey seinem volck / und auch den Heiden / gestraffet hat / das man auch schier kein sünd findet / die Gott so offt / hart / und mit so grossen / greulichen straffen heimgesucht habe.

Eheteufel

Aber damit wir nicht aus unserm vornemen schreiten / und vom Eheteuffel uns weg begeben / wőllen wir den unzűchtigen und unreinen Geist / ⟨*d 4ᵛ*⟩ der unordentlicher vormischung / jetzunder hindan setzen / und darvon allein reden / was der Eheteuffel fůr unfug und zurűttung / inn solcher Gőttlicher und freuntlicher verpindung / irer zweyer in einem fleisch / zuweg brengen und anrichten kan / mit waser listigkeit und betrug er die Eheleut von einander reisse / Die von Gott bescheerte und zugeeigente helfferin / von den augen / hinder růck setze / und an stat / viel / und andere helfferin / fůr die augen stelle.

Und demnach můssen wir sagen und bekennen / wir kőnnen nicht vorűber / ob wol viel frommer Eheleut sein / die sich des Eheteuffels erweren / und entsetzen / das sie nit mit dem werck und der that / die ehe gar zubrechen / so sein doch der nicht viel / die sie / von wegen der grausamen vorterbung der natur / nicht mit bősen gedancken und lůsten biegen / die nicht von wegen des schalcks augs / offtmals zu bűssen haben / Und ob sie nicht Ehebrecher sein / Joan. 8. do man mit steinen zu wůrfft / so kőnnen sie doch nicht entlauffen / sie heben sich gleich so hoch auff als sie wőllen / Matth. 5. das Ehebrecherisch hertz und aug betreffent / denn der Eheteuffel hat die vorterbte natur in seinen stricken und banden / zeuhet sie von einer bősen lust und gedancken zur andern / Fleisch und bluth leistet ⟨*eʳ*⟩ im auch solchen hoff dienst willig und gern / wendt die augen ab von der helfferin / die im Gott fůrgestellet hat / das sie stets / und allein fůr im sein sol / siehet mit dem schalck aug weit umb sich her / meinet immer ein andere sey freuntlicher / schőner / gerăder und holdseliger / Und tregt sich wol zu / das einer gar ein schőn / frum / und erenthafftig weib hat / dennoch vom Ehe- teuffel dahin getrieben / also bezaubert und betrogen wird / das er sich immer důncken lest / ein andere sey noch schőner / Wie wir deß ein exempel haben / in dem grossen und heiligen mann Gottes David / welcher do er etliche hundert weiber hatte / und one zweiffel unter denen gar viel schőner / dennoch wirfft

er sein augen und gedancken von diesen allen auff Urię weib /
Eben so regieret der Eheteuffel auch das hertz / unnd vor-
schemmert die augen seinem son Salomon / der noch mehr als
der Vater hůbscher und schöner weiber hatte / unangesehen
mit waser weißheit und verstand er von Gott begabet /
dennoch gefelt ihm aus 700. eheweibern / und 300. beischlef-
ferin / keine so wol / als die frembden Moabitischen weiber /
welche ihm doch der Religion halben / von Gott verpotten
waren.

Und ob es der Eheteuffel bey vielen nit weitter bringen kan /
als inn die augen und gedancken / so ⟨e^v⟩ gehets doch im ehestand one schaden nicht ab / die lieb und freuntligkeit / so ein
jeder gegen seiner helfferin haben / und sie fůr seinen augen als
die schönst halten sol / wirt dadurch geschwecht und vorletzet /
die hertzen werden von einander abgewendet / entlich erwechst
wiederwillen daraus / wo nicht gar hader / zanck und schleg
darnach folgen / und aus einem fleisch (wie man pflegt zu
sagen) wenn sie sich schlagen / zwey werden / und entlich den
man / der rauch aus dem haus beist / das weib sich auch lest
důncken / das haus brenne hinder ir / sein derhalben mit unwillen bey einander / frewet sich eines deß andern abwesens /
der man weis das weib lieber inn der batstuben / als im haus /
das weib den man lieber auff dem marckt / als in der kůchen
und kamer.

Und hieraus ist nun zu sehen / wo sich eheleut nit wol fůrsehen und hůten / mit waser list und behendigkeit / der Eheteuffel / so weit und fern von einander treiben und setzen kan /
die doch Gott inn ein fleisch vorfasset / und eins dem andern
fůr die augen gestellet hat.

Von dem erschrecklichen grossen und vordamlichen unfal /
do die eheleut / gar von einander abgesůndert werden / eines
krůge zubricht / das ander tôppe / Das der vater die sône lest
hinder sich gehen / als der sachen ungewiß / die mutter aber / die
⟨eij^r⟩ tôchter vorn an / welche besser vorsichert ist. Das ein
klug kind sein mus / wie man saget / das seinen vater kennet /

Von solchem unrad / sag ich / wil ich hie nichts melden / welcher gar zum teuffel gehört / nach dem urtheil Pauli / wo nicht buß und besserung folget.

Darumb ist hoch von nöthen / auch den frommen und heiligen Gottes / das sie sich für solcher list und tücken des Eheteuffels wol fürsehen / damit sie Gottes ordnung nach / in angefangenem ehestand / in einem fleisch / hertz / muth / und sinn / eines stets für dem andern lieblich unnd holdselig leben müge / Welches dann wol und leichtlich geschehen kan / wenn ein Christ auff Gott und seine ordnung achtung gibet / Und sonderlich wie Moises hie saget / das Gott einem jetzlichen seine gehülffin gegeben hat / welche stets für im / als die schönste sein sol / das im ein jetzlicher laß wolgefallen / was im Gott zugefüget hat / Und nach dem gemeiniglich einem das lieb ist / das von einem grossen Hern und Potentaten herkompt / sol ein jetzlicher die seine / als von Gott bescheret und gefreiet / im am besten gefallen lassen.

Gantz und gar aber könt ein Christ vor dem Eheteuffel vorwaret / und vorsichert bleiben / wenn er die gedancken unvorwandlich behielt / welche ⟨*eij^v*⟩ er hat in der freiung und ersten flitterwochen / do lest sich ein jeder düncken / sein Braut sey die schönste / hübschte / und frömbste / auff die allein denckt er / die allein leit im in seim hertzen / und gedancken / die stehet im allezeit für den augen / das er auch nichts immer mehr und lieber wolt begeren und wünschen / dann das er nit ein viertel stund dörfft von ir sein / und möcht leiden / wie man pfleget zu sagen / das er die seine immerzu in einer sattel taschen möcht bey sich tragen / Wer solche gedancken immer behelt im ehestand / inn einem solchen unvorrückten hertzen und gemüth vorharret / der vorbringet Gottes willen / lebet im Ehestand nach Gottes ordnung / ist sicher und frey für aller listigkeit des teuffels / wie dann viel solcher eheleut sein / welchen ubel zumuth ist / wenn eins von dem andern reiset oder wandert / und ein hertzlich verlangen nach einander ohn unterlas haben / nimmer mehr frölicher sein / als wenn sie sampt iren kindlin

beisam sein / Das sich solche Eheleut lassen bedůncken / die 30. oder 40. jar einander gehabt haben / sie sein kaum 2. oder 3. jar beisam gewesen / Bey solchen Eheleuten wonet Gott / es kan auch nicht fehlen / es mus segen / fried / einigkeit und alle
5 wolfart hernach folgen / Und ob der Eheteuffel solchen leuten feind und gram ist / gehet in nach wo er kan / ⟨eiij^r⟩ wirffet bisweil auch böse gedancken ein / so lassen sie die selbigen wieder ausfallen / wie sie einfallen / und das ist auch die beste kunst / wer es nur thut.

10 Wir müssen in diesem stůck noch eins mit anhengen / domit sich der Eheteuffel / wieder das wörtlein setzet / do Gott saget / Die stets fůr im sey / das es selten fehlet / das ein mensch nit irgent einen gebrechen solt an sich haben / oder one mangel sein kůnte / deswegen nimmet der Eheteuffel hievon ursach /
15 denckt und trachtet / wie er einem jetzlichen die seine / so im Gott zugeben hat / die stets fůr im sein sol / fůr den augen gehessig mache / wendet das hertz und die augen / den eheleuten von allen guten und herrlichen gaben / allein auff solchen mangel oder gebrechen / wirffet die gedancken auff andere /
20 welche man on allen mangel heltet und achtet / so es doch an dem ist / do eines weib einen feil hat / bey einer andern wol zehen dargegen befunden werden.

Darumb ist von nötten / damit die ehe in angefangener freuntligkeit und lieb / unverrůckt bleibe / das eines in dem
25 fall / wie Paulus saget / des andern schwacheit trage / auff das gute seines gemahels sehe / und das böse aus den augen thue / oder ja gedenck / ob er die wal het sich zu verbessern / das er an einem andern orth viel erger antreffen / unnd villeicht mehr mangel finden wůrde. ⟨eiij^v⟩

30 Darumb vormanet auch der heilige Paulus die menner / das sie ire weiber lieben sollen / wie Christus seine gemein / welcher unreinigkeit er vordeckt und zuhůllet / und sie im selber heiliget und reiniget / So sagt er auch weiter / das der man sein weib lieben sol als sein eigen leib / an welchem er zudecket und vor-
35 hůllet / was schebig / grindig und unrein ist / und das allein

sehen lest / was schön und hübsch ist / Und hie ist von nöten /
damit der Eheteuffel nit einen grossen riß mache / und gar hernach schleiffe / das eines des andern schwacheit trage und dulde
/ und Eheleut sich gleich also vorhalten / wie der Heid Plinius
schreibt / von den hirschen / welche / damit sie alle semptlich
uber das Meer schwimmen / leget einer seinen kopff dem andern
auff den rücken / und der zu förderst gewesen ist / gehet zu
hinderst / und ruhet auch auff einem andern / bis sie semptlich
mit gleicher hülff uber das Meer komen / Dann gewisse gefahr
daraus folget / wo das nicht geschicht / das eines mit dem andern sincket / zu bodem gehet / und dem Eheteuffel inn seine
strick fellet / Und deß haben wir eine feine historien unnd
exempel / von einem solchen tugentsamen weib / die ires
mannes schwacheit zudecken und tragen kunt / und auch wol
gar nicht darumb wissen wolt / und hielt sich also / Do einer
dem König / Hiero genant / ⟨e 4ʳ⟩ fürwarff / wie im der othem
so gar ubel ausrüche / und stüncke / gieng er heim zu seinem
weib / unnd ward ungedültig uber sie / das sie im solches nicht
selber het angezeigt / darauff sie antwortet / unnd sprach / sie
het es nicht geachtet / sondern gemeinet / es rüchen alle menner
so ubel.

Eben also thad auch Paulus Æmilius / ein weiser und gewaltiger Römer / do er groß mangel und fel an seinem weib befun-
de / das in auch die freuntschafft / so solchs vormerckten /
fragten / was er doch für mangel an seinem weib hette / dieweil
sie schön / züchtig / und fruchtbar were / darauff gab er kein
antwort / wolt iren gebrechen nit entdecken / sondern weiset
den freunden seinen schuch unnd sprach / ist der schuch nit
schön und new / aber ir wisset nicht wo er mich drücket.

Hie solten wir auch sagen von denen / welchen keine schön
genug ist / ob sie gleich von Gott schöne weiber bekommen /
doch sich immer nach schönern umbsehen / Aber solche leut
die nit auff erbarkeit des gemüths / sondern allein auff ein
klein flecklein am angesicht sehen / das sich bald verwandelt /
sein nit werd / das man sich irent halben bemühet / oder rhad

fůrschreibet / Dann wie der Heid saget / Quid tibi formosa, si non tibi casta placebit: Es ist schad das der ein from weib bekom / der do mehr auff die ⟨e 4ᵛ⟩ schönheit sicht / als auff zucht und erbarkeit / und stehet auch billich darumb sein gefar aus / Wie jener Heid saget / Lis est cum forma magna pudicitiæ, Schön und from / will nicht allezeit beisam sein / Und wie er weiter saget / Formosis levitas semper amica fuit, Schöne leut sein gern freuntlich / Et difficulter custoditur quod multis placet, Schöne leut haben viel ankrehens.

Die vierte aufflenung des Eheteuffels / wieder die schöpffung Evę / aus der rieben und seiten Adæ.

NAch dem nun Gott / nach vorgehendem rhad und bedencken / den Ehestand einzusetzen / bey sich beschlossen / schreibet Moises weiter / wie Gott bald nach solchem rhadschlag / zum werck gegriffen / auff Adam einen tieffen schlaff hab fallen lassen / und aus seiner seiten ein rieb genomen / Evam auffs schönste daraus formiret und geschaffen / entlich Adam zugefůret und vertrawet habe.

Wie fleissig nun der Eheteuffel / auff solch werck Gottes acht gegeben / und zugesehen habe / unnd auch mit seiner geselschafft zu rhad gehe / wie er auch im ehestand etwas anrichte und schaffe / das Gottes stifftung und einsatzung des ehestands zu ⟨fʳ⟩ wieder sey / damit solche herrliche ordnung Gottes iren fortgang nit habe / und so gerade nit hinnaus gehe / wie es Gott angefangen habe / Das wöllen wir nun ferner sehen und lernen / damit wir des Eheteuffels heimliche tůck / list / und anschlege wol erkennen / und uns als der besser darfůr hůten können. Denn das můssen wir uns allezeit zum teuffel vorsehen / wo Gott etwas thut oder fůrhat / das er auch nit můssig ist /

machet alles bôs und widersinnig / was Got gut macht und schaffet / Darumb haben die alten / den teuffel / unsers Herrgots affen genant / als der im alles nach thue / aber allein zum vorterben / und zu verrůttung alles gutens / Und eben daher ist auch das sprichwort erwachsen / wo Gott eine Kirch bawet / do setzet der satan auch ein Capell und nobiskrug darneben / Solches fehet er als bald im anfang an / dann da Gott den menschen schaffet und sprach FIAT, thut es als bald dieser aff nach / und spricht PFUAT, da ward ein Mûnch daraus. Darumb wollen wir auch nun ansehen / was in der obgenanten schôpffung Evę aus der rieben / der Eheteuffel mit seinem PFUAT, fûr unrat unnd unglůck stiffte / was er fûr ein nobiskrug voller zurrůttung / und zurstôrung / darneben auffbawe.

Und zum ersten sagt Moises / das Gott Adam seine gehûlffin / schaffe und mache / weil er in einem ⟨*f^v*⟩ tieffen schlaff leit / und nichts vormercket / oder darumb weis / Und eben das / was Got mit Adam thut / das wircket / schaffet und richtet er noch heut zu tage im ehestand aus / (wo es anders nach Gottes willen und ordnung recht zugehet) vorfûget und brenget die leut wůnderlich zum ehestand zusamen / das sich eheleut selber genugsam darůber zu verwundern haben / es kompt wol bißweil / das der Preutigam aus Schweden / unnd die Braut aus Schweitzen bůrtig ist / und gleichwol zum ehestand zusam verfûget werden / Darumb auch unsere voreltern recht und wol / den ehestand ein bescheert ding genant haben / Wie dann der Herr Christus auch den selben / eine Gôtliche zusamvorfûgung heist und nennet / Darumb jederman leichtlich spůret / und schliessen mus / das noch heut zu tag / der ehestand nicht des menschen / sondern Gottes werck / gleich als wol sey / als erstlich im anfang mit Adam und Eva.

In solch werck Gotes aber leget sich der teuffel / wil auch die hand mit im sod haben / thut aber alles widersinnich / wecket solche leut auff / so sich in ehestand gedencken zu begeben / sperret in die augen / hertz / sinn und gedancken weit auff / alles des wegen / damit sich solche leut nit zu ruhe geben / von Gott

gewarten / hoffen und bitten / was er in zu-⟨*fij^r*⟩fůgen und bescheren wil / sondern aus irem eigen vornemen / wal und gutdůncken / sich umbsehen / erwelen und entlich zugreiffen / one Gottes schickung / in ehestand platzen und fallen / wie
5 die Sonn ins wasser / oder der paur in die stieffel / wenn es der teuffel zu solchem anfang bracht hat / so weis er albereit / was für ein ende daraus werden wil / wie solcher ehestand ohne Gott / menschlich angefangen / auch menschlich / das ist / unrůhig / wiederwertig und unglücklich hinnaus gehen
10 werde.

Aus solcher anstifftung des Eheteuffels / faren die jungen leut / aus eigen gutdůncken / wachend und sehend zu / nemen und ergreiffen was in fůrfellet / einer aus unordentlicher brunst / der ander aus truncken heit / oder anderer anreitzender
15 leichtfertiger ursach / one alle Gottes anruffung / unnd vorgehende von Gott verordente mittel / der eltern und blutverwanten.

Aus solchem plőtzlichen und kurtzen anfang / machet der Eheteuffel auch ein kurtz end / richtet in solchem ehestand
20 bald und plőtzlich aus / was ihm gar wolgefellig / dinstlich / aber Gott zu wieder ist / Das solche eheleut / wenn die brunst getilget / oder die truncken heit vorůber / mit den fůssen von einander lauffen / ehe sie recht mit den henden zusam ⟨*fij^v*⟩ gegeben werden / geret es aber nicht so gar ubel / und der ehe-
25 teuffel solchen unrad nicht stifften kan / so treibt er sie doch mit dem hertzen / lieb und gunst / von einander / damit entlich seinem vornemen nach das daraus erwachse / was er wůnscht und haben wil / als nemlich hurerey und ehebruch / dardurch dann solche leut / in schaden und gefar irer seelen seligkeit
30 gefůrt und gebracht werden / Gibt im Gott aber so viel unrath nit nach / so scheidet er doch solche leut / von tisch und beth von einander / das keines einen guten willen gegen dem andern trage / sonder seinen feinde zu tisch und beth habe / in zorn haß und hader lebe / und also was des leibs und lebens unfal
35 belanget / keines kein gute stund mit dem andern habe / sondern

Eheteufel

one auffhören bis ins grab hinnein / eines das ander fresse und beisse / Und ob sich gleich Eltern / Freunde / Pfarhern / und SUPERINTENDENTEN, in solchen ubel angefangenen ehestand einlassen / so ists doch alles umb sonst und verlorn / ubel bleibt ubel / bôs angefangen gehet noch erger hinnaus.

Zum andern / machet der Eheteuffel die junge leut munter und wachend / das sie nicht Gottes schickung und zusam fügung im schlaff erwarten / Sondern für sich selbst zufaren / unnd sehen auff reichtumb / groß geschlecht und freuntschafft / wel-⟨*fiijʳ*⟩ches alles sie grösser und gewisser achten / als Gott und seinen segen / bey solchen hat der Eheteuffel mehr als halb gewonnen spiel / greiffet mit beiden henden drein / gehet mit solchen eheleuten umb wie er selber wil / und dieweil bey solchen leuten / Gott hindan gesetzt und verachtet / ubet er seine volkomliche macht und gewalt / als allein Herr und regent / trachtet auff solche mittel und wege / das gelt und guth / je ehe je besser verschwindt / geschlecht und freuntschafft in der noth nit viel helffen / und also mit und sampt dem gelde / die liebe auch abneme und vorlesche / fellet darnach armut mit darein / so ist leichtlich zu ermessen / was aus solchem ehestand für ein wehstand werde / Und im fall / do die geschlecht / freuntschafft / gut unnd gelt bleibet / so bringt er doch bey solchen leuten so viel zuwegen / das man es nit acht / oder gros heltet / und die lieb und gunst / zu gleicher weis abnimbt / und eins des andern nit gros achtet / daraus erwechst dann hurerey / ehebruch / und deß gleichen unfals / das es also auff allen seiten dem Eheteuffel nicht mißgelinge / es geratte auch wie es wolle.

Zum dritten / sperret der Eheteuffel jungen leuten die augen auff / das sie auff schönheit sehen / und den augen das hertz folget / one Gottes schickung und anruffung zu platzen / und selber nemen was in ⟨*fiijᵛ*⟩ werden kan / das mag dann der Eheteuffel wol in die faust lachen / dann im wol bewust / wie lang die schönheit bleibe / wie bald sie abneme und gar verwelcke / wie ein blum auff dem felde / Nimmet aber die ursach der liebe ab / so weret die selbige auch nit lenger / Wo aber leut one liebe im ehestand beisam leben / do kan der Sathan leichtlich alles unglück und unfall anrichten.

Zum vierten aber / do bey etlichen der Eheteuffel / auff obgenante mittel und wege / nichts kan erhalten und ausrichten / keret er das blat umb / lieset in einen andern text für / wendet ir augen und hertzen von Gottes ordnung / willen und segen / auff die narung und unterhaltung der kinder / haus unnd hoff / auff genawe rechnung / wie viel tag im jar sein / wieviel kleider / schue / gelt / essen und trincken / ein jetzlicher tag erfordert / und in solcher rechnung nit eins gedencken / das der Gott / der solchen stand verordent / eingesatzt und befolhen hat / auch mit seinem segen / bey dem selben sein werde / und der ein person ernehret / auch in gleicher macht und segen 8. oder 10. ernehren kan.

Wenn aber die zalpfenning also auffgelegt / so schleusset denn der Eheteuffel die rechnung / unnd treibet solche leut gantz und gar vom Ehestand / ⟨f 4ʳ⟩ das sie den selben lang auffziehen / und inn deß in hurerey gerathen / sich mit Gottes zorn beladen / das sie darnach in keinen glückseligen Ehestand kommen können / sondern müssen denn bezalen an iren weibern / was sie lang auffgeborget haben / oder werden sonst mit anderen straffen von Gott beladen / als unfruchtbarkeit / kranckheiten / unnd desgleichen / dardurch dann der Ehestand zu vorrückung und unfried gesatzt wirt / das ein teil des andern schwacheit / oder auch unfruchtbarkeit / auff andere unordentliche weise sich erhole unnd ergetze.

Etliche aber helt der Eheteuffel gantz und gar vom Ehestand ab / das sie ausserhalb desselbigen / ir gantzes leben / in unreinigkeit / und gewisser vordamnis zubringen.

Im fall aber / do solcher unrath keiner erfolge / aus solcher genawer rechnung / do man sich nicht zu ruhe und in schlaff gibt / und lest es Got walten / So nimmet doch der Eheteuffel / solche sorgfeltige hertzen ein / treibet sie zum geitz / scharren / kratzen / und ungötlicher narung / dadurch dann die gewissen der leut beschwert werden / und die Eheleut auch unter sich

Eheteufel

selber in unfried unnd uneinigkeit gerathen / aus ursach das keins dem andern genugsam karck / heuslich und sparhafftig sein kan / beissen ⟨*f 4ᵛ*⟩ und fressen sich tag und nacht / zu tisch und beth / auch umb ein gering ding / das offt nit einer laus werd ist / wie man pflegt zu sagen.

Diesem Eheteuffel aber / der den Adam also auffwecket / das er nach seiner vernunfft / wal / und eigen gutdůncken / sich selber umbsehe / freye und neme im selber / wie und wo es im am besten gefellich / Sol ein Christ mit diesem einigen wôrtlein begegnen und zurůck stossen / das hie Gott Adam im schlaff seine helfferin formiret / macht und zufůret / das wir uns von diesem werck Gottes nicht lassen abfůren / sondern gewieß schliessen / was da Gott einmal gethan hat / das thue er immerzu / mit allen und einem jetzlichen insonderheit / wie dann solches Christus anzeiget Joan. am 5. cap. do er sagt / Mein Vater wircket bißher / und ich wircke auch / Demnach gibt auch Christus / und zueignet solch werck eigentlich seinem Vater / do er sagt / Was Gott zusam verfůget hat / das sol der mensch nit scheiden / Nach dem sich denn die sach gewiß also vorhelt / so sol auch niemand Gott in sein werck fallen / sondern sich mit Adam zu ruhe geben / und Gott lassen freyesman sein / mit freuden und danckbarkeit annemen / was Got einem jetzlichen bescheret und zuschickt / Es soll einem jetzlichen die seine ⟨*gʳ*⟩ wolgefallen / weil sie im Gott selber gibet / sie sey gar schôn / oder mittelmessig / reich oder arm / und sollen das fůr gewis halten / das Gott als ein reicher und mechtiger Herr / und Vater / keine Tochter ausgibet / one sonderliche morgengabe / was er einer nit gibt am angesicht / das gibt er ihr an erbarkeit deß gemůths / oder andern gaben / Was er nit an gelt mit gibt / das erstattet er mit andern kleinoten / gibt es aber einer nit alles zugleich / sondern teilets aus / wie Paulus vormeldet / darnach es im gefellig ist / Darumb helt man auch das recht und wol fůr ein nerrischen wunsch / wenn einer im lest verlangen / nach einer schônen / frommen / und reichen / das ist zuviel auff ein mal / es ist selten alles bey einander / Gott gibt es nicht einem allein / Das ist aber gewiß / das er keine Tochter blos / one morgengabe ausgibt / sie bringt etwas mit / darumb laß man sich doran genůgen / und neme vorlieb / was Got mit gibet / siehe nit auff andere wie schőn oder gerade / reich oder fromm sie sein / es hat immer eine gaben von Gott / die ein andere nicht hat.

Und eben das / was wir jetzunder von dem schlaff Adę geret haben / das Gott noch heut zu tag eines jeden freiesman sey / wo es anders ordentlich zugehet / das haben die Heiden auch / ausser ⟨g^v⟩ halben Gottes Wort / aus dem licht der natur vorstanden / und mit diesem gemeld fein angezeigt und zu verstehen geben / In dem / das sie die Gőttin der lieb gemalet haben / als ein kind / aus der ursach / das vornunfft und eigen witz / in dem werck der lieb / ruhen sol / und Gott / als den Vater das kind lassen versorgen. Zum andern / haben sie die selbige Gőttin nackent gemalet / damit anzuzeigen / das in solchem vornemen / jederman auff Gottes schőpffung / ordnung / und einsatzung des ehestands / und nit auff schmuck / reichthumb / oder ander ding sehen sol. Zum dritten / das die selbig Gőttin blind gemalet ist / bedeutet eben das / wenn man gleich augen und vernunfft braucht / so ist es doch umb sunst / man wird wol am ehsten betrogen / wenn einer meinet / er habe wol antroffen / so hat er gar gefehlet / Darumb ist das der beste und nechste rath / das man sich mit Adam zu ruhe gebe / schlaffe / ruff Gott an / befehl es im / und laß in walten und machen / von im allein kompt ein from weib / wie Salomon sagt / und nicht aus unserer wal unnd wilkůr.

Das ferner die selbige Gőttin mit flugeln abgemalet ist / das bedeutet eben das / wie jetzunder angezeiget / Das der Ehestand ein Gőttlich zusam verfůgung sey / eine Gottes gabe / welche von oben ⟨gij^r⟩ herab kompt und bescheret wird / Darumb ist es umb sunst / das man sich selber nach eigenen gutdůncken / auff erden wil umbsehen / Nicht bessers / denn die augen zugethan / und ein fromm weib von Gott bitten / und wenn er sie von oben herab gibt / mit danck annemen / lieb und werd haben.

Eheteufel 115

Zum letzten / haben sie genanter Göttin / pfeil und pogen
in die hende gegeben / und das damit zu vorstehen geben / Das
Gott von oben herab die hertzen der menschen zusam bring /
mit liebe zusam verfasse / und solches alles nicht in unser wal
oder wilkûr stehe.
Auff diese weise / kan man sich recht darein schicken / das
der Ehestand von Gott komme / unnd auch Göttlich und
glücklich hinnaus gehe / und nit vom teuffel wie oben angezeigt / mit sehenden und wachenden augen / teuffelisch / unglückselig unnd mit unglücks hosen sich ende.

Der fünffte anstos / des Eheteuffels / wie-
der das werck Gottes / und schöpffung Evę /
aus der seiten Adę / die lieb / einigkeit und
freuntligkeit des Ehestands /
belangend. ⟨*gij*ᵛ⟩

FErner sagt Moises / wie Gott / nach dem nun Adam in einen
tieffen schlaff gesuncken / im aus seiner seiten ein rieb neme /
one zweiffel nit one fleisch mit dran hengend / wie denn Adam
solchs selber erkleret / do er beides zusam fasset / und spricht /
Das ist bein von meinem gebein / und fleisch von meinem
fleisch / etc.
Aus diesem können wir leichtlich abnemen / do Adam in
seiner volkomenheit blieben were / in was freuntligkeit / lieb
und gunst / nach Gottes schöpfung und willen / die Eheleut
bey einander gewonet hetten / das ein jetzlicher sein weib / als
sein eigen fleisch / oder sich selbst geliebet hette / ohne allen
unwillen und widerspenstigkeit / sintemal solchs die erfarung
erweiset / wie auch Paulus sagt / Das niemand sein eigen
fleisch hasset / sondern liebet und nehret es / Darumb sicht auch
Paulus auff solche schöpffung und ordnung Gottes / und vormanet die menner / das sie ire weiber lieben sollen / als iren
eigenen leib / denn wer sein weib liebet / der liebet sich selbst.

Wenn es also im Ehestand zugieng / so würde nicht viel unglücks darinne befunden werden / dann niemand hasset sein gelidt / schneit es ab / und wirfft es weg / ob es gleich vorletzt / schörbicht oder unrein ist / sondern heilet und reiniget es /
5 unnd ist ⟨*giij^r*⟩ einem mehr gelegen / an einem vorletzten gelid / als an den andern allen gesunden. Es würde auch alle böse begirde / unzucht und hurerei nachbleiben / sintemal einem jetzlichen seine gliedmas die schönsten sein / senet sich nit nach eines andern / ob seine gleich krumb und höckericht sein.

10 Das es umb den Ehestand / Gottes ordnung und schöpffung / noch ein solch gelegenheit gehabt hette / und billich bey Christen noch haben soll / das können wir noch an etlichen hinderstelligen füncklein / solcher natur unnd eigenschafft vormercken und abnemen / als nemlich an den jungen freiesleuten /
15 welche ire vortrawete nit allein lieben als ir eigen fleisch / sondern auch noch mehrer und hefftiger als sich selber / das auch einer seinen eigen leib für die seine in gefahr / und auch wol gar in tod setzet / doher dann das sprichwort erwachsen / Irent halben ein bein entzwey / und das erweisen auch viel historien / bey
20 den Christen und Heiden / welche wir umb kürtz willen nicht erzelen / etc.

Was nun der Eheteuffel in dem fall für macht und gewalt ube / das ja solche freuntligkeit / einigkeit / lieb und gunst nach Gottes schöpffung im Ehestand nit bleibe / sondern ein elend
25 jamer und wehstand daraus werde / das wöllen wir nun dargegen halten / damit wir sehen / das der Sathan ⟨*giij^v*⟩ keinen menschen feinter / als Eheleuten / keinem stand gehessiger / als dem Ehestand sey / und uns für seiner hinderlist wissen vorzusehen und zu hüten.

30 Und ist das sein erster angriff / wieder solche von Gott geschaffene freuntligkeit der Eheleut / das er sie erstlich im hertzen und gemüt angreiffet / mit welchem sie Gott in ein fleisch zusam verfasset hat / und also von einander reisset / durch mancherley ursach / ehe noch recht die flitterwoch ein
35 ende nimbt / Das manchem als bald sein roß oder hund lieber

wirt / als sein weib / mancher sich umb dieser tod und abgang / nach welcher wegen er erstlich das maul hatt wőllen zufallen / weniger gremet und hermet / als umb ein alte verlorne taschen / erschricket wenn man sie ins grab wirfft / als der esel wenn im der sack abfellet / steiget auff den podem / nicht der meinung das er sich henge / sondern nach einer andern umbsehe.

Zum andern / wo der Eheteuffel einen fus / mit solchem uberdrus und abgunst / in einen Ehestand eingesetzt hat / folget er bald mit dem andern hernach / in dem vornemen / wie er die gemût zurissen / und die hertzen von einander bracht hat / das er die leib auch von einander sûnder / und aus einem fleisch wieder zwei fleisch mache / setzet solchen leuten im-⟨g 4ʳ⟩mer mehr und gehessiger zu / das sie sich nach ubertrûssigkeit des rintfleisch / nach wilpret beginnen zu senen / erstlich mit gedancken die ehe piegen / biß sie ire weiber gar zun hohen Festen sparen / und die ehe follicht gar zubrechen / Wie es dann die erfarung genugsam erweiset / was der teuffel in dem fall vermag und ausrichten kan / das sich mancher von einem schőnen / hûbschen / und frommen weib / auff einen unflettigen / und scheutzlichen sack / wie man pflegt zu reden / abwendet / daraus dann zu mercken / das solchs gewißlich vom Teuffel mus herkommen / und deß werck sey / dem hertzlich leid ist / das Eheleut eine stund / nach Gottes ordnung und wolgefallen / als ein fleisch / im fried / lieb / und einigkeit leben.

Zum dritten aber / do der Sathan bey etlichen Eheleuten / der keines kan erhalten / lesset er noch nit ab / auff andere mittel sich zu vorsuchen / wie er aus einem fleisch zwey mache / lieb gunst und freuntligkeit / zu abgunst und unfreuntligkeit setze / und do er sie nit kan gar von einander abreissen / mit den hertzen und gemût / so wirfft er doch immerzu bőse karten mit unter / sehet sein unkraut darzwischen / das Eheleut viel und offt / aus lieb und gunst / in unfreuntligkeit / wiederwillen / zanck und hader fallen / unnd ehe sie recht wieder sich vereinigen / ⟨g 4ᵛ⟩ richt er als bald wieder unglûck an / wirffet wieder ein haderklotz zwischen sie beide ein / zûndet ein new fewer an / auch offtmals aus einem gar kleinen fůncklein / aus einer ursach vom zaun gebrochen / damit es ja nit nach Gottes ordnung immerzu im Ehestand recht zugehe / deßwegen do er sonst nichtes kan erhalten / so richt er hader an / unnd lachet denn ins feustlein / wenn die schleg auch darnach folgen / das aus ir zweyen in einem fleisch / wenn sie sich schlagen / wie man sagt / zwei fleisch werden.

Und hie můssen wir mit einer historien erkleren / wie der Sathan / den Eheleuten so sich fridlich und wol begeen / so gar feind und gram sey / wie hertzlich im zuwieder das ir zwey in einem fleisch leben / und ist das die historien / Nach dem er zweien Eheleuten / so sich so gar hart vor dem Eheteuffel vorwaret / und aus angefangener lieb sich mit nicht liessen entsetzen / auff keinen weg nichts konte fůr sein person anhaben / nimmet er eine alte zeuberin zu rath / wirt mit ir eins umb ein rot par schue / wo sie uneinigkeit zwischen in anrichte / Das alte weib gehet zu der frawen / saget wie ir man sie gedenck zu erwůrgen / und zum warzeichen / werde sie ein scheermesser unter seinem heuptkůssen finden / gibt ir den rath / sie sol auch eines unter sich ⟨b^r⟩ legen / und irem mann zuvor kommen / Darnach saget sie eben also zu dem mann / bringt es so weit / das der mann zuvor kompt / und schneidet seinem weib den hals ab / Do das alt weib die roten schue fordert vom teuffel / als die es wol ausgericht habe / reichet ir der Teuffel die selben an einer stangen zu / und saget / ich kom dir nit zu nahe / dann du bist bôser als ich. Es sei nun also geschehen oder nit / so ist gleich wol damit angezeigt / wie feind der teuffel denen eheleuten sey / so sich wol und friedlich begehen.

Wieder solchen unfal und hinderlist des Eheteuffels / sich zu bewaren / angefangene lieb unnd freuntligkeit / unvorrůcklich zu erhalten / ist das der einige weg und rath / Das sich Eheleut / immerzu irer pflicht und vorbindung / Gottes willen und ordnung erinnern / und gleich die erste vertrawung / ein Sacrament und erinnerung sein lassen / stets im fried / lieb und einigkeit zu leben / und das im aus den gedancken und hertzen nit lassen

nemen / das sie nun nicht mehr zwei / sondern nur ein fleisch
sein / und eins das ander als seinen eigen leib lieben sol / und
aus der ursach als der fehster an solcher lieb halten / und uneinigkeit vermeiden sollen / dieweil es gewies ist / das solche lieb
unnd einigkeit / Gott hertzlich gefellich / auch selbst bey
solchen ⟨b^v⟩ Eheleuten gern ist unnd wohne / dargegen aber
dem Teuffel nichts serer zu wieder und entgegen.

Und ist kein zweiffel / wenn ein Christ auff diese schöpffung
und ordnung Gottes achtung gibet / wie Got einem jetzlichen
die seine / aus seiner seiten raus neme / als sein eigen fleisch /
das auch solche Eheleut / nit leichtlich / mit dem hertzen / gedancken / mit dem leib / oder auch durch zwitracht und unfried
/ wie oben erzelet / können vom Teuffel abgesündert / und aus
freuntligkeit und lieb / zu unfried und wiederwillen gesetzet
werden.

Solche lieb und freuntligkeit / von Gott den Eheleuten eingepflantzet / zu erhalten / und für dem Eheteuffel zu bewaren /
ist das auch sehr behülfflich darzu / nach dem ein weib ein
schwach gefes ist / wie die schrifft vormeldet / das ein mann /
nach der vormanung Petri / mit vernunfft bey seinem weib
wone / unnd nicht aus gleicher schwacheit / sich leichtlich laß
zu unwillen bewegen / Weiber haben viel schwacheit und
anstöß / sein nicht allzeit gleich gesinnet und zu frieden /
können sich nicht alzeit mit gedult in irem anligen einlassen /
das deswegen der mann etwas klüger und stercker sei / nit so
leicht sich laß etwas bewegen / oder ein fliege an der wand
hindern / Und wie im weltlich Regi-⟨hij^r⟩ment / do allerley
gebrechen fürfallen / die regenten / (wo sie es anders nit gar
uber einen hauffen werffen / unnd ubel erger machen wöllen)
müssen viel und offt durch die finger sehen / viel hören und
sehen / als sehen sie es nit / müssen viel lassen fürüber gehen
und passiern / wie man dann pflegt zu sagen / Qui nescit
dissimulare nescit regnare, Wer das nicht kan / der ist
kein Regent / Darumb auch vornunfftige ehemenner / fried
unnd lieb zu erhalten / deß Eheteuffels grimm und haß zu

vormeiden / sich gleicher weis vorhalten mûssen und sollen / Darumb ist es wol und recht geredt / das es wol so schwer und so grosse kunst sey / auch so grossen vorstand und geschickligkeit erforder / ein weib zu regieren / als ein klein Lendlein / Unnd ist das auch recht geredt / das ein frommer vornûnfftiger man / ein from weib mache.

Dargegen aber / sagt man auch / schlege machen nicht fromme weiber / schlecht man einen Teuffel raus / so schlecht man ir neun wieder nein / Unnd ist deßwegen Christlicher und Gôttlicher / auch Gottes willen und ordnung gemeser / fried / lieb / und freuntligkeit im Ehestand zu erhalten / zutreglicher und dienstlicher / nach gelegenheit der zeit / Doctor Simon mit zehen pferden herbergen / als Doctor Herrman mit einem. ⟨hij^v⟩

Und des mus ich ein exempel setzen / von einem weisen mann bey den Heiden / Socrates genant / wiewol meines erachtens / er Doctor Simon allzustarck hat lassen einreitten / und hat sorg es werdens im wenig nachthuen / weis auch selber nit / ob es auch zu rathen were / jedoch hat er mehr mit solcher gedult ausgericht / als ob er gleich sein herrschafft gar wol gebraucht hette / Und ist das die historia.

Do er zur zeit Alcibiadem zu gast hatte / und sein weib Xantippa genant / uber der gasterei unwillig war / unnd das tischtuch sampt dem essen vom tisch risse / und Alcibiades aus unmuth fragt / wie er solche boßheit erdulden kônte / sagt er / kanstu doch deiner hennen solchs zu gut halten / die dir auch offt uber den tisch fleuget / gleser zubricht / und alles umbkeret / ja sagt Alcibiades / die henne legt mir eyer / do sprach er / so zeuget mir meine Xantippa kinder.

Und do Xantippa mit schelten und murmeln fort fure / sagt er weiter / Lieber Socrates / wie kanstu solch murmeln leiden / sagt er / kanstu doch leiden / das dir das rath an deinem brunnen vor den ohren knarret.

Zur zeit aber / do sie im den peltz im haus wol hatt gewaschen / und Socrates sich heraus fûr die ⟨hiij^r⟩ thûr satzte / sie aber auff den boden gieng / und mit kammerlaugen in von oben

herab begoß / sagt er zu denen so solchs sahen / ich wuste wol
das nach einem solchen donnern und plitzen / ein platzregen
folgen würde.

Do nun aber ein mal auff der gassen / sie im den rock vom
leib rieß / und die leut sagten / er solt mit feusten drein schlagen
/ Ja wahrlich sagt er / das wer eben recht / das wir beide einander schlügen / und ir zu lachen hett. Wenn er aber seiner Xantippa gar zu verdrieß und ubel thuen wolt / so schwieg er gar
still / das wolt ir dann das hertz brechen / dann ein bös weib und
der teuffel / wil nit veracht sein.

Solche historia aber / wil ich nit ferner angezogen haben /
dann das allein zu erkleren / was wir oben vormeldet haben /
wie ein man mit vernunfft bey seinem weib wonen soll / mit
güte mehr ausrichte / als mit schelten und schlahen / und ein
weiser vorstendiger man / auch wol ein bös weib kan zu recht
bringen und from machen / das durch uberiche gewalt / tirannrey und herrschafft / nit geschehen kan / Jedoch deucht mich
auch nit rath sein / das man Doctor Simon gar so starck laß
einziehen / wie jetzund vom Socrate ist vormeldet. ⟨*hiij*ᵛ⟩

Die sechste hinderliste des Eheteuffels /
wieder die schöpffung Evę / aus der seiten Adę /
die hausregierung und herrschafft des
mans uber das weib betreffen.

BIß hieher / haben wir von Adam / das ist / wie sich die menner
gegen den weibern sollen verhalten / und sich für dem Eheteuffel bewaren / gehandelt / Nun wollen wir die Evam auch
für uns nemen / weß sich die weiber gegen den mennern / fried /
lieb / und einigkeit zu erhalten / dem Eheteuffel zu trotz und zu
wieder / vorhalten sollen / wiewol diß und das ander / auff beide
teil auch sol gezogen werden / und / mann und weib sich alles
beides sol annemen / und solches auff beiden seiten vorhalten.

Erstlich sagt Moises / das Gott die Evam nit aus dem kopff / auch nit aus den fůssen / sondern aus der seiten Adę genommen und geschaffen habe / aus welchem das zu schliessen / und abzunemen ist / was die schöpffung Evæ belanget / das sie Adam von Gott zugeordnet ist / als ein gesellin / helfferin / mitherrin und regiererin / nit geringer / oder grösser wirde / denn Adam / sondern mit im in gleich ehr / wirde und regierung gesatzt / Und solche gleichheit der ehr und gewalt / hett gedienet zur unvor⟨b 4ʳ⟩wandtlichen liebe und freuntligkeit im Ehestand / dann wo es gleich zugehet / da ist fried und einigkeit. Solches aber zu erweisen / ist etwas zu schwach darzu / was wir von der schöpffung aus der seiten schliessen / darumb müssen wir es gewisser suchen / Unnd ist das die erste und unwiedersprechliche erweisung / solcher gleichheit des regiments / ehr und wirden / das Gott nit zu Adam allein saget DOMINARE hersche / sonder zu allen beiden / DOMINAMINI herschet uber alle thier auff erden / etc.

Zum andern / erkleret das auch bald darnach im 3. capit. die aufferlegte straff / von wegen des fals / da Gott Evam DEGRADIRET, etwas irer ehr entsetzt / von der seiten ein wenig bas herab ernidriget / und wirfft sie gleichwol nit unter die fůß Adę / sondern unterwirffet sie seinem regiment / das er nun fort ir Herr / und sie im unterthan sein soll.

Zum dritten / sehen wir solchs auch an den hinderstelligen fůncklein der natur nach dem fall / das noch heut zu tage / ausserhalb der unterthenigkeit / das weib gebraucht der freyheit unnd PRIVILEGIJS MARITI ires mannes / steiget der man in wirden und ehren / so steiget sie mit im zu gleich / Wirt ein pawr ein bůrger / ein Magister ein Doctor / ein Edelman ein Graff / so steiget sie immerzu mit irem man auff / ⟨b 4ᵛ⟩ Das wir aber solchs regen und disputieren / das wirt jtzt nůtzlich sein / zu dem / was wir nun ferner vom Eheteuffel / wie er die weiber auch angreifft / zu sagen haben.

Das werck aber / wie Gott Evam aus der seiten Adę schaffet / warumb solchs geschehe / unnd warzu es dienen sol / hat der

Eheteuffel eben in acht / sihet es mit schilenden augen an / und gedenckt ims wol nutz zu machen / wieder alles vornemen Gottes / unglůck / noth / und unfried / im Ehestand dardurch anzurichten / Und sonderlich aber / do der fall geschicht / und Eva ernidriget wirt / da bekommet er ursach / aus solcher schöpffung aus der seiten / alles unglück mit dem weib im Ehestand anzurichten / wie er sich zuvor an den mennern vorsucht hat / als wir nach der leng haben angezeiget / und greifft es derhalben also an.

Nach dem im bewust / in waser wirden Eva erstlich erschaffen / und wie sie nun aber ernidriget / damit er das band der einigkeit zureisse / zwey inn ein fleisch zusam vorfůget / wieder von einander sůndert / ob es nit mit dem leib / doch gleichwol mit dem gemůt und hertzen geschehe / Treibet deswegen und reitzet Evam zu dem / was nun verloren / und von ir genomen ist / das sie strebe / dencke und ⟨ir⟩ trachte / wie sie zugleich regier und hersche / unnd Adam das regiment aus der hand neme / mit nichte in solche ernidrigung willige / sonder mit unwillen sage wie jener Römer spricht / VBI NON SIS QUI FUERIS, NON EST CUR VELIS VIVERE, Das sie lieber alles follend darüber zusetzen soll / fried und einigkeit inn wind schlagen / ehe sie sich also ernidrigen lasse.

Und ob solchs der Teuffel bey der frommen Eva nit hat können erhalten / die sich one zweiffel aus grossem schrecken wirdt gegen Adam / in aller unterthenigkeit vorhalten haben / So sehen und erfaren wir es gleichwol / wie gewaltig und hefftig er solch spiel anrichte und treibe / in iren nachfolgenden töchtern / Und nach dem den weibern / auff erden nichts unleidlichers / und herter ankömpt / dann das sie sollen unterthan sein / und sich für iren mennern tůcken / darumb trachten und dencken sie / wie sie solch last von iren schultern ablegen / greiffen mit gewalt nach gleichem regiment / wagen daran fried und wolfart / es gerath auch wie es wolle / zu streichen oder zu schlegen / welches dann auch gewißlich und als bald darnach folgt / denn es gehet eben zu im hausregiment / wie inn welt-

licher regierung / in welchem / wie der Heidnischen Poeten einer
sagt / Gleich wie nur ein Sonn am Himel / so auch ⟨*i*ᵛ⟩ nur ein
Herr und regent sein mus / sol es anders friedlich zugehen /
NON CAPIT REGNUM DUOS, NEC REGNA SOCIUM FERRE, NEC
5 TEDÆ SCIUNT. Zwen Herren in einem Land / Zwen Narren in
einem haus / vortragen sich nimmer mehr / Wie dann auch
Julius Cæsar sagt / aus solchem gemût und hertzen / er wolt
lieber in einem dorff Schultheis sein / und allein das regiment
haben / als zu Rom / neben einem andern mitregenten / wie er
10 dann auch sich nit zu frieden gabe / bis er solchs durch groß
blutvergiessung zuwegen bracht.

Eben solch spiel richt der Teuffel im Ehestand auch an / dieweil dem mann nun die herrschafft befolhen / und auch seine
ehr einem andern nit vorgûnnet / und das weib sich auch / aus
15 anleitung des Eheteuffels / nit zufrieden gibt / sie wil den scep-
ter auch in der hand haben / und mit regieren / das gar selten
ein haus gefunden wirt / do nicht Doctor Simon inne regiere /
Aber was aus solcher bôsen anstifftung des Sathans erfolge /
wie die Ehe zubrochen / das hausregiment zustôret / alle band
20 der lieb und freuntligkeit zurissen werden / zanck / hader / und
zwitracht / das erste und beste gericht alle tag im hause ist / das
erweiset die teglich erfarung / und bedarff keiner erklerung /
wirt aber fried und einigkeit im haus und Ehestand auffgehoben / so ⟨*i ij*ʳ⟩ folget das ander unglûck auch daraus / das die
25 eheleut in solchem unfried auch an der seelen vorletzt / unnd
an der anruffung und dinst Gotes vorhindert / also an leib
unnd seel zu grossem unfal komen und geraten.

Zum andern / lest es der Eheteuffel nicht allein darbey
bleiben / das er die weiber in gleich regiment erhebe / aus der
30 ursach / das er Gottes werck unnd ordnung zustôre / fried und
einigkeit auffhebe / Dargegen aber zwispalt und hader anrichte /
Sondern treibt und vorursacht die weiber / als ein schwach gefes
und leicht zu ûberwinden / auch wol zu solcher kunheit / das sie
nit allein iren mennern nach Gottes befelch nit unterthenig /
35 auch nit allein in gleichem regiment sitzen wollen / sondern

Eheteufel

legen den mann wol gar unter ir gebiet und Herschafft / legen die last auff den mann / die Got auff sie gelegt / und greiffen mit frevel und gewalt nach der herrschafft und regiment / Solchs unterstehet sich als bald Eva / gibet dem armen Adam den apffel / mit solchen worten / geberden / und gemůth / das er on alles wiedersprechen / als der erst D. Simon / mus zugreiffen / und mit anbeissen / und deß beklaget sich auch darnach Adam hefftig fůr Gott / do er sagt / Das weib / das du mir zu einer gesellin gegeben hast / das hat mir den apffel geben / und ich hab darvon gessen. ⟨*i ij*ᵛ⟩

Und inn dem fall / nemen sich die nachfolgende tôchter Evę / der muter art und eigenschafft gewaltig an / Das in beiden Keiserthumb / Rômisch und Tůrckisch / nach gemeiner sage und klage / der Doctor Simon fast allenthalben das regiment hat und fůret / wie dann die Historien auch vormelden / das in ettlichen Lendern / die weiber / die menner auff die stůel zum rocken gesetzt haben / und das regiment an sich gantz unnd gar genommen / Krieg gefůret / Land und leut ein lange zeit geregiret haben / wie solchs dann die Historien außweisen.

Es ist auch noch jetzicher zeit / ein grosse Stadt nicht weit von uns / do die weiber hantierung treiben / kauffen und verkauffen / unnd do der mann / bißweil ir ins handwerck fellet / verkaufft etwas an irer stad / weil sie in der Kirchen oder auff dem marckt ist / gefellet es ir / wol und gut / wo aber nit / so gilt die kauffschlagung nichts / wirdt Cassirt, gantz und gar auffgehaben.

So sagt man auch / das in einer grossen Stadt / einer ein grosse speck seiten hab an das Stadt thor gehangen / mit einem angehefften zetel / wer nit Doctor Simon sey / der sol den speck hiweg nemen / es hab sich aber ein lange zeit keiner funden / entlich aber sey ein Paur kommen / und die seitten ⟨*i iij*ʳ⟩ mit sich wollen weg nemen / da hat im der thorhůter gesagt / wil er sie nemen / so můß er sie unter den rock nemen / do hat der Paur geantwort / er darffs nicht thun / dann do er das hembt wůrde unrein machen / wůrde er zu haus nicht wol entpfangen werden / auff solche Doctor Simonische antwort hatt er die seiten speck můssen hangen lassen.

Uber solch weiber regiment / fůret auch Cato / ein grosser / kluger / ansehenlicher Rômer / fůr einem gantzen sitzenden Rômischen Rhad / eine harte klag / und sagt / Wir Rômer herschen uber die gantze Welt / aber unsere weiber herschen uber uns.

Was aber der Sathan vor zurrůttung anricht / mit solchem regiment / gibt die teglich erfarung / Und gehet gleich zu / wie inn der Pauren auffrur / wenn die unterthanen wôllen Herrn sein / und die Herrn sollen knecht sein / so erhebt sich Krieg und blutvergiessung darůber / wie es die armen Pauren erfuren / und solch auffrur im hausregiment auch sich teglich erweiset.

Solchem unfall aber fůrzukommen / und zu vorhůtten / fried und einigkeit im Ehestand zu erhalten / so viel nun der weiber beruff belanget / was sie darbey thun kônnen und môgen / damit Gottes ⟨i iij^v⟩ ordnung und einsatzung unvorrůckt / glůcklich und seliglich iren fortgang haben môge / stehet allein inn dem / das die weiber ir leben / gedancken / gemůth / und all ir vorhaben / richten unnd anstellen / nach Gottes befelch und willen. Und dieweil es denn dahin gerathen / das Got von wegen der erbsůnd / die Eva sampt allen iren nachkomenden tôchtern / DEGRADIRET, ernidriget / und in die straff geleget / das sie nit mehr in gleichem regiment mit Adam sitzen / sondern im unterthenig und gehorsam sein sol / in fůr iren Herren erkennen / das sich demnach die weiber / in demut und gedult / solchem aufferlegten creutz williglich unterwerffen / leiden und dulden / was nit anders sein kan / inn dem trost und hoffnung / wenn der apffel darein Eva gebissen / dermal eins wird verdawet werden / diß leben ein ende nemmen / und das ander sich anheben wirt / das solche straff auch von inen wieder werd genomen / und sie auch wiederumb zu den vorigen ehren fůr dem erbfall / werden eingesetzt werden.

Solch lob gibt der Heilige Petrus / der frommen Sarę / das sie sich fůr irem mann gedůckt und genidriget habe / und ihn iren Herren geheissen hat. ⟨i 4^r⟩

Und wie der Heid sagt / Æquo animo pœnam qui mervere ferunt, Was einer vordinet hat / das leidet er als der gedůltiger / dieweil dann das auch ein vordiente straff ist / das die weiber sich auch als der williger und gedůltiger einlassen / und mit gedult leiden und tragen / was wol verdienet unnd vorschuldet ist.

Weiter sagt man auch im gemeinen sprichwort / Feras non culpes, quod vitari non potest, Was man thuen mus / das thue man gleich so mehr geren als ungeren / dann ungern hilfft nicht / sondern macht nur ubel erger / Darumb sol ein from ehrlich weib / solcher unvormeidlicher aufferlegter straff und bůrden / sich willig unterwerffen / nach dem regiment und gleicher herrschafft sich nicht verlangen lassen / sondern dem gůnnen / dem es Gott gegeben hat / und mit gedult erwarten / solcher bůrde und last entledigung / welches dann geschehen wirdt / wenn diß sůntlich leben sein entschafft nemen wirt.

Im fall aber / do sich gleich solchem willen Gottes nach / die weiber nit zufrieden geben / die aufferlegte last und bůrde von sich werffen / und sich mit dem mann umb das regiment schlahen / und streithafftig einlassen / vorlieren sie doch das felt / krigen schleg darzu / dann Gott hilfft dem sterckesten. ⟨i 4ᵛ⟩

Darumb ist das der nechste und beste rhad / das Doctor Simon / Doctor Herman weiche / das regiment ubergebe / gůnne / und lasse / und viel lieber inn untherthenigkeit in fried lebe / als inn unordentlicher Herrschafft / mit stetem hader und unfriede / Mit gehorsam und untherthenigkeit kan man auch einen bösen tyrannen lindern / und ein gehorsam frumb weib / kan auch also einen störrischen unnd tyrannischen mann biegen / lindern / unnd gůttig machen / Dargegen aber / wie man sagt / zween harte stein / malen selten klein / Wenn ein grosse bůchsen abgeschossen wirt / an eine harte mauren / so bricht und reisset sie entzwey / was sie trifft / wenn sie aber inn ein mist hauffen / oder an ein wollen sack antrifft / so verleuert sie all ir macht / und felt hinan wie ein schnee pall / Eben so helt sichs auch / mit frommen und gehorsamen weiberen / gegen unfreuntlichen und störrischen mennern.

Der Siebende angriff des Eheteuffels /
wieder das wörtlein / do Moises ferner
sagt / und Gott bawet ein Weib
aus der riebe / die er von
dem menschen
name. ⟨k^r⟩

HIe brauchet Moises ein sonderlich und ungebreuchlich wörtlein / sagt nit wie oben / das Gott Evam geschaffen / sondern gebawet habe / aus der rieben Adę / damit er nun klerlich anzeiget / warumb Gott Evam erschaffen / und Adam zugeben habe / als nemlich / das Adam bey seiner Eva bleiben / wonen / und nit / wie die andern thir / sich von ir abwenden / sondern sich mit seinem weibe zu ruhe geben / stete wonung bey ir auffrichten und haben / wie dann Adam darnach sagt / darumb wirdt ein mann Vater und Muter verlassen / und an seinem weib hangen.

Zum andern / zeiget Moises mit diesem wörtlein an / das Eva Adę gehülffin sein soll / haus und geschlecht auffzubawen / kinder zeugen / stets bey einander wonend / und inn Gottes forcht auffziehen sollen.

Und zum dritten / will er damit zu verstehen geben / das Eva Adams haushalterin sein soll / was Adam zusam in die küche und keller bringet / zu radt halten / und dem haus regiment wol vorstehen sol / Adam lassen ausgehen / arbeiten / handeln / wandeln / regiren / sich mit irem regiment und ampt / aus dem haus nicht begeben / Darumb auch Paulus AD TIT. 2. die weiber nennet / CUSTODES DOMUS, hüterin des haus. Darumb haben auch die Heiden / die ⟨k^v⟩ Venerem gemalet / auff einem schnecken haus sitzend / damit anzuzeigen / gleich wie ein schneck ir haus allzeit mit sich dregt / das auch also die weiber im haus bleiben / und nit auslauffen sollen.

Eben das haben auch wöllen deuten und anzeigen / unsere alte Deutschen und voreltern / welche / wie noch an etlichen orten der gebrauch / der braut / wenn man sie ins beth zum breutigam gesetzt hat / ein jung kneblein hat lassen die pantoffel ausziehen / und an die wand nageln / die braut damit zu erinnern / das sie nun ferner inn irem haus bleiben / und das selbe regieren / mit kindern umbgehen / und auffziehen sol.

Auff solch werck Gottes / gibt nun der Eheteuffel achtung / und do er sicht / wie nun Adam ein haus gebawet / do er bleiben und ruhen soll / setzet er sich an den man / machet im ein bösem rauch im haus one fewer / treibet in mit hertzen / gedancken / und füssen aus dem haus / frůe morgen zum brantenwein / von dem zum kůlen wein / das sie also irer narung nicht nachtrachten / weib unnd kinder im hunger sitzen lassen / daraus dann unwillen / zanck / kiffeln und hader erwechst / wenn der mann zu haus kompt / vol und tholl / und das weib mit ungedult sich lest vormercken / folgen böse wort / schleg / und unfried / Inn deß stehet der Eheteuffel ⟨kijʳ⟩ hinter der thůr / und lachet sein feustlein all voll.

Was das ander belanget / das Adam bey seiner Eva wohnen / die kinder nehren und auffziehen sol / gibet Got nicht kinder / so werden sie unmuttig auff die weiber / wenden sich anderswo hin / do es in nicht gebůret / Uberfallen sie mit kindern / so ist es auch nicht recht / wolten lieber sie heten weniger / oder gar keine.

Zum dritten / macht er sich auch deßgleichen an das weib / welche nun Adams haushalterin sein soll / doheim bleiben und wol zusehen sol / das ungerattene weiber / sich aus irem haus und beruff geben / allem fůrwitz / inn alle winckel nachlauffen / kind und haushaltung / stehen und ligen lassen / und do in nit vorgůnnet wirt gar auszulauffen / doch stets am fenster und an der thůr stecken / als were das haus voller fewer / was aber fůr böse und arge gedancken / den Ehemennern daraus erwachsen / wie sie sich mit eiffer und vordacht einlassen / auch zum zanck / hader und schleg greiffen / erweiset die teglich erfarung.

Vor solchen bösen tůcken des Eheteuffels / sich zu hůten / und im Ehestand unfried unnd stetten zanck zu vormeiden / sollen fromme Christliche eheleut auff beiden seiten / iren

Ehestand dieser ordnung Gottes nach / anfahen und volenden.
⟨kij^v⟩
Und sol erstlich ein Eheman daran gedencken / wie im Gott die seine erbawet und zugegeben hat / do er am liebsten sein
5 und wonen sol / lust und lieb haben / bey weib und kind zu sein / mit den selben leben / und die selbigen in Gottes furcht aufferziehen.

Zum andern / wie es Gott machet / mit seinem weib / er gebe ir viel kinder oder keine / in solches auff beiden seiten wolge-
10 fallen lassen / etc.

So sollen auch die weiber / auff solche ordnung fleissig achtung geben / iren Ehestand darnach anstellen / im haus bleiben / zu rath halten / was der mann nein bringet / mit seiner mühe unnd arbeit / andere ungerattene weiber lassen hin und wieder
15 lauffen / springen und tantzen / und sich ires ampts erinnern / wie sie Gott an ir haus gebunden hat.

Wo man sich also auff beiden seiten darein schicket / da können Eheleut freuntlich und lieblich bey einander wonen / das eines hertzlich gern bey dem andern ist / und dem weib hart
20 zu wider / wenn der Mann vom haus / und dem Mann / das er nicht bey Weib und Kind sein soll.

Der Achte Anstos des Eheteuffels / wieder das wort / da Moyses saget / wie Gott Evam zu Adam geführet habe. ⟨kiij^r⟩

25 **D**Amit zeiget nuhn Moyses zum beschlus an / wie Gott ferner und endtlich vorordnet / das es nicht ins Menschen willkür sein soll / ohne unterscheid / wie die wilden thier / mit welchen / oder mit vielen er will / sich zu voreinigen / sondern / wie oben von dem schlaff Adæ geredet / von Gott ein fromb Weib bitten und
30 gewartten. Denn es ist kein zweiffel / weil Gott noch heut zu tage / wie Christus Joan. am 6. saget / wircket / schaffet und

machet inn allen Creaturen / das er auch noch zu tage / einem jeglichen die seine zufûre / wer nur auff in wartet / wie er hie mit Adam thut.

Das weis der Teuffel gar wol / darumb damit er sich inn allen Wercken der hôchsten Majestet wiederspenstig mache / und Gott nichtes lasse gut sein / leinet er sich inn diesem Werck auch wieder Gott auff / und treibet die Lewt darzu / das sie entweder zu unzucht und Hurerey greiffen / oder ja ohne Gottes schickung / zu blatzen / und inen selber / nach irer brunst / wahl und fûrwitz Weiber nemen / das gar viel Eheleut nicht Gott / sondern der Teuffel zusammen bringet / wie sichs dann im ausgang erweiset.

Und nach dem die Eltern / Blutverwandten und Formunden Gottes mittel sind / dardurch er ⟨kiij^v⟩ einem jetzlichen die seine vorsehene zufûret / leget sich der Teuffel in dem auch zu felde wieder Gott / und solche mittel / das entweder die kinder solche mittel hindansetzen und vorachten / und irem fûrwitz nach / bis weil inen und den eltern / grosse betrûbnis und hertzenleid machen / Oder auch wol die eltern und freund / auch in dem / aus des Sathans anreitzen / sich an solcher Gottes ordnung vorgreiffen / nit nach dem es Gott wol schickt und fûget / die kinder versorgen / sondern offt mehr auff reichthumb / geschlecht und freuntschafft sehen / als auff Gottes willen / das darnach aus solchem ubel angefangenem Ehestand / one Gottes vorfûgung / alles unglûck erwechset / und daraus entspringet / inn dem das sie die leut zusam brengen / die weder lust noch lieb zusam haben / und auch one lieb / ir leben im ehestand zubringen.

Dargegen sollen junge leut auff diese ordnung und schickung Gottes achtung geben / und dieweil ein fromm weib vom Herrn kompt / wie der weis mann saget / und ein bescheert ding ist von Gott ein frumb weib / Gott erstlich und vor allen dingen zu rhat nemen / in lassen freiesman sein / und bitten / das Gott mittel und weg schaffen / und durch die selbigen im zufûren lasse / welche er im geschaffen ⟨k 4^r⟩ und zugeeignet hat /

und am besten gefallen lassen / was Gott also einem jetzlichen bescheeret unnd gibet.

Und deßwegen sollen auch die kinder ire eltern in dem nit hindan setzen / sondern dieselben inen freyen lassen / als verordente Gottes mittel / wie die lieben alten Patriarchen gethan haben / wie es die historien inn der Bibel ausweisen / und auch bey den Heiden im gebrauch gewesen / welches sich vorlengen würde / solchs zu erkleren / mit exempeln und historien.

Deßgleichen sollen auch die eltern und formunden / darauff fleissig achtung geben / und gedencken / das sie nur allein mittel unnd werckzeug Gottes sein / und nicht inn irer wilkûr stehe / wie und wen sie wollen / zu freyen / sondern auf Gottes schickung und vorfûgung fleissig sehen sollen.

FINIS.

Vom Himel vnd der Hellen.
Was für ein gelegenheit in beiden mit den Auserwelten vnnd Verdampten haben werde.

Durch
Andream Musculum/ D.

Gedruckt zu Franckfurt an der Oder/ durch Johann Eichorn.
ANNO, M. D. LIX.

Vom Himel und der
Hellen.

Was für ein gelegenheit in beiden
mit den Auserwelten unnd Verdampten haben werde.

Durch
Andream Musculum / D.

Gedruckt zu Franckfurt an der
Oder / durch Johann
Eichorn.

Anno, M. D. LIX.

⟨Aij^r⟩   Der Erbarn und Tugentsamen frawen
Katherina / Magistri Heinrici Jagaws
ehelichen hausfrauen / meiner insonderheit
guten gûnnerin und freundin / etc.

Gnad und fried von Gott dem Vater / und
unserm Herrn Jesu Christo:

ERbare unnd Tugentsame Fraw / nach erforderung meines
beruffs unnd Ampts / hab ich in diesem vergangenem Jar
drey bûchlein inn druck geben / inn welchen ich kûrtzlich
(doch meines erachtens) deutlich und grûntlich gnugsam habe
erkleret und angezeigt. Im Ersten / Nach dem wir Deutschen
inn diesen letzen zeiten / auch entlich mit Gottes Wort begnadet
und heimgesucht / aber mit grosser sicherheit / vorachtung
/ und undanckbarkeit / als nie zuvor irgend ein Volck /
von der Apostel zeit her / gegen solcher våterlichen heimsuchung
uns einlassen / und weniger als irgent zuvor unsere
vorfaren / betrachten was zu unserem friede dienstlich / Hab
ich aus gewissem grund der schrifft erwiesen / was wir Deutschen
in sonderheit nach vorgehender / aber verachten gnadenreicher
zeit / für unglûck / straff / und zorn Gottes zu gewarten
haben / zum theil albereit darinne verhafftet / aber noch tieffer
in kurtz folgender zeit / darein sincken und fallen werden. ⟨Aij^v⟩

Im Andern aber hab ich aus gutem grund und zeugnis der
heiligen schrifft erkleret / wie auff solchen wolverdienten zorn
Gottes / und vorlauffende straff und trûbnus / der Jûngste tag
sich nicht lang seumen / sondern als bald darauff folgen werde.

Im dritten aber / nach dem inn diesen allergefehrlichsten /
bôsen und letzten zeiten / den Leuthen im mehrern theil die
ohren / durch mutwillige sicherheit verstopffet / und die

hertzen verhertet und verstocket sein / das mit Predigen / ruffen / schreyen und schreiben / nichts bey inen zu erhalten / sondern ein jeder mit seen / pflantzen / bawen / keuffen und verkeuffen / deß seinen wartet / Gottes Wort in windt und
5 verachtung schlecht / alle trewe warnung und vermanung inn grosser sicherheit lesset für den ohren fürüber rauschen / Hab ich aus vier sprüchen allein / der Heiligen schrifft angezeiget / wie mutwillich und schendtlich sich der gröste hauff in Deutschland / welches so reichlich mit dem reinen und lautern Wort
10 des heiligen Evangelij begnadet / betriege und selbst verfüre. In dem / das sich nhu eben jederman mit sorgfeltigkeit der narung also einlesset / solche wolfart / glück / sichere und friedliche zeit einbildet / als hette die Welt noch so viel jar und zeit zu stehen / als sie von anfang gestanden / als were es
15 nie besser in der Welt gewest / und derselben auch nie besser zu gebrauchen / so doch nichts ferner / aus gewisser unnd unbetrieglicher anzeigung oben vormelter vier sprüchen / zu gewarten / als allerley trübnis / jamer / noth und elend / auch entlich der grausam und erschreckliche tag deß Herrn / und
20 endtliches auffhören dieses zeittlichen lebens. ⟨Aiij^r⟩

Auff solche nhu im druck drey ausgegangene büchlein / ferner mich inn meinem gewissen zu freyen / und meinem befohlen Ampt gnug zu thuen / habe ich diß vierte büchlein auch zum uberfluß wollen lassen hernach gehen / vom Himel und
25 der Hellen / weil es ja nuhn jederman allein umb das zeitliche zu thun ist / und fast niemand mehr daran gedenckt oder dencken wil / was sich der mal eins in jenem zukünfftigen unnd ewigen leben werde zutragen / Ob vielleicht noch etliche fromme Christen durch solche erinnerung und vermanung /
30 den zukünfftigen dingen weitter nachzudencken / mügen verursacht und angeleitet werden / aus der grausamen unnd verdamlichen jtzt vorfallender sicherheit sich raus reissen / nach dem ewigen leben und Reich Gottes trachten / dieser zeit der gnaden warnemen / zu Gottes forcht und liebe sich begeben /
35 und endtlich die ewige freud und herrligkeit erlangen mögen.

Ich habe aber diß bůchlein euch zugeschrieben / und unter
ewrem Namen lassen ausgehen / von wegen ewers lieben Herrn /
meins sonderlichen freunds unnd gůnners / meine gunst /
freuntligkeit / und wiederumb geneigten willen / gegen ime
damit zu erkleren und anzuzeigen / verhoffe solch bůchlein
werd euch der meinung lieb und angenem sein: Ubersende
euch derhalben das selbige zu einem glůcklichen unnd seeligen
anfang dieses Newen Jars / mit wunsch unnd bitten / das euch /
sampt ewrm lieben Herrn Gott inn seiner forcht / lieb und
reichem erkentnis gnediglich erhalten / unnd unter seinen
schutz unnd schirm ⟨*Aiij^v*⟩ in seiner Gnad unnd barmhertzigkeit / zur ewigen freud unnd herrligkeit wolle bewaren / Amen.
Geben zu Franckfurt an der Oder am Heiligen Christabent.
ANNO, M. D. LIX.

                      E. W. V. G. D.
                      Andreas Musculus.

⟨*A 4ʳ*⟩ **Unterrichtung vom Himel und der Hell
wie es in beiden nach der zukunfft und Gericht
des Herrn Christi zugehen werde / Mit was grosser und
unbegreifflicher freud und ewiger herrligkeit / die aus-
erwelten werden gekrönet und begnadet werden.
Und dargegen mit was zorn Gottes / Ewiger straff / und
unaussprechlicher pein und hertzenleid / die Gottlosen
und verdampten werden beladen unnd
beschweret werden.**

EHe wir aber zum handel greiffen / müssen wir das zum eingang nicht unangezeiget lassen / das auff beiden theilen / diese ding / welche wir vom Himel und der Hellen zu handeln für uns genomen haben / höher und grösser sein / als das sie irgent eines menschen hertz / gedancken / und verstandt genugsam und volkomlich vermag zu begreiffen / viel weniger darvon wirdiglich reden und schreiben / dann es gewis und ohn allen zweiffel an dem ist / das sich alles auff beiden seitten / entweder zur ewigen freud oder ewigem hertzeleid / uber aller menschen verstand und weißheit / wird zutragen.

Do wir derhalben in diesen hohen und mit worten unaussprechlichen sachen / nicht jeder-⟨*A 4ᵛ*⟩man gnug thuen / sondern gantz gering und kindisch darvon reden werden / bin ich der guten zuversicht und hoffnung / fromme und gutmeinende hertzen / werden mit mir gedult tragen / und bis in das selbige ewige leben sparen / da wir mit augen sehen und erfaren werden / was wir jetzunder inn Gottes Wort ein wenig eröffnet und angezeiget haben / unnd mit kindischen gedancken und worten inn deß darvon reden und lallen. Gott verleyhe seine gnad das wir solchs mit freuden erfaren / Amen.

I.
Gene. cap. 2.

GEnesis am 2. cap. sagt Moises / wie Gott in der schöpffung Himels und der Erden / auch aller Creatur / ein sonderlichen lustgarten den Menschen zur freud und wolgefallen / habe mit sonderlichem fleis zugericht / waß aber für ein lieblicher schöner unnd lüstiger Garten sey gewesen / kan mit worten nicht ausgeredt oder mit gedancken erreicht werden / niemand wird im solchen Lustgarten so herrlich und lieblich / als er gewesen / können einbilden. Aber gleichwol das wir etwas davon reden / als der blinde von ⟨B^r⟩ der farb / do jetzunder nach der verfluchung der Erden / unnd gentzliche verterbung durch die Sindflut / dennoch noch etliche seer lüstige örter gefunden / als Awen / oder sonst von menschen zugerichte lust Garten / inn welchen einer gleich lebendig und erquicket wird / und lust hette imer darinne zu bleiben / ist etlicher maß zu ermessen / wie alle winckel der Erden vor der vermaledeiung / und Sindflut / lustiger unnd lieblicher gewesen sein / als jetzunder die allerschönsten zugerichten Gerten. Ist aber die gantze Erden so schön / lieblich / und herrlich gewesen / das auch Gott selber / wie Moises am 1. Cap. Gene. vermeldet / einen grossen wolgefallen daran gehabt / kan man im etwas nachdencken / was für grosse wollust / herrligkeit / und liebligkeit / Gott dem Menschen zur freud im Paradeis hab zugericht.

Weil aber nu der heilige Apostel Petrus Acto. 3. den Jüngsten tag nennet / TEMPUS RESTITUTIONIS OMNIUM. Die zeit der erstattung unnd wiederbringung aller ding / do die verterbung und eitelkeit / wie es Paulus zun Römern am 8. nennet / sol gentzlich auffgehaben / und alles wiederumb so lieblich und herrlich sein sol / als es in der ersten schöpffung gewesen / ob es mit gedan-⟨B^v⟩cken nit zu erreichen / oder mit worten auszureden / können dennoch die frommen und auserwelten / inn deß in der hoffnung unnd entlicher sehnung / wie Paulus zun

Römern am 8. cap. anzeiget / gleich als inn einem spiegel / und stůckweis sehen und erkennen / was die grosse unnd unaussprechliche freud unnd Ewige herrligkeit sein werde des zukůnfftigen lebens.

Und do jetzunder die Leuth im ausgang des unfreundlichen winters / unnd lieblichen anfang des Sommers / aus den finstern stuben sich mit grosser lust auffs Feld und ins grůne begeben / mit grosser libligkeit die grůnen zweiglein von beumen reissen / und die wolrichenden Blůmlein abpflocken / und gleich inn sich selber sich erquicken / unnd als die halb thodten / gleich wieder lebendig werden / lest sichs etwas vermercken und sehen / was nach diesem kůmmerlichen / elenden / winterischen / und unfreundlichen leben / inn dem Paradeis und Reich Christi / fůr freud und herrligkeit bereitet unnd zugerichtet sey / den frommen und heiligen Gottes.

Und weil der heilige Paulus zun Römern am 8. sagt / das auch die Creatur / sich engstiglich sehne / unnd nach solcher herrligkeit und offen-⟨*Bijr*⟩barung der Kinder Gottes / ein hertzlich verlangen treget / und gleich seufftzet / unnd sampt den frommen auserwelten / als ein geberende Fraw sich engstiget / biß zur selbigen zeit: Ist hiemit genugsam angezeiget / was fůr groß verlangen fromme Christen / nach solcher zukůnfftiger und all zubereiter freud und herrligkeit haben / dieser Weldt allein als Bilgarim und wanderleut gebrauchen / und zum ewigen Vaterland / und diesem lustigen und lieblichen Paradeis zueilen sollen / und gleich wie die wanderleut sich immer frewen wenn ein tagreis zurůck / und 6. oder 7. meil neher zu haus und hoff / Weib und Kinden / als der vorigen tag / wie viel mehr sol ein Christ sich von hertzen frewen / wenn ein tag nach dem andern weg gehet / und das grab sich nahet / als das Stadt thor unsers rechten Vaterlands / Und wie sich die Potten und Bilgarim des Galgen frewen / als einer gewissen anzeigung / das die herberig unnd ruhe stat nicht weit sey / Also sollen auch die Heiligen Gottes viel mehr des thods sich frewen / und nichts wenigers als sich dafůr entsetzen.

Wir haben etwas gesagt / oder viel mehr wie die jungen kinder gelallet / von des zukünfftigen lebens freud und wollust / wie die selbige ⟨*Bij*ᵛ⟩ nach dem angezogenen spruch Petri / wieder soll zu recht bracht werden / wie sie Gott erstlich im Paradeis dem Menschen zu guth erschaffen: Nhu lest es der Herr Christus nit dabey bleiben / sondern redet von der herrligkeit jenes lebens / noch etwas höher und grösser als Petrus / im oben angezognen orth Acto. am 3. do er spricht Johannis am 10. capittel / das er komen sey in die Weldt / den seinen das leben zu geben / und uberflüßiger / grosser / und herrlicher / als sie es zuvor im Paradeis gehabt hatten: Was aber die selbige uberflüßige freude sey / welche der Herr Christus / denen so in lieben / zubereitet hat / die hat noch kein aug / sagt Paulus / 1. Corin. 2. gesehen / kein ohr gehöret / ist auch noch in keines Menschen hertz kommen. Und ob er zum theil inn dritten Himel / oder ins Paradeis entzücket / 2. Corin. 12. solchs gesehen und gehöret hat / findet er sich doch zu schwach unnd zu gering darzu / etwas davon zu reden.

Und der heilig Joannes / welchen der Herr sonderlich lieb gehabt / welcher inn dem Nachtmahl auff seiner brust gelegen / und als ein Adler / sich hoch uber die andern Apostel und Evangelisten / in grossem erkentnis der Göttlichen unnd Himlischen dingen auffschwinget / sagt in seiner ⟨*Biij*ʳ⟩ Ersten Epistel am 3. cap. das den auserwelten und kindern Gottes / in diesem leben / ire grosse herrligkeit noch unbekandt / und nit ehe erfaren und sehen werden / als wenn der Son Gottes erscheinen / und am Jüngsten tag sich wird sehen lassen. Darumb dörffen wir auch nicht weiter schreitten / und uns viel weniger unterstehen / auch etwas / oder das aller geringste / von solchen dingen zu reden / welche grösser und höher sein / als sie mit worten oder auch mit gedancken können ergriffen werden. Es schreiben der Heiden geschichtschreiber / das etliche unter iren weisen und gelerten / also von der herrligkeit des zukünfftigen lebens geredt und gehandelt haben / das die Leuth so ihre bücher gelesen / oder sie müntlich angehöret haben /

sich selber von stund an erwůrget / von den mauren und heusern sich gestůrtzet / inn diesem fůrnemen / als der ehe zu solcher herrligkeit zu kommen / das auch ihr Weltliche Obrigkeit / solch reden / schreiben und disputirn / von der freud
5 des zukunfftigen lebens verbieten / unnd die bůcher davon geschrieben / haben můssen verbrennen lassen: Daraus leichtlich zu ermessen / wenn aus Gottes wort / unnd rechten warhafftigen erkentnis nach der schrifft / nach der leng und notturfft von solchem handel ⟨Biij^v⟩ solt geredt oder geschrieben
10 werden / wo man solche zungen unnd federn bekommen můchte / welche solchs kônten reden und schreiben / ohne das / das solche herrligkeit / gar viel hôher und grôsser ist / wie oben vermeldet / als man auch inn der Schrifft und Gottes wort imer davon handeln mag. Darumb ist von diesen sachen
15 still schweigen am besten / und in deß in der hoffnung und forcht Gottes / das gewarten / welchs herrlicher / kôstlicher und grôsser sich in der thad wird erfinden lassen / als mans jetzunder in der hoffnung mit gedancken kan fassen und begreiffen.
20   Jedoch das wir daß / was unbekant unnd unbegreifflich / durch bekante ding nach der regel Aristotelis / etwas erkleren / und so viel von unbekanten dingen reden / als wir durch bekante gleichnis thun kônnen. Wollen wir dieses handels figur und fůrbilde / Exod. am 11. cap. fůr uns nemen / und daraus
25 uns erkůndigen / so viel můglich / was Christus darmit meine und anzeige / do er spricht er sey kommen das die gleubigen inn ihm das leben / und uberflůssiger / als zuvor / haben sollen / demnach sagt Moises / do Gott mit gewaldiger hand die Israheliter / aus der grossen und unleidlichen beschwerung unnd
30 under-⟨B 4^r⟩trůckung / des Tyrannischen Kônigs Pharao / aus Aegipten fůren wolt / das Er zur selbigen stund und zeit / den Israhelitern befohlen unnd gebotten habe / nicht allein alles das ire mit sich zu nemen / sondern auch von iren nachbarn gůldene und silberne gefeß zu borgen / und also neben
35 dem ihren / die schetz des gantzen Kônigreichs Aegipti mit

sich weg zu nemen. Weil aber nun diese gantze Historia ein
figur und fürbild ist / der rechten gefencknus / beschwerung /
und ewigen verdamnus / und dargegen der erlösung unnd
ausfürung / durch den Son Gottes / aus dem Reich des Teuffels /
zum ewigen leben / haben die abgeborgte den Aegipter güldene
unnd silberne gefes / auch ire deutung und anzeugung / als nemlich / das wir im HErrn Christo / nicht allein die vorigen
güter / freud und herrligkeit / mit welcher uns Gott inn der
ersten schöpffung für dem erbfal begabet und gezieret / erlangen / und inn dem zukünfftigen leben wiederbekommen /
sondern auch noch mit grössern herlichern unnd frembden /
als oben der Aegipter gütern / reichlicher und uberflüßiger
sollen begnadet werden / welche edler / köstlicher / und ubertrefflicher sein sollen / als jetzunder in dem leben / wie oben
vermeldet / davon kan geredt oder gehandelt werden. ⟨B 4ᵛ⟩

Von solchen uberflüßigen Edlen kleinodern / mit welchem
wir Christi vordinst halben / uber die vorigen schetz / damit
wir erstlich im Paradeis begabet / sollen begnadet werden /
redet der HErr selbst / jedoch auch nur einfeldig und mit
menschlicher zungen / wie wirs können verstehn und fassen /
Luc. am 19. cap. inn der Parabel von den 10. pfunden / wie er
in seiner letzten zukunfft / uber das einige pfund / so Er uns
vertrawet / noch uber 10. Stet / als herscher und Regierer
setzen will.

Und eben das zeiget Er auch an Matth. 25. im gleichnus von
den Knechten / welchen ihr Herr seine güter / auff den wucher
aus zu thun / untergeben hatte.

Das gibt Er auch zu vorstehen Matth. 19. do Er Petro auff
seine frag antwort / was er in jenem leben zu gewarten habe /
und spricht / Er wölle alles hundertfeltig vergelten.

Darumb heist Er auch die belonung in jenem leben / mit
irem rechten namen / MERCEDEM COPIOSAM, ein uberflüßige
und geheuffte vergeltung / Matth. 5.

Von solcher uberflüßiger herrligkeit / wolt Johannes gern
etwas reden / aber er zeuhet zuruck / und spricht / FILIJ DEI

SUMUS, wir sein wol ⟨C^r⟩ Gottes Kinder / aber wie herrlich wir inn jenem leben sein werden / NONDUM APPARUIT, das lest sich noch nit sehen / Jedoch das er nit gar still schweig sondern etwas darvon rede / weil er angefangen hat / schneidt ers kurtz ab / und spricht / SIMILES EI ERIMUS. Wenn der Son Gottes wird erscheinen / werden wir sein wie Er.

Deßgleichen will sich der heilig Paulus auch nit versteigen / und mehr sagen als er kan / sonder drůckets mit einem wort raus / und spricht / Wir sein kinder Gottes / sein wir Kinder / so sein wir auch Erben / Erben Gottes unnd mit Erben Christi / was wir aber fůr grosse gůter uber die vorigen inn der ersten schöpffung vom Herrn Christo erben werden / weil die selbigen mit worten nit kůnnen erreicht werden / lest ers bey einem wort bleiben / und gehet nicht weiter.

Das ist auch die ursach / weil solche grosse und Himlische gůter verborgen / und hie fůr den augen nicht sonderlich glantzen und schimmern / das auch die auserwelten und frommen / durch fleisch unnd blut verhindert / sich nicht so gantz hertzlich derselben frewen. Die rohen / sichern / und Gottlosen aber / schlahen sie / als verdeckte gůter / gar inn wind / unnd zufallen / mit sehen / ⟨C^v⟩ pflantzen / kauffen / verkauffen / CONCUPISCENTIA OCULORUM, CONCUPISCENTIA CARNIS, mit lust der augen und des fleisch / das maul / nach dem / was hie zeitlich ein wenig gleisset und glantzet / lauffen wie die unvernůnfftigen thier / allein der grůnen weid nach / lassen sich kein můhe / arbeit / rennen unnd rheisen dauren / Aber nach dem Reich Christi / und zu den kůnfftigen Gůtern / fragen sie so wenig als ire Ochsen / damit sie seen und pflůgen / als ir Rößlein / auff welchem sie dem zeitlichen nachrennen und jagen.

Nach dem wir aber nu von den Himlischen Gůtern / und unbegreifflicher zukůnfftiger freud und herrligkeit etwas / so viel zu reden můglich / gesagt haben / Wollen wir nu die Hell im gegentheil auch fůr uns nemen / und von der zukůnfftigen pein deß Hellischen fewers / wie heiß es sein wird / auch reden /

doch mit der bedingung / das wir eben so kindisch und unmündig / wie oben von den Himlischen Gûtern / werden reden und handeln müssen / als die wir lang mit worten noch gedancken / die großheit der verdamnis nit werden erreichen können.

Erstlich / wie wir oben geredt haben / vom Paradeis / wie das selbig Gott gepflantzet und zugericht / so müssen wir auch sagen von dem ⟨Cij^r⟩ ort / welchen Got dem Teuffel sampt seiner geselschafft bereit und zugericht hat / und wer derselbig orth auch der Teuffel wol allein blieben / wenn die erbsünd die Menschen nicht inn gleiche verdamnis gestossen hette / wie dann solchs Christus Matth. am 25. cap. deutlich anzeiget / do Er spricht / Kompt her ihr gebenedeiten meines Vaters / besitzet das Reich so euch von anfang der Weldt bereit ist: Zu welchem Reich uns erstlich Gott erschaffen / unnd als bald inn des selbigen herrschafft eingesatzt / am Jüngsten tag aber / wird Er inn dasselbige wieder einsetzen / welche durch den glauben desselbigen wieder wirdig worden / aber die hinderstelligen / ungleubigen und gottlosen / absündern / unnd von sich stossen / und sprechen / Weichet von mir ihr vermaledeiten / ins Hellische fewer / welches bereit ist den Teuffeln und seinen Engeln.

Hie sagt der Herr / gleich wie das Reich von anfang den Menschen bereitet / so haben die Teuffel auch ihr verordnet Reich der verdamnis / ihres abfallens halben / zu welcher geselschafft die Gottlosen auch darnach verurtheilet werden. Das nun gewiß ist / das zwey unterschiedliche Reich sein / eines der ewigen freuden / das ander der ewigen verdamnis / wie solches ⟨Cij^v⟩ fein klerlich und deutlich auch angezeiget / Luc. am 16. cap. vom Reichen Mann und Armen Lazaro.

Darumb fehlen unnd irren weit / die von keinem andern leben noch aufferstehung der thoten wissen wollen.

Auch schlahen die feel / welche es darfür halten / das allein die außerwelten zur ewigen freud aufferstehen / aber die Gottlosen im staub und grab werden liegen bleiben.

Und betriegen die sich auch schentlich / welche ob sie es darfůr halten / das ein ewig leben unnd ewig verdamnis sey / gleichwol inn wind schlagen und als die unvernůnfftigen thier / nach keinem fragen / sondern sagen mit sicherm mund und hertzen / es geldt ihn gleich wo sie hinkommen / sie werden doch auff beiden seiten geselschafft genug haben.

Zum andern / wie wir oben vom Paradeis gered haben / wie schőn / hůbsch / und lustig das selbig von Gott zugericht sey / müssen wir im gegentheil es auch gewißlich darfůr halten / das die Helle ja dargegen so unfreundlicher / unheimlicher / grausamer / finsterer / und erschrecklicher Orth sey / Denn eben der Gott der das Paradeis inn seiner almechtigkeit so gar lůstig geschaf-⟨Ciij^r⟩fen und bereit hat / wirt auch ohn allen zweiffel sein gewalt / macht / und kunst / an der Hellen angewandt haben / die selbige unfreundlicher unnd erschrecklicher zu machen / als jemants kan dencken oder achten. Weil wir es aber mit worten so erschrecklich nicht kőnnen ausreden / als es an sich selber sein wird / und doch etwas darvon sagen / wollen wir an geringem / was wir teglich fůr augen / das was zukůnfftig / grősser / und jetzt unbegreifflich / ein wenig erwegen / und betrachten. Und ist nu an dem / wie es die erfarung gibt / das etliche finstere thal / wůsten / alte finstere gebew zu finden / inn welchen denen haut und har gen berg steigen / so dadurch reisen oder gehen.

Man findet von Menschen zugerichte gefengnis so unfreundlich / finster / und grausam / in welchen den gefangnen essen und trincken vergehet / und viel lieber gar thod sein wolten / als 3. oder 4. wochen darin sitzen / mancher stirbt auch wol gar darinnen / fůr grosser traurigkeit.

Aber es ist gar nichts geredt / solche gleichnis richtens noch nit aus / und sein viel zu gering / die unfreuntligkeit der Hellen anzuzeigen / die Teuffel zittern und beben / wenn sie daran gedencken / ⟨Ciij^v⟩ machen sich auch auffs weitest darvon als sie kůnnen / enthalten sich in der lufft / und hőhe / wie Paulus sagt / es grauth ihn fůr dem unfreuntlichen pful / in welchen sie mit allen Gottlosen am Jůngsten tag sollen geworffen werden / darumb bitten auch so hefftig die Teuffel den HErren / Luc. am 8. cap. welche heuffig / als nemlich ein gantze Legion 6730. den armen Menschen eingenomen / das Er sie nicht inn die tieffe heisse faren / sondern begeren gnad / und linderung / und bitten umb erlaubnus in ein grosse herde schwein zu faren. Das sey allein erstlich von der unfreuntligkeit des orths der Hellen gesagt / wollen weitter gehen / und zum andern uns erkůndigen / was die großheit sein werde der qual unnd pein der Hellen und ewigen verdamnis.

Weil aber noch niemand von der verstorbenen aus der Hell wiederkommen / der do gesagt hette / wie es darinnen zugehe / ob sie heis / lôlechtig / oder gar kalt sey / ob sie mit růben sey gesehet oder nicht / wollen wir davon reden / soviel wir kônnen.

Und ist erstlich kein zweiffel / wie wir oben vom Paradeis gesagt haben / das deß selbigen freud und wollust ubertrefflicher unnd herrli-⟨*C 4ʳ*⟩cher sey gewesen / und wieder am Jůngsten tag sein wird / als mit worten oder gedancken zu erlangen: Das ohn allen zweiffel die traurigkeit qual und pein im gegenteil / inn der Hellen auch grôsser als man irgend darvon reden kan / sein werde.

Die Můnchen vorzeiten / wenn sie die leuth schrecken und durch forcht der graussamkeit / der qual des ewigen verdamnis / Messen zu stifften / und die Seelen aus dem Fegfeuer zu erkauffen / wolten anreitzen / sagten sie auff den Cantzeln / das jenes fewer so heiß were / daß durch unser jetzich fewer / als mit wasser ausgelescht wůrde / und ferner iren marckt gut zu machen / unnd ire vigilijs unnd sehlmessen / bôse unnd stinckende wahr / fůr voll auszubringen / brauchten sie diese erklerung / und sagten / das die verdampten inn irer grossen qual allein das beten unnd teglich wůnscheten / Das ein berg were so gros als Himel und Erden / unnd ein kleines Vôgelein nur alle jar ein sant kôrnlein als ein mahekôrnlein gros darvon trůge / bis der grosse berg gar zutragen wůrde / das sie als dann entlich möchten erlöset / und aus der grossen Hellischen qual entlediget werden. ⟨C 4ᵛ⟩

Aber es ist noch alles nichts geredt / thut im viel zu wenig / es sein nicht mehr als Menschen gedancken / darumb wollen wir die qual und pein der Hellen / den lassen erkleren und auslegen / welcher die Helle selber gebawet und gemacht hat / unnd anhören was er davon rede / Luc. am 16. vom reichen Man und Lazaro.

Und spricht erstlich das der Reich man lieg in TORMENTIS, in der qual / in solcher pein / als einer der auff die letter gebunden / gereckt und ausgedenet wird / wiewol solchs auch noch zu gering gered ist / sintemal jene marter ohn allen zweiffel / welche der leidige Teuffel den armen verdampten leuten / nach dem Jüngsten Gericht anlegen wird / viel erschrecklicher und grausamer sein wird / als die jetzige gegenwertige / so vom Hencker / als nur einem Menschen geschicht.

Und nach dem der Teuffel so wütterisch / Tirannisch / und grausam umbgehet jetzunder / mit den Leuthen / so ihm Gott aus nachlassung und mit gemessenem befehl / zu plagen inn seine hend gibt / wie es die Historien erschrecklich anzeigen / ist leichtlich zu gedencken / wie er mit den armen verdampten werde haushalten / wenn sie ihm werden gar und volkömlich untergeben werden. Es solten einem billich die har gen berg gehen / ⟨Dʳ⟩ unnd die haut schauren / wenn man nur daran gedechte. Aber fleisch und blut sicht nicht weiter: als auff das gegenwertig / das zukünfftig thut es aus den augen / es forchtet sich für diesem fewer / das ewig lests passirn / es hütet sich für dem Hencker / aber vom Teuffel wils nichts wissen / Wenn man aber an solche zukunfftige ding auch gedechte / sagt Salomon / so würden viel sünde nachbleiben. Aber wie ein Dieb oder Strassenrauber / nur auff ein gute malzeit und einen gutten trunck weins gedencket / und vom Hencker nichts wissen will / bis er ihm inn die hende komme: So thut der grosse hauff auch / und sonderlich zu diesen letzten zeiten / do niemandt mehr weder von der Hell noch vom Teuffel will wissen.

Die ander qual der verdampten / wie es Christus hie im Reichen mann zu verstehen gibt / ist diese / Das er sicht Abraham und Lazarum inn seiner schos / welches leicht und bald geredt / aber nicht der geringsten pein eine ist / sonder es mag wol ein recht hertzenleidt genennet werden / das der Reiche mann siehet / wo er ist / inn waß qual er leit und steckt / was er so liederlich umb eines guten bissen halben / unnd von wegen geringer unnd vergenglicher zeitlicher freud / verseumet ⟨D^v⟩ hat / das er so wol als Lazarus / solcher marter uberhoben / und in gleicher freud inn der schos Abrahæ hette ruhen können. Das heist ein recht hertzeleid / wens einer hette können verhüten und verbessern / und bringet sich selber inn noth und unglück / das bricht einem das hertz / wenn einer ihm selber die schuld und ursach seines unglücks mus geben unnd zuschreiben / was man aber gezwungen und aus noth leidet / das ist alles besser und leichter zu verbeissen.

Eben diese ander qual / ziehet Salomon / do er redet von der verdampten gelegenheit / Sapient. 5. für die grosse pein an / und erkleret mit vielen worten / wie sich die verdampten inn jenem leben / in iren eigen hertzen und gedancken / beissen und fressen werden / und spricht:

Sapient. V.

ALs denn wird der Gerechte stehen mit grosser freidigkeit wieder die / so in geengstet haben / und so sein Erbeit verworffen haben. Wenn die selbigen denn solchs sehen / werden sie grausam erschrecken / für solcher Seligkeit / der sie sich nicht versehen hetten / unnd werden untereinander reden mit rewe / und für angst des geists seufftzen / Das ist der / welchen wir etwa für ein Spot hatten / und für ein hönisch beispiel / Wir Narren / hielten sein Leben für unsinnig / und sein Ende für ein schande / Wie ist ⟨Dij^r⟩ er nun gezelet unter die Kinder Gottes / und sein Erbe ist unter den Heiligen.

Darumb so haben wir des rechten weges gefeilet / und das licht der Gerechtigkeit hat uns nicht geschienen / und die Sonne ist uns nicht auffgangen / Wir haben eitel unrechte und schedliche wege gegangen / und haben gewandelt wůste un-
wege / Aber des HErrn weg haben wir nicht gewust. Was hilfft uns nu der pracht? Was bringt uns nu der Reichtumb sampt dem homut? Es ist alles dahin gefaren / wie ein Schatte / und wie ein geschrey das für uber feret / wie ein Schiff auff den Wasserwogen dahin leufft / welchs man / so es für uber ist /
keine spur finden kan / noch desselbigen ban in der Flut. Oder wie ein Vogel der durch die Lufft fleuget / da man seines weges keine spure finden kan / denn er regt und schlegt in die leichte lufft / treibt und zuteilet sie mit seinen schwebenden flůgeln / und darnach findet man kein zeichen solchs fluges darinnen.
Oder als wenn ein pfeil abgeschossen wird zum Ziel / da die zuteilete lufft bald wieder zusammen felt / das man seinen flug dadurch nicht spůren kan.

Also auch wir / nach dem wir geboren sind gewesen / haben wir ein ende genomen / und haben kein zeichen der tugent
beweiset / Aber inn unser boßheit sind wir verzeret. Denn des Gottlosen hoffnung / ist wie ein staub vom winde verstrewet / und wie ein dünner reiffe von einem sturm vertrieben / und wie ein rauch vom winde verwebt / und wie man eines vergisset / der nur einen tag Gast gewesen ist. ⟨*Dij*ᵛ⟩

Solche wort und gedancken / wenn sie zu rechter zeit gefielen / und inn diesem leben geschehen / möchten sie etwas schaffen und frommen / Gottes zorn unnd solch verdamnis und hertzeleit abwenden / aber inn der Hell ist klagen / bůssen / und beichten verlorn und umb sonst / IN INFERNO NULLA EST
REDEMPTIO, Was die Hell ein mal bekompt / das helt sie fest / und lests nimmermehr faren. Hette sich der Reiche man am leben mit der schos Abrahæ / mit Moise und den Propheten bekümmert / und were nit inn lauter wollust / wie eine saw mit dem rüssel im trog / gelegen / das möchte ihn auch inn die schos
Abrahæ erhoben haben / aber nu / sagt Abraham / ists ver-

lorn / do hilfft keiner mehr dem andern / wer do leid der leid.

Es thut aber / und sonderlich jetzunder mehr als je zuvor / der grosse hauffe / eben wie der Reiche man / lesset die jetzige våterliche heimsuchung durch Gottes Wort fůrůber rauschen / fragt nichts nach Abraham / Mose / oder Propheten / nach dem Wort / Evangelio / Bůssen / Beichten / Sacramenten / unnd des gleichen / es heist nu CONCUPISCENTIA OCULORUM, nach zeitlichem gut trachten / seen / pflantzen / bawen / keuffen / und verkeuffen / und FASTUS VITÆ, erschart und erkratzt man ⟨Diij^r⟩ etwas / nur zu seinem nutz / hoffart / wollust / schlemmen und prassen / anwenden / den armen Lazarum fůr der thůr liegen lassen / mit erkalter lieb fůruber gehen / und nicht eins daran gedencken / wie es der mal eins in jenem leben werde zugehen / wie fůr zeitten die Epicurer auch theten / aber doch nit so gar arg und sewisch.

Unser arme Voreltern waren nit so vergessen / gedachten traun an solche zukůnfftige ding gar fleißig / lieffen unnd ranten nach hilff und rath / solche zukůnfftige qual zu vorhůten / thaten alles was sie immer mehr thun konten / mit casteien / fasten / beten / almosen geben / stifften / und deßgleichen / waren aber von Gott / durch sein heiliges Wort / mit dem rechten weg zur seligkeit nicht begnadet / konten und mochten ausserhalb Gottes wort / durch Menschen satzung / die thůr zum Himel weder finden noch treffen. Wir aber / die wir so reichlich mit Gottes erkentnis / unnd rechter stras und ban zum ewigen leben / begnadet / und den Himel so weit eröffnet fůr augen haben / verhalten uns / wie man sagt im sprichwort / wenn man ein ding nicht hat / so hat man hertzlich vorlangen darnach / hat mans aber / so acht mans nicht / sondern wird sein als bald uber-⟨Diij^v⟩drůßig / Warnach sich unsere Eltern hertzlich gesehnet / darfůr eckelt uns serer / als den Juden fůr dem Manna / Warnach unsere vorfarn groß verlangen gehabt / das treten wir mit fůssen / Das sein die zwen grosse und gewaltige Teuffel / welche die Welt je und allwege Regieren. CONCUPIS-

CENTIA und FASTIDIUM, Groß verlangen nach etwas zu haben /
und bald uberdrůssig werden / wenn man es hat bekommen /
Wir sein des Evangelij / Sacrament / der Leer von Beichten /
Bůssen / so uberdrůssig / als hetten wirs mit lôffeln gessen /
5 wie man pflegt zu sagen / es riechen uns nu wieder lieblich an
die fleischtôpff / zwippel / und knoblech / in Aegipten / Das
Manna lassen wir unter den fůssen liegen / nach dem gelobten Land haben wir wenig lust oder gedancken / schône herrliche seidene kleider / gute tag / fressen / sauffen / und saw
10 leben / haben mit dem Reichen man den vorzug bey uns /
darauff stehet all unser hertz sin und gedancken. Umb Abrahams schos / umb Moysen / und umb die Propheten / ist es
uns gar nit zu thun / wir fragen nun mehr weder nach dem Himel oder der Helle / gedencken nicht mehr weder an Gott /
15 noch an die Teuffel / lauter sew tregt nun Deutschland / Sew
wird auch ⟨D 4ʳ⟩ Christus bald inn seiner herrlichen zukunfft
finden / welche nicht ehe schreien / als wenn sie der Schlechter
mit der keul fůr den kopff schlegt / nit ehe mit den tôrichten
Jungfrawen sich lassen ermuntern / als durch die Posaun des
20 Engels am Jůngsten tag. Ehe wollen unsere Deutschen Eigen-
willische nicht gedencken / weder an Gott noch an Teuffel /
als mit dem Reichen man / und diesem grossen hauffen Salomonis / im Hellischen Fewer / wenn alles verseumet / die thůr
der gnaden verschlossen / unnd niemand mehr vorhanden /der
25 sich erbarme / helffe / oder rhate / Und je neher zu diesen zeiten /
das Jůngste Gericht / und ewig verdamnis sich nahet / je sicherer / frecher / sewischer / und mutwilliger / sich die Leuth
einlassen / und eilen ja so seer zu der Helle / als die Helle
zu inen.
30 Die dritte marter und pein der verdampten inn der Hell /
nach der deutung und erklerung deß Herrn Christi / aus diesem
gleichnis / ist diese / das Abraham auff des Reichen mans hertzlich verlangen bitten und schreien / nur umb ein kleines trôpf-
lein wassers / antwortet unnd spricht: Gedencke Son das du
35 dein gutes entpfangen ⟨D 4ᵛ⟩ hast in deinem leben / und

Lazarus dargegen hat böses entpfangen / nu aber wird er getröstet / und du wirst gepeiniget. Das es umb diese dritte qual und marter / ein solche gelegenheit soll haben / wie man pfleget sonst zu sagen / daß das armut gar viel weher thue / einem der zuvor reich gewesen / als den jenigen / so des hungers und unglücks von jugent auff gewonet / und nit viel von guten tagen weis zu sagen / und dargegen auch arme Leuth / so sie aus dem staub zu ehren oder reichtumb erhoben / viel mutiger / freidiger und stöltzer werden / als die jenigen so in gewalt / reichthumb / und grossen ehren / sein aufferwachsen / Demnach wird das nit der geringsten hertzenleid eins sein / wenn am Jüngsten tag der rohe sichere hauff / welcher jetzunder mit dem Reichen man schlemmet / brasset / guter ding ist / und sich Abrahams schos Moise oder die Propheten nit lest anfechten / dencket auch nicht eins daran / wie es dort werd zugehen / wie eilentz / blötzlich / und in grossem grim und zorn Gottes / zu der ewigen qual und pein wird verdampt und verurtheilt / und aus diesem irdischen und sewischen Paradeis / inn den finstern / stinckenden / unfletigen / brennenden pful / von pech und schweffel / wird ⟨E^r⟩ geworffen werden / Das wird dann ein recht hertzeleid sein und heissen / wenn solcher roher und sicherer hauff / das urtheil wird anhören / wie hie zum Reichen man gesagt wird / Wolan deine gute tag haben nu ein ende / du hast nit mehr begehrt oder gesucht / als solche kurtze und bald vergengliche gute tag / was du aber begerd hast / das ist dir worden / die straff hab ich dir auffgezogen / und dich freudig in deinen sünden lassen springen und tantzen / nu aber kompt die zeit meines grims unnd zorns / meiner straff und Gerichts uber deine sünde / nu gilts ewig bezalen / was lang geborget ist / bis auff den letzten scherff.

Und das ist eben das heimlich und verborgen Gericht Gottes / welches alle hohe unnd grosse heiligen / David im 71. Psalm unnd Jeremiam am 12. cap. sampt den andern ausserwelten / auch die weisesten / und verstendigsten unter den Heiden / irr macht und hart ergert / wie es immermehr mag zugehen /

was die ursach sey / daß den Gottlosen allwege wol gehet in diesem leben / den frommen aber ubel / wie man denn sagt im gemeinen sprichwort / je grösser schalck je grösser glück / Hurn und Buben gehet es am aller besten. Do fellet David / Jeremias / und unter den Heiden Aristoteles / Cicero / und Cato / Gott in sein ⟨E^v⟩ Gericht / und sagen / Gott halt nicht recht haus / er můs freilich nicht alles sehen und wissen / oder nit gros darnach fragen / wie es hie auff Erden zugehet / Denn do es an dem were / das Gott nicht im Himel allein spaciren gienge / mit den Engeln kůrtzweilet und spielet / wie im Job stehet / sondern hie unden auff Erden auch regiret / und sich der frommen anneme / auch auff der bösen Gotlos wesen und leben / sein augen wendet / so köndte es nicht fehlen / oder anders zugehen / es můste von rechts wegen den bösen ubelgehen / und den fromen wol / Aber Abraham thut der sachen hie recht / und redet weißlich / unnd nach Gottes heimlichem rhad und Gericht verstendigklich darvon / und spricht zum Reichen man / Du hast gute tag gehabt / auch allein darnach gerungen / die hat dir Gott auch gelassen. Nu aber gehet aller erst Gottes gerecht und unstrefflich Gericht uber dich / das du nu solt gepeiniget werden / und mit ewiger straff bezalen / was du mit kurtzer freud verdienet hast / auff ein solche kurtze unnd vergengliche freud / gehöret nach Gottes gestrengem und rechten Gericht / ein ewige straff und pein.

Diese qual und marter / wird der Gottlosen hertz mit ewigem heulen und zeen klappern ein-⟨Eij^r⟩nemen / unnd für grossem betrůbnis inn tausent stück zubrechen / wenn sie sehen / und mit irem ewigen und unentlichen schaden erfaren werden / wie sie so von kurtzer Sew freud wegen / den Himel so liderlich verschertzet / und die Helle verdienet haben / wenn sich ir freud und fihische wollust / inn die ewige verdamnis wird verendern / do wird man innen werden / ob ein gute malzeit hengens werd sey / ob sichs auch so leicht wird fůlen lassen / wie man es jetzunder mit worten ausredet / wer weis wie es dort wird zugehen / ich komme hin wo ich wolle / so werd ich geselschafft genug finden / Die Helle wird lang nicht so heiß sein / als man sie jetzunder macht und ausschreiet.

Dargegen aber / wie ein armer / so plôtzlich aus dem staub zu grossen ehren oder reichthûmern erhoben / viel mutiger und freudiger wird / als einer der stetigs bey guten tagen und grossem gut aufferwachsen. Also wird das den auserwelten ire freud uberflûssig heuffen unnd mehren / wenn sie aus dem fegfewer / trûbsal / angst unnd noth / dieses zeitlichen lebens / mit dem armen Lazaro in die schos Abrahæ / zur ewigen freud erhoben / und aus kurtzer traurigkeit / zur ewigen herrligkeit kommen werden: Da werden dann ⟨*Eij^v*⟩ die auserwelten aller erst sehen / erfaren / unnd erkennen / Gottes gerechtes Gericht und haushaltung / an welcher sich David / Jeremias / und alle fromme im leben geergert und hart gestossen haben / warumb sie hie unter dem trûbsal unnd Creutz ir leben haben mûssen zubrengen / unnd daneben ansehen / wie Lazarus des Reichen mans pracht / wie der Gottlos stoltziert / und sich in guten und gerhuten tagen mit grossem ubermuth geschwemmet hat / gleich wie eine saw im unflat. Das wird denn doppel freud sein unnd heissen / wenn man aus grosser trûbsal inn grosse freud plôtzlich kommen wird / do wird das sûsse nach dem sauern so wol schmecken / als ubel und unfreundlich das saur auff das sûsse die Gottlosen anrichten wird. Do wird es heissen sauer macht essen / aber sauer auff sûs ist unliblich und unfreundlich / DULCIA NON MEMINIT QUI NON GUSTAVIT AMARA. Der weis allein von grossen freuden zu sagen / welchem zuvor viel sawere wind unter die augen sein gangen / dem gefallen gute tag allein und recht wol / welcher vieler bôser zuvor sich wol versucht hat.

Und das ist eben der trost / welchen der Herr Christus seinen jûngern mit schônen worten / fleißig einbildet / Joan. 16. alle wiederwertigkeit ⟨*Eiij^r*⟩ dieses lebens auszustehen / und auff die zukûnfftige freud hoffen und warten / do er spricht / warlich warlich ich sage euch / ihr werdet weinen und heulen / aber die Weldt wird sich frewen / ihr aber werdet traurig sein /

doch ewer traurigkeit soll in freud verkeret werden / ewer
hertz soll sich frewen / und ewer freude soll niemand von euch
nemen. Er setzt auch ein fein gleichnus darzu von einem
geberenden weib / welche nach der geburt als der frölicher /
5 und das kindlein als der lieber hat / das grosse schmertzen und
traurigkeit fürher gangen sein / welcher von wegen der gegenwertigen freude sie gantz und gar vergist / und nichts mehr
weis / als von freuden zu sagen / und spricht das es mit den
seinen auch ein solche gelegenheit haben soll / wie wir es dann
10 allbereit erkleret und angezeiget haben.

Eben von dieser freud und frolockung / welche kompt und
fleust / aus grosser forgehender traurigkeit / und darumb als der
grösser und angenemer ist / redet der 126. Psalm / und spricht /
Die mit threnen seen / werden mit freuden erndten / Sie gehen
15 hin und weinen / und tragen edlen samen / und kommen mit
freuden / und bringen ire Garben. Und das wir diß stück
enden / unnd nicht zu weit ausgehen / ist das die gantze ⟨*Eiij*ᵛ⟩
summa und inhalt / das die Gottlosen aus einem kurtzen Sommer / welcher doch immer mit donner / blitz / hagel / wind /
20 und regen vermischt / mit einem harten / langen / und unfreuntlichen winter / sollen uberfallen werden. Aber die
frommen und ausserwelten / aus einem winter / der doch bißweil mit werm und Sonnen schein vermenget gewest / zu
einem frölichen langen und ewigem unentlichem Sommer
25 kommen sollen.

Die vierte qual und marter im ewigen verdamniß / sol diese
sein / nach erklerung deß Herrn Christi in dieser Parabel oder
Historien (wie es etliche darfür halten) das Abraham ferner
sagt zum Reichen man / Und uber alles / ist zwischen uns und
30 euch eine grosse klufft befestiget / das die da wolten von hinnen
hinab faren zu euch / können nicht / und auch nicht von dannen
zu uns herüber faren.

Das soll auch unter den vorgehenden obgenanten peenen
nicht die geringste straff sein / kein hülff zu hoffen oder zu
35 gewarten haben / und seines unglücks kein end noch auffhören

Himmel und Helle 159

wissen. Wenn aber einer weis wie lang sein unglûck weren / und wenn es auff hôren soll / kan man sich etwas als der besser auch inn allerley leiden ⟨*E 4ʳ*⟩ und trůbsal zufrieden geben / wie denn auch die Heiden mit solchem trost / wieder allerley unglůck sich gestercket und auffgehalten haben / und gesagt / DABIT DEUS HIS QUOQUE FINEM, wolan es gehe wie es kan / es wird ein mal ein end nemen es wird nicht ewig weren / MORS ULTIMA LINEA RERUM, kans niemand endern / so wird es doch der thod ausmachen.

UNA TAMEN SPES EST QUÆ ME SOLATUR IN ISTIS,
HÆC FORE MORTE MEA NON DIUTURNA MALA.

Es gehe wie es wolle / so kan mir den trost niemand nemen / Der Thod wird mir abhelffen / und mein unglůck enden.

QUICQUID ERIT OMNIS SUPERANDA FORTUNA FERENDO ES.

Es mus ein hitz sein / es gilt durch dringen / es wird dermal eins besser werden.

PERFER ET OBDURA DOLOR HIC TIBI PRODERIT OLIM.

Las gehen wie es gehet / sey unverzagt / wer weis worzu es gut ist / es ist so schier mein glůck als schaden.

So trôstet der Herr Christus auch die seinen / wieder allerley unglůck und creutz / Joann. am 16. cap. do Er spricht / PUSILLUM & NON VIDEBITIS ME, Es soll nicht lang wehren / es soll nur ein ⟨*E 4ᵛ*⟩ ubergang sein / MOEROR VESTER VERTETUR IN GAUDIUM, ewer traurigkeit soll ir gewiß zil und end haben / und in freud gewandelt werden. So nennet auch Paulus / alle wiederwertigkeit / so in diesem leben den auserwelten můgen wiederfaren / MOMENTANEAM LEVITATEM AFFLICTIONUM, Einen kurtzen ubergang.

Aber hie mit dem Reichen man unnd allen verdampten soll es heissen / HIATUS INGENS, Do ist kein rhad noch hilff / hie kan keiner dem andern helffen / wer do leit mus ewig liegen bleiben / Hie ist kein trost / wie sichs anfehet / so mus es on alle hoffnung / irgend einer vorenderung / naus gehen / und ewig weren.

 Aber die rohe und sichere Weldt / will mit iren gedancken nit so weit kommen / sie isset und trincket mit dem Reichen man / lebt im saus / weil es weren kan / ist guter ding / lest sich nichts irr machen / dencket nicht eins doran / wie es dort wird zugehen / lest ihr weder sagen / rhaten noch helffen / Es kompt aber die zeit und bleibet nicht aussen / wenn sie meinet / sie sitzet mit dem Reichen man am besten am tisch / so kompt der Teuffel / nimmet die Seel wegk / und wirfft sie uber hals und kopff / inn solche qual und pein / wie hie der Herr vermeldet: Darnach gehet ir rew / buß und ⟨F^r⟩ schreien an / mitten inn der qual / wenns zu lang gehart unnd verseumet ist / Wer im aber wolt sagen unnd rhaten lassen / den lieben Abraham / solche qual und ewige pein zu vormeiden / der solt sich in diesem leben nach der schos Christi / nach den Propheten / und Moisi umbsehen / so wer der sach gerhaten / und alles unglück wol verhüttet.

 Dargegen aber soll das den ausserwelten ire freud und herrligkeit lieblich und hertzlich wolgefellig machen / das sie sich nicht dorffen besorgen / wie es in diesem leben pflegt zu geschehen / NE ÆGRITUDO ALIQUA MIHI HOC CONTAMINET GAUDIUM, wie jener Heid sagt / wenn einer gleich ein wenig frölich ist / das bald ein unglück und traurigkeit darauff folge / sonder es soll heissen / GAUDIUM NEMO TOLLET A VOBIS, ewer freud soll ewig weren / und nimmer mehr sich endern / Es soll nicht ein freud sein / wie der jetzigen Weldt freud / welche so lang weret als ein tantz und hohe Meß / sondern ewig und unendtlich.

 Wenn der grosse / sicherer / fihischer / und sewischer hauff / daran auch ein wenig gedecht / es würde nicht wol können nachbleiben / sie würden den rüssel ein wenig aus dem sewtrog rücken und sich auch nach solcher freud umbsehen / und ⟨F^v⟩ die vergengliche Weldtfreud hindan setzen / Aber die Weldt bleibt Weldt / und lest den Pfaffen sagen was er wil.

Die frommen aber und auserwelten mûgen sich an die trewe vermanung des Herrn Christi halten / Matth. am 7. cap. die breite stras zum verdamnis / auff welcher der grosse hauff wandelt / vermeiden / und sich auff die enge wenden / welche einfûrt zur ewigen freud und herrligkeit. So viel wollen wir aus diesem ersten spruch von beiden / als vom Himel und ewigen verdamnis gesagt haben / und nu fort faren.

II.
Daniel cap. 12.

UNd viel so unter der Erden schlaffen liegen / werden auffwachen / etliche zum ewigen leben / etliche zu ewiger schmach und schande. Die Lerer aber werden leuchten / wie des Himels glantz / und die so viel zur Gerechtigkeit weisen / wie die Sternen imer und ewiglich.

Wir haben im ersten spruch aus dem 2. cap. Gene. gehandelt nach noturfft / den orth unnd gelegenheit / die freud und trûbnis / beide des Himels und der Hellen. Nu wollen wir aus diesem spruch Danielis weiter anzeigen wie ein jetzliche person fûr sich selber im Himel / nach iren ⟨Fij^r⟩ Wercken inn diesem leben / entweder zu grosser herrligkeit / oder zu grosser verdamnis inn der Helle soll gesatzt und verordnet werden.

Erstlich ist das aus der Schrifft und Gottes Wort hell und klar / das allein der glaub selig mach und einfûre zum ewigen leben / und der unglaub allein verdamme / und die Helle verdiene. So ist das auch in Gottes Wort genugsam angezeiget unnd gegrûndet / das Gott nach den Wercken / aber nicht umb / oder fûr die Werck / entweder die freud und ewig glori und herrligkeit des Himels / oder die peen und straff inn der Hellen / werde austeilen / einem jeglichen auff beiden seiten / sagt der Herr Christus Matth. am 16. cap. und Paulus zun Rôm. am 2. cap. nach seinen Wercken / gleich als einer einem ein ellen tuch abmisset nach der ellen / oder ein kandel weins nach dem maß / gibts im aber nicht umb die ellen oder maß / sondern umb etwas anders / als nemlich umbs gelt. Solchs nach der leng zu handeln / und weitleufftig aus der schrifft zu erkleren / gehört jetzunder nicht zu diesem unserm fürnemen / ist genug das wirs allein mit wenig worten vermelden und anziehen. ⟨*Fij*ᵛ⟩

Zum andern folgt aus diesem / das die glori und herrligkeit im Himmel / und die peen unnd straff in der Hellen / nicht bey allen wird gleich sein / sondern nach den wercken einer zu grössern ehren als der ander erhoben / oder zu grösserer straff und qual wird ernidriget werden / wie solchs hie Daniel anzeiget / und Christus klerlich vermeldet Matth. 11. do er sagt / daß am Jüngsten Gericht Sodomæ und Gomorræ leidlicher ergehen werde / als Chorazin oder Betsaida. Soll es einem aber unleidlicher gehen als dem andern / so wird auch die peen und qual nit bey jetzlichem gleich sein / und also auch im gegenteil im Himel / die freud und herrligkeit / wie der Herr Christus vermeldet Matth. am 25. im gleichnis von den vertrauten pfunden / und andern orthen mehr / Und Paulus 1. Corin. 15.

Zum dritten / wollen wir nu solche freude und herrligkeit deß ewigen lebens für uns nemen und ein wenig betrachten / auch deßgleichen die ungleiche / und einem als dem andern unleidlichere qual und marter. Erstlich den frommen und auserwelten zu trost / das ir mühe und arbeit nit umb sonst sein werde / sondern reichlich belonung / ob nit aus verdinst / doch aus gnaden / in jenem leben finden werde / und auch nicht ein ⟨*Fiij*ʳ⟩ kalter trunck wasser / oder ein harte und schimlichte parteck soll vergessen sein / wie solchs inn vielen orthen der schrifft wird vermeldet. Zum andern aber dem rohen sichern und Gottlosen hauffen / zur abschreckung / (do anders etwas bey inen zu erhalten) wie alle boßheit sünd und schand / auch alle unnütze wort / in der Helle ire sünderliche straff haben werden / und nichts ungestraffet wird bleiben / was man jetzunder nicht achtet / sondern das Register foll machet / und mit einem unbußfertigen hertzen / wie Paulus zun Röm. am 2. sagt / sein eigen straff und zorn Gottes / im selber zusam heuffet und samlet.

So nimmet nu Daniel hie für sich die leerer der Kirchen / und die jenigen / so ander leuten den weg zur ewigen gerechtigkeit weisen und anzeigen / hebet an dem aller höchsten stand an / gehet nit weitter hinunter auff ander stende / darumb wollen wir auch an dem selbigen mit Daniel anfahen / unnd darnach aus andern sprüchen der schrifft / der geringern und nidrigern stende auch gedencken.

Was nu belanget die Leerer der Kirchen / ist es an dem / das kein stand in der Weldt so mühselig ist / mit mehrer haß / neid / ungunst / unnd ⟨*Fiijᵛ*⟩ wiederwillen der leut beschweret / als eben derer / so von Gott die Welt zu straffen / und nach gethaner straff zu unterweisen / und auff die rechte stras und ban der ewigen seligkeit zu füren und leiten / von Gott beruffen sein / wie solches nicht nötig weitleufftig zu handeln.

Die Historien des Alten und Newen Testamentes / zeigen genugsam an / was je und allwege / die Patriarchen / Propheten / Christus / die Apostel / die Leerer und Prediger / mit irer trewen mühe und arbeit / bey der Welt verdienet / was für belonung und tranckgelt sie bekommen. Was sie aber für solche erdulte und ausgestandene boßheit der Weldt / in dem zukünfftigen leben / für belonung bekommen und ewig haben werden / das wolt der Prophet Daniel gern deutlich anzeigen / aber der lon ist zu gros / er kan in mit gebürlichen worten nit erreichen / darumb nimmet er drey wörtlein für sich / die höchsten und grösten die er haben kan / und spricht / Das die fromen und getrewen Prediger und Leerer / nach dem grossen hon und schmach in diesem leben: Erstlich / leuchten sollen wie der glantz des Himels: Zum andern / wie die lieben schönen Stern am Himel: Zum dritten / das solche herrligkeit / gegen der vergenglichen und bald auff-⟨*F 4ʳ*⟩hörenden schand und schmach / sol ewig wehren / und nimmermehr auffhören / Höher können wir auch nit steigen / müssens bey diesen worten beruhen lassen / und frommen Leerern und Predigern selber zu bedencken und zu betrachten heimstellen / was inen für die jetziche zeitliche verachtung unnd unehr / für grosse und unaussprechliche belonung fürbehalten sey / zu was glantz / schein / und herrligkeit sie sollen gesatzt werden. Wie dann der heilige Paulus mitten in seiner höchsten schmach / schand / verfolgung / und allerley wiederwertigkeit / hertzlich und frölich auff solche zukünfftige herrligkeit / Triumphiret / und frolocket / do er spricht / in der Andern / zun Timo. am 4. cap. Du aber sey nüchtern allenthalben / leide dich / thue das werck eines Evangelischen Predigers / richte dein ampt redlich aus / Denn ich werde schon geopffert / und die zeit meines abscheidens ist fürhanden / ich hab einen guten kampff gekempffet / ich hab den lauff volendet / ich hab glauben gehalten / hinfurt ist mir beigeleget die Kron der gerechtigkeit / welche mir der Herr an jenem tag / der gerechte Richter geben wird / nicht mir allein / sondern auch allen die sein erscheinung lieb haben. ⟨*F 4ᵛ*⟩

Deßgleichen vermanet auch der heilige Petrus / inn der Ersten am 5. cap. alle die Leerer und Prediger / das sie ir hertz unnd gedancken von der zeitlichen verfolgung und undanckbarkeit der Welt / auff die zukünfftige glori und herrligkeit / wollen abwenden / da er spricht / Die Eltesten / so unter euch sind / ermane ich / der Mitelteste / und zeuge der leiden die in Christo sind / und theilhafftig der herrligkeit / die offenbaret werden soll / Weidet die Herde Christi / so euch befolen ist / und sehet wol zu / nicht gezwungen sondern williglich / nicht umb schendliches gewins willen / sondern von hertzen grund / nicht als die ubers Volck herschen / sondern werdet fürbilde der Herd / so werdet ir (wenn erscheinen wird der Ertzhirte) die unverwelckliche Kron der ehren empfahen / etc.

Auff solche hoffnung und trost der ewigen glori und herrligkeit / nach dem zeitlichen ausgestandenem trübnis und verfolgung umb seines namens willen / weiset auch der Herr Christus seine Apostel / und alle nachfolgende Leerer / am 5.

cap. Matth. do er spricht / Selig seid ir / wenn euch die Menschen umb meinen willen schmehen und verfolgen / und reden allerley ubels wieder euch / so sie daran liegen. Seid frölich und getrost / ⟨G^r⟩ es wird euch im Himel wol belohnet werden / denn also haben sie verfolget die Propheten so für euch gewesen sind.

Dargegen aber sollet auch ir zukünfftig schand und ewige schmach bedencken / alle die jenigen so zu gleichem stand und Predigampt beruffen / ires Ampts halben nichts wollen leiden oder ausstehen / sondern den Mantel nach dem wind hengen / nach weichen kleidern trachten / sich nach gunst der leut richten / allein dem Bauch und diesem zeitlichen leben dienen / wie sie von wegen der hoheit ires mißgebrauchten beruff und stand / leuchten werden / nit wie der glantz des Himels / oder die Stern / sondern wie die kolschwartzen Teuffel / wie die schwartze rauchriche Hell und Hellischen flammen / Wie sie dann auch von wegen grosser begangener sünd / tieffer inn die Helle als ander leut / und in das aller unleidlichste verdamnis werden gestossen werden / unnd nach zeitlicher kurtzer und bald vergenglicher Ehr / gunst / unnd wolfart zur ewigen schand unnd schmach werden verurtheilet werden / wie dann ihn solchs Christus mit vielen worten zu bedencken fürbildet / Matth. am 23. Capitell. und der Prophet Ezechiel am 33. unnd 34. cap. etc. ⟨G^v⟩

Wie aber Daniel insonderheit der Leerer gedenckt / und Christus neben Paulo und Petro auch sonderlich redet / von der herrligkeit unnd glori inn jenem leben der Leerer und Prediger / wird inn der schrifft ferner nirgent / das mir bewust / insonderheit von eines jetzlichen stands belonung und krönung gedacht / Sondern die schrifft fasset sie zusam / alle zuhörer der Leerer und Prediger / wes stands und wirden sie sein / und redet in gemein auch von irer zukünfftigen herrligkeit / welche wir nu auch wollen für uns nemen / und anhören was die schrifft für ehr und herrligkeit inn der gemein allen andern stenden zueigene.

Und wollen erstlich fůr uns nemen / die sprůch des Herrn Christi / was Er selber fůr freud / glori / und ewig herrligkeit / allen Christen inn gemein verheisse.

Matth. am 10. cap. sagt der Herr / Wer mich bekennen wird fůr den Menschen / den will ich bekennen fůr meinem Himlischen Vater / Wer es jetzunder im namen Gottes darff wagen / alle gefahr an leib und gůtern hindan setzet / on alle schew / dem Wort sich anhengig macht / den Herrren Christum und sein Wort offentlich bekennet / der selbig soll unserm Herrgott und seinem ⟨*Gij^r*⟩ Wort nichts umb sonst thun / sondern reiche belonung darfůr entpfangen / als nemlich / das ihn der Herr Christus wieder am Jůngsten tag fůr seinem Vater / fůr allen heiligen Engeln bekennen / ehren / und preisen will. Und wie wir den Herrn Christum hie zeitlich ein kleine zeit bekennen und ehren / will Er uns in ewige kuntschafft deß Vaters brengen / ewig fůr die seinen erkennen / annemen / und inn ewiger kuntschafft und gunst behalten.

Dargegen aber spricht Er weiter / Wer mich verleugnet fůr den Menschen / den will ich fůr meinem Vater im Himel auch verleugnen / Wer aus forchtsamkeit oder aus kleinmůtigkeit / sich die Weldt lest schrecken / sich dem Herrn und seinem Wort nicht frey und offentlich anhengig macht / der soll es auch nit umb sonst gethan haben / sondern sein ewig straff und peen darfůr haben / als nemlich / das sich der Herr Christus / wenn ihn die Teuffel beim hals werden haben / sich sein auch nit will annemen / Und do Gottes gericht und zorn uber ihnen ergehen wird / das Er ihn fůr den seinen auch nit will erkennen / sondern in gefar und noth stecken lassen / wie er ihn und sein Wort hat faren lassen / und soll do kein mittleidung oder erbarmung mehr sein / er schrey ⟨*Gij^v*⟩ inn der Hellen gludt und qual mit dem Reichen man so lang er will / da soll keiner den andern hőren / erkennen / helffen und rathen / der Herr will sich irer ja so wenig annemen / als sie sich sein und seines Worts angenomen haben / sondern imer hin faren lassen / wie sie ihn haben inn wind geschlagen.

Zum andern sagt der Herr / Wer sein Vater und Mutter / sein Son und Tochter / lieber hat denn mich / der ist mein nicht werd / Wer sein Creutz nicht auff sich nimet und folget mir nach / der ist mein nicht werd.

Vater / Mutter / Son und Tochter / verlassen / umb des Worts willen / Sein Creutz auff sich nemen / alles umb deß Herren willen dulden und leiden / soll auch nicht vergebens oder umb sonst gethan sein / sondern der Herr sagt hie / Er wolle ihn inn jenem leben sein wirdig achten und halten / Sein wirdig aber halten / soll das sein und heissen / Das Er die jenigen so Vater und Mutter seinet halben haben müssen verlassen / ihr Creutz auff sich nemen / sich deß Herren halben haben müssen dulden und leiden / inn jenem leben aller seiner güter und herrligkeit will teilhafftig machen / ihm mehr geben und wieder schencken / als sie haben verloren / nach erlidtenem Creutz ⟨*Gijʳ*⟩ und trübnis / mit seiner ewigen ruhe / freud / und herrligkeit / reichlich will begaben und begnaden. Dargegen aber wer umb seinet willen nichtes will faren lassen / nichtes will ausstehen / seines Worts halben kein Creutz auff sich nemen unnd tragen / sondern hie behalten was er behalten kan / es möge ihm dort ichtes oder nichtes wiederfaren oder zutheil werden / wenn er nur hie nicht noth oder schaden leide / Den will Er inn jenem leben / seine herrliche güter und erworben erbtheil auch nit mitteilen / und nit werd achten / das er sein sol / do Er und seine auserwelten inn ewiger freud sein werden / sondern Er will ihn wieder stecken lassen. Was aber das für ein groß hertzeleid sein würd / also von Christo abgeschieden sein / sehen und erfaren / was man verseumet hat / das haben wir oben im ersten spruch allbereit erkleret / unnd der Herr zeiget solchs auch weitter an / mit erschrecklichen worten / Luc. 13. wie und mit was worten Er am Jüngsten tag solche Leuth / so sich sein unwirdig gemacht haben / werde anfaren und von sich stossen / do Er also sagt / Von dem an / wenn der Haußwirdt auffgestanden ist / und die thür verschlossen hat / do werdet ihr denn anfahen draussen zu stehen / und an die thür klopffen /

und sagen / Herr Herr / ⟨*Giij^v*⟩ thue uns auff / und Er wird antworten / und zu euch sagen / ich kenne ewer nicht / wo ihr her seid / So werdet ihr denn anfahen zu sagen / wir haben für dir gessen und getruncken / und auff den gassen hastu uns
5 geleret / Und Er wird sagen / Ich sage euch ich kenne ewer nicht / wo ihr her seid / weichet alle von mir ihr ubeltheter / da wird sein heulen unnd zeenklappern / wenn ihr sehen werdet / Abraham / und Isaac / und Jacob / und alle propheten im Reich Gottes / euch aber hinaus gestossen / etc.
10 Zum dritten spricht Christus weiter / Wer sein leben findet / der wirdts verlieren / und wer sein leben verleuret / umb meinet willen / der wirds finden.

Wer nicht allein Vater Mutter / haus und hoff sondern auch das leben / so es die not erfordert / deß Herren Christi halben
15 inn die schantz schlecht / der soll solchs dem Herrn nicht umb sonst gethon haben / es soll im unvergolten nicht bleiben / sondern reichlich mit der freud und herrligkeit deß ewigen lebens belonet werden / wie dann solchs fein erkleret und abgemalet stehet / inn der Offenbarung Joan. am 7. cap. mit diesen
20 worten. ⟨*G 4^r*⟩

Und es antwortet der Eltesten einer / und sprach zu mir / Wer sind diese mit dem weissen Kleide angethan? Und woher sind sie komen? Und ich sprach zu ihm / Herr / du weissests. Und er sprach zu mir / Diese sinds / die komen sind aus grossem
25 trübsal / und haben ire Kleider gewaschen / und haben ire Kleider helle gemacht im Blut des Lambs. Darum sind sie für dem stuel Gottes / und dienen im tag und nacht in seinem Tempel. Und der auff dem stuel sitzt / wird uber inen wonen / Sie wird nicht mehr hungern noch dürsten / Es wird auch
30 nicht auff sie fallen die Sonne / oder irgent eine hitze / Denn das Lamb mitten im stuel / wird sie weiden / und leiten zu den lebendigen Wasserbrünnen / und Gott wird abwaschen alle threnen von iren augen.

Im wiederspiel aber / soll es heissen / wer sein leben lieb hat /
35 unnd des Worts und Glaubens halben / nichts will leiden / ver-

lieren / oder inn die schantz schlagen / sondern allein darnach dencken und trachten / was zur wollust und erhaltung dieses lebens dinstlich / Der soll ein zeitlang sich seines lebens gebrauchen / so lang es weren kan / aber dort soll er an stad des lebens / den ewigen thod zu lon haben.

Nu kan es anders nit gesein / von einem gutten leben kompt man nicht zum andern / sondern aus dem thod zum leben / vom Paradeis kompt man nit in Himel / sondern aus trůbnis / diß leben inn die schantz schlagen / und die feind und verfol- ⟨G 4ᵛ⟩ ger das selbig im lassen nemen / oder selber mit abbrechung der bösen lust / sůnd und begirde thödten / damit man das ewige behalte. Oder will diß behalten und erretten / im seinen willen unnd lust lassen / mus man sich des ewigen verzeihen.

Darumb wer hie gut rhad / und fleißig nachdencken / höchlich von nöthen / wenn ja eines soll verloren sein / welches am leichsten / sichersten / und zutreglichsten zu verlieren sey.

Waß aber für ein qual und marter sein wird / aus diesem kurtzen leben inn den ewigen thodt sincken und fallen / das hat dir der HErr Christus selber / wol zu betrachten fürgebildet / in der Parabel oder Historien des Reichen mans / und Salomon im buch der Weißheit am 5. cap. do magstu dich solchs nach notturfft erkündigen.

Zum vierdten redet der Herr weitter / wie reichlich Er vorgelten unnd belonen wolle inn jenem leben / alles das was man jetzunder guts thut und erzeiget / den seinen / und sonderlich denen so zum Predigampt von im beruffen / unnd erfordert sein / und spricht / wer euch auffnimpt / der nimpt mich auff / und wer mich auffnimpt / der nimpt den auff / der mich gesand hat / Wer ⟨Hʳ⟩ einen Propheten auffnimpt / in eines Propheten namen / der wird eines Propheten lon entpfahen / Wer einen gerechten auffnimpt / in eines gerechten namen / der wird eines gerechten lon entpfahen / Und wer dieser geringsten einen nur mit einem becher kaltes wassers trencket / inn eines Jüngers namen / Warlich ich sage euch es wird ihm nicht unbelohnet bleiben.

Mit was glori aber und herrligkeit / Gott schmücken und zieren werde alle die jenigen / so im und den seinen / hie guts gethan / und erzeiget haben / das drucket der Herr hie nicht aus / und ob Er solche belonung gleich Propheten lohn nen-
net / ist es doch noch nit klar genugsam / was für belonung unnd herrligkeit sein werde / Weil aber kein grösser verdinst noch Gott angenemer Werck sein mag oder kan / als Christum selbst auffnemen / und nechst im / den aller höchsten leuten inn der Weldt / als seinen Propheten / Jüngern / und dienern / wol-
that erzeigen / ist leichtlich zu ermessen / mit was grosser krönung und belonung / Gott solche verdienst aus grosser gnaden vergelten werde. Hat Gott hie zeitlich die Witwen so reichlich gesegnet / 3. Reg. 17. welche den Propheten Eliam auffnam und speiset / ist gut zu dencken / das solche grosse
Werck / inn jenem ⟨H^v⟩ leben / auch grosse und herrliche belonung haben werden.

Hat Gott ein gantz Königreich gesegnet / als Aegipten Land / umb des einigen Josephs willen / und das Reich Medorum und Persarum / von wegen des einigen Daniels / ist leicht
zu ermessen / wie herrlich solche werck in jenem leben werden erhoben werden / mehr als jemand jtzunder darvon reden und dencken kan.

Weil Gott jtzunder den Himel weit auffthut / unnd seinen segen lest reichlich und uberflüssig herunter fliessen / wenn
man mit zeitlicher notturfft und erhaltung / sich seines Tempels annimet / wie im Propheten Malach. am 3. cap. vermeldet wird / ist kein zweiffel Gott werde in jenem leben / sich viel mehr mit reicher belonung einlassen / und solche werck / als im höchlich gefellig / krönen und beehren.

Und wiederumb / Do Gott jtzunder gantze Königreich / Land / Stett unnd Leuth / inn die asch geworffen / unnd mit höchstem grim und zorn / verwüstet und verderbet / so sich an den Propheten / Aposteln / und andern seinen Dieneren / vergrieffen / wie solchs die Historien des Alten und Newen
Testaments reichlicher ausweisen / als von nöthen zu erzelen /

ist gut abzune-⟨*Hij^r*⟩men / was dort für ein zorn Gottes uber die jenigen ergehen werde / so sich der diener deß worts nit allein mit unterhaltung nit angenomen / sondern auffs höchst verfolget / und alles ubel angelegt haben. Do jtzunder Gott den Himel zuschleust / und mit theurer zeit straffet / wenn sein haus oder Tempel wird leer gelassen / wie im oben angezogenen Propheten Malachia / unnd Haggeo am 1. cap. vermeldet wird / Ist gut zu gedencken / mit waser qual und pein / Gott werde angreiffen im ewigen verdamnis / alle die jenigen so seine Diener / Apostel / und Prediger / haben lassen noth leiden / kein hülff noch fürderung gethan / so es doch wol in irem vermögen gewesen.

Wer nu wolt / und auff einen guten fruchtbaren acker seinen samen aussehen / viel früchte und einer reichen Ernde gewarten / der möchte sich nach dem rhad des heiligen Pauli / 1. Timoth. 5. an denen sonderlich / so dem Wort wol vorstehen / verdienen. Und wer Gott seinen augapfel antastet / und mit höchster straff des ewigen verdamnis sich will beladen / und die Hell wol verdienen / der fang es an den Kirchendienern an / so soll er finden was er sucht: Und hie solten wir die grossen unnd hohen Potentaten erinnern / ⟨*Hij^v*⟩ Gottes zeitlicher und ewiger straff / welche nit allein der Diener des Worts / nicht NUTRITIJ oder erhalter sein / wie inen Esa. am 49. capitel aufferlegt / sondern die Kirchen gütter zu sich gerissen / und den Herrn Christum hunger und durst leiden lassen / aber es ist jtzunder nicht unsers fürnemens / wollens aber / wils Gott / nicht vergessen / oder gar hindan gesatzt haben / sondern zu seiner zeit gedencken und handeln.

Zum andern wollen wir weitter anhören / was der heilige Paulus / als ein sonderlich werckzeug Gottes / welcher in dritten Himel entzücket / von grossen hendeln weis zu reden / auch von dieser zukünfftigen glori und herrligkeit des ewigen lebens / sage / do er also spricht.

1. Corinth. am 15. cap.

Möchte aber jemand sagen / Wie werden die Todten aufferstehen? und mit welcherley Leibe werden sie komen? Du Narr / das du seest / wird nicht lebendig / es sterbe denn. Und
5 das du seest / ist ja nicht der Leib / der werden soll / sondern ein blos Korn / nemlich / Weitzen / oder der andern eins / Gott aber gibt im einen leib / wie er will / und einem jeglichen von dem Samen / seinen eigen leib.

Nicht ist alles Fleisch einerley fleisch / sondern ein ander
10 fleisch ist der Menschen / ein anders des Viechs / ein ⟨*Hiijʳ*⟩ anders der Fische / ein anders der Vogel. Und es sind himlische Côrper und irdische Côrper. Aber eine ander herrligkeit haben die Himlischen / und eine ander die Irdischen. Ein ander klarheit hat die Sonne / ein ander klarheit hat der Mond / ein ander
15 klarheit haben die Sterne / Denn ein stern ubertrifft den andern / nach der klarheit.

Also auch die aufferstehung der Todten. Es wird geseet verweßlich / und wird aufferstehen unverweßlich. Es wird geseet in unehre / und wird aufferstehen in herligkeit. Es wird
20 geseet in schwacheit / und wird aufferstehen inn krafft. Es wird geseet ein natûrlicher Leib / und wird aufferstehen ein geistlicher leib.

Hat man ein natûrlichen leib / so hat man auch einen geistlichen leib. Wie es geschrieben stehet / Der erste mensch Adam
25 ist gemacht ins natûrliche leben / unnd der letzte Adam ins geistliche leben. Aber der geistliche leib ist nicht der erste / sondern der natûrliche / darnach der geistliche. Der erste mensch ist von erden und irdisch / Der ander mensch ist der Herr vom Himel. Welcherley der irdische ist / solcherley sind
30 auch die irdischen / Und welcherley der Himlische ist / solcherley sind auch die Himlischen. Und wie wir getragen haben das Bilde des irdischen / also werden wir auch tragen das Bilde des Himlischen.

In diesem text zeiget Paulus sonderlich und fürnemlich zwey
ding an / Erstlich wie gar viel schöner und herrlicher die Leib
der außerwelten als sie jtzunder sein / werden aufferstehen /
Zum andern / das gleichwol einer als der ander / mit ⟨Hiij^v⟩
grosser ehr und herrligkeit in der aufferstehung werde gezieret
und begnadet werden.

Was nu den leib belanget der Heiligen Gottes / wie schön
und herrlich der selbig aus dem grab zum ewigen leben herfür
komen soll / das ist uns noch zur zeit verdeckt und verborgen /
wir wissen jtzunder von keiner andern zier und schönheit des
leibs / als das er inwendig foller kot und unflat ist / aussen
aber ansehenlich unnd hübsch gemacht wird / mit der armen
Tirlein federn / haut / wolle und deßgleichen / mit silber und
gold behenget / Wie schön aber der kopff / als das edelste gelid
am menschen / inwendig sey / wie herrlich er auch aussen mit
silber / gold / perlen / unnd Edlem gestein behenget / das sichst
du an allem dem wol / was zu den ohren / augen / nasen / und
zum maul raus gehet.

Doch das der heilige Paulus etwas von dem herrlichen zukünfftigen leibe / wie er aus dem grab komen wird / sage / erkleret und zeiget ers an in einem gleichnis / und spricht / gleich
wie jtzunder ein unansehenlich körnlein in die Erden wird
geworffen / und im Sommer ein schöner stengel mit blettern /
blüht / farben / und lieblichem ruch gezieret / raus wechst / also
sey es an dem / das ⟨H 4^r⟩ jtzunder ein verweßlicher unanseh-
licher stinckender leib / werde in die Erden geleget / aber am
Jüngsten tag / soll er schön und gar herrlich geschmückt und
gezieret herfür kommen / welcher herrligkeit fürbilde jetzunder
sein / die schönen blümlein auff dem felde / welche Gott aus
einem ungezirten schlechten samen aus der erden wachsen
lest / und damit anzeiget / do er ein klein körnlein so in der
erden stirbet / also schmücket unnd ziret / wie viel schöner /
liblicher / und ansehenlicher / er den leib seiner außerwelten /
in die erden zu solcher aufferstehung bescharret / werde am
Jüngsten tag herfür brengen und aufferwecken.

Das wir etwas dennoch von solcher herrligkeit des verklerten leibs wissen / auff die selbige zukünfftige zirde und schmuck hoffen / unser hertz und gedancken darnach richten / und des vergenglichen schmucks des Reichen mans / welcher darnach
5 inn der Helle ewig mus brennen / (wie das sprichwort denn lautet / Hoffart brennet in der Helle) vergessen und hindan setzen / hat uns der Herr Christus als zum fürschmack solches an seinem eigenen leib sehen lassen / in seiner herrlichen aufferstehung / wie Er mit solchem verklerten leib allenthalben an
10 allen orthen ist / ⟨H 4ᵛ⟩ wo die Jünger beysamen / durch den stein des grabs auffstehet / durch die verschlossene thůr eingehet / und entlich damit sich in Himel in einer schönen lichten wolcken erhebet / als ein ander unnd herrlicher leib / denn wir jtzunder haben / welcher nit weitter kommen kan / als in die
15 füsse tragen / nit weiter gehen / als wo weg / thůr und thor offen. Sonderlich aber zeuget der Herr solchs noch herrlicher an auff dem berg Tabor / do er sich vor seinen Jüngern verkleret / Matth. am 17. cap. do sein angesicht leuchtet und glantzet wie die Sonn am Himel / seine kleider so weis sein als ein
20 schöne lichte wolcken / Damit anzuzeigen / die wir im alle sollen gleichformig werden / wie Paulus und Johannes beide zugleich zeugen / was für herrliche leib wir inn der aufferstehung der Todten / welche jtzunder durch kranckheit verstellet / endtlich im grab von den würmen gar verzeret werden /
25 haben sollen.

Solche zukünfftige herrligkeit der verklerung unserer leib / solt uns ja billich genugsam verursachen / das wir mit dem armen Lazaro / alle schwacheit / armut unnd ellend / mit gedult uberwinden / dem Reichen man seinen gesunden leib / weiche
30 schöne kleider / und herrliche gute tag ⟨Iʳ⟩ günneten / unser hertz aber / gedancken / trost und hoffnung / mit dem lieben Lazaro auff die schos Abrahæ / und zur ewigen herrligkeit / ewigen guten tagen und leben wendeten / Aber der grosse hauff / der sihet nit mehr als was jtzunder glantzt und gleisset /
35 was jtzund dem leib wolthut / nach dem selben zufelt er das

maul / wie es dort aber der mal eins wird zugehen / do gedencket er selten oder gar nicht an / biß so lang im solchs mit dem Reichen man inn der Hellen zu haus unnd hoff komme.

Dargegen aber wird nu auch folgen müssen / wiewol in der schrift solchs nit wird vermeldet / do es mit den ausserwelten und heiligen Gottes / der verklerung irer leib halben / ein solche gelegenheit haben wird / daß im wiederspiel mit den gotlosen und verdampten / auch also zugehen werde / als nemlich / was sich jtzunder allein auff zeitliche sorg der narung gibt / CONCUPISCENTIAM CARNIS und OCULORUM, die zukünfftige herrligkeit gantz und gar hindan setzen / und wenn man etwas bekommen hat / mit recht oder unrecht / das man es als bald an hals henge / unnd AD FASTUM VITÆ, wie Joannes sagt / allein zur hoffart und wolleben gebrauchet / das die selbigen auch mit dem Reichen man / aller herrligkeit entblösset / wie Chri-⟨I v⟩stus inn dem gleichnis vom ungetrewen Knecht anzeiget / ja so ungestalte unfletige leib haben werden / als schön und herrlich der außerwelten (wie oben vermeldet) sein werden / Und wiewol wir keine Historien / oder irgent einen spruch und gleichnis der schrifft haben / dadurch wir solchs könten beweren und anzeigen / ist es doch an dem abzunemen / Do jtzunder der Teuffel mit kranckheiten / die leib der Menschen / so greulich zurichten / und so ungestalt machen kan / das sie one erbarmung nicht wol anzusehen sein / wie er dorten mit inen umbgehen wird / sie auffs greulichste verstellen werde / das sie nicht anders leuchten werden / als ein Helle kol / und nit hübscher sein werden / als er mit seiner geselschafft selber ist / und ohn allen zweiffel viel scheutzlicher sie wird verstellen / als wir mit worten darvon reden können / Gott behüt uns alle gnediglich / das wirs mit der that nicht erfaren.

Das ander welchs der heilige Paulus inn oben vermeltem text anzeiget / ist die ungleicheit der zukünfftigen herrligkeit / das einer höher und grösser als der ander werde erhoben werden / und das aus der ursach / das Gott solche zukünfftige herrligkeit werd außteilen nach den wercken ⟨Iij r⟩ wiewol

nicht nach verdinst der eigen wirdigkeit der selben / sonder
wie er die außerwelten on alle verdinst oder werck / allein aus
blosser gnad und barmhertzigkeit / zur ewigen seligkeit annimmet / das er in gleicher gnad auch seine eigene werck / so
er selber inn uns gethan unnd gewircket hat / (dann unser
werck / verdinst / und thun / gehöret in die Hell) in jenem leben / ziren / schmücken / und krönen werde / das sich niemands
ichtes zu rhümen hab / sondern im allein werde müssen danck
wissen.

Wie aber oben der heilige Paulus nit hat können wort haben
oder finden / wirdiglich von der herrlichen verklerung der
außerwelten zu reden / sondern hat müssen durch ein gleichnis /
von einem kleinen samen oder körnlein / so in die erden bescharret wird / erkleren und anzeigen / eben das selbig mus er hie
auch thun / weil von solcher herrligkeit / wie er selber sagt /
1. Corin. 2. noch kein ohr nie gehöret / kein aug dieselbige nit
gesehen / auch in keines menschen hertzen kommen ist /
Darumb nimmet er bekante ding für sich / die unbekanten dardurch zu erkleren / und redet so viel darvon / als er mit menschlicher zung / verstand / und vernunfft thun kan / und spricht /
Gleich wie Got jtzunder einem jeglichen kreutlein oder blüm-
⟨Iij^v⟩lein seine farb / gestalt und liebligkeit gibet / nicht einem
wie dem andern / sondern einem mehr / dem andern weniger /
darnach es im gefellig / also werde er auch nach seinem wolgefallen / und nit nach wirdigkeit oder verdinst / einem jtzlichen
seine freud / herrligkeit / und kron auff setzen unnd mitteilen.

Zum andern spricht er / Wie Gott jtzunder den Creaturen
nit einerley leib oder gestalt gegeben hat / sondern immer einem
anders als dem andern / als Fischen / Vogeln / Thieren / und
Menschen / also werde er auch thun inn der aufferstehung der
Todten / einen Leib herrlicher zieren und begaben als den
andern / darnach es im gelüst und gefelt / ob nit für die werck /
doch gleichwol nach den wercken.

Zum dritten sagt er / Wie am Himel die Stern nit alle gleich /
sondern einer immer heller als der ander scheinet / also werde

Himmel und Helle 177

ers auch machen inn dem zukůnfftigen leben / mit seinen heiligen / und wird ims ein jtzlicher nur hertzlich wolgefallen lassen / wie es Gott auch mit im mache / keiner den andern hassen oder neiden.

Was aber solche unterscheid der ewigen herligkeit sein werde / müssen wir mit dem heiligen ⟨*Iiij*ʳ⟩ Paulo beruhen lassen / denn was niemand gehöret oder gesehen / was einem noch nie in sein hertz oder gedancken kommen ist / darvon ist nicht gut reden. So bricht auch der heilige Joannes hie kurtz ab / will sich nicht versteigen / oder von dem reden / was er nit weis / und spricht in der Ersten am 3. cap. Wir sein wol Gottes kinder / aber es ist noch nicht erschienen was wir sein werden / wir wissen aber wenn es erscheinen wird / das wir im gleich sein werden / denn werden wir in sehen wie er ist / und ein jtzlicher der solche hoffnung hat zu im / der reiniget sich / gleich wie er auch rein ist. Das wöllen wir auch thun / uns im blut des Herrn Christi von unsern sünden reinigen / mit Gott teglich versönen / all unser trost und hoffnung auff solche zukůnfftige herrligkeit stellen und setzen / welche grösser sein wird / als wir jtzunder können mit worten ausreden oder dencken.

Was sich mit den verdampten im gegenteil werde zutragen / wie der Teuffel auch einem mehr als dem ander werde Hellisch fewer einschencken / nach allen bösen wercken / ja auch für all unnütze wort / ist leichtlich zu ermessen / aber ja so wenig von der großheit solcher qual zu reden / als oben von der herrligkeit der fromen / Gott gebe ⟨*Iiij*ᵛ⟩ das wir solchem jamer / elend / hertzeleid / ewigem zeenklappern / weinen und heulen / entpfliehen / und nimer mehr erfaren / Amen.

Was wir nu auff beyden seiten vom Himel und der Hell / auch von der freud und herrligkeit der außerwelten / und dargegen von der qual / marter und ewiger pein der verdampten gesagt haben / das könten wir noch weitleufftiger / aus andern sprüchen mehr der schrifft handeln unnd reden / aber bey welchem daß nicht hafftet / was allbereit gehandelt und ange-

zeiget / wůrd auch alles verloren und umb sonst sein / was
man sich ferner unnd weitleufftiger darvon zu reden befleisse.
Darumb wollen wir hie abbrechen / und mit dieser kurtzen
unterrichtung allein den frommen gedienet haben / bey dem
grossen rhohen und sichern hauffen / ist doch nichts zu erhalten / es ist doch saltz / schmaltz / můhe und arbeit inn in verloren.

Damit wir aber gleichwol inen auch etwas hoffieren / und
auch irenthalben ein wenig papyr und dinten verliren / wollen
wir zum beschluß / auff etliche ire gegenwůrff / durch welche
sie alles verlachen / verspotten / unnd in wind schlagen was
man inen auch sagt / von der Hell und qual der ewigen verdamnis / antworten / unnd uns ⟨I 4ʳ⟩ befleißigen / ob wir inen
das mit guten grund nemen kônnen / warmit sie ire sicherheit
stercken / das Hellisch fewer ausleschen / oder ja so kůl und
lieblich machen als ein rosen bad / die Helle mit ruben besehen / Oder gantz und gar verleugnen und auffheben.

I.

Und ist diß ir ergster gegenwurff und ertichter auszug / das
alles was von der ewigen pein und qual in der schrifft gesaget
wird / nur fabeln und merlein sein / unnd solchs zu beweren
sagen sie / Es kônne nicht sein / sey auch nicht můglich /
das ein rechter volkômlicher leib aus dem grab erwecket /
kônne oder môge ewig brennen im fewer / und nicht verzeret
werden / ob es gleich also sey / das die verdampten inn das
Hellische fewer geworffen werden / můste doch ir qual ein
ende nemen / und nicht ewig weren. Faren also mit der vernunfft rhein / dencken nicht weiter als was sie jtzunder sehen
unnd wissen / und weil jtzunder nichts im fewer brennet /
das nicht verzeret wird / kônne es in jenem fewer auch nicht
anders zugehen. ⟨I 4ᵛ⟩

Antwort.

Wolan wir wollen uns befleissen und sehen / ob wir inen solche ire gegenrede zu nichte machen können / und sie uberzeugen / mehr als inen zu wissen lieb ist / das die leib der verdampten aus dem grab erwecket / ewig im fewr brennen / unverzeret bleiben / und immer und ewig qual und marter leiden.

Erstlich sagt der Herr Christus: Matth. am 25. cap. das die Gottlosen / nach gehaltenem Gericht / wenn das urtheil gefellet / gehen werden in die ewige pein / diese wort des Herrn Christi / als des ewigen Gottes / müssen war sein unnd bleiben / ein Mensch leuget / aber Gott ist die warheit selber / was er redet das ist lauter warheit. Also nennet der Herr Christus ferner das Hellisch fewer / ein ewig fewer / Matth. am 18. do er spricht / Ergert dich dein hand oder fuß / so schneide in ab und wirff in von dir / es ist dir besser das du zum leben lam oder ein krüppel eingehest / denn das du zwo hende oder zwen füß habest / und werdest in das ewige fewer geworffen.

So nennet auch Joannes der Tauffer Luc. am 3. cap. das Hellisch fewer / ein ewig fewer / do er spricht / Und er wird seine thenne fegen / und ⟨K^r⟩ wird den Weitzen in seine scheuren samlen / und die spreu wird er mit ewigem Fewer verbrennen / wie Esaias auch sagt am 66. capittel.

Das aber ein leib ewig brennen sol im Hellischen fewer / und nicht verzeret werden / ob es gleich mein oder dein vernunfft nicht fallen oder begreiffen kan / mus darumb die schrifft nicht lügenhafftig gemacht werden / wie sie hie offentlich redet von ewigem brennen der leib der verdampten / sintemal alle artickel unsers Christlichen glaubens / wieder die vernunfft streittig / allein durch den glauben begriffen und bestettiget werden.

Zum andern So kan auch niemand hie fürüber / weil Gott allmechtig / und alles thut was er nur will / wie David sagt / das er in seiner allmechtigkeit der verdampten leib / der gestalt und gelegenheit am Jüngsten tag werde aufferwecken / das sie ewig ir qual leiden und brennen mügen / Wie er dann im gegentheil die leib der ausserwelten / auch zur ewigen freude / unvergenglich und ewig werhafftig / aus dem grab zihen wird.

Zum dritten / das die verdampten mit solchen werhafftigen leiben / zur ewigen pein im fewer / werden herfür kommen. ⟨K^v⟩ Das beweiset der Herr Christus in der Parabel Luc. am 16. cap. vom Reichen man / welcher mitten in den Hellischen flamen / ein gute zeit mit Abraham redet / und ein lang gespräch helt / damit der Herr gnugsam zu verstehen gibt / das der verdampten leibe im fewer werhafftig sein werden / und unverzeret bleiben / denn kan der Reiche man etliche zeit im fewer dauren / so wird er auch ohne zweivel / ein solchen leib haben / der lenger und ewig im fewer werde weren können / sintemal dieser jtzicher leib im fewer bald sein bescheid hat / helt nicht lang gespräch / es wird im bald verbotten.

Zum vierten / Do Gott dem Gold die natur und eigenschafft geben hat / das es nicht allein im fewer weret / nicht allein nicht verzeret / sondern nur feiner und schöner wird / wer will denn Gott diese gewalt und macht nemen / das er es mit der verdamten leib nit auch thun kan.

Zum fünfften / sagt der Heilig Augustinus / weil jtzunder etliche thier von Got also geschaffen / das sie ir leben und wesen stets im fewer haben / wie der Fisch im wasser / als sonderlich eines welches Salamandra gennennet wird / wer will dörffen sagen / oder fürgeben / das Gott mit den ⟨Kij^r⟩ leiben der verdampten solchs nicht auch schaffen könne. Weiter sagt Augustinus das etliche Berg seind / als sonderlich einer in Sicilia Aetna genant / welcher viel hundert jar / tag und nacht gebrennet hat / und doch immer unverzeret blieben / Eben der Gott welcher dem selben Berg diese eigenschafft hat geben ewig zu brennen und unverzeret zu bleiben / der hat noch die gewalt und macht volkömlich bey sich / auch mit der verdampten leibe solchs zu schaffen und zu machen.

Ferner beweret der Heilig Augustinus solche ewige marter und pein der verdampten / als wol müglich und nicht ungleublich / von der art und eigenschafft der Pfawen / welcher fleisch nicht stinckend wird oder verweset / wie er denn sagt / er hab es selber versucht und erfaren.

Deßgleichen bestetiget ers auch mit der eigenschafft und natur einer gebranten kolen / welche inn der erden viel hundert Jar unverzeret weret.

So ziehet er auch zu mehrer bewerung an / die natur eines Adamant / welcher mit keinem fewer / hammer oder irgend mit etwas anders kan von einander gebracht oder zuteilet werden / als allein mit bocks blut. ⟨Kij^v⟩

Und solcher vieler creaturn eigenschafft / zeiget der heilig Augustinus mehr an / und mit viel worten / welche ich kürtz halben nachlasse. Entlich aber schleust er und spricht / Weil Gott sein macht und gewalt / alles zu thun was er will inn solchen creaturen / gnugsam erkleret hat / Und die gantze Welt nichts anders als lauter wunderwerck ist / kan von niemand mit grundt unnd bestandt verleugnet oder beneinet werden / das der verdampten leibe nit im ewigen fewer brennen / und unverzeret bleiben können.

II.

Zum andern / wenden die / welche ire boßheit zu stercken / die Hell und der selbigen hitz unnd flammen gern weit aus den augen thun wolten / daß für / unnd sprechen es sey wieder Gottes rechts Gericht unnd gerechtigkeit / das er die sünd / welche hie zeitlich begangen / mit ewiger pein und qual straffen / und diese missethat / welche in einer viertel stund begangen und volbracht wird / mit ewiger marter solt belonen.

Das ist draun etwas gesagt / denn es unser vernunfft gantz und gar zu wieder / lest sich auch mit keinem verstand begreiffen / wie Gott als ein ge-⟨Kiij^r⟩rechter Gott / solche grosse straff unnd nimmer auffhörende / uber sein edel geschöpff soll ergehn lassen / von wegen zeitlicher und kurtzer begangener sünd / sintemal er ein gerechter Richter ist / und kein Tyrann.

Und hat sich hie redlich die vernunfft lassen regieren und verfüren / ein gar alter Lerer nicht lang nach der Apostel zeit / Origenes / welcher geleret / das Gott nit ewig werde können straffen und zürnen mit seiner Creatur / und nicht allein der menschen straff zu seiner zeit abwenden / sondern auch die Teuffel entlich aus der Hellen entledigen und selig machen werde.

Hie haben unsere Papisten auch ire kunst sehen lassen / mit der vernunfft redlich drein gefallen / die schrifft hindan gesetzt / welche sagt vom ewigen zorn / straff / verdamnis / und Hellischem fewer / und ein mittel fewer / welches sie das Fegfewer gennenet / erdacht und geleret / wie die sünde in dem selbigen nach gewisser zeit bezalet und abgeleget / wie auch durch vigilien / messen / anruffung / vorbit der Heiligen / und almos geben / die seelen aus solchem Fegfewer entlediget werden.

Die Heiden habens auch eben darfür gehalten / und eben wie die Papisten geleret / von der ⟨Kiij^v⟩ straff und pein in jenem leben / wie und zu waser zeit / auch durch was mittel und weg / die selbige gelindert und entlich gar auffgehoben werden.

Antwort.

Erstlich haben wir oben inn der ersten antwort genugsam erkleret und angezeiget / das die Schrifft hin unnd wieder rede und zeuge von ewiger straff marter und verdamnus / welche mit keiner vernunfft sich lest ablenen / mit keinem Menschen geticht / vom Fegfewer / fürbitt der Heiligen / Vigilien / Almosen / und deßgleichen fürgebens lest umbstossen / wie dann solch Menschen erticht und fürgebens / in diesen Jaren genugsam wiederleget und umbgestossen ist / das wir hie nichtes weitter darvon dörffen reden oder handeln.

Zum Andern / Gilt es hie nicht / Gott inn seinem Gericht meistern / ob er auch billich und mit rechtem Gericht so grausam die Sünd mit ewiger pein straffen könne / Sondern hie mus jederman schweigen / und mit dem heiligen Paulo Gott sein Gericht lassen / und sagen Rom. 9. Ja lieber Mensch / wer bistu denn / das du mit Gott rechten wilt / Spricht auch ein werck zu seinem Meister / ⟨K 4ʳ⟩ Warumb machstu mich also? Hat nicht ein Töpffer macht aus einem klumppen zu machen / ein faß zu ehren / und das ander zu unehren / etc.

Zum Dritten / Nach dem jetzunder die Obrigkeit von Gott zur rach und straff vorordnet / mit gefencknis / mit mancherley straff und Marter / nicht so gleich umbgehet / sondern mit rechtem Gericht kurtz begangene Sünd mit langer straff bezalet / mus man Gott auch lassen gerecht bleiben / wie er auch die Sünd mit langer und ewiger straff in seinem gerechten Gericht heimsuche.

Zum Vierdten / Lest es sich auch ansehen / als sey es gar ein geringe Sünd gewesen umb den Apffel biß unser ersten Eltern / und nicht wichtig noch gros genugsam gegen der straff / welche Gott auff Adam und Evæ / auch folgent auff alle ire nachkomen geleget / wie wir die selbigen allzumal noch heut zu tag fülen und tragen / und an dem selben sawren Apffelbiß alle noch kewen / und der vernunfft nach zu reden / lest es sich nicht leichtlich finden oder schliessen / wie Gott inn solcher harter straff / in seinem Gericht recht bleiben und bestehen kan. Aber die Sünd / welche nach unserem urteil gering und klein / ist für Gott so gros und wichtig / das sie auch auff kein ander weis / ⟨K 4ᵛ⟩ mittel und wege / als allein durch den todt seines einigen geliebten Sons hat können hin geleget werden / wie dann solchs der Herr Christus selber erkleret Johannis am 3. Cap. do er sagt / Also hat Gott die Welt geliebet / das er seinen einigen Son für sie gegeben hat / etc. Und weiter wie Moises inn der Wüsten die Ehrnen Schlangen erhöhet hat / also mus des Menschen Son erhöhet werden. Und nach seiner aufferstehung sagt er zun Jüngern: SIC OPOR-

TET CHRISTUM PATI, Also hat müssen Christus leiden und sterben / da ist kein ander mittel noch rath gewest. Darumb muß auch darbey bleiben / wie David im 51. Psalmen sagt / das Gott allezeit recht behalte inn seinem Gericht / ob er gleich geurteilet werde / als thue er im zu viel oder wenig / allein er füret den Tittel und Namen / IUSTUS IUDEX, ein gerechter Richter / der bleibet er auch / Gott gebe es düncke uns recht oder unrecht.

Ist es aber nun an dem / das Gott als ein gerechter Richter die Erbsünd mit so langweriger straff beladen / so wird er auch ohn allen zweiffel wol gerecht bleiben / do er die begangene Sund an seinem lieben Son mit ewiger straff / und hellischen Fewer bezalen wird. ⟨L^r⟩

Das aber niemand darff sagen / er stosse die Leut unerhörter sach in solch ewig verdamnis / nicht als ein gerechter Richter / sondern als ein Tyrann / wird er darumb zuvor Gericht halten / und einem jtzlichen geben nach seinen wercken / niemand zu viel oder zu wenig thun / es wird auch niemand uber Gott oder sein gericht / sondern uber sich selber schreien und sagen / Kompt her ir fels und fallet auff uns / kompt ir hügel und bedecket uns.

Zum fünfften und letzten / so du ja Gottes Gericht wilt ausforschen / und der sachen gewiß und versichert sein / wie Gott die sünd / hie zeitlich begangen / als ein Gerechter Gott / mit ewiger verdamnis straffen kan / so nimme für dich die jtzt groß vorgehende gnad / wie theuer dich Got von solcher ewiger qual und marter erkeuffet hat / als der deines lebens / und nicht des tods oder ewig verdamnis begirig / Wie getreulich / wie fleißig er dir jtzunder nachgehe / dich allenthalben suche / wie langmütig er sey / wie viel zeit und raum er dir zur buß unnd besserung gebe / was du für gnad / sicher und frech mit füssen trittest / wie hart du mit verachtung und verschmehung dich an seinem lieben Son vergreiffest. Lege solchs und dergleichen mehr auff die wag / ⟨L^v⟩ halte es fleißig gegen einander / und bewege es gar fleißig / ob nit solche vorgehende grosse gnad / ewiger straff und verdamnis werd sey.

Wilt du aber der sachen recht thun / so laß solche gedancken und sorgfeldig nachforschung des Gerichts Gottes anstehen unnd nachbleiben / und dencke viel meher darnach / wie du solchem gestrengen zukůnfftigen Gericht und ewigem zorn Gottes entfliehen / und die ewige seligkeit erlangen magest / Darzu uns Gott alle gnediglich helffe / durch seinen gelibten Son / unsern HERRN Jesum Christum. AMEN.

Von des Teu-
fels Tyranney / Macht
vnd Gewalt / Sonderlich in diesen letzten tagen / vnter-
richtung.

Durch
Andream Musculum D.

1. Petri 5.

Seid nüchtern vnd wachet / Denn ewer Widersacher / der Teuffel / gehet vmbher / wie ein brüllender Lewe / vnd suchet / wel-chen er verschlinge / Dem widerstehet feste im glauben / etc.

Anno 1561.

Von des Teu-
fels Tyranney / Macht
und Gewalt / Sonderlich in diesen letzten tagen / unterrichtung.

Durch

Andream Musculum D.

1. Petri 5.

Seid nüchtern und wachet / Denn ewer
Widersacher / der Teuffel / gehet umbher /
wie ein brüllender Lewe / und suchet / welchen er verschlinge / Dem widerstehet feste
im glauben / etc.

Anno 1561.

⟨Aij ͬ⟩   Dem Erbarn und Nam-
hafftigen / Urban Kemnitz / Ampts
verweser auffm Můlhoff zu Per-
lein / meinem grosgůnsti-
gen Herrn und
freundt.

Gnad und fried von Gott / durch Jhe-
sum Christum unsern HERRN.

ES ist eine gemeine sag und rede / auch noch von den alten
Lehrern her / bis auff diese unsere zeit / jhe und jhe in der
Kirchen gewesen / Das Elias der Prophet / fůr dem Jůngsten
tage / wider kommen sol / und in der andern zukunfft / zum
Gericht / dem HErrn Christo vorgehen / wie in der ersten
geschehen / Welche meinung / oder viel mehr / ein blosser
wohn / aus dem Propheten Ma-⟨Aij ͮ⟩lach am 4. Cap. do Gott
sagt / Sihe / Ich wil euch senden den Propheten Elia / ehe denn
da kőmpt der grosse schreckliche tag des HErrn / Der sol das
hertz der Veter bekeren zu den Kindern / und das hertz der Kinder zu ihren Vetern / Das ich nicht komme / und das Erdreich
mit dem Bann schlage. Aber wenn man den Text recht ansihet /
und beweget / so kőnnen diese wort nicht weiter / als auff die
Erste zukunfft des HErrn / ins fleisch / gezogen / und mit
keinem grundt / auch von der Andern zukunfft / verstanden
werden / Das demnach diese alte sage / vom Elia / nicht anders
zu halten / als fůr eine blosse opinion oder wohn / darauff nicht
gewiss zu bawen / Das aber etliche auch / unter den Alten /
darzu gethan haben / Enoch und Joannem den Evangelisten /
welche sampt dem Elia / fůr ⟨Aiij ͬ⟩ dem Jůngsten tage sollen
erscheinen / ist noch ungewisser / und wirdt in der schrifft
nicht mit einem wort vermeldet / Denn was Christus sagt vom

Joanne / Joan. am letzten Capit. Wenn ich will / das er bleiben sol / bis ich komme / was gehet es dich an / Das corrigiert und erkleret Joannes selber / und spricht / Das wol diese rede sey ausgegangen unter den Brüdern / als solte er nicht sterben / Aber Christus habe solche wort / der meinung zu Petro nicht gesagt / Aber diese deutung und auslegung Joannis / der wort des HErrn Christi ungeacht / ist diese rede in der Kirchen blieben / und auch in der Legenden Joannis bestettiget / do die alten glaubwirdig schreiben / Nach dem der heilig Evangelist Joannes / ein gros alter erreicht / im 68. Jhar / nach dem Leyden und Sterben Christi / zu ⟨Aiij^v⟩ Epheso ihm hab lassen ein grab machen / sich darein gelegt / und entschlaffen / Aber do das grab ist zugeschart worden / habe sich die erden / oder sandt / auffgeworffen / (gleich wie in den wasser quellen geschicht) immer für und für / Das auch der heilig Augustinus sagt / Er habe solchs von einem glaubwirdigen Mann selber gehört / welcher zu Epheso auff dem grab Joannis gewesen / und gesehen / wie der sandt darauff sich auffwerffe / und quelle / daher denn dieser wahn blieben / und also bestetiget ist worden / das Joannes im grab lige und schlaffe / Aber kurtz für dem Jüngsten tage / werde wider erwachen / und neben Elia und Enoch erscheinen.

Soll aber nu diese rede / so lange zeit in der Kirchen / von der zukunfft dieser dreyer person / ehe der grosse ⟨Aiiij^r⟩ tag des HErrn komme / glaubwirdig bleiben / etwas sein und gelten / Achte ichs nicht zu verstehen sein / von den personen / das eben wie sie auff Erden gelebt und gewandelt haben / also wider kommen sollen / Sondern von ihrem Ampt / inn der meinung / wie Christus redet vom Joanne dem Teuffer / Matth. am 11. und 17. Cap. Das er sey der rechte Elias / Aber von wegen seines ampts und beruffs / wie es auch der Engel deutet / Lucæ am 1. Cap. do er sagt zum Zacharia / Das sein sohn Joannes / für dem HErrn hergehen sol / im geist und in der krafft Eliæ / Demnach ist es bey mir gewiss / (doch so fern diese alte aussag der Kirchen gewiss) das Lutherus / seliger

gedechtnis / der rechte und ware Elias gewesen sey / und noch
ist / in seiner Lehr / Welcher im Geist / und inn der krafft
Eliæ / gleich wie ⟨Aiiij^v⟩ Joannes in der ersten zukunfft / Also
er in der andern / fůr dem Herrn / fůrher gehet / Denn was
Erstlich den Geist oder die Lehr Eliæ belanget / wirdt klerlich
befunden / wenn man beyder Historien / gelegenheit der zeit /
und alle umbstendigkeit / gegen einander helt / Das Lutherus
eben mit dem / und gleichen leuten zu thun gehabt / wie der
Prophet Elias / mit dem Kônig Achab / und Baals Pfaffen /
Denn eben was zu jhener zeit / waren die Priester Baal / das ist
noch heut zu tag der Babst / mit seinen München und Pfaffen /
welches nach der lenge / fein und lieblich were zu erklern /
Aber jetzunder / als in der vorrhede / sich nicht wil leiden.
Zum andern / was die gelegenheit der zeit angehet / war zu
Luthers zeiten die Lehr / und der ware Gottesdienst / eben also
mit groben / und grewlichen fin-⟨Av^r⟩sternis bedeckt / wie
zur zeit Eliæ / von des Baals pfaffen. Zum dritten / wil jemand
gegen einander halten / den Geist oder die Lehr Eliæ und
Lutheri / so wirdt er allenthalben einerley Geist und Lehr
befinden / welches sich / wer da wil / selber aus der Historien
mag erkündigen / 1. Reg. am 17. und 28. Cap.
Was aber nu die krafft Eliæ betrifft / wenn ich beyder Historien bedenck / und bewege / were ich der sachen bey mir also
gewiss / das Lutherus Elias sey / das ichs auch inn keinen zweiffel mehr setze / und die alte rede der Kirchen / vom Elia / viel
bey mir gelten lasz / unangesehen / das solchs in der schrifft
keinen grundt hat / Denn eben die krafft und macht / welche
Elias wider den König Achab / und wider 400. und 50. Pfaffen
Baals geůbet / (wie aus der Historien sich zu erkündi-⟨Av^v⟩
gen) die hat Gott auch / durch diesen armen einzelichen Mann /
und unansehnlichen Münch / zu unsern zeiten / nur redlich
gebraucht / wider den Babst / und seine Baals pfaffen / das sie
nu uber einen hauffen ligen / durch das Schwerdt des Geistes /
oder des Worts / gefellet / und zu bodem geschlagen / Welches
bey den Menschen / ein unmůglich ding war / das diese Bestia /

welche sich in irer macht und gewalt / uber alle Keyser / König / und Potentaten / Jha auch / wie Paulus sagt / 2. Thessa. 2. uber Gott selber erhaben / Wie denn unverschempt der Babst / von den gelehrten Pfaffen / München / und andern seinem Hoffgesinde / für einen Irdischen Gott wurde ausgeruffen / und für den VICARIUM, oder Stadthalter Christi / gehalten / Also leichtlich und liederlich / von einem armen Münche / von ⟨*A6ʳ*⟩ seinem hohen / und wol unterbaweten stuel / inn die gröste schandt und schmach / soll gestürtzt werden / das auch die Kinder auff der gassen / von seinem grewel / ihm zum spott und hohn / sagen und singen / Man hette sich lassen düncken / es solt ehe der Himmel einfallen / als diese Bestia / zun höchsten ehren erhoben / durch einen einigen Menschen / so baldt und plötzlich / solt zur höchsten schande und schmach gesetzt werden.

Und was ferner die krafft und macht Eliæ belanget / sage ich das für mein person / ohne schew / Das von der Apostel zeit her / kein grösser Mann gelebet / oder auff erden kommen sey / der mit so viel grossen und ubertrefflichen Geistlichen gaben / von Gott begnadet / als eben Lutherus / und wol zu sagen / Das Gott alle seine gaben / inn diesem einigen ⟨*A 6ᵛ*⟩ Menschen / ausgegossen habe / Wer da wil / der halt der Alten Lehrer / und des Lutheri gaben / liecht / verstandt / und erkendtnis in geistlichen sachen / gegen einander / so wirdt er augenscheinlich befinden / das so grosser unterscheidt sey / zwischen den lieben alten Lehrern / und Luthers / als zwischen der Sonnen und Monds schein / Das auch ohne allen zweiffel / die alten Veter / auch die besten und fürnempsten unter ihnen / als Hilarius und Augustinus / wenn sie zugleich mit Luthero gelebt / und gelehret hetten / sich nicht geschemet / ihm auch die Latern fürzutragen / wie man pflegt zu sagen / ꝛc.

Wil aber nu jemand / vom Enoch und Joanne / desgleichen sagen / und auff andere person / zu unsern zeiten / auch ziehen und deuten / wie ich mit Elia und Luthero ge-⟨*A 7ʳ*⟩than / das las ich auch geschehen / und gut sein.

Ist es nu aber an dem / das / nach der Alten aussag der Kirchen / Elias zum andern mal widerkommen sol / für dem Jüngsten tage / und Lutherus gewisslich derselbig Elias gewesen / So ist das auch gewis / das der welt endt / für der thür sey / und Lutherus für der letzten zukunfft Christi / fürher gangen / wie Joannes für der ersten / Das aber der Jüngste tag nicht weit sey / und nichts nehers und gewissers zu gewarten / nach dem alle propheceyen / und vorgehende zeichen / erfüllet / Das hab ich in einem sonderlichen Büchlein / für wenig Jharen / im druck ausgangen / erkleret / las jetzunder darbey beruhen / ⁊c.

Do aber nu gewiess / das der Jüngste tag fürhanden / So müssen ⟨*A 7ᵛ*⟩ wir das auch lassen gewiss sein / und bleiben / das der Teuffel / alle seine Tyranney / gewalt / macht / boszheit / lügen und morden / follendt gar auszuschütten / zuvor sich auffs höchste werde bemühen / ehe ihm solchs verbotten werde / Damit er jha nichts uberig behalte / was er nur dem Menschen / an Leib und Seel für schaden zufügen kan / das er mit sich in die Helle neme.

Weil aber nu das auch am tage / und mit henden sich greiffen lest / das der Teuffel / mit seinen Lügen und Morden / den höchsten grad erstiegen / und nicht wol mehr grösser unglück ausrichten / Oder die Kirch und weltlichen Regiment / erger zurütten und zustören kan / Die Leut aber / jetziger zeit / dargegen nie sicherer gewesen / weil die Welt gestanden / Nie herter geschnarcht und ge-⟨*A 8ʳ*⟩schlaffen / und für dem Teuffel sich weniger gefurcht / für seiner Tyranney / weniger fürgesehen / als eben jetzunder / Hab ich zum uberflus / wie ich denn zuvor in etlichen büchlein genugsam / von der jetzigen fürlauffenden sicherheit / geschrieben / Auch diese unterrichtung / von der Tyranney / gewalt und macht / darauff folgendt / wöllen lassen ausgehen / mich in meinem Ampt und beruff / zu verwaren / Und in hoffnung / do gleich bey den thörichten Jungfrawen nichtes zu erhalten / das ich gleichwol die klugen auffzumuntern / das meine darbey thun wöllen.

Euch aber / als meinem sonderlichen Herrn und freundt / hab ich dis Bůchlein wőllen dediciern und zuschreiben / meine danckbarkeit zu erzeigen / von wegen ewer ⟨*A 8ᵛ*⟩ gunst / freundtschafft / und vielfeltigen wolthaten / gegen mir erzei-
5 get / Und thue euch hiemit / inn die gnad / schutz und schirm Gottes befehlen / mit bitt und wůndschung / das euch Gott in seinem waren erkendtnis erhalten / und durch seinen heiligen Geist / leiten und regieren / endtlich zur Ewigen Seligkeit ein-fůren wőlle / Amen. Geben zu Franckfurt an der Oder / in
10 VIGILIA PURIFICATIONIS MARIÆ, ANNO 1561.

         E. G. W.
         Andreas Musculus D.

⟨B^r⟩
ICH habe inn etlichen Büchlein / soviel mir Gott gnad und
verstandt darzu verliehen / gnugsam erkleret und angezeiget /
dieser jetzigen unserer zeit / fürlauffende und uberflüssige
boszheit / Auch soviel ich darbey hab thun können / auff
mancherley weise und gelegenheit / jedermennigklich zur Busz
und besserunge / trewlich vermanet / Endtlich auch gründtlich
gnugsam vermeldet / Wo keine besserunge bey uns / dieser
jetzigen zeit / zu erhalten / und alle vermanung und warnung /
leer und ohne frucht wird abgehen / Was für straff / zorn und
ungnad Gottes / (welches langmütigkeit und gütigkeit / wir
jetzunder so gröblich und grewlich missbrauchen) als bald
folgen / und ehe wir uns es vermuthen oder düncken lassen /
unversehens / auff den hals werde fallen / Nach dem aber nirgendt / und fast ⟨B^v⟩ bey niemandt / irgendt eine besserunge
zu vermercken / Alles schreiben / predigen / und vermanen /
inn windt dahin feret / und unser liebes Deudschland (welches
mit so grosser und reicher vorgehender gnad begabet) redlich
in aller boszheit / mutwillen / roheit und sicherheit / von tag zu
tag zunimmet / und nu mehr fast den höchsten gradt / aller
untugent erstiegen / Gottes zukünfftiger zorn / nur redlich und
wol zu verdienen / Uns aber / die wir zum Predigampt beruffen / von Gott befohlen und aufferleget / das wir mit unserm
vermanen / warnen / drawen und straffen / nicht auffhören /
sondern immer der bösen und argen Welt / entgegen gehen /
und jhe so lang / mit Noha / Loth / und allen andern Propheten / Aposteln und Lehrern / von der wolverdienten / und
baldt folgenden zorn / und straffen Gottes / predigen / schreiben / singen und sagen sollen / so lang wir für was-⟨Bij^r⟩
ser / fewer / bruder Veit / und anderer verhinderunge / darzu
kommen können / Und nicht ehe in die Archen kriechen / aus
Sodoma gehen / aus Hierusalem uns raus machen / Als wenns
die letzte noth erfordert / und nicht lenger gilt harren / Habe ich

nach solcher erforderung meines beruffs und ampts / weil ichs im Namen Gottes / fůr etlich jharen / mit schreiben angefangen / immer fort zu faren / und das meine darbey zu thun / so viel in meinem vermůgen / und so lang mir Gott der Allmechtig / das
5 leben vergönnet / und seine stercke und gnad darzu wirdt ferner geben und verleyhen / gentzlich bey mir beschlossen / ungeacht / das solch mein geringe erbeit / etlichen hohen Geistern / welchen nichts gefellig / denn was sie selber thun / nicht beheglich oder gefellig / und gleichwol selber auch nicht thun /
10 do sie es besser machen / und mehr frucht und nutz schaffen köndten. Demnach ⟨Bij^v⟩ habe ich mir auff dis mal fůrgenommen / von den bösen Geistern zu handeln und schreiben / eben in der meinunge und fůrnemen / wie ichs zuvor auch gethan / dieser unser jetzigen bösen welt / dardurch ursach und
15 anreitzung zu geben / von sünden / rohen / sichern leben / und grossen mutwillen / abzulassen / sich zu bessern / fůr dem Teuffel / und seiner geselschafft / sich zu hůten / inn Gottes furcht zu leben / und entlich Gottes ungnad / und grossen zorn zu vermeiden.
20   Und das wir deswegen zum handel kommen / Ist es gewis an dem / wie wirs aus Gottes wort / in andern Bůchlein / gründlich erkleret / und wir auch selber bekennen / und zugleich / als unser eygen Propheten / uber unser eygen folgendt unglůck aussagen / und es gewislich dafür halten und achten /
25 Das diese jetzige zeit / darinne wir leben / das aller letzte drůmlein von der welt / ⟨Biij^r⟩ und das letzte zipflein sey / welches uns baldt aus den henden entwischen / und diesem zeitlichen und vergenglichen Reich / sein end und auffhören geben / und das ewige / unvergengliche anfahen werde.
30   Ist dem aber also / so ist das auch gewiss / das des Teuffels / und aller seiner mitgesellen / und bösen Geistern / hass / grimm / tyranney / heimliche tůck und listigkeit / jetzunder mehr / als jhe zuvor / sich sey zu vermuten / Denn dieweil all sein hertz und gedancken / thun und fůrnemen / von anfang
35 nur dahin gerichtet / das er schaden brewen / und dem Men-

schen jammer und alles unglück thun müge / Nu aber das end sich nahet / ist kein zweiffel / er stelle auch sein sach und thun also an / das er zum Valete / und letzter zugabe / sein gifft / hass und tyranney / uberflüssig und heuffig / jha viel mehr gantz und gar ausschütte / damit ihm nichtes hinderstellig und ube-⟨*Biij^v*⟩ rig bleibe / das er mit sich in die Hell neme / Das sich aber solches nicht allein zu vermuten / Sondern viel mehr allbereit in follem werck sey / das weiset die erfarung aus / Denn was erstlich das weltlich Regiment belanget / hat er dasselbige also zurüttelt / dermassen darinne gerumpelt und gepultert / diese wenig jhar her / das nichtes gantz mehr daran / und nu nichtes mangelt / denn das ers follent / aus Gottes zulassunge und verhengnis / gar in einen klump und hauffen werffe / In der Kirchen aber / umb welche ihm es von anfang sunderlich ist zu thun gewesen / hat er nu mehr ein solch tumult und ungestümm angerichtet / das er alle die alten ketzereyen / wider herfür geruckt / mit heuffiger zusetzung newer irthumb und schwermerey / die Kirchen also zurüttet und zurissen / das in wenig örthern die Lehre des Evangelij unbeschmeisset zu finden / Mit mordt aber und verfol-⟨*Biiij^r*⟩gung / hat er mehr jammer und elend / in dieser kurtzen zeit / als zuvor in viel hundert jharen / gestifft und angerichtet / wie wir solchs zum theil erfaren / Aber sonderlich solch grawsams wüten und toben / das Niderlandt / Franckreich / Engelandt / und Schotten / inne worden / Im Haus Regiment / und gemeinen Stenden / ist nichtes gantz mehr / Zucht und Erbarkeit / ist nirgendt mehr zu finden / Liebe und Trewe / ist gantz und gar verloschen / Mit hoffart / unzucht / boszheit / hat der Teufel alle winckel der welt / also uberschüttet / das sich nicht zu vermuten / das er etwas uberig / und in vorradt / in der Hell behalten / Wie wir es denn alle bekennen / und sagen / Es sey nicht müglich / das erger inn der welt werden kan / wie es denn auch / ohn allen zweiffel / mehr denn zu war ist.

Dargegen aber / wie der Teuffel jetzunder am aller unmüssigsten ⟨*Biiij^v*⟩ ist / sein die leute widerumb am aller sichersten /

das der Teuffel derhalben gewonnen spiel in henden hat /
und der VICTORIEN und sieg / mehr als gewiss / versichert /
Also mus zugehen / wenn ein ding sein soll / so mus sichs
schicken / Die bôsen Geister haben nu mehr / weil sich ihrer
5 Tyranney und boszheit endt nahet / alles schlummern und
schlaffen hindan gesetzt / und haben damit allein zu thun / wie
sie ihr mûtlein follent kûlen / und gar auslassen mûgen /
Mit den Leuten aber / hat es jetzunder diese gelegenheit / das sie
zugleich mit hartem schlaff uberfallen / wie die fûnff thôrichten
10 Jungfrawen / sich keines Teuffels besorgen / von keinem nicht
wissen / noch wissen wôllen / viel im zweiffel stehen / Ob auch
Teuffel sein / und do sie gleich sein / allein im Schlauraffen
landt ir thun und wesen haben / Vor diesen unseren zeiten /
furchten sich die leute fûr den bôsen Geistern / ⟨Bv^r⟩ giengen
15 nicht aus dem hause / ohne besprengunge des geweyhten wassers / machten creutz uber das Essen / uber die kandeln / daraus
sie truncken / Maleten creutz an alle Thûren / und vermuteten
sich des Teuffels / in allen ôrthern und winckeln / Darumb sie
auch allenthalben im haus / bis unter das dach / ihre geweyhete
20 Kreutter hatten / fûr welchen sich der Teuffel (nach ihrem
bedûncken) solt schewen und fûrchten / Das Evangelium
Johannis / kam ihnen von ihrem hals nicht / weder tag noch
nacht / und verhielten sich / in Summa / also / als die sich ihres
feindes allenthalben vermuteten und befurchten / Nu aber / da
25 kein Teuffel mehr in der Helle / sondern sich alle wider uns
auffs gewaltigst und gehessigst / zu felde geleget / ihre gezelte
und lager / an uns geruckt / ihre Ordnunge und Feldtschlacht
angestellet / allbereit auff uns / auffs aller feindtlichst zu eylen /
⟨Bv^v⟩ Schleffet der grôste hauffe / wenig ausgenommen / am aller
30 hertsten und sichersten / gleich als nirgendt kein gefahr / und
nichtes wenigers / als irgendt einer feindtschafft / sich zu
besorgen.

Und eben das ist die uberzeugung und uberweisung / uber
uns / das wir zu diesen zeiten / von keinem Teuffel nichtes
35 halten / noch gleuben / von ihnen nichtes wissen wôllen / viel

weniger / das wir uns fůr ihnen solten fůrchten / hůten und wol fůrsehen / Denn das pflegen wir aller ding inn zeitlichen gefehrligkeiten / inn grosser vorsichtigkeit / zu thun / das / wo einer nur irgendt einen Menschen zum feind hat / das er seiner allenthalben war nimmet / auff der Gassen sich fůrsicht / des nachts das haus verriegelt und bewaret / Wer auffm Lande reyset / der vermutet sich inn allen bůschen und hecken / der Straszreuber / hat sein thun in guter acht / und sihet sich ⟨B 6ʳ⟩ allenthalben umb / So gehet es auch inn Kriegsleufften zu / Wenn der feindt sich an die Wagenburgk macht / sich zum streitt und angriff růstet / So bleiben traun die Hauptleute nicht bey ihren Pancketen sitzen / Die Landsknecht lassen sich auch nicht auff dem Mummeplatz noch beim Bierfass finden / Sondern ein jetzlicher stellet sich / auffs beste er kan und mag / zur gegenwehre / vergisset essen / trincken und schlaffen / fůrchtet und hůtet sich fůr schlegen / ꝛc.

Das aber in dieser jetziger zeit / feindtlichen angreiffen / morden und wůrgen / des leydigen Teuffels / der grosse hauffe sich so sicher einlest / schlummert und schlefft / Was kan man anders daraus schliessen / als das wir uns keiner gefahr besorgen / fůr keinem Teufel uns fůrsehen noch fůrchten / Ausserhalb Gottes forcht / inn aller sicherheit leben / und den Teuffel mit uns lassen umbgehen / wie er nur selber will. ⟨B 6ᵛ⟩

In solcher grosser gefahr und noth / wer zeit rhatens und helffens / wer helffen und rhaten kôndt / Nu wils traun predigens / ruffens / und schreyens gelten / wem nur solchs von Gott befohlen und aufferlegt / Und ob dem grôsten hauffen / als den fůnff thôrichten Jungfrawen / nicht zu helffen / als welche zu hart entschlaffen / sich inn keinem wege lassen ermundtern / bis sie der mal eins / von der grossen Posaun des Engels / wenn die schantz versehen und verschlaffen / werden ermundtert werden / So wil es doch unser beruff und ampt erfordern / das wir den klugen Jungfrawen / welche auch zugleich / mit ein geschlummert / zu hůlffe kommen / aus dem schlaff ermundtern / damit sie zu ihren Lampen und ôl greiffen / des Teuffels sich erweren / und für ihm sich versichern. In diesem fürnemen / soviel ich / als der geringsten einer / darbey thun kan / will ich nu ⟨*B 7ʳ*⟩ diesen handel für mich nemen / und alles was allenthalben / von den bösen Geistern zu reden / und zu wissen von nöthen / inn diese folgende stück fassen / und nach einander ordentlich handeln.

I.

Weil nu mehr / wie jetzunder angezeiget / fast jederman / nichtes vom Teufel wil wissen / wöllen wir zum grundt und fundament des gantzen handels / erweisen / das böse Geister sein / allenthalben und uberall / Nirgent aber heuffiger und dicker / als umb die Kir-⟨*B 7ᵛ*⟩che Christi / und alle seine Ausserwelten.

II.

Das nicht allein Teufel / in grosser anzahl / allenthalben und uberall sein / Sondern also sein / das sie tag und nacht dencken und trachten / all ir thun und fürnemen dahin richten / auch allenthalben ursach und gelegenheit darzu suchen / wie sie den Menschen nur viel und mancherley schaden thun mögen.

III.

Das sie auch mechtig ⟨*B 8ʳ*⟩ und gewaltig sein / wo es inen von Gott allein vergünnet / schaden zu thun / Auch listig / verschmitzt und anschlegig sein / mancherley jamer / not und unglück / zu erdencken.

IIII.

Das sie nicht allein mit gewalt und grosser list / sondern auch auff zweyen seiten / zugleich angriff thun / Und das noch gefehrlicher ist / inwendig und auswendig / gleich wie inn kriegsrüstunge / aussen für dem Lager / oder wagenburg / und ⟨*B 8ᵛ*⟩ inwendig in unsern eigen gezelten / zugleich wider uns streiten und kempffen.

V.

Das all ihr thun und fürnemen darzu gericht / nicht allein am leib / sondern viel mehr und lieber an der Seel / schaden zu thun / in zeitlich und ewig / unauffhörlich jamer und hertzeleidt zu bringen.

VI.

Wie und auff waserley mittel und weisz / Gott inen wehre und steure / iren willen breche, das sie ni-⟨C^r⟩cht mehr und ferner / ire gewalt / tyranney / wůten / und grausam toben / sich gebrauchen / als inen Gott erleubet und zulest.

VII.

Wie wir uns auch in solcher gefahr sollen verhalten, damit wir fur dem Teufel sicher / und als der weniger fur im haben zu furchten, das er uns auch nicht viel mag anhaben, ob er noch so gewaltig / gehessig / listig und feindlich sich wider uns lege.

VIII.

Wo er aber einen an-⟨C^v⟩griff gethan / und uns schaden zugefüget / wie wir uns von ihm wider sollen entbrechen / und aus zugefügtem schaden heraus reissen / Endtlich auch inn solcher gegenwehr / ihn uberwinden und obsiegen / das er an uns zu schanden werde und mit spott abziehen müsse.

I.

DAs Teufel sein / in grosser anzal, uberal und allenthalben, wo nur kinder Gottes oder Christen sein. ⟨Cij^r⟩

DAs wir allein bey unserm fürnemen bleiben / und nicht weiter ausschreiten / wil ich nichtes sagen / von der bösen Geister ankunfft / wie sie von Gott gute Engel geschaffen / Aber wie

Christus sagt / Joan: am 8. Cap. nicht bestendig blieben / sich an Gott als bald / nach irer schöpffung / also vergriffen / das er sie aus dem Himel runter gestossen / und nu mehr zu bösen / gehessigen und feindtlichen Geistern worden / Gott zu wider /
⁵ und den menschen zu schaden / mit lauter mordt und lügen umbgehen / all ir thun und fürnemen auff schaden richten und anstellen / Solches jtzunder hindan gesetzt / als welches nicht weitleufftiger erklerung bedarff / und jederm bewust / Wöllen wir den handel an dem anfahen / Als nemlich / Weil nu mehr /
¹⁰ zu diesen jetzigen zeiten / (wie oben vermeldet) niemand von dem Teuffel nichtes wil wissen / der gröste hauff in der höchsten sicher-⟨*Cij^v*⟩heit und roheit lebt und wandelt / als were kein Teuffel / weder inn der Hell noch auff Erden / Wöllen wir gründtlich und unwidersprechlich erweisen / das der Teuffel
¹⁵ nur mehr als zuviel sein / nicht fern / sondern uns allzu nahe / und neher / als wir uns vermuten oder düncken lassen.

Erstlich erweiset solchs die erschreckliche / und uns allen armen nachkömling / schedliche Historia unser ersten Eltern Adam und Evæ / an welchen als bald der Teufel sich gemacht /
²⁰ sein erstes Meisterstück an ihnen versucht / und auch redlich beweiset / Hat er sich aber noch im Paradeis / an unsere Eltern dürffen machen / welche nach Gottes Ebenbilde geschaffen / voller weisheit / verstandt / gerechtigkeit und vollkömlicher heiligkeit waren / an welchen er noch nicht gewust / was er
²⁵ bey ihnen würde können erhalten / und ausrichten / Wie viel mehr ⟨*Ciij^r*⟩ er von uns nicht weit sein / die wir nicht im Paradeis / sondern in seiner eigen behausung zur herbrige ligen / Und da wir daraus verreisen wöllen / sein höchsten fleis / listigkeit und gewalt brauchet / das er uns an dieser reise /
³⁰ aus seinem / zum ewigen reich des HErrn Christi / durch lügen und morden / verhinder und auffhalte / und sonderlich / do er der sachen gewis / das er in unser nu mehr verderbten und geschwechten natur / leichter als an unsern ersten Eltern / obsiegen / und mit geringer mühe und erbeit uns zu fall bringen
³⁵ kan.

Zum andern / hat er seine gegenwertigkeit ferner und als baldt beweiset / an den ersten zweyen söhnen Adam und Evæ / da er den Cain mit lügen / zur eigenen heiligkeit und frömkeit verursacht / Endtlich auch zum mord / an seinem eigen bruder / anreitzet und uberweldiget. ⟨Ciij^v⟩

Zum dritten / Was er an Adam / Eva / und an iren ersten zweyen kindern / versucht und erhalten / das understehet er sich auch / zugleich auff einmal / an den andern nachkömling allen / in der hoffnung / was im zuvor geraten / sol im nu auch nicht missgelingen / Do sich dieselbige erste welt / des Teuffels gegenwertigkeit / feindtschafft / hass und listigkeit (auch wie wir jetzunder) nicht vermutet / sondern ohn alle sorg / sicher und rohe lebet und wandelt / wirfft sie der Teuffel / aus Gottes nachlassung und verhengnis / (als die an Gott solche straff und zorn wol verdienet) zugleich ins wasser / und erseufft dieselbige erste welt gantz und gar / bis auff acht personen / welche in der Archen erhalten wurden / Das mag ja ein erschrecklich / gröblich und greifflich Exempel sein und heissen / des Teuffels gegenwertigkeit / umb die menschen / seines gefasten grimms feindschafft / tyranney und erbhasses. ⟨Ciiij^r⟩

Zum vierden / hat es Sodoma und Gomorra / auch in irer sicherheit / mit unverwindlichem schaden erfaren / Wie und mit waser feindlichen und tyrannischen gemüte / der Teufel umb die menschen her sey / sich tag und nacht auffs höchste / schaden und unglück / an leib und seel / zu stifften und anzurichten / bemühe / Uns aber zur warnunge und fürsehen / für des Teufels schedtlicher und verderblicher gegenwertigkeit / ist die Malstadt noch heut zu tag fürhanden / es rauchet und dampffet noch bis auff diese stund an dem ort / do Sodoma und Gomorra gestanden / und stinckt so ubel für schwefel und bech / das sich weder menschen / vogel / noch andere thier / an derselben gegend können erhalten / Die Epffel und andere frücht / stehen noch heutiges tags auff den beumen / Wenn man sie aber abbricht / so zufallen sie wie aschen / welches alles Gott darumb also verordent / das man daran sol erkennen /

⟨Ciiijᵛ⟩ Was der Teuffel fůr ein gesell sey / Wie er dem menschen auff der ferschen nachgehe / als ein brůllender Lewe / und nicht in der Helle angebunden sey / oder darinne schlummer und schlaffe / wie wir uns důncken lassen / Aber mit schaden viel anders erfaren / und inne werden.

Zum fůnfften / wůrde es viel zeit und papier weg nemen / wenn ich / wie angefangen / also in den Historien solt fort faren und erzelen / was der Teufel von der welt anfang / bey sechsthalb Tausent Jharen / fůr noth und jammer in der welt gestifft und angericht hat / wie er alle Stedt / Lender und Kônigreich / zu sůnde und untugend angereitzet / Gottes zorn und straff damit zu erregen / und entlich auch / durch Gottes zugeben / von wegen wol verdienter straff / alle Stedt und Lender in die asche geleget hat / das in der gantzen weiten welt / auch nirgent nicht eine Stadt ⟨Cvʳ⟩ zu finden / welche noch gantz stehe / wie sie von anfang erbawet / und nicht ôffter / als ein mal / zustôret und nidergeleget sey / Welches ich aber rede / nicht von dieser unser Lender newen erbawten Stedten / sondern von den gar alten / Was aber Deudtschlandt / als nicht allzu lange erbawet / belanget / sol gleiche tyranney des Teufels auch baldt erfaren / und inne werden / Welches die bôsen Geister allbereit / mit aller uberflůssiger schandt / sůnd und laster uberschůttet / und Gottes zorn mehr denn zuviel verdienet / die straff aber allbereit angangen / Was noch hinderstellig / soll wol ein wenig geborgt und auffgezogen sein / Aber nicht gar aussen bleiben / Denn wir mit warheit můssen sagen und bekennen / wie jetzunder alles auffs hôchste in Deutschlandt gestiegen / was nur sůnde / untugent und schand heist / und mag genennet werden / Das sehr zu vermuten / das die bô-⟨Cvᵛ⟩sen Geister sonst nirgendt mehr inn der welt sein / als allein heuffig und semptlich in Deudtschlandt / und niemandt sich weniger der bôsen Geister vermutet / oder fůr ihrem bôsen anstifftung und anreitzung / zu allen sůnden / und folgenden straffen / sich hůtet und fůrsihet / als eben wir lieben Deudtschen.

Zum sechsten / uberzeuget uns unser eigen Natur / und angeborne eigenschafft / das böse Geister sein / und auch allenthalben umb uns her / Sintemal alle menschen von natur / wie keck und behertzt sie auch sein / sich im finstern / in der nacht / an unheimlichen steten und örthern / der bösen Geister vermuten / und für ihnen fürchten / das manchem die haut schawert / und die haar gen berge gehen / allein aus vermutung der gegenwertigkeit der Teuffel / ob er gleich keinen sihet noch höret.

Welches auch an unsern kin-⟨C 6r⟩dern zu mercken / welche als baldt sich für dem Teuffel / oder wie sie ihn nennen / den Püpelman fürchten / ehe sie noch etwas darvon gehöret / oder verstendiget sein worden / Sondern allein aus anleitung der Natur / Noch kan der Teuffel die leute verblenden / das sie sich seiner nicht vermuten / oder für ihm fürsehen / da er am meisten zu vermuten / und den grösten schaden anricht / Im finstern und unheimlichen örthern / hat man gar ein wenig furcht und schewe für ihm / Am hellen liecht aber / do er mit anreitzung / zu aller untugendt und unfall / an leib und seel / am meisten schaden thut / sihet sich niemandt vor ihm für / und lest sich jederman düncken / die Teuffel ligen alle in der helle uber einem hauffen / und schlaffen gleich wie die vollen Bawern im Krug.

Und das sich die leute viel weniger düncken lassen / sein der bösen ⟨C 6v⟩ Geister so viel / machen sich so dick und heuffig umb die menschen / das auch ein gantze Legion / wie im Evangelio wird vermeldet / sich in einem menschen einlassen und besitzen / das sein wol sechs oder sieben Tausent böser Geister / welches die Pommern wol wissen / welche / wenn sie einander schelten / einer dem andern wündschet und fluchet / Neun Tausent / Zwentzig Tausent thonnen voller Teuffel / Und darumb auch kaum ein Landt ist / do mehr besessener leute zu finden / als eben in Pommern / denn sie wöllens also haben / und messen einander die Teufel mit thonnen zu.

Das auch der menschen nicht so viel / und der Teuffel dargegen so wenig / das sie nicht auff jederman können acht geben /

und jemandt sey / des sie nicht können gewarten / Oder auff einen menschen nur ein partecken Teuffel lawer / und ihm nachgehe / Sondern der bösen Geister ⟨C 7ʳ⟩ eine solche grosse anzal sey / das ihr viel Tausent sich auch umb einen menschen machen können / und noch Teuffel gnugsam ubrig / die auch andern leuten / in grosser menge / zu thun machen / Das erkleret die Schrifft hin und wider / Als Matthei am 8. Capit. do aus zweyen menschen so viel Teuffel faren / das sie auch eine gantze herde Schwein erfüllen / und sich mit ihnen ins Meer stürtzen / So sagt auch der 91. Psalm / Das Gott auch einen einzelichen menschen / nicht mit einem / sondern viel Engeln begnade / do er spricht / Denn er hat seinen Engelen befohlen uber dir / das sie dich behüten / auff allen deinen wegen / das sie dich auff den henden tragen / und du deinen fusz nicht an einen stein stössest / Do aber ein mensch / vieler Engel schutz und schirm befohlen / Folgt auch daraus / das gegen viel guten Engeln / viel böser sein / welche den menschen nachstellen / und zu beschedi-⟨C 7ᵛ⟩gen sich bemühen / Wie denn der heilige Paulus sagt / zun Ephesern am 6. Capitel / Das auch die Lufft voller Teuffel sey / und inn grossen heerscharen / ihr gefast Regiment / ihre Oberherrn und Fürsten haben / das sie auch mit gantzen Heerscharen ausziehen / und ihren angriff thun. Und Gene. am 22. Cap. Do Jacob wider aus Mesopotamia in sein Vaterlandt zeucht / und in seinen grossen nöthen und gefahr / darinnen er war / von wegen seines Bruders Esau / seine augen erhebet / sihet er eine grosse menge der Engel umb sich her / wie sie ihr lager und gezelt umb ihn geschlagen / Daraus denn abzunemen / das der Teuffel auch ein grosse menge und anzahl wird sein gewesen / welche Jacob nachgezogen / und nach seinem schaden getrachtet / Dergleichen Historien stehet auch / 2. Reg. am sechsten Cap. vom Heliseo.⟨C 8ʳ⟩

Da es nu diese gelegenheit hat / wie angezeiget / mit den bösen Geistern / wie sie inn grosser anzahl / und allenthalben sich umb die menschen machen / und als brüllende Lewen / nach derselben schaden und unglück trachten / Solt trawen solche gefahr uns billich verursachen / das wir inn Gottes furcht lebeten / umb seinen schutz und schirm ihn anruffeten / und nicht so sicher / als andere wilde thier / unsern wandel anstelleten / Bey den frommen mag etwas zu erhalten sein / Aber der grosse hauff / lest singen / sagen / predigen und schreiben vom Teuffel / und gehet inn seiner angefangenen sicherheit dahin / will nichtes vom Teuffel hören noch wissen / bis ers mit seinem schaden erferet / und darnach ihm weder zu rhaten noch zu helffen. ⟨C 8ᵛ⟩

II.

DAS nicht allein Teuffel / in grosser anzahl / allenthalben und uberal sein / sondern also sein / das sie tag und nacht dencken und trachten / all ir thun und furnemen dahin richten, Auch allenthalben ursach und gelegenheit darzu suchen / wie sie den menschen nur viel und mancherley schaden thun mögen.

DAs dem also sey / und wir uns nichtes / denn alles böses / zu den bösen Geistern haben zu versehen / und dieselbigen als unsere geschworne und erbfeinde halten / ⟨Dʳ⟩ uns auch für ihnen / als für gehessigen feinden fürsehen und hüten / Solt uns billich inn dem klug und vorsichtig machen / der Erbfall unser ersten Eltern / Denn was sie an ihnen versucht und erhalten / das werden sie an iren kindern viel mehr thun / wie das denn die Historien und exempel genugsam ausweisen / von der welt anfang her / (wie im ersten stück vermeldet) Und darumb sagt auch Gott zum Teuffel / nach gethanem schaden an unseren ersten Eltern / Ich wil feindschafft setzen zwischen dir und dem Weib / und zwischen deinem samen und ihrem samen / Derselb sol dir den kopff zutretten / und du wirst ihn inn die ferschen stechen. Welche wort klerlich zu verstehen geben / das der Teufel sich nicht / an gethanem schaden / werde genůgen lassen / Sondern inn seiner boszheit / hass und neidt / auch wider alle nachkömling / werde fortfaren / als ein ewiger unrůiger feind / ⟨D^v⟩ Und darumb Gott verursacht / einen Gegenfeindt zu erwecken / Als nemlich / seinen lieben Sohn / welcher ihm den kopff sol zutretten / und sein reich zustören.

   Und das auch die Teufel / nicht fůr sich allein sein / in der Lufft uber uns her fliegen / wie die lieben und unschedlichen vöglein / Sondern uber uns schweben / auff uns herab sehen / und alle gelegenheit suchen / nicht anders / als ein Geyer oder Hůnerfresser / uns zu erhaschen / zu wůrgen und zu morden / Das kan der Teufel selber nicht verschweigen / mus sein feindtschafft gegen uns entblössen / damit wir uns jha nichtes / als alles unglůck / zu ihm vermuten / Denn do er von Gott / in der Historien Job gefragt / Wo er gewesen / und umbgangen sey / Sagt er wider seinen willen / die warheit / und spricht / Er sey allenthalben umbher gewandert / und versuchet / wie er schaden brewen und unglůck möchte anrichten / Vermeldet auch / wie er sich an den Job ⟨Dij^r⟩ wol zu machen gesinnet / Aber in so fest von Gott verwaret und befestiget befunden / das er nicht einbrechen / oder irgent im schaden zuzufůgen / sich hat unterstehen können / Ist im aber leid / das er sich nicht an in machen soll / Begeret derhalben von Gott / er sol sein hand von im abziehen / und ihn lassen versuchen / wie er sein můtlein an im kůlen möge / Welches / do ers von Gott erlangt / weist die gantze Historien aus / was der Teuffel fůr ein gesell sey / wie ihm so gar zu wider / das irgent ein mensch in ruhe und friede sitze / oder nur eine gute stunde haben můge / Was er aber mit dem lieben Job spielet / wie er so unfreundtlich und tyrannisch mit ihm umbgehet / Das were sein hertz / lieb und lust / das ihm Gott bey allen menschen / soviel macht und gewalt einreumet / Welches / do es bey Gott zu erhalten / wůrde er mit niemandt anders haushalten / oder jemandes vergessen / und im ⟨Dij^v⟩ friede sitzen lassen / Darumb hat auch Gott dis Exempel ein mal geschehen lassen / und in dem Job uns sehen lassen / was der Teuffel mit uns allen / und mit einem jeden inn

sonderheit / für ein regiment füren würde / wo er nicht eine
Mawer und Wagenburg umb uns her machet / und uns für
diesem gehessigen feindt / so veterlich und trewlich beschützet
und bewaret / nicht anders / als eine Gluckhenne ihre jungen
unter ihren flügeln.

Das auch die Teuffel nicht allein für sich hin leben / und
irgent an einer stelle ihr wesen zubringen / bis zum jüngsten
gericht / Sondern immer zu felde ligen / und nicht schlummern
noch schlaffen / alles unglück und hertzeleid bey den menschen
zu stifften und anzurichten / weil es im so gut werden kan /
raum und zeit darzu haben / Und darauff auffs höchste befliessen
/ und bedacht / das ihnen nichtes von ihrer boszheit / ⟨*Diij^r*⟩
tyranney und allem unfall / dahinden oder zu rück bleibe / und
sie für dem jüngsten tage / alle ihre bubenstück treiben / und
iren mutwillen thetlich ausgiessen mügen / damit sie nichtes
darvon mit sich in die Helle nemen / Zeigen solchs genugsam
an ire Namen / so ihnen hin und wider die schrifft gibet / welche
sie rechtschaffen mit der that haben / Als nemlich / do Christus
den Teuffel nennet / einen Mörder und Lügener / einen Widersacher und Feind / aller frommen und ausserwelten / DIABOLUM
/ einen bösen / listigen / tückischen und anschlegigen feind /
SATHANAM, ein Widerpart und anfeinder der herrlichen Creatur
und geschöpff Gottes / des menschen / INIMICUM, einen der uns
nichtes guts gönnet / und nur denckt und tracht / wie er uns
etwas anhaben / und abbrechen müge / MALUM, einen Bösz-
wicht / der nur lust und liebe hat / alles unglück / jammer / noth
und elendt anzurichten / und ⟨*Diij^v*⟩ der Namen mehr sein /
hin und wider in der schrifft.

Im ersten Buch der Könige / am 22. Cap. stehet eine Historien / Wie sich Gott im Himmel / mit seinen Heerscharen
befragt uber Achab / wie er zu bereden sey / das er sich gen
Ramoth in Giliad mache / und allda umbkomme / Da tritt auch
der bösen Geister einer herfür / und understehet sich solchs
auszurichten / und spricht / Gott sol ihm die sach befehlen / er
sey ein Lügen Geist / und derselben ein rechter Meister / Er

wöll sich in die Propheten machen / das sie mit lügen / Achab zu solchem fürnemen bringen und bewegen / wie es ihn denn auch glücklich gerett und hinaus gehet. Aus dieser Historien aber / ist nu klerlich zu sehen / wie die Teufel lawern auff allen winckeln / und nur gar fleissig darauff warten / wo es nur Gott irgendt verhengt und geschehen lest / das sie alles unglück mügen stifften ⟨*Diiij^r*⟩ und vollbringen / Wie sie iren dienst anbieten / und nur bereit und willig sein / zu allem bösen / Wie wir denn dergleichen Historien / oben im Job / angezogen haben.

Und 1. Paralip. am 21. Cap. Ist solchs auch zu sehen in der Historien des grossen Mans Gottes David / wie der Teuffel im nachgehe / das er in zu schaden bringe / und auch nicht nachlest / bis er David durch seine fewrichte pfeil und list dahin bringt / das er das volck in Israel lest zelen / und grossen zorn Gottes auff sich ladet / Daraus denn abzunemen / wie gehessig der Teuffel den frommen sey / und wie er ihnen / als ein brüllender Lewe / tag und nacht auffs gehessigst nachtrachte / das sie ja ohne sünd / schaden und unglück nicht sein / und nirgent recht zugehe.

Desgleichen wird auch im Zacharia am 3. Cap. Und Daniel am 10. Cap. angezeigt / wie sich die Teufel auch dürffen unterstehen / wider ⟨*Diiij^v*⟩ die heiligen Engel Gottes / mit streit und kampff einzulassen / damit sie ausserhalben ihrer beschützung / den menschen als der besser beykommen / und alles unglück zufügen mögen.

Matth. am 12. Cap. vermeldet der HErr Christus auch / wie die Teuffel sich umb die Leute machen / dieselbigen einnemen / und nach irem gefallen treiben / leiten und regieren / zu allem bösen / damit sie Gottes zorn auff sich laden / und in zeitliche und ewige straff Gottes fallen / Do sie aber durch den samen des Weibs / durch den HErrn Christum / von menschen ausgetrieben / und ihnen ihr reich zustöret wirdt / Sagt der HErr Christus weiter / wie lang inen die weil in der wüsten und dürren stedten sey / wie fleissig sie ihre alte herbrige wider suchen / und an nichtes mangeln lassen / damit sie wider einziehen / und darinne wonen mügen / wie sie auch ausgetrie-

⟨*Dv^r*⟩ben / aus grossem zorn und unwillen / noch sieben andere böser Geister zu sich nemen / das haus besser zu bewaren / und solche menschen / bey welchen sie die stette leer finden / inn ewiger verdamnis zu behalten.

So sagt auch der HErr Christus / Luc. am 22. Cap. Wie unmüssig sich der Sathan einlasse / auch gegen seinen Jüngern / das er sie müge sichten wie den weitzen / Das der HErr sie auch inn sein gebet habe müssen nemen / damit sie für dem Sathan sicher sein.

Darumb vergleichet Petrus / inn der Ersten am 5. Cap. die bösen Geister / den brüllenden reissenden Lewen / welche nur allenthalben / umb die ausserwelten umbher schleichen / sie zu würgen und zu ermorden.

Do nu dem also ist / wie wir nu erkleret / und so einen gehessigen feind am Teuffel haben / wils traun die grosse noth erfordern / das wir ni-⟨*Dv^v*⟩cht mit dem grossen hauffen / solche grosse gefahr / in sicherheit hindan setzen / gleich als weren keine böse Geister / Und ob sie gleich sein / das sie des ihren warten / und mit den menschen nicht viel zu thun haben / Sondern das wir unser noth und grosse gefahr wol warnemen / für dem Teuffel uns hüten und fürsehen / inn Gottes furcht leben / und trewlich bitten / das er uns durch seine heilige Engel beschützen wölle / damit wir nicht durch die bösen Engel / zu sünden gebracht und verursacht / in Gottes zorn fallen / und aus Gottes verhengnis / in ihre feust und klawen geraten.

III.

DAS nicht allein Teuffel sein / auch nicht allein all ihr thun und furnemen auff ⟨*D 6^r*⟩ schaden richten und anstellen / Sondern auch grosmechtig und gewaltig / nach Gottes verhengnis / allen schaden zu thun / und verschmitzt, listig und anschlegig sein / alles unglück anzurichten und zu verbringen.

WIe starck / mechtig und gewaltig der Teuffel sey / schaden zu thun / und das unterst zu ōberst zu keren / wenn ihm Gott das Schwerdt in die handt gibet / Das zeiget der HErr Christus mit einem wort an / do er in nennet einen Gott der Welt / Nicht das er ein Gott sey / Sondern das er grosse Gōttliche gewalt hat / brauchet und ubet / in allem bōsen / so fern / und so viel ihm Gott erleubet und zugibt / ⟨*D 6ᵛ*⟩ das gleich wie Gott in seiner grossen Herligkeit und Allmechtigkeit / aus nichtes alles hat geschaffen / und ist alles sehr gut und kōstlich gewesen / was er gemacht hat / Also kan der Teuffel / aus nachgegebener macht / auch gleich als Allmechtig / und von grosser gewalt / alles zu nicht machen / verderben / und alles bōses / jammer / noth und unglūck anrichten / wie nicht von nōthen / solchs mit worten zu erkleren / dieweil der Teuffel von der welt anfang her / solche seine grosse macht und sterck / gnugsam bewiesen / und die erschrecklichen Exempel / so hin und wider in den Historien beschrieben / gnugsam erkleren / was er fūr ein Gott in der Welt sey / was er im bōsen zu thun vermag / wenn ihm Gott nur ein wenig zusihet / und ihn sein regiment fūren lest / wie wir solchs allbereit oben gnugsam haben vermeldet.

So wirdt er auch ferner vom ⟨*D 7ʳ*⟩ HErrn Christo genennet / ein Fūrst / Keyser / oder gewaltiger Regent / Das gleich wie ein grosser Potentat / sonderlich aber ein Tyrann / mit seinen armen underthanen umbgehet / auffs aller grewlichst und tyrannischt / nach alle seinem gefallen und mutwillen / Das eben der Teufel mit den seinen / so er inn seinem reich verfasset / in seinen stricken und banden hat / auch dergleichen / wie er nur selber wil / umbgehet / sie treibet / regieret / wie es im gefellig / Wie denn der heilige Paulus solchs von ihm redet / do er sagt / AGIT IN FILIJS CONTUMATIÆ. Und wie auch Christus von ihm redet / das er als ein starcker Heldt und Potentat / seine fest und burgk inne habe / regiere darinne nach seinem gefallen / bis so lang ein stercker uber ihn kōmpt / der im sein reich zustōret und einnimpt.

Von solcher grossen gewalt und macht / welche der Teuffel / als ein Gott der welt / und Fůrst dieser zeit / ⟨*D 7ᵛ*⟩ ubet / redet der heilige Paulus mit hohen und grossen worten / die frommen und ausserwelten fůr dem Teufel zu warnen / zun Ephesern am 6. Cap. do er spricht / Lieben Brůder / Seid starck im HErrn / und inn der macht seiner stercke / Ziehet an den harnisch Gottes / das ihr bestehen kőndt / gegen dem listigen anlauff des Teuffels / Denn wir haben nicht mit fleisch und blut zu kempffen / Sondern mit Fůrsten und gewaltigen / Nemlich / mit den Herrn der Welt / die in der finsternis dieser welt herschen / mit den bősen Geistern unter dem Himmel.

Im Job aber / im 40. und 41. Cap. wird sonderlich nach der leng / des Teufels tyranney / wůterey / und grosse gewalt und macht / das bőse zu stifften / beschrieben / und mit vielen worten erkleret / was der Teuffel oder Behemoth (wie er da genennet wird) fůr ein grausam / erschrecklich ungehewer / und mechtig und ⟨*D 8ʳ*⟩ starck Thier sey / dafůr man sich billich habe zu fůrchten / und fůr ihm nur wol fůrzusehen / Wer nu lust hat / solchs zu wissen / mag es allda lesen.

Doch wőllen wir hie dem Teufel / solche gewalt und macht / nicht zumessen / wie vor zeiten die Manicheer / welche zween Gőtter machten / Einen des guten / den andern des bősen / Sondern geben dem Teufel seine grosse macht und sterck also / Das er sie nicht ehe / auch nicht mehrer / als ihm Gott befihlet und nachgibt / gebrauchen darff / Wie denn im Job solches fein mit einem wőrtlein wird vermeldet / Qui fecit eum, admovet ei gladium suum, Das ihm Gott wol das schwerd in die handt gibet / zu wůrgen / morden / und schaden zu thun / Aber er behelt es bey dem knopff / das ers kan zurůck ziehen / wenn der Teufel wil am besten und stercksten drein schmeissen / Und der Teuffel / wie tyrannisch / blutgirig und ungehewer er sey / gleichwol ⟨*D 8ᵛ*⟩ nicht mehr thun kan noch mag / als ihm Gott zulest und befihlet / Wie denn solchs die Historien Job / fein erkleret und ausweiset.

Zum mehrerm und besserm verstandt aber / alles des / was wir inn diesem dritten stůck geredt haben / von der grossen gewalt und macht des Teuffels / und gleichwol alle seine macht inn Gottes henden stehe / das er seinen mutwillen und boszheit / nicht weiter und ferner darff gebrauchen und ůben / als Gott wol gefellig / Wőllen wir hie zwo Historien mit anziehen / in welchen solchs fein zu sehen / welche beide zu unsern zeiten / und bey menschen gedencken sein geschehen / Eine in der Schlesien / Und die ander im Landt zu Meissen.

IM jar M.D.XXXV. Ist auff den tag Egidij / dis grausam unerhőrte ungewitter geschehen in der Stadt Olse / Des abents ⟨E^r⟩ sind von drey ecken der welt / Nemlich / von Mittag / Mitternacht und Abendt / drey grausame Ungewitter herfůr gezogen / aus jedem winckel eins / in aller hőhe / uff die Stadt Olse / welche bey fůnff vierthel stunden / und lenger / gewehret / Also und der gestalt.

Diese ungewitter sind so seltzamer und gar erschrecklicher Farbe und ansehens gewest / das ein jeder / der es angesehen / dafůr sehr erzittert und erschrocken / Denn da sie alle drey zugleich / ein jeders aus seinem orth herfůr gebrasselt / ist solch krachen / brechen und gebůlter worden / mit so grausamen sturmwinden und brausen / das zu unser zeit dergleichen von keinem menschen ist erhőrt worden.

Darauff haben viel Leute acht geben / Aber von wegen der seltzamen verendrung / auch aus zittern und furcht / nicht eigendtlich aussagen kőnnen / wie und was sie gese-⟨E^v⟩hen / mit anzeige / das es einem menschen unmůglich sey / solch ding zu beschreiben und aus zu sagen. Es hat auch ohn unterlas / wie sich die ungewitter erhaben / so hefftig geblitzt und gewetterleuchtet / das dergleichen niemands gedenckt / bis alle drey Wetter zu hauff geruckt und zusam gezogen / sind also in einander vermengt / uber der Stadt gestanden.

Erstlich hats einen Holtzwagen / niemandts weis wie oder von wanne / uff den Marckt gesetzt / derselbe ist uffs schnelleste

/ etzlich mal rings umbgelauffen / als führe jemands druff / Darnach bey dem Rhathause / auffm Platz / ein Redlein getrieben / und den Wagen für eins Rhatherrn thür / mit namen / Gregorius Rüdel / gefürt / ein radt davon gerissen / ihnen also umbgestürtzt und ligen lassen / In des hat es nicht mehr denn einen harten Donnerschlag gethan / das auch ⟨*Eij*ʳ⟩ gleich die Erde und Heuser davon erschuttert / Und wie man sagt / eim Erdbidem gleich gewest ist / darauff ist ein grosser Sturmwind gefolgt. Fürnemlich hat es die Brünnen inn der Stadt / mehrer theils aber / die uffn gassen und Marckt gestanden / sehr versehret / und damit so wunderbarlichen umbgangen / Das es einem entweder den Eymer / oder die stange / daran der Eymer gehangen / oder aber die Seule / darinne die stange gangen / zerschlagen / umbgerissen / mitten entzwey gebrochen / hin und her gefürt hat / das es in fewers not / der man sich hatte zu besorgen / nicht ein einigen Eymer aus allen Brünnen / hette schöpffen können.

Darnach hat es die Decher / Bödem / und etliche starcke gemeurte Gibel / von den heusern / nicht unter sich / sondern uber andere Heuser hinweg gefürt / ein anders wider dargegen an die stadt geworf-⟨*Eij*ᵛ⟩fen / und dieselbe gebewde in der höhe also untereinander vermischt und geschlagen / das niemands gewust / welchs das seine gewest / Desgleichen sind die gassen von gehültz / an schindeln / gesparren / Latten und anderm / so voll gelegen / das / wo das fewr / wie es denn dazumal fewer geregnet / angegangen were / hette das volck in heusern müssen verderben. Wie nu die schindeln und ander gehöltze von den heusern / inn solchem sturmwind uff das pflaster geworffen / hat es so hart erschollen / das man gemeint / es hette stein mit geregnet / Davon das volck in solch zittern und zagen geraten / das es sich in keller und andere heimliche örthe versteckt.

Es sind auch die schindeln und gesparr / so uff den gassen für den heusern gelegen / mit den Negeln uber sich gekert gelegen / das sich das volck in der finstere / da das fewr angangen were / sich gefehrlich verlehmet het-⟨*Eiij*ʳ⟩te. In diesem erschrecklichen sturmwinde / hat es mit unter fewer geregnet / welchs von vielen farben vermischt gewesen / das keiner so seltzam davon reden kan / als es sich erzeigt und sehen hat lassen / Hat auch sehr ubel gestuncken / und sind stůcke als hůner oder genss eyer / dergleichen als messige kugeln / oder als lange strene / das es gleich gezůscht / gefallen / und wenn dieselben auff die Erden kommen / haben sie sich zerteilt / und sind die funcken davon widerumb so seltzam in die hôhe geflogen / gleich als stůnde ein Schmied fůr der Essen / und blies mit aller gewalt mit den Blasbelgen / das viel grosse funcken hin und her umb ihn flůgen und stůben.

IN solchem schrecklichen brausen und saussen des Windes / ist alles Volck so feige und verzagt worden / als weren sie halb todt / Und haben anders nicht gemeint / denn der tag des Herrn were vorhanden / oder sie ⟨*Eiij*ᵛ⟩ wůrden wie Sodom und Gomorra / erbermlich verderben und untergehen / so viel seltzam gethôn und geschrey ist unter solchem brausen erhôret worden / darauff ist ein schwerer Regen gefallen / welchs das Fewr gedempfft / zerteilt / und damit hinweg genommen.

Es haben sich aber in gemeltem ungewitter / diese seltzame geschichten begeben / wie folget. Inn einem Gasthofe / darinn der Wirt heist Thomas Kurtz / ist ein brennender strumpff Liecht / zu eim fenster hinein / in eine Kammer geflohen kommen / allda denn einer vom Adel / mit namen / Hans Bornitz zu Belaw / in einem bette gelegen / hat sich das Liecht zusehens zertheilet / und halb auff ein Gastbette / neben das seine / die ander helffte neben dasselbe bette also brennende gefallen / Bald ist er im Bette auffgefaren / das eine stůcke / so auff dem Bette gelegen / ausgelescht / Da er aber das ander ⟨*Eiiij*ʳ⟩ theil gesucht / ist es ihm unter den henden verschwunden.

Zum Andern / Hat es im Sturmwinde / einen grossen Weinbuttich halb von einander geschnitten / und vor eins Bůrgers haus / mit namen / Simon Hoppe / weggenommen / denselben inn aller hôhe gefůret / ihn widerumb darnach bey dem Rhat-

Teufels Tyranney 219

hause uffm Platz nider gesetzt / die reiffen und etwa drey stûck von dem boden / allda ligen lassen / das ander gehûltz aber / hat es so seltzam hin und wider davon gefûret und zerstrewet / das man etlichs beim Thurm / etlichs inn der Leute hôfe gefunden.

Zum dritten / hat es auff dem Marckt / da viel gefesz mit wasser gestanden / eins aus denselben mit dem wasser mit gewalt weg gefûrt / und vor der newen Cantzley nider gesetzt / dasselbe allda zerrissen / Auch viel der andern umbgestûrtzt / und das wasser vergossen. ⟨*Eiiij*ᵛ⟩

Zum vierden / hat es eim armen Tuchmacher / mit namen Matthes Kuhne / ein gemach uffgerissen / darinne er ungefehrlich bey xx. stein Wollen gehabt / daran im alle seine Narung gelegen / Diese ist im gantz und gar verfurt / das er davon nicht eine handtvoll behalten / und ist darnach bey anderthalb Meil wegs / von der Stadt Olsen / hin und wider zerstrewet / gefunden worden.

Zum fûnfften / hat es an derselbigen seitten / da gedachter Simon Hoppe wonhafftig / seltzam in heusern gebaret / Nemlich / es hat die Stubenthûren / Fenster / und andere thûrn an den heusern / aus den Hacken und Angeln gerissen / die Tische umbgeworffen / die Kannen und Leuchter zerstrewet / und sonderlich einem Wirte / mit namen Vitzke Metten / hats an seinem hause im geholtz und banden / etzliche lôcher geschlagen / als were es mit eim starcken Fausthammer geschehen / In ⟨*Ev*ʳ⟩ eim hause hat es zween tisch umbgestûrtzt / der dritte aber / so inn der mitte gestanden / ist unverruckt blieben /allein / das am selbigen Tisch nachmals ein seltzam Gesicht gesehen worden / gleich wie ein Beer / oder sonst ein ander thier / mit beiden fôrdern klawen darein mit vleis gerissen und gekratzt hette / Die stallung des hauses / hat es eingerissen / und das unterst zu ôberst gekeret.

Zum sechsten / hat es dem Bader sein Hauss / wie andern seinen nachtbarn / zerrissen und weg gefûrt / Item / es hat im oben aus der decke seiner Schlaffkammer / aus einem newen / festen / von leumen geschlagenem Estrich / drey Tielen / sampt dem leumen / sonderlich heraus gerissen / dasselb weggefůrt / davon auch niemands ichts hat wider finden kônnen / Da er auch nach dem ungewitter / das gehůltze / so ihme von andern heusern auff seins geworffen / abgereumet / hat er darun-⟨Ev^v⟩ter von mancherley Hausrath / als Bratspiesse / Flachs / Hecheln / Siebe / Kôrbe / grosse stůcke zusamen gedrehte Wachsliechte / einen grossen langen Kochlôffel / daran unten ein eyserner Rinck gewesen / und anders funden / Und weil es nicht sein gewest / sondern andern leuten / hat er inn der Stadt hin und wider gefragt / und dasselbe gezeiget / hat sich aber niemandt darzu bekennen wôllen / Darzu sind ihme auch die Beume in seinem Garten am haus / neben andern Nachtbarn / von dem fewr / so geregnet hat / versengt worden.

    Zum siebenden / Wie der sturmwindt geweret / hat es eim Balbierer / sonderlich zwey Becken von den andern / so an der Stangen auff der Gassen gehangen / weggerissen / dieselben auff die seite da er wonet / fůr dem Rhathause / eins auff einen ort / das ander auff den andern gefůrt und geworffen / Da solchs geschehen / ist ⟨$E\ 6^r$⟩ der Balbierer uff die gassen gelauffen / hat die Becken auffheben wôllen / Da er aber fůr die thůr kommen / hat er on alls gefehr gen Himel gesehen / hat ihnen gedaucht / wie sich der Himel hette gantz von einander gethan / und ist fewer mit hauffen herunter gefallen / das die funcken umb in gestoben / hat ihn aber nicht verletzt / Auch hat er angezeigt / das er solchs an seinem gesicht nimmermehr verwinde / und im sey des morgens sein heupt so schwer worden / als hette er den Schwindel / Aber gleichwol haben im die kleider etzliche tag nach dem fewer gestuncken.

    Zum achten / ist gemeltem Balbierer dis gesicht fůrkommen / Nemlich / da er von der gassen wider inn sein Haus gelauffen / hat er baldt darnach / eben fůr der Stubenthůr / widerumb hinaus gesehen / hat ihnen gedaucht / wie eines Rhatsherrn haus / mit namen / Christoff ⟨$E\ 6^v$⟩ Tschnidewhan / oben liechter lohe brennete / und die gantze gassen voll fewers were / ist er zu seim Weib eylends in die stube gelauffen / und gesagt / Sie müsten nu alle verderben / ꝛc. Bald ist er wider aus der stuben gelauffen / und an Himmel gesehen / ist es umb dasselbe haus / und in der gassen / gantz finster gewesen / Aber bald gewetterleucht / hat er deutlich gesehen / wie der gibel und dach desselben hauses / mitten im fewer gehangen / und also hinweg gefürt worden.

Zum neunden / wonet ein Bürger am Marckt / mit namen Lorentz Thpfaroske / der hat mit seinem weibe und kinderlein / in solcher angst und not / Gott angeruffen / etzliche deutsche Psalmen gesungen / Und da sie auff das andechtigste und hertzlichste geschrien / gebeten und gesungen / VENI SANCTE SPIRITUS, hat ime das ungewitter seinen gemaureten Gibel am hause / von der maurn / uff stücke ⟨E 7ʳ⟩ mit dem Dache weg gerissen / doch ime / seinem Weib und Kindern / keinen schaden gethan.

Zum zehenden / hats am Pfarhofe ein gros halb Thor weg gerissen / und auff einen Zaun gesetzt / damit auch mehr denn das halbe dach weg gefürt / das noch niemandts weis / wo es hinkommen ist.

Zum eylfften / hat es des Heuptmans des orths / uff dieselbe zeit / Bernhard von Boraw / Kessel genandt / Knecht / den er nach liechten von dem Schlosse / so in der Ringmaur der stadt gelegen / in die stadt / gleich im ungewitter / geschickt / genommen / und ihn mit den liechten / uber die Heuser / da das ungewitter hinaus gefaren / gefürt / welchen viel Leut in der höhe erbermlich haben schreyen hören / ihn allda nider gesetzt / ist des morgends funden worden / one einige verletzung des leibs / alleine das er sich erstlich nicht wol versonnen / auch die zeit seines lebens ubel gehört hat. ⟨E 7ᵛ⟩

Zum zwölfften / hat sich in eim Brawhause oder zweyen / darinne man gebrawen / auch seltzam ding begeben / Nemlich / Es hat oben am Tachfenster gesessen und geblasen / das sich das Tach entzündet / und wie das fewer darinne angangen / haben die Brawknecht wasser hier auff gegossen / und gelescht / Baldt hat es wider angehaben zu blasen / davon es wider ange-

brandt / das ist etzlich mal geschehen / Und wiewol es die Brewer etzlich mal ausgelescht haben / sindt sie gleichwol dadurch verursacht / zu verhůtung anders schadens / das fewer unter der Pfannen gar auszuleschen / Da solches geschehen /
5 ist es wie ein Wirbelwind unter sich gefaren / sich vor der Pfannen umbgedrehet / darnach ein grossen hauffen der aschen und der funcken gefast / und uber sich zum fenster hinaus gefůrt.

Zum dreyzehenden / hat es einem erbarn Rhat des orts / alle Meltzheu-⟨*E 8ʳ*⟩ser / der sie fůr die Gemeine gebrauchen / ein-
10 gerissen / und schrecklich damit gehandelt / inen uff etzliche viel hundert gůlden schaden gethan.

Zum vierzehenden / hat es uff einer gassen / mit namen / die Bresslische gasse / ein gantz haus / zwischen andern heusern gelegen / ein gut teil von seiner stedt / uff die gasse geruckt und
15 gesetzt / Wie solchs von dem Hochgebornen Fůrsten und Herrn / Herrn Johan / Hertzog zu Můnsterberg / in Schlesien / zur Olsen / Graven zu Glatz / ꝛc. und viel S. F. G. Hofgesinde / gesehen worden.

Zum fůnffzehenden / hat den Hausman auff dem Rhatsthurm
20 nicht anders gedaucht / denn es weren die grůnde an mauren / und das Erdtreich alles bodenlosz worden / Darumb er nicht anders gemeint hat / denn er můste nu alle augenblick verderben / und mit dem thurm verfallen. Es haben sich auch die gemeure am Thurm / mit ihme ⟨*E 8ᵛ*⟩ so sehr bewegt / das ihme
25 nicht anders zu sinn gewesen / denn er lege in einer wiegen / Auch hat er so ein seltzam und wůnderlich gesicht am Himel gesehen / da sich das ungewitter angefangen / auch weil es gewehret hat / das er sich hőren lassen / sey ihme davon zu reden unmůglich / mit anzeige / so baldt er davon reden wolte /
30 ime alle seine glieder erzitterten.

Zum sechzehenden / hat es auch einen Wagen / auff eines Jůden haus / mit namen Elias / gefurt / den man des morgends also drauff / mit aller zugehőrung / gesehen / und funden hat.

Zum siebenzehenden / hat solch ungewitter die Jůden son-
35 derlich besucht / sie und ihre heuser dermassen angegriffen / das

es ihnen die decher / bôdem und kammern / zum mehrern theil eingerissen / dieselben inn ander Leut heuser und hôfe geworffen. ⟨F^r⟩

Es hat auch etzliche Jůden / sampt ihren Weibern und Kindern / aus iren schlaffkammern / sampt den betten / uber die decher / auff die gassen geworffen / Auch ire kinder wegfůren wôllen / So haben sie auch daselbst bey ihnen / ein fast werckliche Drůckerey zugericht / darinne sie das alte Testament / so in ihrer sprache / auffs newe / mit einer glosen und auslegung / corrigirt worden / in Hebraischer sprach zu drůcken fůrgenommen / welcher Exemplar sie ein gantz gemach voll gehabt / Dasselbe gemach mit der Drůckerey / hat das wetter auch genommen / gantz eingerissen / die gedruckten bogen uber alle heuser / in die gassen der Stadt / fůr die Stadt / und in das weite feld gefůrt / unter einander verworffen / zerrissen / an die zeune und beume gehenget / Das man des morgens / wie es tag worden / inn und fůr der Stadt / auch auff dem felde hin und wider / und gerings umb die Stadt / ⟨F^v⟩ derselben gedruckten bogen so viel und so heuffig funden / als hette es dahin geschneyet / das die Leute / in und vor der Stadt / auch die Bawren auff dem felde / derselben grosse bůrden auffgelesen / und heim getragen / Und solche bogen sind ferner denn ein gute meil weges / und weiter von der Stadt / inn Welden gespůret worden.

Auch sind die Bogen oder Carten / den leuten in die heuser / zun fenster und innerlichen gebeuden hinein / so seltzam geflogen kommen / das man gnugsam davon nicht reden kan.

Die Jůden haben auch ire thůren und fenster an heusern / und sonderlich ire Synagog / mit aller solennitet / wie bey inen gebreuchlich / da sich das ungewitter angefangen / auffgespert / der zuversicht / es were nu zeit und stunde fůrhanden / das ir Messias sie zu erlösen kommen wůrde / Aber wie der Sturmwindt so ⟨Fij^r⟩ grawsam angegangen / haben sie ihres Messias gar vergessen / und gesagt / Wenn ihr Messias nicht anders denn also kommen wolte / solt er nur aussen bleiben /

15 Teufelsbücher 4

sie wolten seiner auff solche weise nicht erwarten / wie die Jůden auch hernach offt sich hören lassen.

Zum achtzehenden / hat auch solch ungewitter auff dem Schloss sich wunderbarlich erzeiget / Denn da sich der ungestümme Windt erhaben / hat offt gemelter Heuptman zum selben mal / uff der Brůcken unter dem Thor gesessen / ist er in grossem schrecken auffgefaren / und unter die Brůcke gesehen / und ime im gesicht anders nicht gewest / Denn das sich die Brůcke gantz und gar mit ime aus pfeilen und banden erhůbe / und darunter eitel fewr schwebete / Also ist er auff die Zogbrůcken nider gefallen / und wie er nach derselben gegriffen / hat sie sich mit ihme erhaben / das er gemeint / ⟨*Fij*ᵛ⟩ der wind würd ihn mit brůcken und gantzem gebewde davon fůren / ist inn so grossen engsten gewesen / das er gesagt / Er köndte davon nicht gnugsam reden / Unter des hat es im Schloss die decher von etlichen gebeuden / dergleichen etzliche geng zerrissen / und sonderlich an dem eussersten understen theil der brůcken / ein gros stůcke von dem dache genommen / dasselbe durch die zwey fenster so auff der brůcken gegeneinander uber gestanden / gefurt / und auff der andern seiten in graben geworffen.

Es haben auch unter demselben Thorhause / an der wand zwo Helmparten / auff negeln gelegen / mit den spitzen gegen der brůcken gekeret / mit diesen hat das ungewitter auch sein sonderlich spiel gehabt / Denn es hat sie mit den spitzen auff den negeln verkert / und mit dem untersten theil / creutzweis von den negeln geworffen / das sie gleich / wie ein Andres creutz / an der wandt gelehnet / ⟨*Fiij*ʳ⟩ und mit dem öbersten theil an negeln gehangen.

Nach dem auch der Hochgeborne Fůrst / Hertzog Heinrich / ꝛc. daselbs am Schlossthurm / eine newe und werckliche spitz / von holtzwerck / hat bawen und auffrichten lassen / hat man gemeint / dieweil dieselbe spitze so hoch were / auch zur selben zeit nicht gar ausgebawet / das es mehr schaden oben / denn unten / hette thun sollen / Es ist ihme aber gar nichts widerfaren / alleine das es inwendig im thurme / eine stuffe von einer stiegen / zum fenster hinaus gefurt / die man nachmals unten für dem Schlosse beim stall funden hat / Hat auch den knopff an der newen spitzen gantz nichts versehret / sondern an einem Ercker oder zweyen / unten am Schlos / die knôpffe wunderbarlich von den stangen gerissen und weg gefürt. Es hat auch die hültzene negel an den banden der gebewde / etliche gar ausgezogen / ⟨Fiij^v⟩ etliche aber widerumb bis uber die helfft nein gesteckt / und damit so wünderlich umbgangen / das sich jederman darüber verwundert.

Zum neunzehenden / Hat es am Rhathause einen starcken / festen / und mit klammern auffs beste verwarten / steinern Gibel / welcher uber die zwey hundert jhar gestanden / eingeworffen / und fünff Personen in den heusern / so ans Rhathaus gebawet gewesen / erschlagen. Diese fünff und nicht mehr / hat dis erschrecklich ungewitter entleibet.

Wiewol ihr acht drinnen gewesen / seind ihr doch drey wunderbarlich darvon kommen / sonderlich ein Kind / das in einer Wiegen gelegen / und so man es gefragt / was ime widerfaren sey / hat es ein zeichen mit dem finger geben / und in Himel geweist / Daraus abzunemen / das dis unschúldige Kindlin etwas wunderbarlichs gesehen hat. Do man aber die andern fünffe also todt fun-⟨Fiiij^r⟩den / und herfür gezogen hat / sind sie einer gar erbermlichen gestalt gewest / also / das ihnen ihre gliedmasse und Heupter / so wunderbarlich zerschlagen und zerknirscht / das ihnen auch die beine an Heuptern / armen und schenckeln / uber die haut weit herfür gangen.

Auch hat es in der Rhatstuben den Ofen am fördertheil / oben eine schicht Kacheln oder zwo / von der Kronen anzuheben / bis unten an den fusz / ungefehrlich drey Kacheln breit weggerissen / und ist zu einem Glaszfensterlein hinaus gefaren / dasselb also mitgenommen / das man nichts davon funden / Der stuben aber ist sonst kein schade geschehen.

15*

Unter demselben Fenster / ausser des Rhathauses / ist ein schindeldach / darunter Saltz verkaufft worden / gewesen / welchs auch abgerissen / und mit hinweg gefůrt worden.

Zum letzten / hat es an des Bůrgermeisters hause / mit namen / Heintz ⟨*Fiiij*ᵛ⟩ Panckele / welchs uff derselben seiten / gegen dem Radthaus uber / an einer ecken gelegen / oben am Giebel angestrichen / an den beiden ecken der Maurn / bey zween oder drey ziegeln ungefehrlich weggenommen / Darnach in dieselbe gasse gefaren / und ein gros steinern Creutze / ungefehrlich eines Mannes lang / auff unser lieben Frawen Kirchen / oben am dache / welchs mit eisern klammern wol gefast gewesen / hinweg gerissen / das man nichts davon hat finden kônnen.

Darnach uff des heiligen Leichnams Kirche / die nicht weit von dieser gelegen / die Stange mit dem knopff / unten am dache abgerissen / dieselbe in Lucas Koselers / Secretarij zu Olsen / garten geworffen / das gebewde uff der kirchen / sampt der Glocken / in grundt gerissen / und eingeschlagen.

Und do man des andern tages frůe den knopff unversehret gefun-⟨*Fvʳ*⟩den / haben sie am untertheil des Knopffs / am orthe da es am dache gestanden / und hol gewesen / voller der gedruckten Jůdischen bogen funden / als weren sie mit gewalt von jemands hinein gestossen / oder geschlagen worden / Und ist also hinder derselben kirchen / uber die Stadmaur / hinaus gefaren / Allda an der Stadtmaur ungefehrlich xiiij. oder xv. Zinnen mit weggenommen / Dergleichen zwey Thorheuslein / die uff der Mauren gestanden.

Folget die andere Historien / vom grossen Wetter / im landt zu Meissen.

Im jar M.D.LIX. des 14. tags Augusti / Als das Fewer die ander nacht zuvor / inn dem grossen wetter schaden gethan / der Schmeltzhůtten eine abgebrandt / ist zwischen 2. und 3.

hora / nach mittage / schnell ein gros schwartz wet-⟨Fv^v⟩ter / am Himel auffgezogen / mit erschrecklichem brausen und rauschen / als ob ein sehr gros Wasser vorhanden were / Und als solches uber Freyberg gezogen / haben sich die dicken schwartzen wolkken gegen einander auffgelehnet / als stritten sie mit einander.

In dem sind viel grosse erschreckliche Schlossen und Hagelsteine / zu Freyberg in der Stadt / und auff ein Meil wegs umbher gefallen / etliche als Boszkugeln / Ganzeyer und Feuste gros / deren man einen gewegen / ist am gewicht 3. pfundt und drey vierthel schwer gewest / Diese Schlossen haben zu Freyberg inn und vor der Stadt / an Fenstern / Ziegeldechern / und sonsten / grossen schaden gethan / Wie denn M. Johan Schütz in seinem schreiben meldet / und auch vor augen / Es sol in diesem Wetter / in die zweymal hundert Tausent Ziegeln zersprengt und zerschlagen haben. ⟨F 6^r⟩

Vor der Stadt aber / auff dem felde / sind viel Erbeiter gewesen / deren es etliche getroffen und beschediget / Pferden und Kühen / beulen geschlagen / Vogel / Hüner und Gense umbbracht / Aber / Gott lob / keinen Menschen. Auff eines Bürgers felde / sind bey zwentzig Erbeiter gewesen / Haber gerecht / und auffgesamlet / Unter diesen ist ein Voigt gewesen / Als nun etzliche schlossen gefallen / und diese ungestümigkeit uber sie kommen / hat er gesagt / Jtzundt kömpt der Teufel leibhafftig / hat Gott gelestert und geflucht / Das haben die andern Erbeiter alle gehört / Inn dem er nu eine Garbe auff dem kopff zur Mandeln hat tragen wöllen / hat in der Wind mit der Garben umbgerissen / da er wider auffgestanden / hat in ein grosse schlosse in den nacken geschmissen / das er zu bodem gesuncken / Als er sich aber wider auffgerafft / zun andern Erbeitern in die mandel kommen / ⟨F 6^v⟩ haben sie in angeredt / umb sein fluchen und Gottslestern gestrafft / welches er wenig angenommen / In dem schmeist in noch eine schlosse / grösser als ein Hüner ey / vorn auff seinen kopff / das das blut uber sich sprützet / Da hat er lernen beten / Es hat in sehr verwundet / gehet nu in die 5. woche zum Artzte / ist noch nicht heil / ꝛc.

Folget ferner vom Zwir-
belwind / und was er fůr schaden
zu Niderbobritzsch ge-
than hat.

5 **B**Ey uns hat es dazumal entzeln und wenig Schlossen geworffen / Aber eben inn demselbigen grossen Wetter / so uber
Freyberg grossen schaden gethan / ist der Himel gegen Mittage
/ gar fewrig zu sehen gewesen / und ist ein fewriger striem von
Freyberg herůber auff die Bobritzsch zugezogen / das viel
10 ⟨F 7ʳ⟩ menschen gedacht / die es von ferne gesehen / das Wetter habe angezůndt / darůber auch zu sturm geleutet / viel
menschen erschrocken / und ein gros auffgeleufft her oben im
Dorff und umb die Kirche worden. Aus diesem fewrigen
striem / ist ein sehr grosser wind worden / der ist ungefehrlich
15 zehen Pflug gewende hinder dem Dorffe eingefallen / hat erstlich
zweene grosse beume umbgerissen / die Stupffeln uber sich
geworffen / das gleich ein rauch und dampff / und fewriger
anblick daraus worden / ist also vor sich auff das Dorff gezogen /
inn dem sturm alle beume / die es betroffen / mit aus der erden
20 gerissen / das Laub versenget / als ob es fewer wer / Eine
steinern maur an dem Viehe wege / zwo elen hoch eingerissen /
Einen stein hin / den andern her geworffen.
In dem kômpt gleich ein Hůbener / mit namen / Melcher
Orges / mit einem fuder Hew gefaren / sihet den ⟨F 7ᵛ⟩
25 schrecklichen windt von ferne kommen / getrawet ihm nicht
zu entwerden / springet von Pferden / macht sie vom wagen
losz / lest sie lauffen / Er aber kreucht unter den Wagen. Als
aber dis ungehewer hinein kômpt / reist es den Wagen umb /
und uberstůrtzet in zwey mal / das er ein mal wider auff die
30 Reder kômpt / Dem Mann aber hat es nichts gethan / denn es
daucht in / wie ein sehr kalte lufft uber ihn keme / An dem
Wagen aber / hat es die Leittern zusprengt und zubrochen /

Das alles und viel erschrecklicher / denn es zu beschreiben / hat es schnell gehandelt / ehe es zum Dorff kommen ist.

Als es aber die hôhe am Dorff erreichet / und die Heuser gleich inn einem Thal ligen / Ist dieser schreckliche und grawsame sturmwindt / unten noch fewrig / oben aber als rauch und dampff zu sehen gewest / das auch alle Menschen / die nahe darbey gestanden / nicht anders ge-⟨*F 8ʳ*⟩dacht / denn es werd im selbigen strom alles verbrennen / Aber Gott wolt solches dem Teufel nicht gestatten.

Hernach ist solcher wind plôtzlichen und erschrecklichen ins Thal eingefallen / hat daselbst in Greger Zimmermans Garten / unten am berge / acht Weiden und ein Ahornbaum / die bletter gantz versenget / als ob sie verdorret weren / Auch im selbigen Garten mehr als 300. hopffen streucher / die stangen umbgerissen / den Hopffen verdorret / als ob er versenget were. Alle Zeune / Blancken / und dergleichen / eingeworffen und verfûrt.

In dem hat sich dieser Zwirbelwind durch einander gedrehet / ist uber sich gefaren / und plôtzlich wider eingefallen / hat im selbigen Garten 40. vollwachsener starcker Obsbeum / sampt den wurtzeln / aus der Erden gerissen / durch einander geworffen / etliche weit von der stelle gefürt / Einen Epffelbaum hinden ⟨*F 8ᵛ*⟩ am berge ausgerissen / 96. schritt von seiner stelle gefûrt / etliche x. xv. xx. xl. schritt von irer walstadt gefüret / etliche auch gar zubrochen und zuschmettert / mit in lûfften verfûret / Ein klefftrichen Opffelbaum / uber die Scheune hinein ins wasser (welches durchs Dorff fleust) geworffen / Es hat ein grossen Stein / acht Centner schwer geachtet / in der Erden unter einem ôpffelbaum gelegen / und ein wenig uber der erden zu sehen gewest / Dieses baums wurtzeln / sind umb den stein zusamen gewachsen / den hat der Windt mit dem baum / erschrecklich aus der erden geruckt / ist 9. schritt zu rûck geprallet / Der baum aber ligt xiiij. schritt von seiner walstat / In dem hat der grausame ungestûmme wind / gantz erschrecklich inn die heuser gegriffen / hat 4. wolgebawete Bawershôfe / daselbst im Thal / sampt stellen / scheunen / schoppen / und ander zu-

gehörung / gantz und gar in einander ge-⟨G^r⟩rissen / zuschmettert und zubrochen / die Decher / Stroh / Hew und Getreidich / und sonst allerley Hausgerett / Bette / Pfůl / Tůcher / Kappeln / Siedeln / Bencke / Krautfasse / Keubeln / und sonst allerley
5 gerete / was es mit ergriffen / zubrochen / und in lůfften weggefůret / welches hernach zum teil uber 5. viertel meil weges / im Thorandischen Walde / hinder dem newen Schlosse / Grillenburg genant / und in der selbigen gegendt umbher / da dieser strom fůrgezogen / ist gefunden worden.
10 Greger Zimmerman hat dieser windt sein wonhaus / scheunen und stelle / sampt zweyen Schoppen / gar in einander gerissen / zubrochen und zuschmettert.
 Die Scheune hat unten umbher von starckem holtz / einen schrott gehabt / wie gebreuchlich / diesen hats auseinander
15 gehaben / und mit den Beumen erschrecklich umb sich geschmissen / etliche in der mitten ent-⟨G^v⟩zwey geschlagen und zubrochen.
 Das eine Scheunthor mitten uber sich hinweg gefůrt / das mans noch nicht funden / Es hat im auch bey x. fuder Hew in
20 lůfften weg gefůrt und zurstrewet / 2. sz. Gersten gar verfůret / darvon hat er ein Mandel wider zusammen getragen / Aber es ist alles ausgeschlagen / hat keine kõrner.
 Das Viehe ist noch alles inn stellen gewesen / Und seine Schwieger / ein weib bey 80. jaren / als sie die ungestůmigkeit gesehen
25 und gehõret / ist in den stall gelauffen / hat die thůren zugeschlagen / Inn dem hat der Windt das Dach und Sparwerck uber ihr eingeworffen / Aber ihr und dem Viehe / gar nichts gethan. Es ist sonst niemands im hause gewesen / denn eine Magd / welche das Viehe gemolcken / wie sie es hõret / leufft
30 sie schnell in Garten / und wie grawsam und erschrecklich der Wind in den beumen gehandelt / ist ir doch kein leid widerfaren. ⟨Gij^r⟩
 Man hat eine Futterklinge oder Sense / auff Fabian Behmens hause funden / auswendig auff dem Dache / in Fůrsten hangen /
35 die hats unter Greger Zimmermans schoppen genommen / 220.

schritt / uber alle andere heuser und grosse beume dahin geführet / welchs sich wol zu verwundern.

Matern Lemans haus / das er umb ein zinss / von Greger Zimmerman / gebrauchet / hats auch gar in einander geworffen / Und wie sein Weib die grosse ungestümigkeit erstlich inn den Beumen gesehen / ist sie mit 4. kindern und einer magd / in die stuben gelauffen / in ein winckel neben die thür / an eine banck getretten / hat zu iren kindern und zur magd gesagt / Ach lieben Kinder / Man hat uns offt vom jüngsten tage geprediget / Aber wir habens nie recht können gleuben / Ich meine ja / wir erfarens / Darauff hat sie angefangen mit den Kindern zu beten / In dem ⟨Gij^v⟩ so reist der wind das dach vom hause / sampt der Fewrmaure / zu boden / und die decke von der Stuben / beide Bolen und Pfosten / mit grossem krachen auff / und schlagen die Bretter allenthalben nider / ausgenommen an der seiten / uber der thür / da die Mutter / sampt den Kindern / auff den knien gelegen / und zu Gott ernstlich geseufftzet / Daselbst sind die breter der decken / an einem querbalcken / durch wünderliche schickung des allmechtigen Gottes / hangen blieben.

Als aber der Teuffel das Haus nicht auff das arme weiblin und kinder werffen solte / so nimpt er einen starcken newen Sparn / von Greger Zimmermans scheunen / 12. elen lang / fürt in durch den wind / zum fenster hinein / gerade gegen der frawen und kindern uber / Aber wie sie Gott zuvor mit iren kinderchen erhalten und beschützt hat / da sie auch in grosser gefahr stundt / wie der windt alles uber ir einwarff / Also beschützte er ⟨$Giij^r$⟩ sie noch / das dieser Sparn / nicht sie / sondern auff der andern seitte / den Kachelofen getroffen und eingeschossen hat.

In der Awen am wasser / vor disen Höfen / hat es viel grosse Erlen und Linden / sampt andern beumen / umbgeworffen / Etliche mitten entzwey gebrochen / das die strümpff noch stehen / Ein grosse zweyklefftrige Linde / oben die Este und Gipffel herunter gebrochen / steht so scheuslich und elendiglich

/ das einen der graus angeht / der es ansihet / und müste ein steinern hertz sein / das es nicht erweichen solt.

Peter Gerbern / auff der andern seitten uber dem wasser / hat es sein wonhaus / sampt den stellen / schoppen und backhause / gar in einander geworffen / ist nichts denn die stuben stehend blieben / An der scheunen die eine seitte auffgedeckt / Sparwerck und alles herunter geworffen / Die mauren zusprengt und eingerissen / ⟨Giij^v⟩ Aber dem getreidich in dieser scheunen nichts gethan / denn iij. sz. stroh hats ihm vom Schoppen weggefürt und zerstrewet.

Als diese ungestümigkeit kommen / ist er mit seinem Weibe / sampt einer Erbeiterin / im hause gewesen / das Viehe / Pferde / Kühe / Ziegen / auch noch im Stalle / ist alles mit holtze / steinen und leumen verfallen / Es hat das Viehe und Pferde nider gedruckt / laschen und beulen / einer Kuhe ein Horn abgeschlagen / Ist aber alles noch mit dem leben darvon kommen.

Seine Erbeiterin ist neben der Hausthür an der Mauren / mit steinen / holtz und leymen uberfallen / Es hat sie sehr gedruckt / unter den augen leschlin abgeschlagen / ihr den Gürtel am Leibe zusprengt / sie hat drinnen gestanden / bis unter die Arm / het verderben und ersticken müssen / wenn man ihr nicht wer zuhülffe komen / Desgleichen auch das ⟨Giiij^r⟩ Viehe / het alles ersticken und verderben müssen / unter dem Holtz unnd Steinen / wo nicht rettunge geschehen were / Der Mann aber mit dem weib und knechten / (wiewol sie auch verfallen) sind ohne schaden davon kommen.

Vor seinem Hofe / an dem wasser / hat der windt eine grosse baltklefftrige Linden zubrochen / den Gypffel in den stall zum Viehe hinein geworffen / hinter seinem Hofe und Garten umbher / bey 30. vollwachsener Obsbeum auch ausgerissen / zubrochen und zuknörret / etzliche weit weg güret / Einen Apffelbaum in seinem Garten ausgerissen / und xl. schritt uber einen holen weg / hinder Bochart Behiner haus / hinden bey der Fewrmeur geschossen / das er ist stecken blieben / und die wurtzel in die höhe auffgekert.

Bochart Behmin / einer Widfrawen / hats schoppen / scheunen / stelle / backhaus und badstuben / alles ⟨*Giiij^v*⟩ eingerissen / und das wonhaus auff der fördern seiten / gegen dem Dorff gar auffgedeckt.

Der Knecht ist in der Scheunen auff dem Flor gewesen / einen scheffel Korn zur mülen eingesackt / da ist schnell die Magd kommen / inen geruffen / das er in die stuben keme / denn sie furchten sich drinnen / welchs sein gros glück gewesen / denn wie er als bald vorn zum thor hinaus kommen / hat der wind die scheune hinter im eingeworffen / Aber / Gott lob / keinen menschen noch viehe / des orths beschedigt.

Vor irem Hofe / hat der wind einen Rûstwagen genommen / uber sich in der höhe 85. schritte gefûret / und bey einer zurstümmelten Linden / vor Greger Zimmermans Hofe / ins wasser geworffen / das die Reder herab gesprungen / eins sampt den achseln zubrochen.

Im Garten neben dem hause / 26. vollwachsener Obsbeum ausge-⟨*Gv^r*⟩rissen / zubrochen und zuknôrret / Ein Apffelbaum hinter dem hause / unden am berge / ausgerissen / und xxx. schritt / uber ein holen weg / den berg hinan geworffen / Auch am selbigen holen wege / ein zimliche mauren eingerissen / zurstrewet / und in den weg herunter geworffen.

Es hat auch dieser armen Widwen / bey x. fuder Hew weggefûrt / 5. sz. stroh / davon sie nichts wider bekommen / denn das sie im felde etzliche hauffen strewe auffgerechelt / und zusamen getragen hat.

Nach diesem ist der grausame ungestûme wind / uber die höhe / den berg hinaus gefaren / und noch viel beume im felde ausgerissen und zubrochen / Ein grosse Bircken / einer halben elen dicke / gar zudrehet und zuwunden / als eine Weide / und sich plötzlich zur lincken hand gewandt.

Daselbst hat einer / mit namen Peter Grimer / vor 2. jaren / ein feldtwegs vom Dorffe / ein new Haus ⟨*Gv^v*⟩ gebawet / das ist zweyer Gemach hoch / 30. schû lang / 16. schû breit / Als er nu sihet / diese ungestümigkeit von fernen kommen / leufft er

mit seinem weib und 5. kleinen kindern / in die Stuben / kriechen semptlich / vor grosser furcht / zittern und beben / in einen winckel / In dem greifft der ungestůme grawsame wind / das haus an / reist alles uber der Stuben weg / fůrt es in den
5 lůfften davon / wirfft die Stuben / so von Leumen gemacht / sampt der Thůr / Fenster und Ofen / in einen hauffen / Der Vater breitet / fůr grossem schrecken / sein Arm und Leib uber seine Kinder / desgleichen auch die Mutter / da ist von dem gantzen hause nichts blieben / das nicht zubrochen / zustům-
10 melt und zuschmettert were / ausgenommen das reumlin / da sie gesessen / fůnff schů lang und breit / Die Balcken / Sparren und Holtzwerck / Stroh und Dach / hat man hernach ferne im Walde funden / Der win-⟨G 6ʳ⟩ckel von der Stuben gegen Mitternacht / steht auch noch zum zeugnis des grossen wun-
15 ders / ist dritthalb elen hoch / und ein wenig lenger.

Dieser grawsame / erschreckliche und ungestůmme Wind / ist hernach (als er diese that vollendet) stracks uber den Thorandischen Waldt / in einem strom / 3. pfluggewende breit hinaus gezogen / hat uber den gantzen Waldt hindurch ge-
20 strewet / mit dem gestrôhe / etliche gantze Garben / Die Tůcher und Pfůle an beumen zurissen / auch ein Bette / und sonst allerley Hausgerette / in dem Walde fallen lassen / das es uber 2. meil wegs / desselben strom / zu sehen / Und hat solchs alles schnell / in einer viertheil stunde / ausgericht / Als solches
25 vorůber / ist widerumb der Himmel schôn und klar / und ein lieblicher Sonnen schein / sampt einem schônen / lieblichen Regenbogen / zu sehen gewesen.

Darnach umb 7. hora / auff den ⟨G 6ᵛ⟩ abendt / hat sich widerumb ein gros Donnern erhoben / darauff ein ungewitter
30 erfolget / daraus hat es bey uns uber das Dorff / dem vorigen windstrom nach / ein wenig weitter umbfangen / sehr viel und grosse schlossen geworffen / etliche als Hůnereyer und welsche Nůsse / den meisten theil / solchs hat bey einer halben stund und lenger geweret / Diese Schlossen haben dem Viehe beulen
35 geschlagen / das getreidich im felde (welchs noch zum theil

draussen war / sonderlich den Haffer) ausgedroschen / das man nur das stroh davon bekommen / und die körner im felde den meisten theil sind ligen blieben.

Darnach ist widerumb / x. hora inn der nacht / ein schwer erschrecklich wetter / mit Donner / Blitz und Regen / ubergezogen / ꝛc.

IN diesen beyden geschichten / in kurtzen jaren zu unsern zeiten geschehen / hat uns Gott ⟨G 7ʳ⟩ gnugsam zu erkennen geben / Was der Teuffel für ein gehessiger / wütender und grausamer feindt sey aller menschen / wie ihm sein hertz / gedancken / sinne und muth / allein dahin gerichtet / das er nur allen jammer / noth und hertzeleidt müge anrichten und verbringen / Auch wie mechtig und gewaltig er sey / das böse zu thun / wenn im Gott das schwerdt in die hand gibet / Auch wo er nicht von Gott einen gemessenen befehlich hette / wie er mit uns allen würde umbgehen und haushalten / das unser gar ubel würde gewart werden.

Das aber die Welt solche grausame Tyranney des Teuffels / aus den augen und hertzen thut / und in aller sicherheit dahin lebt / als were weder Teuffel / noch des Teuffels Mutter / das macht dem Teufel gute sach / und gewonnen spiel / alles böses anzurichten / und sein unkraut heuffig auszuseen / weil die leute al-⟨G 7ᵛ⟩so schlaffen und schnarchen / Wie Christus sagt / das denn nichtes als unkraut und lauter Hellebrendt auffgehen / Und do er des sicheren grossen hauffens jetzunder verschonet / als der zuvor inn seinen stricken und banden / In des aber sich allein unter die kinder Gottes macht / wirdt er ihnen doch nicht schencken / was er inen jetzunder borget / Im Todtbett / und am Jüngsten tage / wirdt er seinen grimm und tyranney / an inen erweisen und anheben / Aber nimmermehr auffhören / Da wird man denn mit ewigem weynen / heulen und zeenklappern beklagen / was man inn diesem leben so sicher veracht / und in windt hat geschlagen / So wils auch die Welt haben / nach unglück ringet sie / das sol ihr auch heuffig wer-

den / Jetzunder wil sie ihr / fůr grossem mutwillen / weder
helffen noch rathen lassen / das mus man denn geschehen
lassen / weil mans nicht kan endern / Wiewol der Herr Christus
/ hertzlich bitterlich weinet ⟨*G 8ʳ*⟩ und klagt / uber solche
verstockte / sichere und rohe hertzen / welche ihre heim-
suchunge / errettunge und erlösunge / von solcher gewalt und
tyranney des leidigen Teufels / nicht wöllen erkennen / Darůber
klagen und schreien alle Patriarchen / Propheten / Apostel /
und fromme Lehrer der Kirchen / Aber die Welt lest klagen /
schreien / warnen und vermanen / Sie aber / wie Christus sagt /
Matth. 11. Cap. keret sich weder an lachen noch weinen / Man
pfeifft ir sůsz oder saur / so gilts ir gleich / sie fůret iren tantz
und reygen naus / wie sie angefangen / ungehindert / wie ihr
der Teufel mit dem Kůhehorn fůrpfeifft / Unter diesem grossen
hauffen sein gleichwol noch etliche fromme Christen / welche
aus Gottes wort / den Teuffel / sein gewalt / tyranney und
boszheit / lernen erkennen / und darumb in Gottes forcht leben
/ fůr dem Teuffel sich hůten und fůrsehen / unter Gottes schutz
und schirm ir leben zubringen / ⟨*G 8ᵛ*⟩ wie ein junges Hůnlein /
unter den flügeln der Gluckhennen / Welchen der Teuffel auch
wol hefftig nachstellet / und mit seinem grimm und zorn zusetzet / aber nichtes an ihnen gewinnet / wie solchs der 91.
Psalm erkleret / Und ob er gleich bisweilen ein angriff thut /
mus er doch nicht thun / was er wil / Sondern wenns Gott
gefellig / abtretten / und die Ausserwelten unverworren lassen /
Welche Gottes gůte und gnade / die frommen auch erkennen /
und ihm von hertzen darfůr dancken.

IIII.

DAs der Teufel mit seiner bösen Geselschafft und Compa-
ney / nicht allein ein gros mechtiger und gewaltiger /
starcker Goliath / ⟨*Hʳ*⟩ Leviathan oder Behemoth sey / nur
alles böses zu begehen / Sondern auch als ein listiger krie-

gesman / auff zweyen seiten / und mit zweyen starcken Heeren angriff thut, Und das noch mehr gefehrlich ist / aussen für dem Lager oder wagenburg angreiffe / und auch zugleich inwendig / in unsern eigen gezelten, wider uns streite und kempffe.

WEnn sich in weltlicher kriegsrüstung / solcher unfall zutreget / Ist sich nichtes als gewis unterligen zu vermuten / und die schantze mehr als halb versehen / ⟨H^v⟩ Ein Heere hat noch muth und hertz / wider das ander zu streiten / Do sich aber eines zweyer sol wehren / ist die mannschafft / kůnheit / muth und hertz schon geschwecht / Eines Mans kan sich einer erweren / Mit zweyen gehet es sehr gefehrlich zu / Viel hunde beissen einen.

Was aber mit dieser anfeindung des Sathans / mit zweyen Heeren / von aussen und inwendig / für ein gelegenheit hab / Das wöllen wir uns aus der Figur und fürbilde dieses handels / aus dem 2. und 3. Cap. im buch der Richter / erkündigen / do saget die Historia / Das Gott aus sonderlichen rhat und bedencken / die Israheliter in seiner furcht und dienst zu behalten / nicht alle feind ausgetilget / sondern sieben starcke Völcker / zu rings umb sie / an den grentzen des gelobten Lands / habe gelassen / welche sie on unterlas haben angefeindet / und immerzu einfall gethan / das die Israheliter stete ursach gehabt / Gott in iren nöthen anzuruffen / und ⟨Hij^r⟩ umb errettung von iren feinden / zu im zu schreien / Mitten aber im Lande / und in der Heuptstadt / zu Jerusalem / woneten auch ihre feinde / die Jebusiter / welche sie musten mitten unter inen wonen lassen / und dorfften sie nicht vertreiben und austilgen / von wegen des eydes und bunds / welchen Josue mit inen gemacht und auffgericht hatte / Josue am 9. Cap.

Durch die sieben feind aber / aussen an den grentzen / sein bedeutet und angezeiget / die Sieben Todtsünde / wie man sie hat vor zeiten genennet / als Abgötterey / Hoffart / Geitz / Mord / Hurerey ꝛc. Diese feinde werden inn der Schrifft auch genennet / Mundus cum concupiscentijs suis. Die welt mit iren bôsen lûsten / Das dennoch die Israheliter / im gelobten Lande / das ist / die Christen / im reich des Herrn Christi / noch hie in der welt sein und leben / welche voller bosheit ist / voller bôsen ergernis und anreitzung / zu allerley sûnd und untugent / Der Teuffel aber ist der Wirdt inn dieser ⟨H ij^v⟩ herbergung der frommen und ausserwelten / der bleset mit gifftigem und brennendem athem / in die zuvor glûende kolen / das er in gros fewer anrichte / die Frommen zu fall bringe / und inn schandt und laster werffe.

   Solche anfeindung aber / von aussen an der grentzen / gehet ihm auch nicht leer ab / er bricht traun ein / und thut grossen schaden / auch bey den gar grossen Heiligen / Wie solchs in vielen Exempeln zu sehen / im Alten und Newen Testament / Das auch Paulus sagt / das sich niemandt allzu mutig und keck sol dûncken lassen / die schantz ist baldt versehen / Wer da stehet / der sihe zu / sagt er / das er nicht falle / Es ist schwer / spricht Salomon / das einer sol bech anrûren / das ihm nicht an den henden beklebendt bleibe / In der Mûle hin und wider gehen / und von Mele nicht weis werden / Also in der bôsen / argen Welt sein und le-⟨Hiij^r⟩ben / und unbesudelt und unbefleckt darvon kommen / Es kan nicht wol nachbleiben / das wer im Regen gehet / das er nicht sol nass werden / Also gehets auch nicht leer ab / Ob die Frommen gleich nicht mutwillig sûndigen / und sich freywillig / wie die Sew in den unflat und koth / nein legen / Ist es doch bald geschehen / das ein Christ vom Teuffel uberraschet / und aus schwacheit fleisch und blut ubereylet / einen schedlichen fall thue / sich also verunreinige / das er genugsam / mit David / umb abwaschung / im 51. Psalm / zu bitten / zu ruffen / und zu schreyen verursacht / Amplius lava me, Ach HERR / wasch aber einmal ab / und reinige mich von meinen sûnden / Abba lieber Vater / vergib uns unsere schuldt / Tilge aus alle meine Missethat / und sey mir gnedig / HErr dir hab ich gesûndiget / und ubel fûr dir gethan / Wenn du wilt die sûnde ansehen / Ach HErr / ⟨Hiij^v⟩

wer wird vor dir bestehen. Von diesen sieben eusserlichen feinden / an den grentzen / redet auch der heilig Petrus in der ersten am 5. Ca. und sagt / Wie der Teuffel aussen umb die Frommen her gehe / wie ein brüllender Lewe / und suche wen er müge verschlingen / Darumb vermant er auch zu gutem und fleissigem auffsehen / und spricht / Seid nüchtern und wachet / Wie denn solchs der heilige Apostel Paulus auch thut / zun Ephe. am 6. Cap. do er spricht / Zu letzt / meine Brüder / seid starck in dem Herrn / und in der macht seiner stercke / Ziehet an den harnisch Gottes / das ihr bestehen künd gegen dem listigen anlauff des Teufels. Für diesen eusserlichen und an den grentzen angreiffenden feinden / warnt auch der Apostel Joan. in der 1. am 2. Cap. die Christen / und spricht / Habt nicht lieb die welt / noch was in der welt ist / So jemand die welt lieb hat / in dem ist nicht die liebe des Vaters / Denn alles was in der welt ist / Nemlich / des fleisches ⟨Hiiij^r⟩ und der augen lust / und hoffertiges leben / ist nicht vom Vater / sondern von der Welt / und die welt vergehet mit irer lust.

Von denen aber / welche nicht in Gottes furcht leben / für diesen feinden sich nicht fürsehen / sondern schnarchen / schlaffen / rohe und sicher sein / und den Teufel mit allen sieben Feinden / oder Todtsünden / lassen einbrechen / Redet der Apostel Paulus / sagt in das gelobte land / den Himel und ewige Seligkeit / gantz und gar ab / und spricht / 1. Cor. 6. Wisset ihr nicht / das die ungerechten werden das Reich Gottes nicht ererben / Lasset euch nicht verfüren / weder die Hurer / noch die Abgöttischen / noch die Ehebrecher / noch die Weichlingen / noch die Knabenschender / noch die Diebe / noch die Geitzigen / noch die Trunckenbold / noch die lesterer / noch die Reuber / werden das reich Gottes ererben. Das ist das schwer urteil / welchs Paulus allen denen aufflegt / ⟨Hiiij^v⟩ welche jetzunder in aller sicherheit leben / für keinem Teuffel sich hüten / oder fürsehen / von keiner sünde nichtes wissen wöllen / nichtes für sünd oder unrecht halten / Sondern lassens den Teuffel mit ihnen machen / schaden thun / und bey ihnen

einbrechen / wie er nur selber wil / Und gehet mit solchen leuten gleich zu / wie mit den Israheliten / welche / ob sie schon im gelobten Lande sassen / sich aber nicht fûr den umbligenden feinden verwareten / inn Gottes furcht lebeten /
5 Sondern sicher / wildt und rohe wurden / kamen die feinde / fûreten sie wider aus dem lande / verheereten ihn ihre Stedte / wûrgeten und mordeten jung und alt.

Also gehet es im Reich Christi auch zu / Wenn gleich der unsauber Geist ausgetrieben / gehet er gleichwol von aussen
10 umbher / und sihet / wie er wider seine alte herbrige môge besitzen / Findet er denn die ⟨Hvʳ⟩ wonung leer / die leute sicher und rohe / So nimpt er sieben andere bôse Geister zu sich / Eben diese sieben Feinde / so an den Grentzen wonen / von welchen oben gesagt / machet ubel erger / fellet zugleich
15 auff allen seiten ein / Wûrget und mordet / reisset wider aus dem Reich Christi / was schon wol drinnen gesessen / Das auch wie der HErre sagt / wol viel beruffen / wenig aber ausserwelet / Das mag der grosse hauffe / niemandt als ihm / uns seiner schendtlichen sicherheit / schuldt geben.

20 Der innerliche feindt aber / von welchem oben gesagt / ist der Jebuseus / der mitten im Lande / unter den Israheliten wonet / und in der Hauptstadt Jerusalem / Das ist der feind / welchen der Teuffel brauchet / und durch ihn hefftig zusetzet / allen Frommen und Ausserwelten / welchen wir auch / zu
25 unserm grossen verterb und schaden / auffs beste ⟨Hvᵛ⟩ und herrlichst / als wir kônnen / speisen / trencken / bekleiden / sanfft und wol legen / im nur alles / was wir kônnen und vermûgen / guts thun / Als nemlich / unser eigen fleisch und blut / dieser sterblicher leib / welcher in sûnden entpfangen / und
30 darinne geboren / nur zum bôsen lust und liebe hat / dem Teufel zu dienen / in allem wilfertig / Uns aber zu allen sûnden / schaden und unfall zu bringen / gantz geneigt und begirig / Und im fall / do gleich die Israheliter / fûr den eusserlichen feinden / an den grentzen / in ruhe und friede sitzen / Kônnen sie doch
35 dieses Jebusei anfeindung / mitten im lande / nicht uberhaben

sein / Alle Heiligen Gottes / ob sie sich gleich für öffentlichen sunden / so von aussen / von den Grentzen / herkomen / wol verwaren und vorsehen / können sie sich für diesem innerlichen feind / innerlicher schwacheit und gebrechligkeit / inn keinem weg hüten / und gentzlich seiner entbrechen / wie alle Heiligen Gottes auffs höchste dar-⟨H 6ʳ⟩über klagen und schreien / welches in sonderheit in dem Exempel des heiligen Pauli zu sehen / Rom. am 7. Ca. und 2. Cor. 1. 2. Ca. Fürnemlich aber an dem grossen Mann Gottes David / in seinem Psalm hin und wider.

Das deswegen in solcher grosser und stetter anfeindung dieses innerlichen feinds / nicht wol beysam sein kan / one verlust der ewigen seligkeit / Sicherheit / und ein rechter warer Christ / der im gelobten lande / oder reich Christi ist / und darinne auch gedenckt zu bleiben / Und zwar auch / was rechte Christen sein / die helt dieser Jebuseer / die innerliche schwachheit und gebrechligkeit / wol so munter / und lest im nicht so viel zeit und raum / das sie zu sicherheit können geraten / Sondern im steten streit und kampff / zu feldt mit im ligen müssen / on unterlas / durch unauffhörlich büssen und beichten / mit im streitten und kempfen / Was aber den Raben gehört / das erseufft nicht / Die tollen und thörichten Jungfrawen / schnarchen und schlaffen / und lassen ⟨H 6ᵛ⟩ sich den Teuffel / von aussen und innen anfeinden / wie er nur wil / und werdens nicht ehe gewar / bis sie gar geschlagen / und die Seel wil zum halse raus gehen / wenns nicht mehr rettens noch werens gilt / wenns gar versehen / hülff und rhat verloren / In der zeit aber / wenn sie sich noch des Teuffels köndten erweren / wöllen sie sich weder wecken noch muntern lassen / man rüttel sie auch so sehr man wil / Man sage ihn / was man wil / Warnen und vermanen hilfft nichtes / es ist alles verloren und umb sonst / Sie ligen in sünden / verharren und bleiben darinnen / Lassens ihn nicht eins in sinn kommen / das sie wölten ablassen / und fromm werden. Von solchen leuten aber / redet der heilige Apostel Paulus / mit gar erschrecklichen worten / zun Hebre.

am 10. Cap. und spricht / Denn so wir mutwillig sůndigen /
nach dem wir die erkendtnis der warheit entpfangen haben /
Haben wir fůrder ⟨*H 7ʳ*⟩ kein ander Opffer mehr fůr die sůnde / Sondern ein schrecklich warten des Gerichts / und des
Fewer eivers / der die Widerwertigen verzehren wirdt.

   Wie aber die Frommen und heiligen / des innerlichen feindes
sollen warnemen / denselben unterdrůcken / das er sich nicht
wider sie aufflehne / nicht so viel zeit und raum lassen / das er
sich mit offentlicher heereskrafft und macht / wider sie einlasse /
Das zeiget der heilige Paulus an / zun Rômern am 6. Cap. und
spricht / So lasset nu die Sůnde nicht herschen in ewrem sterb-
lichen leibe / ihr gehorsam zu leisten in ihren lůsten / Auch
begebet nicht der Sůnden ewre glieder zu waffen der ungerechtigkeit / Sondern begebt euch selbst Gotte / als die da aus dem
Todt lebendig sind / und ewre glieder Gotte / zu waffen der
Gerechtigkeit. Welches auch inn der figur dieses handels / fein
vermeldet und ange-⟨*H 7ᵛ*⟩zeiget ist / Josue am 9. Cap. Nach
dem die Israheliter / und auch Josue / inne werden / das sie
von den Jebusitern betrogen / Damit sie aber mitten in irem
Lande wonend / gleich wol nicht zu macht kommen kôndten /
und inen schaden thun / dempffet sie Josue im Land / das sie
ewige knechte der Israheliter sein musten / Als Holtzhawer
und Wassertreger der gantzen Gemeine / Wie die Christen
aber / nicht allein den innerlichen feind Jebuseum / mit dienst-
barkeit beschweren / fleisch und blut dempffen / und im zaum
halten sollen / das es nicht raus breche / inn eusserliche sůnde
und untugent / sondern wenn auch die schantz versehen / und
fleisch und blut die uberhandt bekommen / wie dieser Jebuseus / wider zu bezwingen / und zu unterdrůcken sey / das
erkleret Johannes / in seiner ersten Epistel / im 1. und 2. Cap.
mit schônen worten / und spricht / So wir sagen / das wir
gemeinschafft ⟨*H 8ʳ*⟩ mit Gott haben / und wandeln im
finsternis / so liegen wir / und thun nicht die warheit / So wir
aber im liecht wandeln / wie er im liecht ist / so haben wir gemeinschafft unter einander / Und das Blut Jhesu Christi seines

Sons / macht uns rein von aller sûnde / So wir sagen / wir haben
keine sûnde / so verfûren wir uns selbst / und die warheit
ist nicht inn uns / So wir aber unsere sûnde bekennen / so ist
er trew und gerecht / das er uns die sûnde vergibet / und
reiniget uns von aller untugent / So wir sagen / wir haben nicht
gesûndiget / so machen wir in zum Lûgener / und sein wort
ist nicht in uns / Meine kindlein / solchs schreibe ich euch / auff
das ir nicht sûndiget / Und ob jemand sûndiget / So haben
wir einen fûrsprecher bey dem Vater / Jhesum Christ / der
gerecht ist / und derselbige ist die versûnung fûr unsere
sûnde. ⟨H 8ᵛ⟩

V.

DAs der bôsen Geister fürnemen / und all ihr thun, dahin
gericht / das sie nicht allein am Leib / sondern viel mehr
an der Seelen schaden thun / Nicht allein mit zeitlichen
sünden / auch mit Ewigen und unüberwindlichem jamer /
elendt und hertzeleidt / uns beladen unnd beschweren.

NAch dem der Teuffel sein urtheil uber sich bekommen / das
er mit seiner gantzen Geselschafft / in Ewigkeit / ohn alle
Hoffnung irgendt einer errettung / soll verstossen und verdampt sein und ⟨Iʳ⟩ bleiben / Ist auch demnach all sein neid
und hass / gegen dem Menschen / dahin gericht / das er denselbigen zu gleicher geselschafft der ewigen vermaledeiung
môge bringen / das ja die Menschen auch nicht besser / als er
mit seinen gesellen / in jhenem leben haben sollen / Darumb
ist es im auch nicht fûrnemlich darumb zu thun / wie er hie
zeitlich schaden und unglûck unter den menschen stiffte und
anrichte / Sondern darnach stehen im sein gedancken / das er
im hie die menschen in trûbsal gleichfôrmig mache / und inn
gleiche ewige verdamnis mit sich reisse.

Darumb nennet in auch Christus einen Todtschleger / als
der am Leib / nach der Menschen schaden trachte / Und einen

Lügener / als der auch mit seinen listigen und innerlichen fewrichten pfeilen / der Seelen auffs gehessigst nachstelle / Das er aber inn diesem seinem fürnemen / ⟨*I^v*⟩ nicht vergebens erbeit / sondern gros glück und zufall habe / allezeit den grosten
5 theil der menschen mit sich zu gleicher verdamnis bringe / das bezeuget die schrifft hin und wider / nur zum öffternmal / und bestetigen es alle Historien / von Cain an / bis auff diesen tag / Darumb denn der HErr Christus mit kleglichem gemüth und hertzen / als der es viel lieber anders sehe / zum öfftermal saget /
10 Es sein ihr viel beruffen / Aber wenig ausserwelet / Darumb nennet er auch die seinen nur PUSILLUM GREGEM, ein gar klein / elendes heufflein / gegen der grossen menge / welche der Teuffel zu sich inn sein reich abziehet / Uber das / so reisset der Teuffel allwege die aller besten / fürnempsten / grösten und
15 weisesten in der welt zu sich / wie im Job stehet / CIBUS EIUS ELECTUS, Er isset gerne niedliche bissen / Ein grosser Potentat ist ihm lieber / als ein Bawer / Ein Gelehrter / hoher und weyser / lieber / ⟨*Iij^r*⟩ als ein armer Bettler / Summa / er ist und heisset ein brüllender Lewe / welcher kein asz / sondern nur
20 lauter fisch / und newlichst erjagtes Wilpret isset / Unser Herr Gott aber / mus sich mit den krummen / lahmen behelffen / was er auff den strassen auffraffet / PAUPERES EVANGELIZANTUR. Der armen ist das Himmelreich / Die Helle aber der reichen und gewaltigen / wenig ausgenommen / Lazarus / der arme
25 bettler / feret inn die schosz Abraham / Der reiche Mann aber / in die Helle / Darumb auch der HErre / Matth. am 11. Capitel / weil im nicht bessers kan werden / seinem Vater dancket / das er dennoch noch etwas darvon krieget / als die armen / thoren und unmündigen / Desgleichen sagt auch der heilig Paulus 1.
30 Cor. 1. Sehet an lieben Brüder / ewern beruff / Nicht viel Weisen nach dem fleisch / nicht viel Gewaltige / nicht viel Edle sind beruffen / Sondern was thöricht ist für der welt. ⟨*Iij^v*⟩
  Das ist aber eben der gröste und beste hauff / welchen der Teuffel am Leib nicht zusetzt / sondern günnet inen gute tage /
35 köstlichs und herrlichs leben / damit er sie in sicherheit behalte /

und an der Seele (daran im mehr gelegen) ewig verdamme /
Das ist auch die ursach / das den Gottlosen und bösen / wol
und glücklich gehet / inn diesem leben / Den Frommen aber
recht ubel und unglückselig / Uber welchem regiment sich
Heyden und Christen wundern / denn sie im fleisch und blut /
nicht können begreiffen / das Gott recht haus halte / und das
Regiment vollkömlich in henden habe / weil es so ungleich zugehet / Denn nach der vernunfft / und unserm verstandt / solt
es ja billich und von rechts wegen / nach Gottes gerechtem
gericht und urtheil / den bösen ubel gehen / welche Gott ihrer
bosheit halben straffen / Und den Gottfürchtigen wol und
glücklich gehen / als die ⟨Iiij^r⟩ Gott ihrer frömbkeit halben / mit
zeitlicher wolfart solt begnaden / Dargegen aber sitzt der Gottlos / in Sammet und Seyden zu tisch / lest sich herrlich warten /
und im gütlich thun / Der fromme Lazarus ligt für der thür /
inn hunger und kummer / mit geschwur und Frantzosen / am
gantzen leib beladen / Aber von diesem handel zu reden / ist
jtzunder nicht unser fürnemen.

Do es nu aber an dem ist / und wir mit solcher feindtschafft
beladen / Leib und Seel betreffend / do wir solchs wissen / und
aus Gottes wort lernen / So sollen wir auch in Gottes furcht
leben / für diesem Erbfeinde uns wol fürsehen / Können wir
zeitlichem schaden am Leib nicht umbgehen / das wir doch die
Seel wol verwaren / das uns der Sathan an derselbigen nicht in
ewig gefahr und unglück bringe / Wir erschrecken von hertzen /
und erblassen darüber / wenn wir hören von des ⟨Iiij^v⟩ Türcken
oder anderer Feinde zukunfft sagen / welche doch nicht mehr
als am Leib / Weib und Kind / Haus und Hoff / uns zeitlichen /
vergenglichen und auffhörenden schaden und jammer können
zufügen / Wie viel mehr sollen wir uns für diesem feindt /
welcher ewigen schaden uns bey zu bringen im fürnemen / entsetzen / fürchten / und für schaden bewaren / Bey den frommen
mag ja vermanung und warnung helffen / Aber bey dem grossen
hauffen / ist saltz und schmaltz / und was man an sie anwendet /
verlorn / sie lassen in nicht sagen / weder vom Teuffel noch

von der Helle / und ob sie es gleich hören / und zum theil
wissen / was sie für einen feindt am Teuffel haben / Wenn er sie
nur hie zu frieden lest / achten sie es gar nichtes / was er inn dem
zukünfftigen leben / mit ihnen fürhaben möge / Jtzunder
achten sie ein gute Malzeit henckens werdt / wenn in nur
jetzunder ⟨*Iiiij*ʳ⟩ nichts mangelt / und für dem Teuffel zu
frieden bleiben / fragen sie wenig darnach / wie es der mal eins
inn der Hell / der Teuffel mit inen werde karten und spielen /
Das mus denn Gott auch geschehen lassen / wenn man es ja
nicht anders haben wil / So müssen fromme Prediger sich auch /
nach vorgehender vermanung und warnung / zu frieden geben /
und faren lassen / was sie nicht halten können.

VI.

WIe und auff waserley weise / mittel und wege / Gott
dem Teuffel / sampt seiner Heerscharen, wehre und steure /
seinen willen und fürnemen breche und endere / das er
sich seiner gewalt und macht / nicht ⟨*Iiiij*ᵛ⟩ mehr und
ferner / als im Gott zulasse und erleube / dörffe oder könne
gebrauchen.

INn den vorgehenden stücken / haben wir von der grawsa-
men / erschrecklichen und schedlichen anfeindung / des leidigen Teufels / gehandelt / Nu wöllen wir dargegen auch lernen /
Wie Gott den bösen Geistern wehre und steure / das sie nicht
alles thun müssen / was sie wöllen / Damit wir gleichwol den
Teufel nicht mehr fürchten / als er zu fürchten ist / Nicht gar zu
kleinmütig werden / und den Teuffel mit unser kleinmütigkeit
anbeten / Denn er ist ein hoffertiger / stoltzer Geist / und gefelt
ihm sehr wol / wenn man sich für ihm allzu sehr fürcht / und
seiner gewalt mehr zumisset / als er sich derselben gebrauchen
kan oder darff / Verachtung thut ihm wehe / ⟨*Iv*ʳ⟩ kan sie
nicht wol leiden / Darumb auch die Alten gesagt haben / Das

der Teuffel mit nichte zu uberwinden / als mit dem Gebet / und verachtung / Wo er sihet / da man nicht viel auff inen gibet / bleibet er nicht gerne / sondern versucht sich lieber an einem andern / den er schwach / forchtsam und verzagt antrifft.

Erstlich / wie es die Historia Job fein erkleret / hat der Teuffel zum Oberherrn / Gott selber / ausserhalben welches befehl und zulassung / er sich nichtes darff unterstehen /wie gehessig / begirig / und auch mechtig er sey / schaden zu thun / Denn so fern Job inn Gottes liebe und furcht lebet / ist er für dem Teuffel verwaret und versichert / Wie er denn selber sagt / und klaget für Gottes angesichte / im ersten Cap. Das Job also verschantzet und vergraben sey / das er im nichtes kőnne anhaben. Und im 40. Cap. wie oben ⟨Iv^v⟩ auch vermeldet / sagt Gott / Das er dem Teufel selber sein schwerdt anbinde / behalte es bey dem knopffe / das ers nicht mechtig ist auszuziehen / und zu gebrauchen / es thu denn Gott seine handt weg / und las ihn zucken / Welches Gott nicht thut / als wenn wir es mit unsern sünden verdienen / und Gott zu seinem zorn verursachen / das er hie zeitlich dem Teuffel einen angriff mus erleuben / uns durch ihn züchtigen / das wir nicht / wie Paulus sagt 1. Corinth. 11. mit der welt / und dem grossen hauffen / in sicherheit / ausserhalben der straff und züchtigung / verlorn und verdampt werden / welche züchtigung entspringet und kőmpt / (wie die Epistel zun Ebreern am 12. Cap. mit vielen worten anzeiget) aus einem Veterlichen hertzen Gottes / welcher darumb nicht den Teuffel uber uns schicket / uns zu verterben / (wie ers wol im sinn hat) Sondern allein durch ihn ein wenig zu züch-⟨$I 6^r$⟩tigen / Wenn uns aber Gott durch die ruthe / wider zu recht bracht hat / mus der Teuffel als baldt ablassen / und sein schwerd einstecken / unangesehen / wie ungerne er es auch thue.

Do wir uns aber selber züchtigen / wie Paulus sagt / und Gott zur rhuten nicht verursachen / Mus der Teuffel auch still halten / Und ob er wol umb uns her gehet / als ein brüllender Lewe / darff er uns doch kein herlein krümmen / Sawer mag er uns wol ansehen / und drauff lawrn / wie er / aus Gottes nachlassung / sein müthlein an uns küle / Aber angreiffen ungeheissen / darff er nicht / das ist ihm geweret und verbotten / Darumb redet der 91. Psalm / von solchen frommen Christen / so inn Gottes furcht leben und wandeln / mit schönen tröstlichen worten / und spricht:

Wer unter dem schirm des Höchsten sitzt / Und unter dem schatten des Allmechtigen bleibet. ⟨I 6ᵛ⟩

Der spricht zu dem Herrn / Meine Zuversicht / und meine Burgk / Mein Gott / auff den ich hoffe.

Denn er errettet mich vom strick des Jegers / Und von der schedlichen Pestilentz.

Er wird dich mit seinen fittichen decken / Und deine zuversicht wirdt sein unter seinen flügeln / Seine warheit ist schirm und schilt.

Das du nicht erschrecken müssest / für dem grawen des nachtes / Für den pfeilen / die des tages fliegen.

Für der Pestilentz / die im finstern schleicht / Für der seuche / die im mittage verderbet.

Ob tausent fallen zu deiner seytten / und zehen tausent zu deiner rechten / So wirdt es doch dich nicht treffen.

Ja du wirst mit deinen augen / deinen lust sehen / Und schawen / wie es den Gottlosen vergolten wird.

Denn der HErr ist deine Zuversicht / Der Höhest ist deine zuflucht. ⟨I 7ʳ⟩

Es wird dir kein ubels begegen / Und keine plage wird zu deiner hütten sich nahen.

Zum andern / hat Gott noch einen grossen hauffen Engeln im Himel behalten / welche iren ursprung behalten / und dem hoffertigen Sathan sich nicht anhengig gemacht / Welche Gott darzu gebraucht / das sie den bösen Geistern müssen wehren und stewren / Die Frommen und Ausserwelten beschützen und beschirmen / Wie dieser Psalm auch mit diesen folgenden worten vermeldet.

DEnn er hat seinen Engeln befohlen uber dir / Das sie dich behůten auff allen deinen wegen.
Das sie dich auff den henden tragen / Und du deinen fusz nicht an einen stein stőssest.
Auff den Lewen und Ottern wirstu gehen / Und tretten auff den jungen Lewen und Drachen. ⟨I 7ᵛ⟩
Und im 34. Psalm sagt David / Das die Engel sich umb die Frommen lagern / und eine Wagenburg umb sie schlahen / das inen die bősen Geister nichtes kőnnen anhaben.
Inn der Epistel zun Hebreern am 1. Cap. werden die lieben Engel genennet / Dienstbare Geister / welche von Gott zugeschicket werden / den frommen und ausserwelten / als zum schutz und beschirmung wider den Teuffel / Wie aber die lieben Engel / ihrem beruff nach / Gottes befehlich trewlich ausrichten / der menschen warnemen / sie auffs fleissigst behůten und bewaren / Auch mit aller gewalt und heeres krafft / mit streit und kampff / wider die bősen Geister / sich einlegen / Das wird durch und durch in der Schrifft / in vielen und herrlichen Historien und Exempeln / erwiesen und erkleret / und nicht noth nach der lenge solchs jetzunder anzuziehen.
Zum Dritten / Nach dem die Kindlein in Mutterleibe / in sůnden ⟨I 8ʳ⟩ entpfangen und geborn werden / wie David im 51. Psalm sagt / und von jugendt auff / zu allem bősen geneigt / Zum guten aber weder lust noch liebe haben / Und je mehr im das bőse verbotten / und zum guten gehalten werden / je mehr ir natur / in ir selber / durch die abhaltung vom bősen / entzůndet / und brůnstig wird / als der mehr das bőse zu thun und zu verbringen / Bey solcher verderbter Natur aber / (welche fůr sich selbst allein zum bősen geneigt) hat der Teuffel gut machen / mag gar leicht mit geringem athem / und halben maul / in die kolen blasen / das sie entbrennen / und ein gros fewer anrichten / Wie wir denn solchs aus teglicher erfarung wissen / das sich der Teufel als baldt auch zu den jungen Kindern findet / die glůenden kőlen brennendt macht / das die jugendt nicht allein lust und liebe hat zum bősen / Sondern auch

die lust ins werck bringet / und alles böses begehet / ⟨*I 8ᵛ*⟩
das sie auch ohn unterweisen / als baldt zu aller untugent sich
so meisterlich schicket und stellet / und feilet an keinem verstandt / das böse zu begehen / das sichs nicht selten zutregt /
das die Jungen je so viel wissen / von aller untugent / als die
grossen erwachsenen Leut.

Nach dem aber nu der Teuffel / nach dem Erbfall / die Natur / unser fleisch und blut / von jugendt auff / also inn seinen
stricken und banden hat / dasselbig zu allem bösen treibet und
verursacht / Hat Gott den Ehestandt geordnet und eingesetzt /
das Mann und Weib beysam bleiben und wonen / Auch ihre
kindlein bey sich behalten und auffziehen / nicht also von sich /
wie andere unvernünfftige Thier / ihre jungen ins wilde holtz
nein lauffen lassen / Sondern ziehen sie auff / und behalten sie
bey sich / bis sie erwachsen / und auch zum Ehestandt greiffen /
Als denn allererst verlest das kind Vater und Mutter / ⟨*Kʳ*⟩
und henget seinem Weib an / Wie Adam sagt und prediget /
Gene. am 1. Cap. do ihm seine liebe Eva / von Gott ist vertrawet worden / Und were gewislich an dem / wo es Gott nicht
also verordnet / und die kinder der Eltern zucht und gehorsam
unterworffen / Auch nicht den Eltern in die Natur gepflantzet /
ire kinder bey sich zu behalten / und auff zu ziehen / das solche
junge leut / ausserhalb der zucht und zwang / in irem freyen
willen auffwachsende / nicht den wilden Thieren gleich / Sondern wie die thollen und rasenden leut sein würden / und ja so
arg und böse / als ihr zuchtmeister der Teuffel selber / Wie
denn solchs in etlichen unerzogenen leuten zu sehen / welchen
niemandt in irem bösen fürnemen / weren und steuren kan / als
Meister Veit / wenn er sie auffs Radt leget / ins fewr oder wasser wirfft / an Galgen knippfet / oder den kopff abreisset / und
verbietet ins also / das sie es nicht mehr thun können. ⟨*Kᵛ*⟩

Darumb hat auch Gott nicht allein den Eltern / inn die natur
gepflantzt / und sonderliche liebe und gunst inen eingegossen /
ire kinder zu lieben / bey sich zu behalten / zu allem guten zu
ziehen / und vom bösen abzuhalten / Sondern auch sein gebot

Teufels Tyranney 251

und befehl darzu gethan / das sie ire kindlein / zu seinen ehren / furcht und liebe auffziehen / und von allem dem / was im zu wider und missgefellig / abhalten sollen / Den Kindern aber / hat er desgleichen im vierden Gebot / den gehorsam gegen den Eltern aufferlegt / das sie in allem dem / warzu sie ihre Eltern zum besten ziehen und halten / sollen gehorchen / und nicht ihrem willen nach leben / Auch zu mehrer anreitzung solches gehorsams / zu diesem gebot / diese verheissung daran gehangen / Das es ihn wol gehen / und lange leben sollen auff Erden. Und dis alles / wie oben vermeldet / hat Gott also verordnet / das er auch durch die zucht der Eltern / also dem Teuffel ⟨*Kij*ʳ⟩ wil gewehret und gestewret haben / das er nicht sein vollkömlich regiment / bey den jungen auffwachsenden leuten habe und füre.

Do solten wir nu ein wenig ausgehen / und mit den Eltern reden / und sie erinnern / was sie in irem stand zu thun schüldig und pflichtig / Wie auch Gott gar ernste und schwere rechnung von inen werde fordern / do sie in irem ampt und beruff nachlessig / ire kinder nicht zum besten ziehen und halten / sondern in allem mutwillen und untugent lassen auffwachsen / Das der Teuffel / ausserhalb ihrer zucht / sie treibet / leitet und regieret zu allem bösen / wie er nur selber wil / und entlich gar inn die Helle / zum ewigen verdamnis reisse und ziehe / Aber wir sein jetzunder nicht inn dem fürnemen / würde auch zu lang werden / weitleufftig (wie von nöthen) solches zu handeln / Aber gleichwol etwas darvon zu sagen / mit wenig worten / Ist es an dem / ⟨*Kij*ᵛ⟩ wie wir alle zugleich darüber schreien und klagen / Das die Jugent nie erger und boshafftiger gewesen / weil die Welt gestanden / als eben jetzunder / und nicht wol erger kan werden / Sol nun diese Jugent auffwachsen / und die folgende welt regieren / Ist leichtlich abzunemen / was für ein Regiment draus werden kan / bey solchen von jugent auff / in aller boszheit erwachsenen / und darinne verstockten leuten / Das die Sonn nicht mehr scheinen / und die Erden nicht lenger wirdt tragen können / wenn Gott gleich noch ein weil dis zeitlich

Reich auffhalten / und zusehen wolt / Solt aber die Welt noch lenger stehen / und diese jetzige unsere ungezogene / in aller bosheit und untugent ersoffene kinder / auch weiter nachkömling nach ihn lassen / erger als sie / So müsten ja die leut gar zu Teuffeln werden / denn menschlicher weise kans nicht erger werden.

Das aber nu mit unser jugent / ⟨Kiij^r⟩ so gar ubel stehet /ist die ursach niemandt / als der Eltern selber / Denn was die Jugent belanget / welche (wie oben angezeigt) nichtes inn ihrem fleisch und blut / und in allen blutstropffen / von Mutter leib an hat / als böse lüste / begirde / und zuneigung zu aller untugent / kan und vermag sie sich selber nicht ziehen / und vom bösen zum guten abwenden / sondern gehet wie ein Wasserstrom / seiner natur und gang nach.

Darumb mügen traun die Eltern zusehen / sich in irem ampt und beruff bewaren / Oder werden gar schwere rechenschafft am Jüngsten tage Gott geben müssen / Wie aber sie ihrem ampt sollen trewlich nachsetzen / und die Kinder inn Gottes furcht auffziehen / das müssen wir hindan setzen / sintemal wir jetzunder damit nicht umbgehen / noch zu thun haben / wöllen bey unserm fürnemen bleiben / und ferner die ander ⟨Kiij^v⟩ folgenden mittel auch für uns nemen / durch welche Gott des Teuffels tyranney hindert und wehret.

Und sein das dritte mittel / welches Gott wider die Teuffel braucht / die Prediger / welche die erwachsenen kinder / wenn sie nu nicht mehr unter der Eltern zucht sein / als nu ire schefflein / im Predigampt / unter ire zucht und disciplin nemen sollen / Wie der heilig Apostel Paulus solchs inen befihlet und auffleget / zum Tito am 2. und 3. Cap. Und 2. Thimo. am 4. Cap. Und Acto. am 20. Cap.

Desgleichen auch / do der Herr Christus seine Jünger aussendet in die gantze welt / schreibet er ihn für / was sie predigen und lehren sollen / gibet inen einen gewissen befehlich / und spricht / Sie sollen predigen / Busz und Vergebung der Sünden / Das also das Predigampt / auch von Gott verordnet und eingesatzt ist / das durch dasselbig / dem Teufel widerstrebet / und widerstandt sol gethan werden / Das erstlich durchs ⟨Kiiij^r⟩ Predigampt / die Leut zu erkendtnis irer sûnd sollen gebracht werden / das sie in dieselbigen lassen leidt sein / Gott umb vergebung bitten / gnad und vergebung der sûnden / im wort / in der Absolution / und im Sacrament / durch den glauben annemen / hinfôrder sich fûr sûnden hûten / in Gottes furcht leben und wandeln / und fûr dem Teufel sich fûrsehen sollen / damit er sie nicht wider zu fall bringe / Und im fall / do er / als ein brûllender Lewe / umb die frommen her gehet / und immer sucht / wie er schaden thun mûge / Auch in schwacheit fleisch und bluts der Heiligen / traun nicht leer abgehet / das er auch den gerechten offtmals einen klotz in weg wirfft / das er am tage wol sieben mal anstôsset und fellet / Hat der HERR Christus das Predigampt eingesetzt / nicht ein mal allein die Sûnder zur Busz zu ruffen / die sûnd ihn zu vergeben / und aus dem Reich des Teuffels / in sein Reich zu setzen und ⟨Kiiij^v⟩ anzunemen / Sondern der meinung / die gewalt der Schlûssel / sampt seinem Leib und Blut / der Kirchen hinder im gelassen / Das alle buszfertige hertzen / so offt sie wider kommen / und gnad begeren / gnad auch finden und erlangen sollen / Das demnach der heilig Geist / im Predigampt / immer die sûnd straffet / und alles was vom Teuffel uberweldiget / wider zu recht bringet / was er gefellet / wider auffricht.

Das aber nu / zu diesen jetzigen unsern zeiten / nicht allein die jugent / sondern fast jedermenniglich / inn grosser sicherheit und bosheit lebet / und der Teuffel so gut machen hat unter den leuten / on sonderliche mûhe und erbeit / nur alle bosheit rege gemacht / und noch immer mehr und mehr erreget / Mûssen wir oben den Eltern bey den Kindern / hie auch bey den erwachsenen leuten / nicht die geringste schuld geben / den Predigern / welche die welt weniger / als ⟨Kv^r⟩ sie solten / zum theil straffen / durch die finger sehen / und ungunst zu verhûten / alles gehen lassen / wie es gehet / Den Mantel nach dem windt hengen / und den leuten nur sagen / was sie gern hören / Doch wil ich etliche fromme und getrewe Prediger hiemit unangegriffen haben / Ich besorge mich auch sehr / das dieser jetziger zeit sicherheit und bosheit / nicht zum wenigsten theil / etlichen Predigern sey schuldt zu geben / welche nach dem befehl Christi / nicht beide theil / eins so fleissig als das ander / die Buss und Vergebung der sünden treiben / Sondern zu sehr sich auff eine seite legen / von der gnad und barmhertzigkeit Gottes allein / oder ja zuviel / mit unterlassung des andern theils der busz / predigen / und also mit ihren süssen predigten / dem Teuffel thür und fenster / alle sicherheit zu erregen / auffthun / und den rechten unterscheid nicht halten unter den leuten / ⟨Kv^v⟩ welchen lauter gnad sol gepredigt / und welche mit dem Gesetz / zur busz sollen getrieben werden / Denn wie die Zuhörer ungleich und zweyerley sein / mus auch die predig / nicht auff ein teil allein gericht sein / Sondern beiden teilen damit gedienet werden.

Was aber diesen unterscheid belanget / wöllen wir nach wenig tagen / ein sonderlich Büchlein davon lassen ausgehen / Nach dem aber nu das Predigampt auch von Gott / des Teufels tyranney damit zu wehren / eingesatzt / las ich einen jtzlichen frommen Lerer / hie sich selber / inn seinem beruff / sich reformieren / und wol vorsehen und hüten / damit er sein ampt redlich ausrichte / und dasselbig gebrauch / zu zustörung des Reichs des Teufels / sampt allen seinen wercken / und sich und sein gewissen / nicht mit dem schweren urteil belade / welches Gott gesprochen / im Propheten Ezechiel am 33. Cap. uber alle die Prediger / so den Gottlosen sei-⟨K 6^r⟩ne weg gehen lassen / nicht straffen / noch in seinem bösen wandel ein einred thun.

Das Vierde mittel / durch welches Gott dem Teufel inhalt thut / seiner tyranney / mord / lügen und andern unfall zu widerstreben / ist die Weltliche Oberkeit / welcher Gott das weltlich schwerdt / wie Paulus sagt / zun Rö. am 13. Ca. / in die handt hat gegeben / zur rach und straff uber die bösen / Damit das sie die jenigen / so die Eltern und Schulmeistern

Teufels Tyranney

nicht haben ziehen können / zu zucht und erbarkeit / als die ungeraten kinder / dem Unterrichter in die hendt geben / und mit dem schwerdt / Galgen / wasser / fewer / todt und andern straffen / in zu wehren / und inhalt zu thun / damit sie es nicht mehr thun / und die frommen in fried sitzen und bleiben mügen / Und noch der Teufel / was er selber nicht thun kan / durch böse ungezogene leut ausrichtet / und allerley unglück mit morden / ⟨K 6ᵛ⟩ stelen / nemen / inn der welt durch sie anstifftet / Hette die welt / von wegen der grossen anzal und menge der bösen / fürlangst / durch des Teufels tyranney / müssen zu grundt gehen / wenn dieselbigen zum theil / aus furcht der straff / nicht im zwang gehalten / Oder der grosse hauffe / durch Meister Veit / mit dem Schwerdt und Galgen / nicht geringer und weniger gemacht werden.

Das aber die Obrigkeit / jetziger zeit / die aller gröste schuldt hat / an der grossen uberflüssigen bosheit der welt / Und am Jüngsten tage nicht werden verantworten können / ire grosse nachlessigkeit / das sie das Schwerdt lassen feyern / den Galgen leer stehen / und Meister Veit nicht volle erbeit machen / Das können wir mit wenig worten nicht melden / noch anzeigen / Sintemal sie in ihrem ampt so nachlessig worden / alle Disciplin / Zucht und Erbarkeit / so sincken und fallen lassen / Das ⟨K 7ʳ⟩ ein sonderlich Büchlein darzu von nöthen / wenn man solchs nach der lenge solt anzeigen und erzelen / Befehlens jetzunder einem jetzlichen / in seinem beruff zu bedencken / was im Gott / ampts wegen / aufferlegt / was sie inn ihrem beruff / wider den Teufel / und sein reich / zu thun schüldig / Do sie aber seumig / und dem Teuffel die Thür / inn allen Landen und Stedten / weit auffthun / alle bosheit und unzucht anzurichten / Mügen sie betrachten / was Gott am Jüngsten tage / von ihnen werde fordern.

17 Teufelbücher 4

VII.

WIe wir uns in solcher gefahr sollen verhalten / damit wir für dem Teuffel sicher / und uns als der ⟨*K 7ᵛ*⟩ weniger für im haben zu fürchten, das er uns auch nichtes mag anhaben / ob er sich gleich gewaltig / gehessig / listig und frevelich wider uns aufflehne.

AN diesem stûck wil nu fast am meisten gelegen sein / Und do wir uns fûr zeitlichem sichtbarn unglûck wol fûrsehen / und als viel uns mûglich / allen unfall zuvorkommen mit fûrsichtigkeit und fleissiger auffachtung / uns auffs hôchste befleissen / alle thûrn verriegeln / in alle winckel zuvor sehen / ehe wir uns zu ruhe legen / Wil solcher fleis / in dieser geistlichen und unsichtbaren gefahr / viel mehr von nôthen sein / weil der feindt gewaltig / listig / hemisch und tûckisch / und dis unglûck ⟨*K 8ʳ*⟩ und schaden / Ewig und unverwindlich / Woran es aber fehlet / das im geringern / zeitlichen schaden / der doch wider zu erstatten / die Leut fleissiger / vorsichtiger und achtsamer sein / als in dieser geistlichen anfeindung des Teuffels / do er nicht am Leib zeitlich / sondern viel mehr an Leib und Seel / nach unserm verterben dencket und trachtet / Das haben wir oben vermeldet / wôllen aber das unser darbey thun / wem zu rhaten ist / dem stehet auch zu helffen.

Damit wir aber weitleufftigkeit vermeiden / und auffs kûrtzte von diesem stûck handln / Wôllen wir den lieben Job fûr uns nemen / und an seinem Exempel lernen / wie wir uns fûr dem Teuffel sollen bewaren / das er umb sonst umb uns her gehe / und mûhe und erbeit verliere / wenn er uns gleich gar freundlich zusetzet. ⟨*K 8ᵛ*⟩

Erstlich bekennet der Teufel selber / das er sich wol an den Job gemacht / alle seine kunst an ihm versucht habe / Aber nichtes kônnen erhalten / die ursach meldet er auch / und sagt / Das Gott eine starcke Mauer zu ringst umb ihn her auffgezogen / und in also verwagenburgt und beschantzt habe / das er nirgendt einbrechen kőnne / Was nu der Sathan am Job thut und versucht / das mag sich jederman zu im vermuten / denn er ist einem Menschen so feindt wie dem andern / sihet aller menschen schaden und verterben zugleich.

Zum Andern / wird in der Historien auch ferner vermeldet / Wie sich Job gegen Gott habe verhalten / das er ihn also in seinen schutz und schirm genommen / und unter seinen flůgeln / fůr dem Teufel bewaret hat / Als nemlich   Das er in der Ersten Taffel / gegen Gott ist gewesen / schlecht und recht / hat sich die welt / mit irer klugkeit und weisheit / ⟨L^r⟩ nicht vom rechten waren Gottesdienst lassen abwenden / sondern ist in einfaltigkeit beharret und blieben / bey dem schlechten / blossen wort Gottes / und hat ander leut / ausserhalb dem wort / lassen klůgeln und meistern / ihnen eigene Gottesdienst erwehlen / und frembde Gőtter auffwerffen / Ferner sagt der Text / Er sey gewesen Gottfůrchtig / das er sich fůr sůnden gehůtet / und wo er traun / aus menschlicher schwacheit / auch gestrauchelt / und zu fall kommen / (wie es bey im so wenig wird gefehlt haben / als bey andern heiligen Gottes) hat er sich als bald mit seinem Opffer / frů morgents auffgemacht / (wie der Text sagt) und sich mit Gott wider versůnet / In der andern Taffel / hat er das bőse vermeidet / nicht mit der welt / nach anleitung fleisch und bluts / in őffentlichen sůnden gelebt / sondern denselbigen widerstrebt / und in Gottes furcht gewandelt.

Wer nu sein leben auch also an- ⟨L^v⟩stellen kőndt / der were so wol / als Job / fůr dem Teuffel versichert und verwaret / und hette eben den Gott / in gleicher beschůtzung und verwarung / Wie denn solchs der heilige Apostel Paulus / mit klaren worten anzeiget / zun Corinth. in der ersten am 11. Cap. do er spricht / So wir uns selber richteten / so wůrden wir nicht gerichtet / Wenn wir aber gerichtet werden / so werden wir von dem HErrn gezůchtiget / Auff das wir nicht sampt der welt verdampt werden. Wil uns unser Herr Gott / dem Teuffel nicht gar lassen inn rachen fallen / so mus er uns mit der rhuten zu-

rück ziehen / dem Teuffel die Wagenburg auffthun / das er zu uns nein dringen kan / und also plaget / das wir uns entlich erkennen / und wider zurück keren / von sicherheit uns abwenden / und wider zu Gottes furcht begeben / Eben das sagt der
5 Prophet David auch im 91. Psalm / und spricht. ⟨Lij^r⟩

Wer unter dem Schirm des Hôhesten sitzt / Und unter dem Schatten des Allmechtigen bleibet.

Der spricht zu dem HERRN / Meine Zuversicht und meine Burg / Mein Gott auff den ich hoffe.

10 Denn er errettet mich vom strick des Jegers / Und von der schedlichen Pestilentz.

Er wird dich mit seinen fittigen decken / Und deine Zuversicht wirdt sein unter seinen flügeln / Seine Warheit ist schirm und schildt.

15 Liese den gantzen Psalm / so wirstu deine lust sehen und hören / was Gott bey denen Leuten thut / und thun wil / so unter seinem schutz bleiben und beharren / Darumb vermanet auch der heilig Apostel Paulus / alle Christen / zun Ephesern am sechsten Capittel / Das sie sich also / wie gesagt / für dem
20 Teuffel sollen verwaren / damit er nicht bey ihnen einbreche / und schaden thue / füret sie inn die rechte Harnisch- ⟨Lij^v⟩ kammer / weiset inen alle wehr und wappen / die sie sollen anziehen / damit sie für allen listigen und fewrichten pfeilen / für allen hemischen angriffen des Sathans / sicher und frey
25 sein mügen / und spricht / Seid starck im HErrn / und in der macht seiner stercke / Ziehet an den harnisch Gottes / das ir bestehen kündt gegen den listigen anlauff des Teuffels / Denn wir haben nicht mit fleisch und blut zu kempffen / sondern mit Fürsten und Gewaltigen / nemlich mit den Herrn der Welt /
30 die in der finsternis dieser welt herschen / mit den bösen Geistern unter dem Himmel / Umb des willen / so ergreifft den harnisch Gottes / auff das ir / wenn das böse stündlein kömpt / widerstandt thut / und alles wol ausrichten / und das feldt behalten müget. So stehet nu / und umbgürtet ewre Lenden mit
35 Warheit / und angezogen mit dem Krebs der Gerechtigkeit /

und an beinen gestiffelt / als fertig zu treiben das Evan-⟨*Liij*ʳ⟩ gelium des friedes / damit ir bereitet seidt. Vor allen dingen aber / ergreiffet den Schildt des Glaubens / mit welchem ir ausleschen kůnd alle fewrige Pfeil des Bôsewichts. Und nemet den Helm des Heils / Und das Schwerdt des Geistes / welches ist das wort Gottes / Und betet stets in allem anligen mit bitten und flehen / im geist. Und wachet dazu mit allem anhalten und flehen / für alle Heiligen und für mich / ꝛc. Welches mit andern worten fast eben so viel gesagt ist / als oben vom Job angezeiget / Als nemlich / das solche leut / als nur am besten gewapnet und geharnischt / für dem Teuffel wol sicher sein / welche im wort bleiben / sich selber im wort richten und straffen / ire sůnd erkennen / und im glauben / gnad und vergebung der sůnden / von Gott hertzlich bitten / Wo man aber solchen harnisch ableget / aus Gottes furcht schreittet / in sůnden lebet / und darinne beharret / ohn alle busz und ⟨*Liij*ᵛ⟩ besserung / aus Gottes schutz und schirm sich begibet / und aus seinen flůgeln raus in die welt laufft / also unbewaret / nacket und blosz / Do hat der Teufel gut machen / und kan einen nackenden / blossen / wehrlosen Mann baldt fellen und schlagen.

Was wir aber jtzunder mit wenig worten erkleret haben / das wôllen wir noch deutlicher sehen / inn der figur und fůrbilde / der Kinder von Israel / im Buch der Richter / Als nemlich / Nach dem Gott die Israheliter ins Gelobte Landt hat eingesatzt / und gleichwol noch aussen an den Grentzen / starcke feinde und mechtige vôlcker hinderstellig / zu rings umb sie herumb / hat gelassen / welche / wiewol sie den Israelitern sehr gehessig und gram wurden / und hefftig anfeindeten / Hielt Gott gleichwol uber seinem Volck / bewaret sie also / unter seinem schutz und schirm / das sie mit-⟨*Liiij*ʳ⟩ten unter ihren feinden / friedlich und sicher wohneten / und musten ihnen die umbligenden feindlichen vôlcker / nicht ein heerlein krômmen / Aber wenn die Israheliter sicher wurden / aus Gottes furcht ausschritten / und der umbligenden Vôlcker Abgôtter / sich anhengig machten / Machet Gott eine grosse lůcken durch den zaun / zoge seine handt ab / und lies die fremdben Völcker zu ihnen hinein dringen / sie engstigen und plagen / Diese Historia aber / ist eine lebendige Abcontrafetung und Figur / der gantzen Christlichen Kirchen / und eines jtzlichen Christen inn sonderheit / Als nemlich / Ob es wol an dem ist / das die Kirche Christi / mitten unter ihren feinden wohnet / wie ein Schefflein mitten unter den Wolffen / Oder wie eine schöne Lilien unter den Dornen / Erhelt doch Gott wunderbarlich seine Kirche / ⟨*Liiij*ᵛ⟩ das arme Schefflein / mitten unter den Wolffen / das sie es nicht eins dörffen / mit iren bleckenden zeenen / anrüren / wie begirig sie auch darauff sein / Wie solchs oben in der Historia Job und der Israheliter angezeiget / Also auch / ob gleich ein entzlicher Christ / für sich selber / noch hie in diesem leben / bey dem Teuffel zur herberge leit / und der Sathan gleich umb ihn her gehet / wie oben umb den lieben Job / ist er doch sicher und frey / auch mitten unter dem Teufel / unter Gottes schutz und schirm / wie im 91. Psalm vermeldet / Wie denn auch David in solcher zuversicht / sich Gottes schutz und schirm tröstet / im 23. Psalm / do er spricht / Und ob ich schon wandert im finstern thal / fürchte ich kein unglück / Denn du bist bey mir / dein stecken und stab trösten mich.

Aber traun / wenn man sich aus diesem schutz gibt / zur sicherheit gerett / und unsers Herrn Gottes furcht ⟨*Lv*ʳ⟩ hindan setzet / Auch Gott zum zorn und straff verursacht / das er nur ein wenig durch die finger sihet / die handt abziehet / und dem Teufel nur einen finger breit erleubet / so hett er lieber einer gantzen klaffter lang / thut als bald / ohn allen verzug / angriff / und lest sein gewalt und tyranney sehen / kület sein mühtlein nur wol an solchen leuten / so lang im es nur Gott vergünnet und zusihet.

So ist nu der gantze handel daran gelegen / für des Teufels bosheit / gewalt und tyranney / sich zu hüten / Das / wie oben angezeigt / ein jeder Christ / nur darauff achtung gebe / das er in Gottes furcht lebe und wandel / bey seinem wort bleibe /

Und im fall / do man irgent stolpert / oder gar fellet / das man sich als baldt / ohne verzug / wider auffraffe / durch ware busz und rhew / sich selber richte / und nicht warte / bis Gott zum gericht greiff /und dem Teufel einen angriff erleube und vergůnne / Wer das thut / ⟨Lv^v⟩ der mag wol mit dem 91. Psalm triumphieren und trotzen / wider alle Teufel / und ihre gewalt / frey und sicher unter Gottes schutz leben und wandeln / und mit dem heiligen Paulo singen / zun Röm. am 8. Cap. Was wöllen wir denn weiter sagen / Ist Gott für uns / Wer mag wider uns sein. Und bald hernach / Ich bins gewiss / das weder Todt noch Leben / weder Engel noch Fürstenthumb / noch gewalt / weder gegenwertiges noch zukünfftiges / weder hohes noch tieffes / noch kein andere Creatur / mag uns scheiden von der liebe Gottes / die in Christo Jhesu ist / unserm HErrn.

VIII.

WO aber ein angriff gethan / und schon schaden zugefüget / wie wir uns von im ⟨L 6^r⟩ wider sollen entbrechen / und aus zugefügtem schaden raus reissen.

WIe aber im siebenden stůck wol vermeldet und angezeiget / wie man sich für des Teufels tyranney sol verwaren / und also verhalten / das ihm Gott keinen angriff einreume / noch im geringsten verhenge / das er jemandt irgendt einen schaden zufügen könne / Aber es hat leider diese gelegenheit mit allen Heiligen Gottes / von wegen des armen / schwachen fleischs und bluts / welches noch alle Heiligen am hals tragen / das keiner zu finden / welcher sich so unstrefflich und fromm hette verhalten / das ihn Gott nicht hette / durch Creutz und widerwertigkeit / müssen bis weil zurück ziehen / den Teuffel lassen einen einfall thun / und züchtigen / Wie der heilige Paulus ⟨L 6^v⟩ von sich selber bekennet und aussaget / 2. Corinth. 12.

Das ihnen Gott einen pfal ins fleisch gegeben / und einen Teuffel zugesendet / der in hat gedemütiget / damit er nicht zu sicher und ubermütig werde / Wir haben aber nicht allein / ein arm / schwach und gebrechlich fleisch / damit wir uns bis inn
5 die grube hinnein müssen schleppen / welches an sich selber zu allem bösen geneiget / Sondern das zuvor voller lust und begirde ist zur sünd / wirdt von der welt auff allen seiten noch dazu angereitzet / darzu es zuvor mehr / denn zuviel lust hat / MORS INTRAT PER FENESTRAM, sagt die Schrifft / Wo wir nur
10 unser augen zuwenden in der welt / so sehen wir nichtes / als nur CONCUPISCENTIAM OCULORUM, spricht Johannes / Alles das / was den augen wol gefelt / worzu fleisch und blut / lust und verlangen hat / Und kan nicht leer abgehen / spricht Salomon / das einer inn der Müle sey / und nicht ⟨L 7ʳ⟩ weis werde /
15 Das einer in der welt lebe und wandel / und nicht von der welt auch bisweilen zum bösen angereitzet und verfüret werde / Wie sich denn auch solchs hefftig beklaget die Kirch Christi / im Hohen Lied Salomonis.

Uber das alles / kennet der Sathan uns auswendig und inwen-
20 dig / Er weis was wir für ein arm / schwach gefesz sein / wie baldt wir zubrechen / Darumb nimpt er die welt zu hülff / bleset in die zuvor glüenden kolen / und macht als baldt ein gros fewer / wirffet den in diese sünd / ein andern / inn ein andere / Aber das ist ihm unbewust / das er solches thue bey den Ausserwel-
25 ten / nicht zum verterben / sondern nur zur grössern förderung ihrer Seligkeit / Denn wie Paulus sagt / mus den Gottfürchtigen alles zum besten geraten / auch die sünd / Sintemal sie in ihrer schwacheit / als der mehr im erkendtnis Christi zune-⟨L 7ᵛ⟩ men / sich inn ihrer schwacheit rhümen / Wie Paulus von seiner
30 Person redet / 2. Corinth. 12. Auff das die sterck und krafft Christi in ihnen wohne / Und das auch den frommen solche schwacheit / dazu sie die welt anreitzet / und der Teuffel treibet / nicht zum verderben gerhate / Ist der HErr Christus auffgefaren / sitzet zur rechten hand Gottes / Wie Paulus saget zun Römern
35 am 8. Capittel / Das er sey / wider des Teuffels und der welt

anstifftung zum bösen / ein Ewiger Hoher Priester / Versüner und Mitler / bey seinem Vater / Darumb hat er auch das Predigampt / wie auch oben vermeldet / eingesetzet / das man für solche leut / so von irem eigen fleisch und blut / von der welt / und vom Teuffel / zur sünden verursacht / und zu fall bracht werden / immer für und für sol predigen / Busz und Vergebung der Sünden / Und eben darzu hat er auch hienieden auff Erden / in ⟨L 8ʳ⟩ diesem seinem Reich gelassen / die gewalt der Schlüssel / die sünd zu vergeben / SIGNACULUM REMISSIONIS PECCATORUM. Und die gewisse versicherung der vergebung der sünde / seinen eigenen waren Leib und Blut / Und darumb wird auch der heilige Geist ausgegossen / Wie im Propheten Joel stehet / 2. Cap. uber alle gleubigen / SPIRITUS GRATIÆ & PRECUM, Der Geist der gnad und des gebets / welcher inn den hertzen der frommen / ohn auffhören seufftzet und schreyet / ABBA PATER, Ah lieber Vater / Sey uns gnedig / Vergib uns unsere schulde / Gehe nicht mit uns ins Gericht / Sondern sey uns gnedig und barmhertzig / Darumb ist der HErr Christus auch mitten unter seinen Christen / wo sie in seinem Namen versamlet / bis zum end der welt / mit dem Wasserkrug / Fuszbecken / und weschet on unterlas von füssen abe / was von unserm fleisch / von der welt / und vom Teufel / daran besudelt ⟨L 8ᵛ⟩ und verunreiniget / Stehet und schreyet noch heut zu tag / Kompt her zu mir / alle die ir müheselig und beladen seidt / ich will euch erquicken / Und das ist auch die helle lautende stimm des heiligen Geistes / im Alten und Newen Testament / durch den mund der Propheten und Lehrer / CONVERTIMINI, RESIPISCITE, AGITE PŒNITENTIAM, Schicket euch / Thut busz / und bessert euch / ECCE AGNUS DEI, Hie ist das Lamb Gottes / das der welt sünde tregt / ꝛc.

Darumb ist nu das / das einige mittel und weg / aus des Teuffels stricken und banden / sich wider zu entledigen / so offt man auch darein felt inn diesem Reich Christi / (welches ein Reich ist der Sünder / so busz thun / ein Reich der gnaden / und vergebung der sünden / on auffhören) immer zum Gnaden-

stuel zu lauffen / seine sûnde erkennen / gnad bitten / und von
hertzen begern / Mit dem verlornen Sohn sich auff die ⟨Mʳ⟩
fûsz machen / und immer zum Vater zu eylen / Wer das thut /
der wird zu gnaden angenommen / vom Teufel / und von der
5 sûnd gefreyet / so offt er auch kômpt / Denn wo die sûnd gros
ist / do ist die Gnade noch grôsser / Aber jedoch allein bey den
buszfertigen / und was zum Herrn Christo kômpt / wie offt es
auch kômpt / Wie er selber sagt im Joanne / das schlecht er
nicht aus / das stôsset er nicht von sich / Das zubrochen Rhor
10 machet er gantz / Den glûmmen dacht zûndet er wider an.

Wo aber die leut vom Teuffel und der welt betrogen / von
Gott aber zur busz / durch den Teuffel selber / durch creutz
und widerwertigkeit / neben dem Predigampt / beruffen werden / Aber wie die Hund thun / wenn sie geworffen werden /
15 das sie nicht dencken / warumb sie geworffen sein / Sondern
uber den stein unmutig darzu lauffen / und darein beissen / Die
auch also im ⟨Mᵛ⟩ Creutz / dardurch sie zur Busz beruffen /
ungedûltig werden / mit ihrem unglûck sich allein fressen und
beissen / Auch auff Gott selber unwillig werden / wider sein
20 Gericht murmeln und schelten / Uber diese klaget Gott / im
Propheten Esa. am 9. Capitel / do er spricht / POPULUS NON
REVERSUS AD PERCUTIENTEM, Das sie sich nicht zu dem bekeren
/ der sie schlegt / Und Christus desgleichen uber Jerusalem /
Paulus zun Rômern am 10. Cap. Aus dem Propheten Esa. TOTA
25 DIE EXPANDI MANUS MEAS, Und ist das die gemeine klage im
Alten und Newen Testament / durch und durch / Das die Leut
so trewlich und fleissig zur Busz beruffen / Aber vergebens
ruffen und schreyen lassen / bleiben mutwillig im Reich des
Teufels / darein sie gefallen / und verterben darinne.

30 Nach diesem Ersten mittel ist das ander / und das nechste /
das Gebet / welches Gott selber von uns ⟨Mijʳ⟩ erfordert und
haben wil / das wir ihn sollen inn unsern nôthen anruffen / do
er spricht im 50. Psalm / Ruff mich an inn der noth / so wil ich
dich erhôren / und raus reissen / Wie er denn auch sagt im
35 91. Psalm / Er begert mein / so wil ich ihm aushelffen / Er

Teufels Tyranney 265

kennet meinen Namen / Darumb wil ich ihn schützen / Er
rûfft mich an / So wil ich ihn erhören / Ich bin bey ihm inn der
noth / Ich wil ihn heraus reissen / und zu Ehren machen.
Und David sagt zum öfftern mal hin und wider im Psalm /
Invocavi Dominum, & exaudivit me Dominus, Ich habe den
HERRN angeruffen / inn meinen nöthen / Und er hat mir
geholffen / Dieser Elender ruffet den HErrn an / und er halff
ihm aus / Die frommen haben zum HERRN geschrien / Und
er hat sie erhöret / ꝛc. Und das ist der rechte und eigentliche
Namen und Tittel Gottes / ⟨*Mij*ᵛ⟩ den ihm die Schrifft hin und
wider gibt / das er heist / Exauditor precum, Ein erhörer des
gebets / der im Himel nicht mehr thut / als das er herab sicht /
auff alle die / so vom Teuffel geengstigt und geplaget sein / das
er sie errette / und von des Teuffels handt erlöse / welche er
doch zuvor selbst dem Teuffel unter seine straff gegeben / und
im erleubet / sie anzugreiffen und zu plagen / bis sie in nöthen
sich erkennen / zu Gott ruffen und schreyen / So stehen seine
ohren als baldt offen / Nimpt dem Teuffel das Schwerd aus den
henden / und erlöset von seiner gewalt / alle die / so er angegriffen / und beschüldiget hat.

Das weis aber der Teuffel auch wol / das ein solch krefftig
ding ist / umb das gebet eines buszfertigen Sünders / und nichts
im so viel schaden und abbruch thut an seinem Reich / nichtes
sein macht und gewalt ihm so schwecht / als eben des ⟨*Mij*ʳ⟩
elenden / und von ihm bedrengten seufftzen und schreyen /
Darumb hindert er auch wie er kan / wehret mit henden und
füssen / das nur die jenigen / so er unter seiner tyranney hat /
das gebet nicht ergreiffen / wirfft sie entweder in ungedult /
murmeln / unwillen und trawrigkeit / das sie kein Vater unser
zum anfang bringen / und aller ding kein Gebet aus dem hertzen
/ uber die zung erzwingen können / Oder aber / do er das nicht
hindern kan / und vermerckt / das jemandt das Gebet wil
angreiffen / wie hefftig er es auch hindert / tregt er böse haar
ein / und uberschüttet solcher leut hertz und gedancken / mit
so greulichem und sündlichem zagen / zweifel und misstrawen /

das man schier nicht weis / ob ein Gott im Himel ist oder nicht /
Und ob er schon droben sitzet / ob er auch weis / wie es uns
auff Erden gehe / und wie es der Teuffel mit uns spiele und
kartte / Solcher misstrawender und zweif-⟨*Miij^v*⟩felhafftiger
gedancken / kan sich Agar / do sie für ihrer Frawen Sara / in
die Wüsten entpfliehet / nicht erwehren / Und meinet nicht
anders / unser HErre Gott der lebe nicht / Oder do er nicht
todt ist / so sehe er sie nicht / und weis umb ihr unglück nichts /
Darumb nennet sie darnach den orth / an welchem sie in solchem streit und kampff gelegen / (aber inn der that viel anders
erferet) den Brunnen des lebendigen und sehenden Gottes / Als
die zuvor nicht anders gemeinet / ehe ihr der Engel Gottes
erschiene / Entweder Gott were gestorben / oder wüste jhe
umb ir unglück nichts / Gene. am 16. Cap. Desgleichen felt in
solche zweiffelhafftige gedancken / auch der heilige Patriarch
Jacob / do er mus für seinem Bruder Esau entpfliehen / und
auff dem feldt / für grosser trawrigkeit / sich zur ruhe schlaffen
leget / und im Traum eine Leiter vom Himel herab steiget /
auff die Erden ⟨*Miiij^r*⟩ nider gelehnet / und die Engel Gottes
auff und nider steigen / Gott aber oben auff der Leiter lehnen /
Do er erwacht / spricht er / Fürwar hie ist Gott / und wuste es
nicht / Mit welchen worten er sein hertz und gedancken
eröffnet / das ihm nicht anders ist zu muth und im sinn gewesen
/ Als das Gott wol tausent meilen von ihm sey / der Teuffel
aber neher / als ihm lieb ist / Solchs widerferet Job auch / und
David lest sich solcher gedancken offtmals vermercken in
vielen Psalmen / Moses must darumb des Gelobten Landes
beraubet sein / und inn der Wüsten sterben / Die Jsraheliter
werden umb dieser sünd halben / des misstrawens und zagens /
ausgerott in der wüsten / von 6. mal hundert Tausent Mann /
bis auff zweene / Und der Exempel sein viel in der Schrifft /
welche ich kürtz halben ubergehe.

Und do sich in dem fall / jemand seiner auch erwehret / und
auff Got-⟨*Miiij^v*⟩tes zusag / und verheissung sich zum Gebet
begibet / sich alles unglaubens und zaghafftigen gedancken

entschlegt / und mit David in hoffnung wider hoffnung / auffs wort des HErrn trawet / und spricht / Meine Seele / was betrůbstu mich / Warumb bistu so unrůhig inn mir / Hoffe auff Gott / denn er ist gnedig und barmhertzig / Befehle dem HErrn deine sach / er wirdt es wol machen / Hat der leidige Sathan / als ein Tausent kůnstler / noch ein mittel / Als nemlich / Das er die hertzen so voller gedancken schůttet / die augen allein auff das gegenwertig unglůck wendet / damit die leut sich also in irem hertzen und gemůth zu plagen und zu martern / das sie für solchen gedancken / selber nicht wissen / wo sie sein / Essen und trincken / und wissen selber nicht / wie und wenn / Gehen und leben / gleich als in einem Traum / Beten sie / so wissen sie selber nicht / ob sie gebett haben oder ⟨Mv^r⟩ nicht / wenn sie angefangen oder auffgehöret haben / Wie denn solchs ein jetzlicher in seiner eigen erfarung genugsam innen wird.

 Darumb wil es denen leuten / so im Creutz ligen / und vom Teufel geplaget werden / allein daran am meisten gelegen sein / das sie gut achtung geben auff solche listigkeit des Teuffels / dardurch er vom gebet / die hertzen abwendet / oder ja dasselbig also besudelt und beschmeist / mit zagen / unglauben und zweiffel / oder auch also zustůckt und zureist / das nicht viel gantzes daran bleibet / das sie in das gebet ja nicht nemen lassen / Sondern dasselbig in nôthen / als die beste wehr und wappen / die gröste sterck und macht ergreiffen / von allen irrmachenden gedancken sich entbrechen / und sich gar nichtes am gebet hindern lassen / So werden sie denn mit frewden erfaren / und mit frôlichem hertzen darvon sagen und singen kônnen / das ⟨Mv^v⟩ Gott ihr gebet erhôret / ihrer noch sich Veterlich angenommen / und aus allem unglůck sie reichlich erlôset / Und mit dem heiligen Propheten David sagen / Weichet von mir / alle die ihr mir ubels gůnnet / und nach meinem schaden trachtet / Denn der HErr hat mein gebet erhôret / Es umbfiengen mich des Todes band / und die beche Belial erschreckten mich. Der Hellen bande umbfiengen mich / Und des Todes strick

uberweldiget mich / Aber der Herr ist mein Fels / mein Burg /
mein Erretter / mein Gott / mein Hort / auff den ich trawe.
Wenn mir angst ist / so ruff ich den HErrn an / und schreie zu
meinem Gott / So erhört er meine stimm von seinem Tempel /
5 und mein geschrey kömpt für in zu seinen ohren.

Das dritte Mittel / ist die verachtung / wo die der Teuffel bey
einem Christen vermerckt / do helt er nicht gern lang haus / do
kan und ⟨*M 6ʳ*⟩ mag er nicht bleiben / Denn er ist ein hoffertiger und stoltzer Geist / der gar angebett sein wil / und unver-
10 acht / Er wil ein Gott sein / und lest darumb sein tyranney so
grewlich sehen / Ubet alle gewalt / die er nur uben kan / nach
Gottes verhengnis / das man ihn fürchten / und für ihm sich
entsetzen sol / Und wo er traun blöde und erschreckte hertzen
antrifft / da kület er sein mühtlein redlich / lachet inn das
15 feustlein hinnein / und gefelt ihm wol / das man sich für ihm
entsetze / fürchte / und traun auch etwas von ihm halte / unangesehen / das er doch nichtes kan oder vermag / wenn es ihm
Gott nicht erleubet und zugibt / wie oben erkleret / Aber diese
verachtung gehet nicht schlecht zu / er sorget nichts nach sol-
20 cher verachtung / do man inn sich selber mutig und keck ist /
und nichts auff in gibet / Er kan solcher verachtung baldt raten
und ⟨*M 6ᵛ*⟩ abhelffen / und durch seine tyranney und gewalt /
einem also zusetzen / das ihm gar baldt alle sterck / muth und
verachtung entfellet / Wie wir sehen und erfaren / bey den
25 Heyden und Weltleuten / die im fleisch und blut keck sein / und
sich lassen düncken / Sie wöllen dem Teuffel die Hell stürmen
und abgewinnen / Aber wenn sich der Teuffel zur gegenwehr
setzet / und sein gewalt ubet / (darvon wir oben genugsam
gehandelt) do felt als bald fleisch und blut dahin / verzagt und
30 verzweifelt / fürchtet sich für einem rauschenden blat / leufft
zum wasser / zum strick / ergreifft das Messer / und hilfft ihm
selber der Marter ab.

Darumb mus es nicht ein fleischliche verachtung sein / welche ihren ursprung aus fleisch und blut hat / Sondern von oben
35 herab kömpt / und im wort gegründet ist / do man auff Gottes

gnad / hůlff ⟨*M 7ʳ*⟩ und sterck sich verlest / Und wie oben auch angezogen / aus dem 6. Cap. zun Ephesern / im HErrn starck ist / und die Rechten Wappen ergreifft / mit welchen man angethan / keck und mutig wider den Teuffel sich aufflegen darff / Gleich wie sich David inn solcher sterck und frewdigkeit / wider den grossen Riesen Goliath macht / und alle seine stercke / grosheit / erschreckliche grosse wehr und wappen veracht / und darfůr unerschrocken ist / Mit dieser verachtung uberwindet Job den Teuffel / der sich doch auffs aller grawsampst wider ihn eingeleget / und nicht grösser gewalt / macht und tyranney an ihm ůben kondt / noch darff er auff dem Misthauffen / diesen grossen Gott / der welt Fůrsten / und Herrn der finsternis / trotzen / pochen / und sagen / ETIAMSI OCCIDERIT ME, TAMEN IN IPSUM SPERABO, Und wenn mich Gott gleich den Teufel auch gar erwůrgen lest / dennoch wil ⟨*M 7ᵛ*⟩ ich auff ihn trawen / und dem Teuffel die ehr nicht thun / das ich trawren oder kleinmůtig sein wőlle.

Mit solcher verachtung uberwindet der heilige Prophet David / den Teufel / und alles unglůck / wie hin und wider in seinen Psalmen zu sehen / wie er auff Gott trawet / und alles fůr nichtes helt und acht / was sich auch wider in aufflehnen darff / das er auch im 23. Psalm sagt / Ob er schon mitten in der Hell were / do die Teufel am sterckesten und mechtigsten sein / Dennoch wőll er ihm nichtes lassen grawen / Und in vielen andern Psalmen mehr / Lies auch das 8. Cap. zun Rőmern / und sihe wie der heilige Apostel Paulus inn solcher verachtung / den Teuffel trotzt und pocht.

Wőllens aber hierbey lassen wenden und bleiben / und solche unsere vermanung / nach erforderung unsers beruffs und ampts / gůnstlicher ⟨*M 8ʳ*⟩ meinung / allen frommen mitgeteilt haben / Einem andern vergůnnen / und auch ursach darzu geben haben / das ers besser mache. Gott verleyhe uns seine gnade / regire und leyte uns / durch seinen heiligen Geist / das wir dem Reich des HERRN Christi / seines lieben Sohns / eingeleibet / aus des Teuffels gewalt gefreyet und entsetzet / in Gottes furcht bleiben / leben und wandeln / und in seinem waren erkendtnis / die ewige Seligkeit mügen erlangen / in welcher kein gefahr / noth / unglück / und des Sathans anfeindung mehr sein wirdt / Sondern lauter fried / freud / und Ewige wolfart / Amen.

Gedruckt zu Erffurdt /
durch Georgium Bawman /
bey S. Paul.

Nachwort des Herausgebers

I

Der vierte Band der Teufelbücher *des* 16. Jahrhunderts *ist dem „Hauptinitiator" dieses Genres, Andreas Musculus, gewidmet. Er verfaßte nicht nur mehrere der Haupttexte dieser Gattung, sondern brachte, zusammen mit dem „technischen Schöpfer der Teufelbücher", dem Drucker Johann Eichorn zu Frankfurt an der Oder, die ersten Teufelbücher mit Holzschnitten auf den deutschen Büchermarkt. Die ansprechenden Illustrationen und der unmittelbare Erfolg wirkten sichtlich anregend auf alle weiteren Teufelbuch-Autoren.*

Andreas Musculus, dieser derb-drastische, streitbare Prediger und Professor der Theologie, kämpfte in seiner Sorge um Deutschtum und Vaterland gegen alle Unsitten und Verderbtheiten seiner Zeit, indem er den Zeitgenossen immer wieder den Satan und sein Reich, besonders aber das jüngste Gericht, anschaulich zu machen versuchte.

In den 'Teufelbüchern' greift er im Hosenteufel *die übertriebene Mode der Zeit an, während der* Fluchteufel *die Unsitte des Gotteslästerns, auch ein „Zeichen der Zeit* [1]*, verkörpert. Ein anderes Problem der Zeit, die heruntergekommenen Beziehungen zwischen Mann und Frau, über die er als Seelsorger eingehend unter-*

---

[1] *Max* Osborn, Die Teufelliteratur des XVI. Jahrhunderts. *Acta Germanica III, 3. Reprogr. Nachdruck der Ausgabe Berlin 1893. Hildesheim, Olms, 1965, S. 90f. Cf.* Teufels Tyranney, *S. 207.*

richtet war, wird im Eheteufel *angeprangert. In des* Teufels Tyranney *bringt er eine umfassende Dämonologie und, was vom ewigen Leben zu erwarten sei, in* Himmel und Helle.

Alle Drucke werden zum ersten Male kritisch ediert, mit Ausnahme des Hosenteufels, *den* Osborn 1894, *allerdings nicht ohne große Lücken, herausbrachte*[2]. *Außer dem niederdeutschen Druck weist Osborn nur vier Einzeldrucke aus dem 16. Jahrhundert nach, während inzwischen acht Einzelausgaben belegbar sind. An die Stelle der editio princeps, die Grimm erst bei seinen Neuaufnahmen 1959 nachweist*[3], *setzt Osborn die Zweitausgabe an.*

Für die Textherstellung werden gemäß den in Band I—III angesetzten Editionsprinzipien nur die Ausgaben herangezogen, die mit Wahrscheinlichkeit zu Lebzeiten des Autors erschienen sind, somit alle Einzelausgaben wie auch die Sammelbände des Theatrum Diabolorum.

Überlieferungsgeschichte, Bibliographie, Kommentar und Glossar werden in dem abschließenden Realien- bzw. Bibliographieband behandelt.

Die angewendeten Verfahren bzw. Entscheidungen werden im Rechenschaftsbericht — Abschnitt VIII des Nachworts — angegeben.

Eine ausführliche Beschreibung der Drucke, die den Texteditionen dieses Bandes zugrunde liegen, wird in der Bibliographie der Quellen geliefert. Drucke, die nicht eingesehen werden konnten, sind durch *

---

[2] *Andreas Musculus.* Vom Hosenteufel. *(1555). Hrsg. von Max Osborn. Halle a. S., Max Niemeyer, 1894. Neudrucke No. 125.*

[3] *Heinrich Grimm, Die deutschen 'Teufelbücher' des 16. Jahrhunderts. Ihre Rolle im Buchwesen und ihre Bedeutung. In:* Archiv für Geschichte des Buchwesens *XVI (1959), Sp. 1764.*

gekennzeichnet. In früheren Bibliographien erwähnte Ausgaben, die durch Autopsie nicht ermittelt werden konnten und wahrscheinlich inzwischen verloren gegangen sind, werden an der chronologisch entsprechenden Stelle vermerkt.

Bei der Beschreibung der einzelnen Quellen und Sammelbände werden anstelle der längeren Originaltitel die Kurztitel Hosenteufel, Fluchteufel, Eheteufel, Himmel und Helle *und* Teufels Tyrannay *verwendet.*

II

Andreas Musculus (Meusel), 1514—1581, kam aus Schneeberg in Sachsen, wo sein Vater, Johann Meusel, ein angesehener Bürger war, der dem Sohne eine angemessene Ausbildung und Erziehung zukommen ließ. Er studierte alte Sprachen und Scholastik in Leipzig, schloß sich später in Wittenberg Luther aufs Engste an und kam dann auf Anraten seines Freundes Johann Agricola nach Frankfurt an der Oder, wo er Zeit seines Lebens als Prediger und Professor der Theologie und auch zeitweise als Rektor der Universität wirkte[4].

Wir sind über sein Leben und seine Tätigkeit viel eingehender unterrichtet als bei den anderen Teufelbuchautoren, auch wenn die Kritiker dieser umstrittenen Persönlichkeit verschiedene Standpunkte

---

[4] *Joh. Chr.* Beckmann, Notitia Universitatis Francofurtanae. *Francof. ad. Viadrum 1707, S. 49 u. S. 88—92. — Chr. G.* Jöcher, Allgemeines Gelehrten-Lexikon, *III (1751), 774f. und V, 249f. — Christian Wilhelm* Spieker. Lebensgeschichte des Andreas Musculus. *Ein Beitrag zur Reformations- und Sittengeschichte des 16ten Jahrhunderts. 1858. Nieuwkoop, B. De Graaf, 1964. — Ludwig* Grote, Zur Charakteristik des Andreas Musculus. *In:* Zeitschrift f. d. histor. Theol. *1869 (III), S. 377f. —* Pünjer, ADB, *XXXIII (1886), S. 93f. — Richard* Grümmer, Andreas Musculus, sein Leben und seine Werke. *Eisenach, Hofbuchdruckerei H. Kahle, 1912.*

vertreten[5]. *Jedenfalls existieren über keinen Verfasser von 'Teufelbüchern' so viele Abhandlungen wie über Andreas Musculus, der ein literarisches Oeuvre von etwa 70 Schriften, meist theologischen Charakters, hinterließ.*

Seine eigenwillige Persönlichkeit kommt vielleicht am besten zum Ausdruck in dem signierten Holzschnitt von Frantz Friderich, Formschneider Peter Hille (cf. Vorblatt). Das Original ist leider seit Kriegsende nicht mehr aufzufinden[6].

Wie auch bei den späteren Autoren, finden wir schon bei Musculus Äußerungen, entweder im Text oder in der Vorrede, die sein Vorhaben rechtfertigen oder erklären sollen.

Zu seinem Erstlingswerk, dem Hosenteufel, *wurde er bekanntlich durch ein äußeres Ereignis angeregt — „an einem Sonntag des Jahres 1555 hatte der Licentiat Melchior Dreger, ein Liebling des Musculus, in der Kirche zu Frankfurt an der Oder eine Rede gegen die geschmacklose Kleidung der Pluderhose gehalten und die Leute ermahnt, die frevelhafte Mode zu bekämpfen. Aber groß war das Erstaunen der Zuhörer, als sie am nächsten Sonntage an einem Pfeiler, der sich gerade der Kanzel gegenüber befand, ein Paar der verwünschten Beinkleider erblickten, die irgend ein Witzbold — vermutlich ein Student — dort angenagelt hatte"*[7].

Der Täter wurde nicht ermittelt, und im höchsten Grad erzürnt, hielt Musculus eine Predigt, die großen Eindruck machte und noch im gleichen Jahre gedruckt wurde.

---

[5] Grümmer, *Musculus, a. a. O., S. 5f., 16. — Grote, a. a. O., S. 379f. —* Grimm, Teufelbücher, *a. a. O., Sp. 1767 u. 1784.*

[6] *Heinrich Grimm, Zum Werk des ostdeutschen Buchgraphikers Frantz Friderich. In:* Gutenberg-Jahrbuch *(1959), S. 177.*

[7] Grümmer, *Musculus, a. a. O., S. 30. —* Osborn, Teufelliteratur, *a. a. O., S. 98f. und* Neudrucke *No. 125, S. III.*

Durch den großen Erfolg angespornt, ging er im Frühjahr des folgenden Jahres, 1556, gegen die „Mode" der Zeit, das Gotteslästern, im Fluchteufel *vor und rechtfertigt sein Unternehmen in der Vorrede, indem er Gottes Zorn aus den vielen Wunderzeichen des Jahres erklärt, wofür er die größte Sünde, das Fluchen, verantwortlich macht. Seinem 'Herrn und Freund' widmet er die Schrift, da ihm dessen Einstellung gegen das Fluchen bekannt sei.*

In der Vorrede zum Eheteufel, *der im Herbst des gleichen Jahres wie der* Fluchteufel *erschien, 1556, erklärt Musculus, daß er nach fast vierzehn Jahren in seinem Amt so viel über zerrüttete Ehen habe anhören müssen, daß er, sich zur Linderung, anderen Eheleuten aber und auch seinen Amtsbrüdern zur Förderung, diesen Bericht zu Papier gebracht habe.*

In Teufels Tyranney *1561 tut er seine Absicht kund, noch einmal wenigstens die Klugen aufzumuntern, obwohl er zuvor schon etliche Male im gleichen Sinne geschrieben habe, da die Zeitgenossen seiner Meinung nach nie leichtsinniger und blinder dem Wirken des Teufels, das den höchsten Grad erreicht habe, gegenüber gestanden hätten. Noch einmal will er warnen und mahnen, nachdem er zuvor in* Vom Himmel und Helle, *1559, die Schrecken des jüngsten Tages für die Gottlosen und die Freuden des ewigen Lebens für die Gläubigen geschildert hat.*

Jedenfalls weiß Musculus den Leser mit seinen volkstümlichen Anekdoten und Anspielungen zu packen, und die zahlreichen Auflagen bezeugen die große Beliebtheit seiner Traktate.

III

HOSENTEUFEL

Das Erstlingswerk von Andreas Musculus, der Hosenteufel, *ist nicht nur durch seine Vorgeschichte (cf. S. 274) die bekannteste Teufelschrift geworden, sondern wurde auch für alle folgenden Teufelbuch-Autoren Muster und Vorbild. Johann Westphal muß ihn eingehend gelesen haben, denn er schloß sich ihm in vielen seiner Ausführungen an, als er seinen* Hoffartsteufel *1565 verfaßte (cf.* Teufelbücher *III, S. 59, 231 et passim). Auch Johann Strauß benutzt und zitiert ihn fortlaufend in seinem* Kleiderteufel *(cf.* Teufelbücher *II, S. 5f., 37 et passim).*

Die Tracht der Pluderhosen, die um die Mitte des 16. Jahrhunderts hauptsächlich im protestantischen Deutschland auftauchte und sich schnell verbreitete — angefangen bei den Landsknechten bis zu den Bürgern und dem Adel — wurde nicht nur im Kirchenlied, Volkslied und von der Kanzel bekämpft, sondern auch die Behörden griffen in den Streit ein, wie aus den vielen Mandaten und Verordnungen ersichtlich ist. Nach einer „Auferstehung" als Alamodeteufel *im 17. Jahrhundert ist der* Hosenteufel *bis ins 19. Jahrhundert nicht vergessen, was uns die Werke von Achim von Arnim, Heinrich Heine, Willibald Alexis und die kritische Ausgabe von Osborn bezeugen können*[8].

Eine „Kostümgeschichte der Menschheit", vom Ziegenpelz Adams und Evas bis zur Pluderhose, geht dem Traktat voran als „Reime vom zötlichten Hosen Teuffel", die ein Amtsgenosse an der Universität, D. Gregorius Wagner von Resell, verfaßt hatte.

---

[8] *Cf.* Osborn, Neudrucke *No. 125, S. XXf.*

Der Hosenteufel *ist in zehn Einzelausgaben 1555, 1556, 1557 und 1563 erschienen, darunter eine niederdeutsche Übertragung aus dem Jahre 1556.*

Die erste und die zweite Ausgabe erschienen ohne Ort und Drucker, jedoch ist nach Typenvergleich mit den drei Ausgaben D, E, F aus dem Jahre 1556, die Ort und Drucker angeben, mit Sicherheit der Drucker Johann Eichorn zu Frankfurt an der Oder anzunehmen. Außerdem erscheint der gleiche Titelholzschnitt, Landsknecht mit Federhut, jedoch ohne Teufel und Seitenausschmückung, in einer späteren Musculus-Schrift „Vom beruff vnd stand der Kriegsleuth" 1558. Grimm erwähnt ferner eine von ihm nicht näher angegebene „Briefnotiz aus der Zeit", ohne den Text zu zitieren. Auch nach Grimms Meinung wäre Eichorn der Drucker der ersten und zweiten Ausgabe[9].

Eine dritte Ausgabe aus dem Jahre 1555, ohne Ort und Drucker, die einen mit R H signierten guten Nachschnitt der Frankfurt/ Oder-Ausgabe aufweist, gehört nach Grimm typologisch nach Augsburg und wurde möglicherweise von dem Drucker Rueprecht Höller zu Innsbruck, der bekannterweise Augsburger Schriften benutzte und auch den Saufteufel *kurz zuvor aufgelegt hatte, herausgegeben*[10].

Die dem Traktat vorangestellten „Reime vom zötlichen Hosen Teuffel" erscheinen nur in den drei ersten Ausgaben des Jahres 1555 und der niederdeutschen Ausgabe; alle weiteren Ausgaben sind ohne Reime, mit Ausnahme eines Exemplars der E-Ausgabe — hier wohl nachträglich angeheftet[11].

Bei den drei Eichornschen Ausgaben des Jahres 1556, die sich, unter Beibehaltung des gleichen Titelholzschnittes, nur durch die unterschiedliche Anordnung der roten oder schwarzen Titelzeilen unter-

---

[9] *Grimm*, Teufelbücher, *a. a. o., Sp. 1741, Nr. 2.*
[10] *Grimm*, Teufelbücher, *a. a. O., Sp. 1764, Nr. 2g.*
[11] *Cf. E-Druck, Nr. 6, S. 304.*

scheiden, erfolgte die Einordnung nach dem Datum der Zueignung, 1555 für die ersten beiden und 1556 für die dritte Ausgabe.

Außer den drei Eichornschen Ausgaben und der niederdeutschen Übertragung bei Ludowich Dietz zu Rostock, erschien 1556 noch eine weitere, im Quartformat mit verändertem Nachschnitt und ohne Ort und Drucker[12], *die Grimm dem Erfurter Drucker Georg Bawman, dem eifrigsten Nachdrucker von Eichorn, als einen seiner ersten Teufeldrucke zuweist*[13].

Eine von Grimm erfaßte Ausgabe von Johann Eichorn zu Frankfurt an der Oder aus dem Jahre 1557 ist sonst nicht belegbar und auch bei der Umfrage nicht zutage getreten[14].

Da die Verlegung von „Teufeln" in Frankfurt/Main erst 1561 mit dem Verleger Weygand Han und seiner Ausgabe von Spangenbergs Jagteufel *begann*[15], *erschien ein* Hosenteufel-*Nachdruck mit kleinerem und ziemlich verändertem Titelholzschnitt erst im Jahre 1563. Dies blieb die letzte Einzelausgabe des* Hosenteufels. *Erst 1569 nahm ihn der Verleger Sigmund Feyrabend in die erste und alle weiteren Ausgaben seines* Theatrum Diabolorum *auf.*

A-*Druck (1555)*

A¹ Vom Hoseñ Teuffel. *[Holzschnitt]* | ANNO M. D. LV. E 3ᵛ: ... Gegeben | zu Franckfurt an der Oder / am | tag Assumptionis Mariae / | Anno / | M. D. LV. | E. A. vnd E. W. | G. W. | Andreas Musculus | Doctor[16].

---

[12] *Cf. H-Druck, S. 309f.*
[13] **Grimm**, *Teufelbücher, a. a. O., Sp. 1765, Nr. 2b u. Sp. 1778.*
[14] *Cf. I-Druck, S. 317.*
[15] **Grimm**, *Teufelbücher, a. a. O., Sp. 1778.*
[16] *In den Titelangaben gesperrt Gedrucktes ist im Original rot. Dies gilt auch für die Titelangaben in den Beschreibungen der Sammelbände.*

Der signierte Titelholzschnitt (I G = Johann Gansauge)[17] *zeigt einen Landsknecht in Pluderhosentracht, den Federhut in der Hand; ein kleiner Erdteufel hockt am Wege, ein Luftteufel sitzt auf seiner linken Schulter. Auf einem Täfelchen unter der Signatur* I G *die Jahreszahl* 1555.

Format: Quart.
Umfang: 5 Bogen = 20 Blätter.
Zählung: Bogenzählung A—E, ausgeführt bis Blatt iij.

Kustoden auf jeder Seite. Initialen am Anfang der Kapitel.

Restaurierter brauner Lederband mit neuen Vorblättern, auf dem Vorderdeckel eine etwas verkleinerte, in Gold gestanzte Reproduktion des Titelblattes.

Standort: Stadt- und Bezirksbibliothek Frankfurt/Oder.
Signatur: I 235 1555.

*A² *Standort: Universitätsbibliothek Amsterdam.*
Signatur: 377 F 38.

B-*Drucke (1555)*

B¹ Vom Hosen Teuffel. | *[Holzschnitt]* | ANNO M. D. LV. F ij^r: Gegeben | zu Franckfurt an der Oder / am | tag Assumptionis Mariae / | Anno / | M. D. LV. | E. A. vnd E. W. | G. W. | Andreas Musculus | Doctor.

Titelholzschnitt ähnlich wie die Erstausgabe, nur mit geringen Abänderungen, auch in der Schrift; Täfelchen ohne Monogramm.

---

[17] *Grimm,* Teufelbücher, *a. a. O., Sp. 1780.*

Format: *Quart.*
Umfang: *5½ Bogen = 22 Blätter.*
Zählung: *Bogenzählung A—E, ausgeführt bis Blatt iij.*
E iiij gezeichnet.
F und F ij ungezeichnet.
Fehler in der Zählung: A iij statt ungez. A 4.

Kustoden auf jeder Seite. Initialen am Anfang der Kapitel.

Heller Pergamentband der Zeit mit umgebogenen Kanten, Handschrift auf Rücken. Papier teilweise stockig und inmitten des Bandes etwas zerfressen, Texte jedoch gut erhalten.

Das Exemplar ist zusammengebunden mit vier anderen 'Teufelbüchern' und kleineren Schriften und Gebeten.
Standort: *Universitätsbibliothek Jena.*
Signatur: *Th. XXXVIII, q. 3.*

Inhalt des Sammelbandes:

1. Wider den Sauffteuffel / | Etliche wichtige vrsachen / | Warumb alle Menschen sich fur | dem Sauffen hůten | sollen. | Jtem / | Das das halb vnd gantz | Sauffen Sůnde / vnd in Got= | tes Wort verbo= | ten sey. | Jtem / | Etliche Einreden der | Seuffer / mit jren ver= | legungen / | Durch | Matthaeum Friderich von | Gőrlitz. | 1552.

2. *Hosenteufel*

3. Spilteufel. | Ein gemein Ausschrei= | ben von der Spiler Brůderschafft | vnd Orden / sampt jren Stifftern / | guten wercken vnd | Ablas / | Mit einer kurtzen angehengter | erklerung / nůtzlich vnd | lůstig zu lesen. | Gedruckt zu Franck= | furt an der Oder / durch Johann | Eichorn / Anno / | M. D. LVII.

4. Von den zehen Teu= | feln oder Lastern / damit die bősen vn= | artigen Weiber besessen sind / Auch von zehen | Tůgenden / damit die frommen vnnd ver= | nůnfftigen Weiber gezieret vnnd be= | gabet sind / in Reimweis ge= | stelt / Durch Niclaus | Schmidt. | Jhesus Syrach am xxv. Cap. | Es ist kein

kopff so listig als der Schlangen | kopff / vnd ist kein zorn so bitter / als der frawen | zorn / Jch wolt lieber bey Lewen vnd Trachen | wonen / denn bey einem bôsen Weib / etc. | Vnd am xxvj. Cap. | Ein tugentsam Weib / ist ein edel gabe / vnd | wird dem gegeben / der Gott fûrchtet / er sey | reich oder arm / so ists jm ein Trost / vnd macht | jn allzeit frôlich. | M. D. LVII.
G 3ᵛ: Gedruckt zu Leipzig / durch | Georgium Hantzsch.

5. Der Jagteuffel / | Bestendiger vnd Wolgegrûnd= | ter bericht / wie fern die Jagten rechtmes= | sig / vnd zugelassen. Vnd widerûmb worin | nen sie jtziger zeit des mehrerteils | Gottlos / gewaltsam / vnrecht / | vnd verdamlich sein / Vnd | derhalben billich vnter= | lassen / oder doch | geendert wer= | den sol= | ten. | Durch | M. Cyria. Spangenberg. | Auffs newe vbersehen vnd | gebessert. | ANNO | 1. 5. 60.
b 2ʳ: Gedruckt zu Eisleben / bey | Vrban Gaubisch.

6.—31. Kleinere theologische Blätter und Schriften.

B2 *Titel, Format, Umfang und Zählung wie beim Jenaer Exemplar.*

Stark abgegriffener Sammelband, Pappdeckel, Pergamentrücken mit Inhaltsverzeichnis. Ecken und Kanten stark bestossen und abgeblättert. Texte zum Teil sehr stockfleckig, doch gut leserlich. Zahlreiche unterstrichene Textstellen. Handschriftliche Eintragungen auf den Vor- und Rückblättern von Jacob Grimm.

Eingeklebtes Exlibris auf vorderem Innendeckel:
Koenigliche Universitätsbibliothek zu Berlin. Aus der Bibliothek der Brüder Jacob und Wilhelm Grimm. 1865.

Der Sammelband enthält fünf andere 'Teufelbücher' und Texte des 16. und 17. Jahrhunderts.

Standort: Humboldt Universität Berlin W. 8.
Signatur: Ff. 13703.

Inhalt des Sammelbandes:

1. Wider den | Sauffteuffel / | Etliche wichtige vrsachen / | Warumb alle Menschen sich fur | dem Sauffen hůten | sollen. | Jtem / | Das das halb vnd gantz | Sauffen Sůnde : vnd in Got= | tes Wort verbo= | ten sey. | Jtem / | Etliche Einreden der | Seuffer / mit jren ver= | legungen. | Durch | Mattæum Friderich von | Gőrlitz. | M. D. LII.
G 4ʳ: Gedruckt zu Leip= | zig / Durch Georg | Hantzsch.

2. Gewissens Teuffel. | Das ist: | Einfeltiger | vnd Grůndtlicher Bericht von dem aller er= | schrecklichsten / Grewlichsten / vnd grossen Teuffel / des Ge= | wissens Teuffel / vnd desselbigen Grewel / wie er die Menschen verblende / | vnd listiger weise in allerley Sůnde vnd Schande fůhre / vnd nach begangener | Sůnde / jhnen aus der Fliegen einen grossen Elephanten mache / vnd sie also in | Angst vnd Noth / Schwermut vnd Hertzenleid / ja offt in Verzweiffelung vnd Ver= | zagung bringe / vnd also wol endlich ins ewige Verderben vnd Verdam= | nis stůrtze / aus heiliger Schrifft zusammen gezogen / vnd durch | viele denckwirdige Historien erkleret. | Durch | M. HENRICVM DECIMATOREM | Giffhornensem P. L. | S. Paulus 1. Tim. 1. | Vbe eine gute Ritterschafft / das du behaltest den Glauben vnd ein gut gewissen. | *[Holzschnitt]* | CVM GRATIA ET PRIVILEGIO, &c. | Zu Magdeburgk bey Johann Francken Buchfůhrer / | Jm Jahr 1604.
Aa 3ᵛ: Alldieweil in diesem Tractatu / Ehrn M. Heinrici Decj= | matoris / etc. Intitulirt: Gewissens Teuffel / nichts befindlj =/ ches / das der wahren reinen Religion zu wieder / oder sonsten | jemandes an seinen Ehren nachteyligen sein möchte: So | ist vergont worden / das derselbe allhier an diesem Ort / | aufgelegt / vnd gedruckt werden solle. | Rathslesery. | *[Holzschnitt]*.

3. Der Jagteuffel / | Bestendiger vnd Wolgegrůnd= | ter bericht / wie fern die Jagten rechtmes= | sig / vnd zugelassen. Vnd widerumb worin= | nen sie jtziger zeit des mehrertheils | Gottlos / gewaltsam / vnrecht / | vnd verdamlich sein / Vnd | derhalben billich vnter= | lassen / oder doch ge= | endert wer= | den sol= | ten. | Durch | M. Cyria. Spangenberg. | ANNO | 1. 5. 60.
biijᵛ: Gedruckt zu Eisleben / bey | Vrban Gau= | bisch.

4. Schrap Teufel. | Was man den Herr= | schafften schuldig sey / | Womit das | Volck beschwert werde / Was solche Beschwe= | runge fůr Schaden bringen / Was die | Schriffte darwider zeuge / Wie sie Gott straffe / Vnd mit welchen | Sůnden

sie das Volck | verdiene. | Alles aus Heiliger Schrifft mit | allem vleiss tractirt. | Durch | Ludouicum Milichium. | Anno 1567.

5. Wider den Ehteuffel. | *[Holzschnitt]* | Gedruckt zu Franckfurt an der Oder / | durch Johann. Eichorn / | Anno / | M. D. LVI.

6. *Hosenteufel*

7. Zwo Sermon oder | Predig / Wider den leidigen Geitz Teuffel / | So die Kirchen Gůtter zu sich reist / vnd | mit dem abtrůnnigen Juliano vnser | Schulen vnd Kirchen erberm= | lich verstôrt vnd einfrist. | Geprediget durch Johannem Winustede / | jetzund Pfarherr in der alten Stadt | Quedelburg / zu S. Blasius. | Psalmo LXXXiij. | Die da sagen / Wir wollen die Heuser | Gottes einnemen / Gott mache sie wie einen wir= | bel / wie Stopffel fûr dem Winde / Wie ein few= | er den Waldt verbrennet / Vnd wie eine Flamme die | Berge anzůndet / Also verfolge sie mit deinem weter / | Vnd erschrecke sie mit deinem vngewitter etc. | Gegeben inn der alten Stadt Quedelburg / | Zu einem Glůckseligen vnd frôlichem New= | en Jar / am tage Circumcisionis | Christi / Anno M. D. Lvij.
E 4ʳ: Gedruckt zu Schleusingen / durch | Herman Hamsing.

8. Morgen vnd | Abendsegen Dauids. | Aus dem CXXI. Psalm / in dreyen | vnterschiedenen Predigten abgehandelt | vnd erkleret / vnd | Auff begeren guthertziger Leute zum | Druck verfertiget. | Durch | Georgium Weinrich / der heiligen | Schrifft Doctorem vnd Professorem, | Superintendenten in Leipzig. | Leipzig / TYPIS HÆRED. BEYERI. | Jn vorlegung Johan: Bôrners. | Jm Jahr / | M. D C. v.
L 4ʳ: Gedruckt zu Leipzig / | Bey Valentin am Ende. | Typis Hæredum Beyeri. | *[Holzschnitt]* | Jm Jahr. | M. DC. V.

9. Drey Christliche Pre= | digten. | Vber den dritten | Psalm des Kôniglichen Pro= | pheten Dauids / | Bey der Christlichen Gemeine zu | Werdaw gehalten / | durch M. CASPARVM PAMLERN, | des orts vnwirdigen Pfarrern. | Allen beleidigten vnd betrůbten Her= | tzen anmutig zu lesen. | Coloß. 3. vers. 16. | Lehret vnd vermahnet euch selbs mit Psalmen / ꝛc. | Gedruckt zu Leipzig / durch Zacha= | rias Berwalds Erben. | Jn vorlegung Johan. Bôrners Buchhendlers. | Anno M. D. IC.

10. Flaggellum Antimelancholicum, | Das ist: | Christliche Geissel / | wider den Melancholischen Trawr= | geist vnd

Hertzfresser / | Aus Gottes Wort geflochten / vnd auff al= | lerley Fälle der Anfechtungen / vnd Melan= | cholischen Grillen gerichtet / | Erstlich / von dem weiland Ehrwür- | di= | gen / Achtbarn vnd Hochgelahrten Herrn Johann | Mûlman / S. S. Theol. Lic. Professorn, vnd Dienern | des Worts zu S. Niclas in Leipzig. | Vber den LXX. Psalm / in etlichen Pre= | digten ausgeleget: | Nun aber allen schwer= vnd wehemûtigen | Hertzen / zu trôstlicher erfrewung / auff vielfâltiges be= | gehren mit fleiß auffgesucht / vnd nebens einem kur= | tzen Register in Druck vbergeben. | Durch M. Christianum Mûlman / S. S. Theol. Bacc. | vnd Diacon. zu Pegaw. | Trôstet / trôstet mein Volck / ic. Esa. XL. cap. | Leipzig / Jn verlegung Abraham Lambergs / vnd/ Caspar Klosemans / Anno 1618.

Oo 4ʳ: Leipzig / | TYPIS LAMBERGIANIS, | Gedruckt durch Johann Glûck / im Jahr | M. DC. XVIII.

B³ *Titel, Format, Umfang und Zählung wie bei B¹, jedoch ist der Titelholzschnitt mehrfarbig handkoloriert.*

Neuerer schwarzgemusterter Pappdeckelband. Rücken und Ecken helles Leinen. Titelseite und letztes Blatt restauriert. Text gut erhalten.

Standort: Herzog August Bibliothek Wolfenbüttel.
Signatur: 293. 8 qu. 4°.

B⁴ *Titel, Format, Umfang und Zählung wie bei B¹, Titelholzschnitt mehrfarbig handkoloriert, identisch mit B³.*

Alter graugrüner Pergamentband mit durchgezogenem Pergamentriemen, Handschrift auf Innenseite des Pergaments. Erhabene Bünde. Handschriftliche Eintragungen in den Texten; diese gut erhalten.

Das Exemplar ist zusammengebunden mit fünf anderen 'Teufelbüchern' und Texten des 16. Jahrhunderts.

Standort: Bibliothek des Predigerseminars Braunschweig.
Signatur: F 119 b.

Inhalt des Sammelbandes:

1. Vom beruff vnd stand | der Kriegsleuth. | *[Holzschnitt]* D. Andreas Musculus. | ANNO, M. D. LVIII.
   K 3ᵛ: Gedruckt zu Franck= | furt an der Oder / | durch Johann | Eichorn. | ANNO | M. D. LVIII.

2. Wider den Ehteuffel. | *[Holzschnitt]* | Gedruckt zu Franckfurt an der Oder / | durch Johann. Eichorn / | Anno / | M. D. LVI.

3. Zwo Sermon oder | Predig / Wider den leidigen Geitz Teuffel / | So die Kirchen Gûtter zu sich reist / | vnd | mit dem abtrûnnigen Juliano vnser | Schulen vnd Kirchen erberm= | lich verstôrt vnd einfrist. | Geprediget durch Johannem Winustede / | jetzund Pfarherr in der alten Stadt | Quedelburg / zu S. Blasius. | Psalmo. LXXXiij. | DJE da sagen / Wir wollen die Heuser | Gottes einnemen / Gott mache sie wie einen wir= | bel / wie Stopffel fûr dem Winde / Wie ein few= | er den Waldt verbrennet / Vnd wie eine Flamme die | Berge anzûndet / Also verfolge sie mit deinem weter / | Vnd erschrecke sie mit deinem vngewitter etc. | Gegeben inn der alten Stadt Quedelburg / | Zu einem Glûckseligen vnd frôlichem New= | en Jahr / am tage Circumcisionis | Christi / Anno M. D. Lvij.
   E 4ʳ: Gedruckt zu Schleusingen / durch | Herman Hamsing.

4. Vom Gotslestern. | *[Holzschnitt]* | 1556.
   Aiiijᵛ: ... Gegeben zu Franckfort an der | Oder / den 1. Mar= | tij / im 1556. | Jar. | E. E. G. | W. | Andreas Musculus | Doctor.

5. Spilteuffel. | Ein gemein Ausschrei= | ben von der Spiler Brûderschaft | vnd Orden / sampt jren Stifftern / | guten wercken vnd | Ablas / | Mit einer kurtzen angehengter | erklerung / nûtzlich vnd | lûstig zu lesen. | Gedruckt zu Franck= | furt an der Oder / durch Johann | Eichorn / Anno / | M. D. LVII.

6. *Hosenteufel*

7. Wider den | Sauffteuffel / | Etliche wichtige vrsachen / | Warumb alle Menschen sich fur | dem Sauffen hûten | sollen. | Jtem / | Das das halb vnd gantz | Sauffen Sûnde / vnd in Got= | tes Wort verbo= | ten sey. | Jtem / | Etliche Einreden der Seuffer / mit jren ver= | legungen / | Durch | Matthaeum Friderich von | Gôrlitz. | 1552.

7*a.* Ein Sendbrieff | An die vollen Brüder / | in Deudschem Lande / | geschrieben / | Durch | Mattheum Friderich / | von Görlitz. | ANNO | 1555.

b. EPISTOLA | BONA FIDE SCRIPTA DE | quinque potatoribus a diabolo interfectis in ex= | trema ora Bohemiae. | Anno. 1551. | Haec vera historia vtinam exemplo suo multos | moueat, vt immanitatem hellua = | tionum, & contemptum dei | vitare studeant.

8. Ein Sermon | von dem grausamen | vnd vnmenschlichem laster des | volsauffens / vnd wie es Gott mit | ewiger vnd zeitlicher plage / auch | durch den Türcken / zu straffen | drawet / Aus dem funfften | Cap. Esaie genomen. | D. Eberhardt Weydensche. | Esaie. v. | Wehe denen so Helden sind | wein zu sauffen / vnd Krieger | mit bierzechen.
E 2ʳ: Gedruckt zu Magde- | burg durch Christian | Rödinger.

9. Von dem grewlichen laster | der trunckenheyt / so in disen letsten zeiten / | erst schier mit den Frantzosen auffkommen / Was füllerey | sauffen vnd zůtrincken / für jamer / vnrath / Schaden der seel vnd | des leibs / auch armůt vnd schedlich not anricht / vnd mit | sich pringt. Vnd wie dem vbel zů raten wer / grüntli= | cher bericht vnd ratschlag / auß götlicher gschrif= | te / durch Sebastian Franck. | *[Holzschnitt]* | Hůt euch das ewer hertz nit werd beschwert mit fressen vnnd sauffen | vnd sorg der narung / vnd kom̄ diser tag schnell vber euch / Luce. 21.

10. Der Jagteüfel | Bestendiger vnd | wolgegründter bericht / | wie fern die Jagten recht= | messig / vnd zuge= | lassen. | Vnd widerumb / worinnen sie | jtziger zeit des mehrerteils Gottlos / | gewaltsam / vnrecht / vnd verdamlich | sein / Vnd derhalben billich vn= | terlassen / oder doch | geendert wer= | den sol= | ten. | Durch | M. Cyriac. Spangenbergk. | Auffs newe vbersehen / corregiert | vnd gebessert.
b 4ʳ: Gedruckt zu Eisleben / in der | alten vnd löblichen Graff= | schafft Mansfeldt / durch | Vrban Gaubisch / won | hafftig auff dem | Graben. | 1561.

B5 *Titel, Format, Umfang und Zählung wie bei B¹.*

Abgegriffener grünlicher Pergamentband mit Lederriemen. Handschriftliches Verzeichnis auf beschädigtem Rücken.

*Standort: Herzog August Bibliothek Wolfenbüttel.
Signatur: 237. 5 Qu 4°.*

Inhalt des Sammelbandes:

1. Grüntliche anzeigung | was die Theologen des Churfürsten= | thumbs der Marck zu Brandenburgk | von der Christlichen Euangeli= | schen Lehr halten / lerhen | vnnd bekennen. | Auch warinne Andreas Osiander | wider solche Lehr vnrecht lerhet / Welchs auch | in diesem Buch / aus Heiliger schrifft / not= | tůrfftiglich gestrafft / vnd wider= | leget wird. | ROMA. I. | Reuelatur ira Deo de coelo super omnem impie= | tatem & iniustitiam hominum eorum, qui uerita= | tem Dei in iniustitia detinent. | Gedruckt zu Franckfordt an der Oder / | durch Johannem Eichhorn / | Jm Jar 1552.

2. ABdruck des Pas= | sawischen Vortrags / so | den andern Monats tag Augusti / | Anno etc. LII. auffge= | richt worden.

3. Des Durchleůchtig= | sten Hochgebornen Fůrsten vnnd | Herrn / Herrn Albrechten des Eltern / Marg= | graffen zu Brandenburg / inn Preussen / | zu Stettin / Pomern / der Cassuben | vnnd Wenden Hertzogen / Burg= | graffen zu Nůrmberg / vnnd | Fůrsten zu Růgen / 2c. | Mandat | An jhr Fůrstlichen Durchleůchtig= | keyt Vnderthanen außgangen den 11 Augusti / | ANNO. M. D. LV. | Gedruckt zu Kőnigsperg inn | Preussen / durch Johann | Daubman.

4. Historia vnnd erze= | lung der Handlung / so in dem lőbli= | chen vnnd Hochberůmbten Kőning | reich Behem / auff ires Kőnings Mandat / den / Churfůrsten zu Sachssen Hertzog Johans | Fridrichen etc. Vnd seine Land vnd Leut zu vberzi= | hen / in vorgangnem winter vnd Sonderlich | im Monat Februario sich zugetragen vnd | ergangen / vnnd jre erliche vnd Christ= | lich antwort darauff. | Mit einer Christlichen vermanung | an alle Gottfůrchtige vnnd frumme Hertzen / | solch Exempel dieses lőblichen Kőnigreichs / in die | sen ferlichen vnd vnchristlichen Kriegsleuf= | ten zubedencken / vnd sich auch nicht vn= | schůldig Christlich blut zuuergissen / | bewegen lassen. | M. D. XLVII.

5. Eine Leichpredigt / | in der Sepultur vnd begrebnis / der | Durchlauchtigsten / Hochgebornen Fůrstin | vnd Frawen / Frawen Elisabeth / gebor= | nen aus Kőniglichem Stamme zu | Denne-

marcken / Marggrafin= | nen zu Brandenburgk / | Churfürstin-
nen. etc. | Durch Joann Agricolam | Eissleben gethan. | Pretiosa
mors Sanctorum in con= | spectu Domini. | M. D. LV.

6. *Hosenteufel*

B6   *Titel, Format, Umfang und Zählung wie bei B¹.*

Heller Lederband der Zeit auf Holzdeckeln; umgebogene Kanten, erhabene Bünde, Schließen verloren. Ins Leder gestanzte Ornamente und biblische Motive. Inhaltsverzeichnis 1.—66. auf vorderem Innendeckel und Innenblatt, handschriftliche Eintragungen.

Das Exemplar ist Nr. 9 in einem umfangreichen Sammelband mit 69 anderen Texten des 16. Jahrhunderts.

    Standort: *Herzog August Bibliothek Wolfenbüttel.*
    Signatur: *Li Sammelband 19 (9) [alte Sign. F 1368].*

*B7   *Standort:* *Deutsche Staatsbibliothek Berlin W. 8.*
    Signatur: *Db 3061.*

*B8   *Standort:* *Deutsche Staatsbibliothek Berlin W. 8.*
    Signatur: *Db 3491.*

*B9   *Standort:* *Deutsche Staatsbibliothek Berlin W. 8.*
    Signatur: *Db 3371.*

*B10   *Standort:* *Universitäts- und Landesbibliothek Sachsen-Anhalt, Halle/Saale.*
    Signatur: *II i 1514 QK.*

*B11   *Standort:* *British Museum, London.*
    Signatur: *4372. bb. 19.*

*B12   *Standort:* *Universitätsbibliothek Lund.*
    Signatur: *—*

*B13 *Standort: Universitätsbibliothek Wrocław.*
Signatur: 460255 4 S 284,10.

C-*Drucke (1555)*

C1 Vom Hosen Teufel. | *[Holzschnitt]* | ANNO M. D. LV.
F *iij*ᵛ: Gegeben zů Franckfurt an | der Oder / am Tag Assumptionis Marie / An= | no Domini M. D. LV. | E. A. vnd E. W. | G. W. | Andreas Mu= | sculus Doctor.

Guter Nachschnitt des Titelblattes der Eichornschen Zweitausgabe, RH signiert (= Rueprecht Höller, Drucker zu Innsbruck?)[18]. *Dialektische Aenderungen im Text deuten nach Oberdeutschland.*

Format: Quart.
Umfang: 6 Bogen = 24 Blätter; Blatt F 4 leer.
Zählung: Bogenzählung A—F, ausgeführt bis Blatt iij.

Kustoden auf jeder Seite. Initialen am Anfang der Kapitel.

Neuerer bräunlich marmorierter Pappdeckelband. Auf Innendeckel Exlibris mit Wappen und Bibliotheca Regia Monacensis. *Einbindung beschädigt. Texte bräunlich, doch gut erhalten. Handschriftlich auf Titelblatt: Name des früheren Besitzers(?).*

Das Exemplar ist zusammengebunden mit anderen Texten des 16. Jahrhunderts.

Standort: Bayerische Staatsbibliothek München.
Signatur: Gall. g. 304.

---

[18] *Grimm,* Teufelbücher, *a. a. O., Sp. 1764, Nr. 2 g.*

Inhalt des Sammelbandes:

1. EXPLICATIO | BELLICORVM, QVIBUS | nunc Gallia miserrime conflictatur, tumultuum, | Reverendissimis & Illustrissimis Germaniae Princi= | bus Sacri Imperii Electoribus proposita ab Illu= | strissimi Principis Condaei Legatis, in publico Sacri | Imperii consessu, Francofurti Prid. Non. No= | vembr. 1562. | Cui interposita sunt aliquot literarum Regi= | nae, Regis Galliae matris exemplaria, | ad eundem Illustriß. Prin = | cipem missa. | LVCAE xviii. 7. 8., | Deus non vindicabit electos suos, vociferantes ad | se die ac nocte, etiam sie iram differat super ipsis? Dico | vobis (ait Christus) quod vindicabit eos cito. | M. D. LXIII.

2. DE PESTE | QVAESTONES| DVAE EXPLICATAE: | VNA, SITNE CONTA= | GIOSA: ALTERA, AN ET | quatenus sit Christianis per secessionem | vitanda. | Theodoro Beza Vezelio auctore. | *[Holzschnitt: Schlange um Anker, zwei Hände]* | GENEVAE. | APVD EVSTATHIVM VIGNON. | M. D. LXXX.

3. Des Durchleuch= | tigen Hochgebornen Fursten vnnd | Herrn / Herrn Wilhelms Hertzogen zu | Gulich / Cleve vnd Berg / Gra= | ven zu der Marck vnnd| Ravensberg / Her= | ren zu Raven= | stein / ꝛc | Wolmeinēdt gnedigs bedencken / Mandat vnd beuelch / wie es jnn jtzigen sorglichen verkerten leuffen / mit den Widerteuf= | fern / Widergetaufften / Sacramentierern vnnd anderen | Sectarien / Busch vnd winckel Predigern / auch | Auffrurischen / jrer verfolgung vñ straff | halber ꝛc in jhrer F. G. Fursten= | thumben / Landen / Gebie= | ten / vnnd sonst bey | den jren zu= | halten.| Gedruckt zu Cöln bey Godfrid | Hirtzhorn. | M. D. LXV.
  C 2ʳ: Geben zu Dusseldorff vnder vnse= | rem hieruff getruckten secret Sigell / in | den jaren vnsers Herrn Tausent Funff= | hundert vnd Funffvndsechtzig | am dreivndzweintzisten | tag des Monats | Januarij.

4. *Hosenteufel*

5. Ein liepliche hystory von dē hoch | gelerten meister Lucidario. | *[zwei Holzschnitte].*
  E 8ʳ: Getruckt zů Straßburg. Durch Ma= | thiam Hüpfuff. Als man zalt nach | der geburt Christi vnnsers lie= | ben herren / tausent fünff= | hundert vnnd vier= | tzehen Jare.

6. In disem biechlin | wirt erfunden von Cōplexi= | on der menschen. Zů erlernen leypliche vnd | menschliche natur / ir sittē /

geberdē vn͂ | neyglicheit zů erkēnen vn͂ vrteylen. | *[Holzschnitt]*.
C 4ʳ: Getruckt vnnd volendet in der lob͛ | lichē statt Straßburg / durch Jo͛ | hannē Knobloch. Als man zalt | nach d' geburt Christi vnsers | herrē / Tausent Fünffhun͛ | dert vn͂ sechtzehē Jare.

C² *Titel, Format, Umfang und Zählung wie bei C¹.*

Heller Lederband der Zeit (Leder nur bis Mitte der Holzdeckel), scheinbar aus Jesuitenbesitz. Vorderer Holzdeckel nur teilweise vorhanden. Lederschließen verloren. Auf der Innenseite der Vorder- und Rückendeckel mit Stücken einer lateinischen Handschrift beklebt. Erhabene Bünde. Handschriftliche Eintragungen auf Rücken, Vor- und Rückblättern. In der gleichen Hand Zeichnung auf zweitem Vorblatt. In fast allen Texten handschriftliche Anmerkungen. Texte gut erhalten, wenn auch Blätter zum Teil beschädigt.

Das Exemplar ist zusammengebunden mit drei anderen 'Teufelbüchern' und Texten des 16. Jahrhunderts.

Standort: Bayerische Staatsbibliothek München.
Signatur: Asc. 1203 [alte Sign. th. Pol. 1571].

Inhalt des Sammelbandes:

1. Wie vnd waß massen | Gott der Herr / zů allen zeitten / ge͛ | straffet hab / die / so freuenlich / widerrecht / fůg / vnd billichkait / Geistliche gůter / | eingezogen / Kirchen vnd Klö͛ | ster beraubt / vnd entun͛ | ehret haben. | Durch ainen gůthertzigen / Christli͛ | chen / vnnd Catholischen / beschriben / vnd auß | Göttlicher hailiger geschrifft / vnd Christen͛ | lichen / auch Haydnischen Historien / | allen gůten vnd frommen Chri͛ | sten / zůr warnung vnnd | besserung / zůsam͂ | gezogen. | Val. Max. lib. 1 de neglecta religione. | Brennus Gallorum dux, Delphis Apollinis tem͛ | plum ingressus (spoliandi animo) Dei | uoluntate manus in se conuertit. | M. D. LX.

L 4ʳ: Dises Bůchlin ist in dem 1555. jar gemacht | worden / von ainem gůthertzigen alten | Catholischen / vnnd jetz an das liecht in druck geben. | M. D. LX. | SILEGERIS IVDICA. | FINIS. | Gedruckt zů Ingolstat.

2. Wider den Sauffteüf= | fel / gebessert / vnnd an vilen | örthern gemehret. | Jtem / Ein Sendbrieff des Hellischen | Sathans / an die Zůtrincker / vor 45. | Jaren zůuor auß gegangen. | Jtem / Ein Sendbrieff Matthei Friderichs / | an die Vollen Brůder in Deütschem Lande. | *[Holzschnitt]* | M. D. Lvij.
S 4ʳ: Gedrůckt zu Franckfurt an der Oder / | durch Johan. Eichorn / | Anno / M. D. Lvij.

3. Spilteüfel. | Ein gemein Ausschrei= | ben von der Spiler Brůderschafft | vnd Orden / sampt jren Stifftern / | gůtten Wercken vnnd | Ablaß: | Mit einer kurtzen angehengter | erklärung: nützlich vnnd | lustig zu lesen. | Gedruckt zů Franck= | furt an der Oder/ durch Jo = | hann Eychorn / Anno | M. D. Lvij.

4. Der Jagteuffel / | Bestendiger vnd Wolgegrůnd= | ter bericht / wie fern die Jagten rechtmes= | sig / vnd zugelassen. Vnd widerůmb worin | nen sie jtziger zeit des mehrertheils | Gottlos / gewaltsam / vnrecht / | vnd verdamlich sein / Vnd | derhalben billich vnter= | lassen / oder doch | geendert wer= | den sol= | ten. | Durch | M. Cyria. Spangenberg. | Auffs newe vbersehen vnd | gebessert. | ANNO | 1. 5. 60.
b 2ʳ: Gedruckt zu Eisleben / bei | Vrban Gaubisch.

5. Vom Berůff vnd stand | der Kriegsleüth. | *[Holzschnitt]* | D. Andreas Musculus / | ANNO M. D. LVIII.

6. Hosenteufel

C² *Titel, Format, Umfang und Zählung wie bei C¹.*

Heller Lederband der Zeit, auf Holzdeckeln, erhabene Bünde, Metallschließen verloren. Ins Leder gestanzte biblische Motive und Ornamente. Rücken leicht beschädigt. Handschriftliche Eintragungen auf den Innendeckeln und dem Rückblatt.

Das Exemplar ist zusammengebunden mit einem anderen Text des 16. Jahrhunderts.

*Standort: Bayerische Staatsbibliothek München.
Signatur: P. o. germ. 106.*

Inhalt des Bandes:

1. Das Påpstisch Reÿch. | Jst ein Buch lüstig zu | lesen allen so die warheit lieb haben / | Darin der Babst mit seinen gelidern / leben / | glauben / Gottsdienst / gebreüchen vnd | Cerimonien / so vil müglich / war= | hafftig vnd auffs kürtzeste be | schrieben / getheilt in vier | Bůcher / Durch | Thomam Kirchmair. [Holzschnitt] | MVTATIO EST DEXTERAE EXCELSI | M. D. LV.

2. *Hosenteufel*

C4 *Format, Umfang und Zählung wie bei C¹, jedoch fehlt das Titelblatt.*

Neuerer grauer Leinenband. Texte stockig, doch gut erhalten. Auf dem Titelblatt: Collegij Societatis Jesu Monachij. 1507. à D: franz.

Das Exemplar ist zusammengebunden mit einem anderen 'Teufelbuch' und einem Text des 16. Jahrhunderts.

*Standort: Bayerische Staatsbibliothek München.
Signatur: Mor. 192.*

Inhalt des Bandes:

1. Wider den | Sauffenteüffel / | | Etliche wichtige vrsachen / | Warumb alle Menschē | sich vor dem Sauffen | hüeten sollen / | | Jtem / | Dz das halb / vnd gantz | Sauffen Sünde / vnnd in | Gottes wort verbotē sey. | Jtem / | Etliche Einredē 8 Seüf= | fer / mit jren verlegungē. | Durch | Matheum Friderich von | Gőrlitz.
G 4ʳ: Gedruckt in der Fürstlichen Stat zu Ynß= | prugg / durch Rueprechten Hőller | in der Hoffgassen.

2. Vonn dem grewlichen laster | der trunckenheit / so in disen letsten zeiten erst | schier mit dē Frantzosen auff komen / Was füllerey / sauffen vñ zůtrin= | cken / für jamer vnd vnrath / schaden der seel vñ des leibs / auch armůt | vnd schedlich not anricht / vnd mit sich bringt. Vnd wie dem | vbel zů raten wer / gruntlicher bericht vnd rathschlag / | auß gŏtlicher geschrifft. Sebastian Franck. | *[Holzschnitt]* | Hůt euch das ewer hertz nit beschwert werd mit fressen vñ sauffen / | vnd sorg der narung / vnd kom̃ diser tag schnell vber euch. Luc. 2.

3. *Hosenteufel [ohne Titelblatt]*

C⁵ *Titel, Format, Umfang und Zählung wie bei C¹.*

Pappband des 19. Jahrhunderts. Papier teilweise stärker gebräunt und fleckig.

Standort: Württembergische Landesbibliothek Stuttgart. Signatur: Theol. 4° 3415.

*C⁶ *Standort: Abtei Neresheim, Württemberg. Signatur: T 357/6.*

*C⁷ *Standort: German. Nationalmuseum Nürnberg. Signatur: 8° Lr. 155/1.*

*C⁸ *Standort: Königl. Bibliothek Kopenhagen. Signatur: *23, — 300, 4°.*

D-*Drucke (1556)*

D¹ Vom Hosen Teuffel. | *[Holzschnitt]* | Gedruckt zu Franckfurt an der Oder / | durch Johan. Eichorn / | ANNO M. D. LVI.

Fr: Gegeben | zu Franckfurt an der Oder / am | tag Assumptionis Mariae / | Anno / | M. D. LV. | E. A. vnd E. W. | G. W. | Andreas Musculus | Doctor.

Titelholzschnitt wie die Zweitausgabe.

Format: Quart.
Umfang: 5 Bogen = 20 Blätter.
Zählung: Bogenzählung A—E, ausgeführt bis Blatt iij.
Kustoden auf jeder Seite. Initialen zu Anfang der Kapitel.
Bräunlich marmorierte Broschur. Papier stockig. Text gut erhalten.
Standort: Bayerische Staatsbibliothek München.
Signatur: Mor. 352.

D² *Titel, Format, Umfang und Zählung wie bei D¹.*

Alter abgegriffener Schweinslederband, losgelöste Kanten. Lederbänder als Schliessen. Erhabene Bünde. Texte zum Teil losgelöst und stockig, doch gut leserlich. Vereinzelte handschriftliche Eintragungen.

Das Exemplar ist zusammengebunden mit anderen Texten des 16. Jahrhunderts.

Standort: Herzog August Bibliothek Wolfenbüttel.
Signatur: 264. 32 qu.

Inhalt des Sammelbandes:

1. Clare vnnd helle Ant= | wort / auff den vngegründten / löster= | lichen Gegenbericht / Jude Jscarioth / | so sich Fridericum Scaphy= | lum nennet. | Vom rechten verstand des Göttlichen worts. | Von dolmetschung der Teütschen Bibel. | Von der Einigkeit der Lutherischen Predi= | canten. | Durch | Jacobum Andree / ꝛc. | MATH. XXVI. | Was wolt jr mir geben / ich will jn euch verrhaten; vnd sie botten | jm dreissig Silberling dar. | MATH. XXVII. | Da aber sahe / der jn verrhaten hette / das er verdampt ware zům | Todt / gerewet es jn / vnd sprach zů den hohen Priestern. Ich hab übel | gethon / das ich vnschuldig Blůt verrhaten habe. | Sie sprachen / was geht vns das an? da sihe du zů. Vnd er warff | die Silberling

in den Tempel / hůb sich daruon / gieng hin / vnd er= | hengte sich selbs. | Getruckt zů Tůbingen / 1561.

2. *Hosenteufel*

3. Etwas neus | Ein sehr andechttige Predig / welche | der heylig Weihbischoff zu Bamberg in eygner | person bey S. Mertin / mit seufftzen vnd | threnen gethan hat / am Palmenn | Sontag im 1555. jare / Von | dem seligen Einreyten | vnsers Lieben Hernn | vnd Heylands Jhesu | Christi / zu Hierusa | lem geschehen. | Auch dabey des H. Mans vberaus Wůnder= | barlicher Treume zwene / auß welchen mann | kůnstlich Kochen vnd Lachen lernen mag ꝛc. | Endtlich aber / Ein wunderliche schŏne Hi= | storia von dem Palm weyhen / durch des | Weyhbischoffs Leutenampt ꝛc. | Zu Lob vnd preyß dem hŏchsten Gott / | Zu Trutzs dem Teůffel vnd seyner Rott. | Kauff vnd Ließ mich (O) fromer Christ / | Lern was jhr Weyh vnd Predig ist.

4. Des Durchleuch= | tigen / Hochgebor= | nen Fůrsten vnnd Herrn / Herrn | Albrechten / Marggraffen zu | Brandenburg / des jůngern / zu | Stetin / Pomern / der Cassuben vnd Wen = | den / inn Preůssen / Auch inn Schlesien zu | Oppeln vnd Ratibarn Hertzogen / Burg= | grafe zu Nůrnberg / vnd Fůrst zu Ru= | gen / etc. gemein Ausschreiben | vnd vrsachen dieser fůr= | genommen Ex= | pedition. | Anno 1552.

5. Copey wie Land= | graffe Wilhelm / zu | Hessen sich gegen der Keyser= | lichen Maiestat ver= | waret. | Anno. | 1552.

6. DEs Durchleuch= | tigen Hochgebornen Fursten vnd Herren / | Herren Albrechtes des Jůngern / Margrauens zů Bran= | denburg ꝛc. Offentliche warhaffte vnd gegrůndte be= | richt / Welcher gestalt / die beede Bischoff Bamberg | vnd Wůrtzburg sambt jren Thumbcapiteln / wi= | der jre Brieff vnd Sigel / so die Keyserliche Måyestat zůhalten Confirmirt / vnd hoch= | gedachten Fůrstlichen Gnaden trewloß / vnd | Sigelbrůchig worden / auch als die | offentliche Landtfridbrecher / vnd | bescheder / sein Fůrstlichen Gna= | den zůerlaubter not / vnd ge= | gen weher verursacht / | vnd gedungen | haben. *[Wappen]*.

7. Der Hochwirdigen | Fůrsten vnd Herren | Herrn Weiganden Bischouen zu Bamberg | Vnd | Herrn Melchiorn Bischouen zu Wůrtzburg | vnd Hertzogen zu Francken | Auch | Ains Erbarn Raths zu Nůrnberg | HOchuerursachte verantwortung vñ warhaf= | ter gegrůnter gegenbericht / auf des erclerten Echters / Marg= | graf Albrechten des Jůngern von Brandenburg /

erdichte | verunglimpfung / Als solten Hochgedachte Fůrsten / vnd ain Rath / keinen | friden nye annemen / Auch (wie er außgeben) denselben vmb drey heller | nit kauffen wŏllen / mit sampt verlegung vnd ablainung etlicher | mer vngegrůndter vnuerschuldter schmehungen. | M. D. LV. | *[Holzschnitt]*

8. ABdruck des Pas= | sawischen Vortrags / so | den andern Monatstag Augusti / | Anno etc. LII. auffge= | richt worden.

D³ *Titel, Format, Umfang und Zählung wie bei D¹.*

Brauner Pappdeckelband neueren Datums. Neue Vorblätter, unbeschriftet.

Standort: Stadt- und Bezirksbibliothek Frankfurt/Oder. Signatur: I 235 1556.

***D⁴** *Standort: Nationalbibliothek Széchényi, Budapest. Signatur: Antiqua 4199.*

***D⁵** *Standort: Königl. Bibliothek Kopenhagen. Signatur: *23, — 300, 4°.*

***D⁶** *Standort: Bibliothèque Nationale et Universitaire Strassburg. Signatur: R 103 582.*

E-*Drucke (1556)*

E¹ Vom Hosen Teuffel. | *[Holzschnitt]* | Gedruckt zu Franckfurt an der Oder / | durch Johan. Eichorn / | ANNO. M. D. LVI.
F 2ʳ: Gegeben | zu Franckfurt an der Oder / am | tag Assumptionis Mariae / | Anno / | M. D. LV. | E. A. vnd E. W. | G. W. | Andreas Musculus | Doctor.

Titelholzschnitt wie die Zweitausgabe, jedoch alle Titelzeilen rot, anscheinend Neusatz von D, doch gleiches Format und gleicher Umfang.

Format: Quart.
Umfang: 5 Bogen = 20 Blätter.
Zählung: Bogenzählung A—E, ausgeführt bis Blatt iij.
Kustoden auf jeder Seite. Initialen am Anfang der Kapitel.
Bräunlich marmorierte Broschur. Papier stockig, Text gut erhalten.
Standort: Bayerische Staatsbibliothek München.
  Signatur: Mor. 353.

E² *Titel, Format, Umfang und Zählung wie bei E¹.*

Zeitgenössischer heller Lederband (Holzdeckel), erhabene Bünde, ins Leder gestanzte Ornamente und Bibelmotive. Texte stockig, teilweise zerfressen. Handschriftliche Eintragungen auf Innendeckel und im Text. 1963 restauriert lt. Notiz auf hinterem Innendeckel. Theol. 57 *auf vorderem Innendeckel.*

Das Exemplar ist zusammengebunden mit fünf anderen 'Teufelbüchern' und einem Musculus-Traktat.

Standort: Sächsische Landesbibliothek Dresden.
  Signatur: Theol. ev. mor. 70.

Inhalt des Sammelbandes:

1. Der Jagteüffel | Bestendiger vnnd wolgegründter be= | richt wie fern die Jagten rechtmessig / vnd zugelassen. | Vnd widerůmb worinnen sie jtziger zeit des mehrer= | theils Gottlos / gewaltsam / vnrecht / vnd verdamlich | sein / Vnd derhalben billich vnterlassen / oder | doch geendert werden solten. | *[Holzschnitt]* | Auffs new widerumb Corrigirt. | Durch | M. Cyriacum Spangenberg. | M. D. LXI.

2. Wider den Fluchteuffel | *[Holzschnitt]* | 1556.
   A 4ᵛ: ... Gegeben zu Franckfort an der | Oder / den 1. Mar= | tij / im 1556. | Jar. | E. E. G. | W. | Andreas Musculus | Doctor.

3. Widder den Sauffteuf= | fel / gebessert / vnd an vielen | örtern gemehret. | Jtem / Ein Sendbrieff des Helli- schen | Sathans / an die Zutrincker / vor 45. | Jaren zuuor aus gegangen. | Jtem / Ein Sendbrieff Matthaei Fride- richs / | an die Follen Brüder in Deutschem Lande. | *[Holz- schnitt]* | M. D. LXI.
   S 4ʳ: Gedruckt zu Franckfurt an der Oder / | durch Johan. Eichorn / | Anno / | M. D. LXI.

4. *Hosenteufel*

5. Vom Juncker Geitz vnd | Wucherteufel / | So jtzt in der Welt in allen | Stenden gewaltiglich | regieret. | An alle Stende des Deut= | schen Reichs geschrieben / | Durch | Albertum von Blanckenberg. | An den Leser. | Fromer Christ kauff vnd liß mich mit trewen / | Dein geld soll dich gewis nicht rewen. | Denn hierin wird dir vermelt / | Wie du brauchen solst gut vnd gelt. | Aller Welt sinn vnd muth / | Stehet nach dem zeitlichen gut / | Vnd wenn sie das erwerben / | So legen sie sich nieder vnd sterben. | 1562.
   J 3ᵛ: Gedruckt zu Eisleben bey | Vrban Gaubisch. | 1562.

6. Faul Teufel / | Wider das Laster des Müssig= | ganges / Christlicher warhafftiger vnter= | richt / vnd warnung / aus grundt der heili= | gen Schrifft / vnd den alten Christli= | chen Lerern / Auch ander Weisen | Sprüchen / mit vleis zu= | sammen bracht / | Durch | Joachimum West= | phalum Jslebiensem / Kir= | chendiener zu Sanger= | hausen. | M. D. LXIII.
   G 4ʳ: Gedruckt zu Eisleben / durch | Vrban Gaubisch.

7. Vom beruff vnd stand | der Kriegsleuth. | *[Holz- schnitt]* | D. Andreas Musculus. | ANNO. M. D. LVIII.
   K 3ᵛ: Gedruckt zu Franck= | furt an der Oder / | durch Johann | Eichorn. | ANNO | M. D. LVIII.

E³ *Titel, Format, Umfang und Zählung wie bei E¹.*

Stark beschädigte Broschur, auf Leder geklebt und mit Bändern versehen. Papier vergilbt und teilweise zerfressen, Texte jedoch gut erhalten.

Das Exemplar ist zusammengebunden mit vier anderen 'Teufelbüchern'.

Standort: Staatliche Bibliothek Regensburg.
Signatur: Asc. 26.

Inhalt des Sammelbandes:

1. Widder den Sauffteuf= | fel / gebessert / vnd an vielen | örtern gemehret. | Jtem / Ein Sendbrieff des Hellischen | Sathans / an die Zutrincker / vor 45. | Jaren zuuor aus gegangen. | Jtem / Ein Sendbrieff Matthei Friderichs / | an die Follen Brůder in Deutschem Lande. | *[Holzschnitt]* | M. D. LXI.
   S 4ʳ: Gedruckt zu Franckfurt an der Oder / | durch Johan. Eichorn / | Anno / | M. D. LXI.

2. Wider den Fluchteuffel | *[Holzschnitt]* | 1556.
   A 4ᵛ: ... Gegeben zu Franckfort an der | Oder / den 1. Mar= | tij / im 1556. | Jar. | E. E. G. | W. | Andreas Musculus | Doctor.

3. *Hosenteufel*

4. Faul Teufel / | Wider das Laster des Mûssig= | ganges / Christlicher warhafftiger vnter= | richt / vnd warnung / aus grundt der heili= | gen Schrifft / vnd den alten Christli= | chen Lerern / Auch ander Weisen | Sprûchen / mit vleis zu= | sammen bracht / | Durch | Joachimum West= | phalum Jslebiensem / Kir= | chendiener zu Sanger= | hausen. | M. D. LXIII.
   G 4ʳ: Gedruckt zu Eisleben / durch | Vrban Gaubisch.

5. Wider den Ehteuffel. | *[Holzschnitt]* | Gedruckt zu Franckfurt an der Oder / | durch Johann. Eichorn / | Anno / | M. D. LXI.

E⁴ *Titel, Format, Umfang und Zählung wie bei E¹.*

Gepreßter heller Lederband der Zeit auf Holzdeckeln mit ins Leder gestanzten Köpfen. Vorderdeckel fehlt zu 2/3, Rückendeckel nur 1/3 mit Leder bezogen.

Das Exemplar ist mit vier anderen 'Teufelbüchern' und fünf Texten des 16. Jahrhunderts zusammengebunden.
Standort: Herzog August Bibliothek Wolfenbüttel.
Signatur: 125.43 Q.

Inhalt des Sammelbandes:

1. Christliche | Vermanunge aus dem CXXVIII | Psalm / zur Einsegunge des | Durchlauchten Hochgebornen | Fůrsten Hertzogen Augustn zu Sachssen / Vnd seiner Fůrstl. | G. Gemahel Fraw Anna ge= | borne aus Kőn. Stam̅ zu Den= | nemarck ꝛc. Durch Fůrst Geor= | gen zu Anhalt etc. Thumprobst | etc. geschehen zu Thorgaw / | Montags den achten | Octobris / | Anno | 1548.
L 5ᵛ: Gedruckt zu Leipzig / durch | Valentin Babst. | M. D. XLVIII.

2. Sendbrieff | Rabbi Samuelis des | Juden / darinn er anzeigt vnd bewer= | lich vernicht die ődẽ vnd vnfruchtbarn hoffnung | der Juden / die sie haben von Messia / das der selbig | noch kommen soll / Auß Arabischer sprach ins | Teütsch bracht. Auch | ein Epistel Pontij Pilati von der vr= | stend Christi vnsers selig= | machers. | Item die weissagung der zwőlff | Patriarchen / von der wa= | ren zůkunfft Christi. | Zů Franckfurt truckts Cyriacus | Jacob zům Bart. | Im Jar / M. D. Xliiij.

3. Ein Warnūg | buchlein / Wie man | sich fur der alten Papisten gro= | ben vnd dőlpischen / vnd furnemlich | fur der newen listigen vnd teu= | schenden leren hůten sol. | *[Brustbild des Erasmus Sarcerius mit Einrahmung:* ERASMVS. SARCERIVS. ANNAEMONTANVS. AETATIS. SVAE LV *und Jahreszahl:* 1555*]* | Durch Erasmum Sarce= | rium beschrieben.

4. Von Gůten vnd | Bősen Nachbaurn. | WIe ein reicher Kauffmann | aus Probant in das Künigreich Por= | tugal zohe /

wie es ihm nachmals auff | dem Mer mit einem Hispanischen krancken Kauffman | ergangen ist. Wie er den selbigen mit jm zů haus fůret / | sein inn seiner kranckheit wol pflegen lasst / vnnd | nachmals sein Tochter gibt. Auch wie sich ein | junger gesel auff der Wanderschafft hal= | ten sol / Fast kurtzweilig zů lesen / | Newlich an tag geben / durch | Georg Wickram / statt= | schreiber zů Burck= | haim. | Wer zů weg baut der selb nit kan | Sein baw aus fůren yederman / | Das der bleib vngetadlet stohn | Ich wags lass red für ohren gohn. | Gedruckt zů Strassburg Inn | Knoblochs Druckerey.
BB 4ᵛ: Gedruckt zů Strassburg / | Inn Knoblochs Druckerey. | M. D. lvj.

5. Wider den Ehteuffel. | *[Holzschnitt]* | Gedruckt zu Franckfurt an der Oder / | durch Johann. Eichhorn / | Anno / | M. D. LVI.

6. Von den Zehen Teu= | feln oder Lastern / damit die bösen vn= | artigen Weiber besessen sind / Auch von zehen | Tůgenden / damit die frommen vnnd ver= | nůnfftigen Weiber gezieret vnnd be= | gabet sind / in Reimweis ge= | stelt / Durch Niclaus | Schmidt. | Jhesus Syrach am xxv. Cap. | Es ist kein kopff so listig als der Schlangen | kopff / vnd ist kein zorn so bitter / als der frawen | zorn / Jch wolt lieber bey Lewen vnd Trachen | wonen / denn bey einem bösen Weib / etc. | Vnd am xxvj. Cap. | Ein tugentsam Weib / ist ein edel gabe / vnd / wird dem gegeben / der Gott fůrchtet / er sey | reich oder arm / so ists jm ein Trost / vnd macht | jn allzeit frölich. | M. D. LVII.
G iijᵛ: Gedruckt zu Leipzig / durch | Georgium Hantzsch.

7. Von Tantzen / | Vrtheil / | Auß Heiliger Schrifft / vnnd den alten | Christlichen Lerern gestelt. Durch M. Melchior Ambach Predi= | ger zů Franckfůrdt. | Item. | Warhafftige verantwortung vnnd widerlegung | des vnbescheiden / Schmåhlichen schreibens / | von Tantzen / Jacobj Ratz Predicanten | zur Newenstadt am Koch / wider | jetztgemelt Vrtheil M. Melch= | ior Ambachs / newlich | auß gangen. | Gedruckt zů Franckfůrdt / am Mayn / | durch Herman Gůlfferich. | M. D. XLV.

8. *Hosenteufel*

9. Vom Gotslestern. | *[Holzschnitt]* | 1556.
A iiijᵛ: ... Gegeben zu Franckfort an der | Oder / den 1. Mar= | tij / im 1556. | Jar. | E. E. G. | W. | Andreas Musculus | Doctor.

10. Widder den Saufteuf= | fel / gebessert / vnd an vielen | örtern gemehret. | Item / Ein Sendbrieff des Helli-schen | Sathans / an die zutrincker / vor 45. | Jaren zuuor aus gegangen. | Item / Ein Sendbrieff Matthæi Friderichs/| an die Follen Brůder in Deutschem Lande. | *[Holzschnitt]* | M. D. LVII.
S 4ʳ: Gedruckt zu Franckfurt an der Oder / | durch Johan. Eichorn / | Anno / | M. D. LVII.

E⁵ *Titel, Format, Umfang und Zählung wie bei E¹.*

Heller Lederband der Zeit mit blindgepreßten Porträts und Motiven. Umgebogene Kanten, erhabene Bünde, Schließen verloren. Inhaltsverzeichnis handschriftlich auf vorderem Buchblock, darunter: G 99. *Texte sehr gut erhalten. Auf Vorderdeckel oben:* H I A *unten:* 1558.

Das Exemplar ist zusammengebunden mit zwei anderen 'Teufelbüchern' und einem Text des 16. Jahrhunderts.

Standort: Universitätsbibliothek Rostock.
Signatur: Fm — 1054.

Inhalt des Bandes:

1. Von bösen Zungen / | Widder das verfluchte Teufflische laster des | Verleumbdens / Ligens / Affterredens etc. | Wider das achte Gebot Gottes / zur | beschwerung des nechstens. | Durch | M. Joannem Pollicarium / Predi= | ger zu Weissenfels. | *[Holzschnitt, oben darin:* CALVMNIA. | *Zueignung:* 1556.
T 4ʳ: Zu Leipzig. | Durch Georg Hantzsch.

2. Hosenteufel

3. Widder den Saufteuf= | fel / gebessert / vnd an vielen | örtern gemehret. | Jtem / Ein Sendbrieff des Hellischen| Sathans / an die Zutrincker / vor 45. | Jaren zuuor aus gegangen. | Jtem / Ein Sendbrieff Matthaei Friderichs / | an die Follen Brůder in Deutschem Lande. | *[Holzschnitt]* | M. D. LVII.

S 4ʳ: Gedrůckt zu Franckfurt an der Oder / | durch Johan. Eichorn / | Anno / | M. D. LVII.

4. Vom Gotslestern | [Holzschnitt] 1556.
A iiijᵛ: ... Gegeben zu Franckfort an der | Oder / den 1. Mar= | tij / im 1556. | Jar. | E. E. G. | W. | Andreas Musculus | Doctor.

E⁶ *Titel, Format, Umfang und Zählung wie bei E¹.*

Neuerer brauner Lederband, etwas abgestoßen. Text zum Teil restauriert, einzelne Blätter (D und E) lose, auch doppelt, anscheinend aus anderen Exemplaren zusammengetragen, ebenso Bl. A2 und A3 (Reime).

Standort: Privatbesitz Prof. Joh. Schultze, Berlin 33.

*E⁷ *Standort: Sächsische Landesbibliothek Dresden.*
Signatur: Theol. ev. mor. 65.

*E⁸ *Standort: Sammlung Adam, Goslar.*
Signatur: Nr. 1439.

*E⁹ *Standort: Deutsche Staatsbibliothek Berlin W. 8.*
Signatur: Db 3123.

F-*Drucke (1556)*

F¹ Vom Hosen Teuffel. | [Holzschnitt] | Gedruckt zu Franckfurt an der Oder / | durch Johan. Eichorn / | ANNO M. D. LVI.
E 4ʳ: ... Gegeben | zu Franckfurt an der Oder / am | tag Assumptionis Mariae / | Anno / | M. D. LVI. | E. A. vnd E. W. | G. W. | Andreas Musculus | Doctor.

Titelholzschnitt wie die Zweitausgabe, Titelzeilen unterschiedlich in der Farbe.

Format: Quart.
Umfang: 5 Bogen = 20 Blätter.
Zählung: Bogenzählung A—E, ausgeführt bis Blatt iij.

Kustoden auf jeder Seite. Initialen am Anfang der Kapitel.

Heller Pergamentband der Zeit auf Holzdeckeln, umgebogene Kanten, rotgesprenkelter Buchblock, durchgezogener Riemen, erhabene Bünde. Blindgepresste Ornamente auf Rücken und Deckeln. Teilweise handschriftliches Inhaltsverzeichnis auf Rücken. Sehr klare, saubere Texte, letzter Text handschriftlich.

Das Exemplar ist zusammengebunden mit elf theologischen Schriften des 16. Jahrhunderts.

Standort: Herzog August Bibliothek Wolfenbüttel.
Signatur: 258. 2. Th.

Inhalt des Sammelbandes:

1. Von der kirchen liebli= | chen vereinigung / vnd von hinlegūg | diser zeit haltender spaltung in der glauben leer / ge= schri | ben durch den hochgelerten vnd weitberiempten | herren Des. Eras. von Roterdam. | Jn welchem büchlin würt vff den eini | gen heiland vnseren herren Jesum Christum gewisen / alle not | wendige ordinantzen sampt der gewalt vff zu bawen / gemeiner kirchen | vertādiget / auch trewlich geraten / das man der beschuldigten partey | glauben / frey vnd vnuerfolget lasse / vnd deßhalb fruchtbare | mittel des fridens angezeigt / fast gūt vnd besserlich | zu allen parteyen / die friden mit Gott | lieb haben. | Von befridūg der kirchen an den hoch | würdigsten ꝛc. Ertzbischoff vnd Churfursten zu | Mentz vnd Magdenburg ꝛc. | Doctor Wolfgang Capito. | Getruckt in der loblichen stat Straß= | burg durch Mathiam Apiarium / im 1533. jar.
n 4ʳ: Getruckt in der loblichen stat Straß= | burg durch Mathiam Apiarium / im 1533. jar.

2. Was von dem yetz auß= | geschribnem Tridentischen Concilio zū | halten sei. Drei gespråch. | Psal. XXVI. | Jch sitzt nit bei den eiteln leüten / vnd habe nit ge= | mainschafft mit den

tückischen. | Jch hasss die versamlung der bößhafftigen / vnd | wil nit sitzen bei den gottlosen. | Anno, etc. LI.

3. Augspurgische Håndel | So sich dasselbsten | wegē der Religion / vnd sonderlich jüngst | vor zwey Jaren im werenden Calender streit / | mit Georgen Müller D. Pfarrer vnd Superinten= | denten daselbst zugetragen. | Sampt | Notwendiger rettung der Vnschuld vnd | ehren / wider allerhand beschwårliche Anklag vnd | vngegründte Bezüchtigung / damit die Papisten eine | zeitlang jhn D. Müllern fürnemlich | beleget haben. | Beschrieben | Durch Doct. Georgen Müller / Professoren | vnd Cancellarium bey der löblichen Vniuersi= | tet / auch praepositum in der Stifftkirchen | zu Wittemberg. | Getruckt bey Matthes Welack / | ANNO M. D. LXXXVI.

4. Wolgegründte Lehre | vnd Bericht | Von dem Brodbrechen | im Heiligen Abendmal zu rettung der Aug= | spurgischen Confession wider die vnzeitige / gefehrliche | vnd beschwerliche Newerung zu Marpurg in Hessen vn= | langsten mit höchstem Ergernis vnd Zerrüttung | der armen einfeltigen Leyen eingeführt | Von | Dem Ehrwirdigen vnd Hochgelerten Herrn | Georgio Mylio der heiligen Schrifft Doctorn vnd für= | nembsten Professorn / Pfarrherrn vnd general Superintendenten | in der löblichen Churfürstlichen Vniuersitet Wittemberg nach | vorfasten Såtzen in öffentlicher Disputation Anno 1605. | den 20. Decembris erstritten / vnd mit grossem | nutz vnd frucht erhalten. | Allen vnd jeden der Luthrischen Lehre be= | gierigen zu jetziger zeit schwebenden Streitten vberaus | nützlich vnd heilsam. | Auff vieler guthertzigen Leute begeren durch | einen Liebhaber der Warheit verdeutschet. | ANNO | M DC VI.
E 4ʳ: Zu Magdeburgk bey Johan Bötchern.

5. Historischer Bericht / | DEr Newlichen | Monats August zugetrage= | nen Marpurgischen Kir= | chen Hendel. | Syrach. c. 33 4. v. | Werde der Sache gewiß. | Darnach Rede daruon. | [*Druckermarke:* DILIGE PROXIMUM TUUM] | Erstlich Gedruckt zu Marpurg / durch | Rudolph Hutwelcker. | Anno M. DC. VI.

6. DE IDOLOLAV | RETANO, | QVOD IVLIVM III. ROMA. | Episcopum non puduit in tanta luce Euan= | gelij undiq̃ erumpente, ueluti in contemp= | tum Dei atq̃ hominum, approbare. | VERGERIVS ITALICE | scripsit, Ludouicus eius Nepos uertit. | Anno M. D. LIIII. | SVRGENT ENIM PSEVDO= |

Christi & PseudoProphetae, & dabunt Signa | magna, & Prodigia, ita ut in errorem indu= | cantur (si fieri possit) etiam electi. | Matth. 29. |

7. *Hosenteufel*

8. Fulmen, | PAULI, V. | PAPAE ROMA= | NI, | Feriens | Venetorum | Rempub: | Eiasdemq; Reip: Apologeticum & | alia hinc enata Scripta & | Narrationes. | Psal: 144. | Tange Montes & fumigabunt.

9. EPISTOLA | THEOLOGORVM NORIM= | BERGENSIVM, AD DOCTOREM | Rupertum à Mosham, Decanum Patauiensem, | & Regium consiliarium, in qua uenenata eius | conuicia, mendacia, & noxia dogmata per= | celluntur, & magna ex parte, licet bre= | uiter, confutantur.

10. De Traditione Apo= | stolica Ecclesiastica. | Das die Catholische Kyrche Christi | nicht allein | was in der Heiligen Schrifft steht / sondern | auch was sie bey den Heiligen Ve= | tern vnd eltisten Concilien Gŏtt= | lichs vnd lŏblichs funden / | zu Gottesdienst vnd | Ere / Ordenlich | brauchen / | vnd bestendiglich behal= | ten mŏge. | Durch Georgium Wicelium. | Matthaei Cap. XVI. | Et portae Inferorum non praeualebunt | aduersus Ecclesiam. | Zu Cŏln durch Johan Quentel / | Anno M. D. XLIX.

11. Von Hexen vnd Vnholden. | Ein Christlicher / nutzlicher / | vnd zů disen vnsern gefåhrlichen zeiten notwen= | diger Bericht / auß Gottes wort / Geistlichen vnnd | Weltlichen Rechten / auch sunst allerley | Historien gezogen. | Anfenglich vor 114. Jaren durch Vlricum Molitoris, von Cost= | nitz der Rechten Doctor / Lateinisch in form eines gesprechs / gestellet / | vnd jetz newlich auffs trewlichst verteutschet / vnd in gewisse | Dialogos abgetheilet. Durch Conradum | Lautenbach / Pfarherrn zů | Hunaweyler. *[Holzschnitt]* | M. D. LXXV.
J 4ʳ : *[Druckermarke]* | Getruckt zů Straßburg durch | Christian Müller. | 1575.

12. *[Hs.]* Ein sehr wůnderbarliche Wort | rechnůng / sampt einer mercklichen | Erklärung ettlicher Zahlen Da= | nielis / vnnd der Offenba= | rung Sanct | Johannis. | Anno | 1553.

F2 *Titel, Format, Umfang und Zählung wie bei F¹.*

Neuerer heller Schweinslederband. Auf vorderem Deckel in Rot: Vom Hosen Teuffel. *darunter schwarz:* Andreas

Musculus | Doctor | Anno | M. D. LVI. *Auf vorderem Innendeckel:* Ex bibl.: Grimm-Balkow. Nihil sine musa. *Text sehr gut erhalten.*

Standort: Stadt- und Bezirksbibliothek Frankfurt/Oder.
Signatur: 535 1556.

F³   *Titel, Format, Umfang und Zählung wie bei F¹.*

Aus Sammelband herausgelöstes Einzelbändchen, ohne Deckel. Papier stockig, handschriftliche Eintragungen im Rand.

Standort: Universitäts- und Landesbibliothek Sachsen-Anhalt Halle/Saale.
Signatur: II i 1514ᵃ [*alte Sign.:* Q. K. 347, 2ᵃ].

F⁴   *Titel, Format, Umfang und Zählung wie bei F¹.*

Neuerer braunmarmorierter Pappdeckelband, abgegriffener Lederrücken. Text ziemlich stockfleckig, teilweise restauriert, gut lesbar.

Standort: Deutsche Staatsbibliothek Berlin W. 8.
Signatur: Db 3122.

F⁵   Standort: Staats- und Stadtbibliothek Augsburg.
Signatur: Th H.

F⁶   Standort: Ratsbücherei Lüneburg.
Signatur: V 77a.

F⁷   Standort: Zentralbibliothek Zürich.
Signatur: Ms. F 15, fol. 36r.

G-Druck (1556)

G Vom Hasen Dûuele. | Van den Tolod= | derten / vntůchtigen / ehrerwe= | genen / toddigen / taltergen Ha= | sen Dûuele / vormaninge vnd | warninge / 2c. | Dorch den Erwerdigen | Achtbaren vnd Hochgelerden | Heren D. Andream Musculum. | Gedrucket tho Rostock by | Ludowich Dietz. | M. D. LVI.
*D 2*r: ... Gegeuen tho Franck= | fort an der Ader / am dage Assumptionis | Mariae / Anno M. D. Lvj. | J. A. vnd J. W. | G. W. | Andreas Musculus | Doctor.

Format: Oktav.
Umfang: 3 1/4 Bogen = 26 Blätter.
Zählung: Bogenzählung A—C, ausgeführt bis Blatt v; bei C bis Bl. vj; 2 ungez. Blätter.

Kustoden auf jeder Seite. Initialen am Anfang der Kapitel.

Braun marmorierter Pappdeckelband. Papier sehr stockig, letzte Seite restauriert. Text gut leserlich.

Standort: Universitätsbibliothek Göttingen.
  Signatur: Theol. mor. 298/23 [alte Sign. B. M. 1805ᶜ].

H-Drucke (1556)

H1 Vom zuludertē / zucht | vnd ehrerwegnen / pluderichten | Hosen Teuffel / vermanung | vnd warnung. | [Holzschnitt] | ANNO M. D. LVI.

D 4v: ... Gegeben zu Franckfurt an der Oder / am tag | Assumptionis Mariae / Anno M. D. LV. | E. A. vnd E. W. | G. W. | Andreas Musculus | Doctor.

Titelholzschnitt im Motiv wie die Eichornsche Zweitausgabe, jedoch mit übertreibenden Veränderungen:

Landsknecht mit Pelzkappe, ihm zur Linken Teufel in Vogelgestalt, rechts unten, den Krug in der Hand, ein gehörnter Teufel, der aus der Versenkung hervorschaut. Drucker wahrscheinlich Georg Bawman[19].

Format: Quart.
Umfang: 4 Bogen = 16 Blätter.
Zählung: Bogenzählung A—D, ausgeführt bis Blatt iij. Ciij ungezeichnet.

Kustoden auf jeder Seite. Initialen am Anfang der Kapitel.

Braun und schwarz gesprenkelter abgegriffener Pappdeckelband, abgestoßene Ecken und Kanten. Handschriftlich: Erfurt: G. Stürmer *unter der Jahreszahl. Papier stockig und fleckig. Text gut erhalten.*

Das Exemplar ist zusammengebunden mit elf Schriften des 16. Jahrhunderts.

Standort: Forschungsbibliothek Gotha.
Signatur: Phil. 4. 36°.

Inhalt des Sammelbandes:

1. PROGNOSTICON | Das ist: | Wohldenckwůrdige | Weissagung vnnd Propheceyung / Von | den jetzigen vnnd letzten Leufften der Welt | vnd den betrůbten Jahren. | Erstlich von dem 1620. vnnd nach fol= | genden 1621. 1622. 1623. 1624. | 1625. Jahren. | Alles von Johanne Capistrano einem Schlesier | des hochge-

---

[19] *Grimm,* Teufelbücher, *a. a. O., Sp. 1764, Nr. 2h und Sp. 1780.*

lahrten vnd weitberůhmten Astronomi dieser vorher= | gehenden Figur Außlegung / welche Anno 1560. von jhm auff ein Per= | gament gestellt / vnd in einem Kistlein bey 87. Jahren in einer Mawren | verborgen gewesen / vnd nun fůr 8. Jahren erstmals wieder erfunden vnd | an Tag kommen / darinn eben das Blutbadt jetziges Pfaffen Krie= | ges / wahre Verfolgung Gőttliches Worts propheceyet / grosse | Empőrung vnd Vntergang beyde Deutschen vnd Rő= | mischen Reichs schrecklichen gedrewet | wird. | Månniglich zur Warnung / vnd sonderlich der kleinen Jugend | zur Nachrichtung / jetzt wiederumb von mir Johanne Plaustario | von Breßlaw in Druck geben. | Sampt angehenckter Tůrckischer Cronica aller Kåyser vnd jrer | Vntergang. | Gedruckt zu Breßlaw in Schlesien bey Georg | Bawmann / Jm Jahr CHristi / | Anno 1622.

2. Warhaftiger bericht | von Dreien Merterern vnsers | Herrn Jhesu Christi / vom Bapst gemartert / | im Wellschen Lande. | Beschrieben durch Franciscum Schwartz. | Daraus kāstu Christlicher leser | genugsam erkennen / was man von dem Con= | cilio der Rőmischen Bischoffen gewertig sein | mus / weil desselben Heubt / der Babst / in der | allgemeinen Christlichen kirchē sach / ei | nen solchen vorurteil / offentlich fur der gantzen welt sprechen darff. | Apoc. xvij. | Diese werden mit dem Lamb Gottes streitten | Aber das Lamb wird sie vberwinden. | Anno. M. D. Lj.

3. Ein sehr schőne histo= | ri / von der standhafftigkeit / in Be= | kentnis vnd leiden / des heiligen manns Simeo= | nis / welcher ein őberster Superintendent ge= | wesen ist in Persia / vnd von seinem gesel= | len / aus dem andern buch So= | zomenis. | Rom. 8. | Diesser zeit leiden / ist nicht werd der herligkeit / die | an vns soll offenbaret werden. | Ecclesi. hist. lib. VII. cap. XXVI. | Nicht wens den Tyrannen ge= | lůstet / werden wir gemartert / Son= | dern / wens dem Herrn gefelt / wer= | den wir gezůchtiget.
A 4ᵛ: Gedruckt zu Magdeburg / bey | Christian Rődinger.

4. Practica Teütsch vō | vergangen / vnd zůkünfftigen ding= | en / Auss der heyligen gschrifft | gegründt vnd gezogē. Auf | das .1524. Jar. | Christus Jesus | eyn Herr vnnd Meyster diß Jar | vnd alletzeyt. Mathei am xxiij.

5. Glaubwirdige / War= | haffte ordentliche Verzeichnůs vnnd Be= | schreibung / des ergangenen unschůldigen blutigen Vr= |

theils / auch anderer vmbstende / vnter der Regierung des Key= | sers Tiberij / welches Pontius Pilatus, der Landpfleger in | Judea vber unsern lieben HErrn vnd Heyland / Je= | sum Christum ausgesprochen vnd gefellt. | Jetzt newlicher zeit in der Stadt Aquila (zum Adler | genand) aus gnediger schickung Gottes / wegen eins Gebews / so er= | weitert worden / in einem Felsen neben andern herrlichen Antiquite= | ten / in einem gar schönen Marmelstein Kestlein / mit He= | braischen Buchstaben geschrieben / verwarlich | gefunden worden. | *[Holzschnitt]* ECCE HOMO. | Sampt vnterschiedlicher vermeldung | der 20. beysitzenden Ge= | richts Personen / mit Namen genant / vnd was jeglicher für ein | Vrtheil vber Heiligst gemelten vnsern Seligmacher | Christum mündlich bekent. | Zu Magdeburg / bey Johann Francken. Anno 1584.

6. Warhafftige newe zeytung aus | Rom geschrieben / wie herr | Jeorgen von Fronsbergs sohn den Bapst | mitt 18. Cardinaln gefangen hat. | 1527.

7. New zeytung. | Die Schlacht des Turckischen | Keysers Ludouico etwan König zu Vn= | gern geschehen am tag Johannis | entheuptung. 1526. | Jtem des Türcken feyndtsbrieff / König Ludo | uico zugesandt vor der schlacht. | Jtem eyn kleglicher Sendbrieff so die Vngern | dem König jn Polen zugeschickt / | nach der schlacht. | Jtem etzlich naw getzeyten aus Polen. | New zeytung vom Babst zu Rome | am. xxvij. tag Septembris geschehen .1526. | *[Holzschnitt]*

8. Gewisse Zeitung / | mit was Pracht vnd Gepreng im | anfang dieses M. D. lx. Jars / zu Rom gekrönt sey der | jtzige Bapst / Pius iiij. zuuor genant / Johannes Angelus | de Medicis Cardinalis S. Stephani in Cölio Monte. | *[Holzschnitt]* | A 4ʳ: Gedruckt zu Erffurdt / durch | Merten von Dolgen.

9. Merckt jr leyen habt euch jn hutt | Secht der geistlichen vber mutt | Man thut jn den weyn schencken | Das sie al boßheit können erdencken. | *[Holzschnitt]* | Gutz quacks jr herren all gemeyn | Der fürst der hellen schickt mich hereyn | Das ich den wein euch (merckent woll) | Der siben todsund schencken soll.

10. *Hosenteufel*

11. Warhaffte Copey vnd Ab= | schrifft / der Epistel oder Sendbrieff / so der grosse | König zu Edessa vnserm lieben HERRN

vnd Heiland Jesu | Christo zugeschrieben / Darneben auch die Schreiben / die Pontius | Pilatus Landpfleger / vnd der Oberrichter Lentulus / dem Gros= | mechtigen Römischen Keyser Tiberio / vor vnd | nach dem Leyden Christi vbersendet. | Darinnen dann die grossen wolthaten / Wunderwerck / Lehr / | Leben / Gestalt vnd Person Jhesu Christi / Gottes vnd Marie Son / | eigentlich beschrieben vnd angezeigt. | *[Holzschnitt]* SALVATOR MVNDI. | Dergleichen auch die gnedige gegenantwort / ver= | heissung / zusagung vnd schreiben / so Christus Jhesus / an den König vnd | Grosfürsten widerumb gethan / vnd was sich derowegen nach der hei= | ligen Auffart Christi / mit obbemeltem König / aus seligem | befelich Jhesu Christi / begeben. | Jn der Edessenischen Königlichen Cantzley / neben andern war= | hafften geschichten gefunden / vnd aus Syrischer Sprach transferirt. | Zu Magdeburg / bey Johan Francken Anno 1584.

12. Eine Klågliche / Erbårmliche vnd Betrůbte / | Ja Erschreckliche Bottschafft. | Welche aus Deutsch= | land vor dem Bapst komen ist / darů= | ber der Bapst so sehr erschrocken das er Zeter vnd | Mordio geschryegen / von wegen der Seelmesse welche tödlich Kranck liegt vnd wil sterben / so wil die Vi= | gilio auch gar mit verderben. | Sampt einem Gespråch von etlichen | Personen von wegen der Seelmeß. | *[Holzschnitt]* M. D. C. XI. | Wie der Bapst versucht wird / von der Ep= | tissin des Jungfrewlichen Klosters / ꝛc. | Vom Armen Sůnders / der da wolte nach Rom zie= | hen beym Bapst die Seligkeit zu erlangen.

C 4ʳ: Gedruckt Jm Jahr / 1611.

H² *Titel, Format, Umfang und Zählung wie bei H¹.*

Aus einem Sammelband herausgelöstes Exemplar, nur im Rücken geheftet, links unten Zahl: 19. *Unter Jahreszahl handschriftlich:* Andreas Musculus. *Papier stockig, Text jedoch gut lesbar.*

Standort: Thür. Landeshauptarchiv Weimar.
 Signatur: N: 42.

H³ *Titel, Format, Umfang und Zählung wie bei H¹.*

Stark verfleckter, nachgedunkelter Lederband der Zeit auf Holzdeckeln. Schließen verloren, erhabene Bünde. Blindgepreßte biblische Motive und Ornamente auf Vorder- und Rückendeckel. Handschriftliches Inhaltsverzeichnis auf vorderem Innendeckel und alte Signatur(?) 5609 X, 4. Handschriftliche Marginalien und unterstrichene Textstellen. Papier etwas stockig, Texte gut erhalten.

Das Exemplar ist zusammengebunden mit vier anderen 'Teufelbüchern' und vier Texten des 16. Jahrhunderts.

Standort: Landesbibliothek Coburg.
Signatur: Cas. A 513.

Inhalt des Sammelbandes:

1. *Eheteufel* 1556 *[maschinengeschriebenes Ersatz-Titelblatt]*

2. *Hosenteufel*

3. Widder den Sauffteuf= | fel / gebessert / vnd an vielen örtern gemehret. | Jtem / Ein Sendbrieff des Hellischen | Sathans / an die Zutrincker / vor 45. | Jaren zuuor aus gegangen. | Jtem / Ein Sendbrieff Matthaei Friderichs / | an die Follen Brüder in Deutschem Lande. | *[Holzschnitt]* | M. D. LVII.
S 4ʳ: Gedrůckt zu Franckfurt an der Oder / | durch Johan. Eichorn / | Anno / | M. D. LVII.

4. Spilteufel.| Ein gemein Ausschrei= | ben von der Spiler Brůderschafft | vnd Orden / sampt jren Stifftern / | guten wercken vnd | Ablas / | Mit einer kurtzen angehengter | erklerung / nützlich vnd | lůstig zu lesen. | Gedruckt zu Franck= | furt an der Oder / durch Johann | Eichorn / Anno / | M. D. LVII.

5. Zwo Sermon oder | Predig / Wider den leidigen Geitz Teuffel / | So die Kirchen Gůtter zu sich reist / vnd | mit dem abtrünnigen Juliano vnser | Schulen vnd Kirchen erberm= | lich verstört vnd einfrist. | Gepredigt durch Johannem Winustede / |

jetzund Pfarherr in der alten Stadt | Quedelburg / zu S. Blasius. | Psalmo LXXXiij. | DIE da sagen / Wir wollen die Heuser | Gottes einnemen / Gott mache sie wie einen wir= | bel / wie Stopffel für dem Winde / Wie ein few= | er den Waldt verbrennet / Vnd wie eine Flamme die | Berge anzůndet / Also verfolge sie mit deinem weter / | Vnd erschrecke sie mit deinem vngewitter etc. | Gegeben inn der alten Stadt Quedelburg / | Zu einem Glůckseligen vnd frőlichem New= | en Jar / am tage Circumcisionis | Christi / Anno M. D. Lvij.
E 4ʳ: *[Druckermarke]* Gedruckt zu Schleusingen / durch | Herman Hamsing.

6. Kurtze anzeigung | aus der heiligen Schrifft / vnd aus den | Bůchern der Veter / wider die SACRILEGOS, | das ist / wider die Kirchendiebe | der jtzigen zeit / | Durch Johañ Winnistede / Diener des heiligen | Euangelij Jhesu Christi zu Quedlinburg / | vnd jtzt im 1559. Jar. Erstlich in den | Druck gegeben mit | zweien Vor= | reden. | Doctoris Joachimi Mőrlin / Superintendenten | zu Braunschweig. Vnd Ern Autoris Campa= | dij / Licentiaten vnd Predicanten | zu Halberstat. | PSALMO 62. | Verlasset euch nicht auff vnrecht vnd freuel / | Haltet euch nicht zu solchem / das nicht ist. | ROM. 2. | Dir grewelt für den Gőtzen / vnd raubest | Gott was sein ist.
J 5ᵛ: Gedruckt zu Jena / durch | Thomam Rebart. | ANNO M. D. LX.

7. Vom Juncker Geitz vnd | Wucherteufel / | So jtzt in der Welt in allen | Stenden gewaltiglich | regieret. | An alle Stende des Deut= | schen Reichs geschrieben / | Durch | Albertum von Blanckenberg. | An den Leser. | Fromer Christ kauff vnd liß mich mit trewen / | Dein geld soll dich gewis nicht rewen. | Denn hierin wird dir vermelt / | Wie du brauchen solst gut vnd gelt. | Aller Welt sinn vnd muth / | Stehet nach dem zeitlichen gut / | Vnd wenn sie das erwerben / | So legen sie sich nieder vnd sterben. | 1562.
J 3ᵛ: Gedruckt zu Eisleben bey | Vrban Gaubisch. | 1562.

8. BApst Pauli des vi= | erden / Trost vnnd Vermanungs | schrifft / an seine lieben Sőne / Das sie sich der | Lutherischen Religion / schreyen vnnd Fůr= | nemen nichts bewegen / Noch Jrren lassen. | Sondern bey der Rőmischen Kirchen vnnd | Religion bestendig bleiben / Steiff vnd feste | drůber halten wőllen. Yetzt erst aus | dem Latein verdeutscht. | 1557. | ES ist nichts verborgen / das nicht offenbar werde / | Vñ ist nichts

heimlich / das man nit wissen werde. | Was ich euch Sage im Finsternis / das redet im | Liecht / Vnd was jhr hôret in das Ohre / das Predi= | get auff den Dechern. Matth. 10. | DEr HErr bringt vmb den Menschen der Sûn= | den / Vnd das Kind des verderbens den Wider= | wertigen / der sich vberhebet vber alles was Gott | oder Gottes dienst heist / mit dem Geist seines Mun= | des / Vnd wird sein ein Ende machen / durch die Er= | scheinung seiner zukunfft. 2. Thessal. 2.

9. Hundert auserwel= | te / grosse / vnuerschempte / feiste / | wolgemeste / erstunckene / Papistische Lû= | gen / welche aller Narren Lûgend / als des Eulenspiegels / | Marcolphi / des Pfaffen vom Kalenbergs / Fortunati / | Rollwagens etc. weit vbertreffen / damit die Papisten | die furnempsten Artickel jrer lere verteidigen / die | armen Christen aber verblenden / vnd in ab= | grund der Hellen verfûren / Aus jren ei= | genen Scribenten zusammen ge= | zogen / vnd besondere erin= | nerung zu jglicher | gestellet. | Durch / | M. Hieronymum Rauscher / | Pfaltzgreffischem Hoffprediger zu New= | burg an der Donaw. | Johan. 8. | Jhr seid von dem Vater dem Teufel / vnd nach ew= | ers Vaters lust wolt jhr thun / derselbig ist ein Môrder | von anfang / vnd ist nicht in der warheit bestanden / vnd | die warheit ist nicht in jm. | 1562.

Q 2ʳ: Gedruckt zu Eisleben / durch | Vrban Gaubisch / won= | hafftig auff dem | Graben.

H⁴ *Titel, Format, Umfang und Zählung wie bei H¹.*

Gesprenkelter Pappband, anscheinend aus Sammelband herausgelöst, handschriftliche Seitenzählung und rechts oben: 10. *Text recht stockig, doch lesbar; Wassereinwirkung(?). Auf innerem Rückendeckel:* Theologia Moral. 296. *Letzte Seite beschädigt, zum Teil ausgebessert. Auf vorderem Innendeckel: Exlibris:* DONO | FRIDERICI WILHELMI IV. | REGIS | AUGUSTISSIMI | D. V. Nov. MDCCCL. | EX BIBLIOTHECA B. M. | KAR. HARTW. GREGORII | DE MEUSEBACH | BIBLIOTHECA REGIA BEROLINENSIS | *Links oben:* E 8878.

Standort: Deutsche Staatsbibliothek Berlin W. 8.
Signatur: Db 3124.

*H⁵ *Standort: Forschungsbibliothek Gotha.*
Signatur: Theol. 250—251.

*H⁶ *Standort: Sammlung Adam, Goslar.*
Signatur: Nr. 1738.

I-*Druck (1557)*

I *Titel, Format, Umfang und Zählung wie bei den D-Drucken.*

Früherer Standort: Marienkirchbücherei Frankfurt/Oder.

Nach Grimm[20] *war in der Marienkirchbücherei, Frankfurt/ Oder, im Jahre 1940 ein Originaldruck aus dem Jahre 1557 vorhanden, der ihm bei Sichtung der dortigen Bestände vorgelegen hat.*

Es ist anzunehmen, daß dieses Exemplar beim Brande der Marienkirche 1945 vernichtet wurde.

K-*Drucke (1563)*

K¹ Hosenteüfel. | Vō zuluderten / | zucht vnd ehrerwegnen / plu | derichten Hosenteüfel / verma= | nung vnd warnung. | *[Holzschnitt]* | Getruckt zu Franckfurt | am Mayn / durch Georg Raben / vnd | Weygand Hans Erben / | Anno M. D. LXIII.
D 8ᵛ: ... Gegeben zu Franck= | furt an der Oder / am tage Assum= | ptionis Marie / Anno M. D. L. V. | E. A. vñ E. W. | G. W. | Andreas Mu= | sculus D.

---

[20] *Grimm*, Teufelbücher, *a. a. O., 1765, Nr. 2i.*

Verkleinerter Titelholzschnitt auf verändertem Titelblatt:

Teufelsfigur mit Widderkopf, in Kleidung ähnlich wie der Landsknecht in den Eichorn-Ausgaben.

Format: Oktav.
Umfang: 4 Bogen = 32 Blätter.
Zählung: Bogenzählung A—D, ausgeführt bis Blatt v.

Kustoden auf jeder Seite. Initialen am Anfang der Kapitel.

Heller Ledereinband der Zeit, gepreßtes Leder auf Holzdeckeln. Eingestanzte Ornamente. Inhaltsangabe in Goldschrift auf dem Rücken. Ecken und Kanten bestoßen. Papier bräunlich mit Stockflecken. Innendeckel und Vorblatt beschrieben, teilweise Inhaltsangabe des Theatrum Diabolorum *von* 1575, *auch sonst Kritzeleien und Randbemerkungen im Text.*

1936 restauriert, lt. Eintragung auf dem inneren Rückendeckel.

Das Exemplar ist zusammengebunden mit vier 'Teufelbüchern' des 16. Jahrhunderts.

Standort: Deutsche Staatsbibliothek der Stiftung Preuss. Kulturbesitz, Berlin-Dahlem.
Signatur: Db 3012 R [alte Sign. Z 4903 u. Theolog. Ascct. II. 394].

Inhalt des Sammelbandes:

1. Schrap Teuffel. | Was man den | Herschafften schüldig sey / | Wo mit das Volck beschweret wer | de / Was solche Beschwerunge für Schaden bringen / Was die Sch= | rifft darwider zeuge / Wie sie Gott straffe / Vnd mit wel= | chen Sünden sie das | Volck verdiene. | Alles aus heiliger Schrifft mit al= | lem vleis tractirt / vnd an vielen orten | gemehret vnd gebessert. | Durch | Ludowicum Milichium. | ANNO. M. D. LXX.

Cc 4ʳ: Gedruckt nach Christi Geburt / | im Jahr / als man zelet / tau= | sent / fünffhundert vnd | siebentzig.

2. Wider den Bannteuffel / | Das ist / Eine getrewe / | wolmeynende Christliche | warnung / wider die Gottlosen | Teuffelbeschwerer oder Banner / so | in diesen örtern herumher | schleichen. | Auß Gottes Wort vnd | andern bewerten Scriben= | ten gestalt / | Durch | Jodocum Hockerium Oßnabur= | gensem / Prediger der Kirchen S. | Johans für Lemgaw. | Deutero. 21. | Alles was ich euch gebiete / das solt jhr | halten / das jhr darnach thut / Jhr solt | nichts darzu thun / noch daruon thun. | Getruckt zu Franckfurt am Mayn. | M. D. LXVI.
G 3ᵛ: Getruckt zu | Franckfurt am Mayn / | bey Martin Lechler / in verle= | gung Sigmund Feierabends / | vnd Simon Hüters / Jm Jar | nach Christi geburt / Tausent / | Fünffhundert / Sechß | vnd sechtzig. | *[Gemeinschaftssignet:* SIGMVND FEIRABENT. SIMON HVTTER*]*.

3. Gesind Teuf= | fel / Darinn acht stücke ge= | handelt werden / von des Ge= | sindes vntrew / welche im nach= | folgenden blat verzeichnet. | Durch | M. Peter Glaser Predi= | ger zu Dreßden / gestellet vnd zu= | sammen gezogen. | *[Holzschnitt]* | Getruckt zu Franckfort am Mayn. | M. D. LXVI.
H 8ᵛ: Getruckt zu | Franckfurt am Mayn / | bey Martin Lechler / in | verlegung Sigmund Feir= | abends vnd Simon Hüters. | *[Gemeinschaftssignet:* SIGMVND FEIRABENT, SIMON HVTTER*]*.

4. Wider den | Huren Teuffel / | vnd allerley vnzucht. | Warnung vnd Bericht auß Gött= | licher Schrifft: | Hurer vnd Ehebrecher wirdt Gott richten / | Hebreo. 13. | Gestellt vnd zusammen gezogen / | durch | Andreas Hoppenrodt. | Mit einer Vorred M. Cyriaci Spangenbergs. | *[Holzschnitt]* | Getruckt zu Franckfurt am Mayn / 1568.
J 7ʳ: Getruckt zu | Franckfurt am Mayn / bey | Martin Lechler / in verle= | gung Simon | Huters. | *[Verlegersignet:* SIMON HVTTER ANNO M. D. LXVIII*]* M. D. LVIII.

5. Hosenteufel

K² *Titel, Format, Umfang und Zählung wie bei K¹.*
Stark beschädigter alter Lederband der Zeit, helles Leder auf Holzdeckeln, erhabene Bünde. Zerfetzte Inhaltsangabe

auf Rücken. Papier stockig und zerfressen. Handschriftliche Eintragungen auf den Innenblättern und zwischen den Texten.

Das Exemplar ist zusammengebunden mit sechs anderen 'Teufelbüchern'.

Standort: Universitätsbibliothek Erlangen.
Signatur: Thl. V, 242ª.

Inhalt des Sammelbandes:

1. Jagteüffel. | Bestendiger vnd Wolge= | gründter bericht / wie ferrn die | Jagten rechtmessig / vñ zugelassen. Vnd | widerumb / warinn sie jetziger zeyt deß mehrertheils | Gottloß / gewaltsam / vnrecht / vnnd verdamlich | seind / Vnd derhalben billich vnderlassen / oder | doch geendert werden solten. | Durch M. Cyria. Spangenberg. | *[Holzschnitt]* | Anno M. D. LXII.
   R 4ʳ: Getruckt zů Franckfurt | am Mayn / bey Weygand | Han vnd Georg | Raben.

2. Spielteuffel. | Ein gemein auß | schreiben von der Spieler | Brůderschaft vnnd Orden / sampt jren | Stifftern / guten Wercken | vnnd Ablaß. | Mit einer kurtzen ange- henckten erklå= | rung / nůtzlich vnd lustig zůlesen. | *[Holzschnitt /* | Anno / 1562.
   F 3ʳ: Getruckt zů Franckfurt | am Mayn / bey Weygand | Han vnd Georg | Raben.

3. *Hosenteufel*

4. Wider den Bannteuffel / | Das ist / | Eine getrewe / | wolmeynende Christliche | warnung / wider die Gottlosen | Teuffelbeschwerer oder Banner / so | in diesen örtern herumher | schleychen. | Auß Gottes Wort vnnd an= | dern bewerten Scriben= | ten gestalt / | Durch | Jodocum Hockerium Oßnabur | gensem / Prediger der Kirchen S. | Johans für Lemgaw. | Deutero. 21. | Alles was ich euch gebiete / das solt jhr halten / | daß jhr darnach thůt / Jhr solt nichts darzu thůn / noch daruon thun. | Gedruckt zu Franckfurt am Mayn. | M. D. LXIIII.
   G 3ᵛ: Getruckt zu Franckfurt | am Mayn / bey Johann Lechler / | Jn verlegung Sigmund Feirabend / | vnd Simon Hůter / Jm Jar nach | Christi geburt / Tausent fünff | hundert / vier vnd | sechtzig. | *[Druckermarke:* Feyrabend-Hüter*].*

5. Hofteuffel. | Das Sechßte | Capittel Danielis / Den | Gottfôrchtigen zu trost / den Gott= | losen zur warnung / Spilweiß | gestellet / vnd in Reimen | verfasset. | Durch Johannem | Chryseum. | Gedruckt zu Franckfurt / | M. D. LXIIII.

6. Wider den | Eheteuffel. | *[Holzschnitt]* | D. Andreas Musculus. | M. D. LXI.
G 6ᵛ: Gedruckt zu Erfurdt / | durch Georgium Bawman / zu | dem bunten Lawen / bey | S. Paul.

7. Gesind Teufel | Darin acht Stůck gehan= | delt werden / von des Gesindes | vntrew / welche im nachfolgenden | Blat verzeichnet. Von | M. Peter Glaser Predi= | ger zu Dressden / gestellet | vnd zusammen gezogen. | *[Holzschnitt]* | Leipzig.
J 7ᵛ: Gedruckt zu Leipzig / durch | Hans Rhambaw. | M. D. LXIIII.

*K3   Standort: Stadtbibliothek Nürnberg.
         Signatur: Theol. 479. 8°.

*K4   Standort: Fürstl. Bibliothek Schloß Harburg.
         Signatur: XIII, 6, 8°, 795 (Suffix).

*K5   Standort: Sammlung Adam, Goslar.
         Signatur: Nr. 1440.

*K6   Standort: British Museum, London.
         Signatur: 4374. de. 29.

*K7   Standort: Bibliothèque Nationale et Universitaire Strassburg.
         Signature: Cd 144 209.

L-*Druck (1569)*

Der Hosenteufel *steht als Nr. XVII, f. CCCCIʳ—CCCCCVIᵛ, im* Theatrum Diabolorum *von 1569 (Inhalt und Beschreibung, siehe* Teufelbücher *I, S. 464—469) sowie in den weiteren Ausgaben von 1575 und 1587/88.*

IV

FLUCHTEUFEL

Der Fluchteufel *ist in neun Einzelausgaben 1556, 1559, 1561, 1562, 1564 und 1568 erschienen. Eine von Grimm und früher erwähnte Ausgabe von Johann Eichorn zu Frankfurt an der Oder aus dem Jahre 1561 ist sonst nicht belegt und auch bei der Umfrage nicht zutage getreten*[21].

Die erste und zweite Ausgabe erschienen ohne Ort und Drucker, sind jedoch nach Titelholzschnitt- und Typenvergleich mit Sicherheit bei Johann Eichorn gedruckt worden.

Die Ausgaben von 1559 und 1561 sind Nachdrucke von Georg Bawman zu Erfurt, den Musculus des öfteren benutzte, besonders als Eichorn den Druck weiterer Schriften von Musculus nach dem Prätorius-Streit 1559 ablehnte[22].

Durch seine Beziehungen zu Bawman kam dann auch der westdeutsche Drucker Nicolaus Henricus zu Ursel (Oberursel) 1561 mit einem Nachdruck heraus, dem dann 1562, 1564 und 1568 die Frankfurt/Main-Teufelnachdrucker, der Verleger Weygand Han und seine Nachfolger, die inzwischen ins Geschäft gekommen waren[23], *weitere Ausgaben folgen ließen.*

Ein Jahr nach der letzten Einzelausgabe nahm der Verleger Sigmund Feyrabend den Fluchteufel *1569 in die erste und alle folgenden Ausgaben seines* Theatrum Diabolorum *auf.*

---

[21] *Cf. F-Druck, S. 343.* — *Grümmer,* Musculus, *a. a. O., S. 53.*
[22] *Cf. Grimm,* Teufelbücher, *a. a. O., Sp. 1778 und 1784.*
[23] *Cf. Grimm,* Teufelbücher, *a. a. O., Sp. 1777; siehe auch Fußnote 15, S. 278.*

Der anderorts irrtümlich als „Anonymus" bezeichnete Druck im Theatrum Diabolorum[24] ergab nach Vergleich mit den vorhergehenden Ausgaben Unterschiede in der Orthographie und bei einzelnen Wortbestandteilen, stimmt jedoch im Wesentlichen, auch bei der Unterteilung in Abschnitte, mit dem Musculus-Text überein.

A-Drucke (1556)

A[1]   Vom Gotslestern. | [Holzschnitt] |
unten links Jahreszahl: 1556.
A iiij^v: ... Gegeben zu Franckfort an der | Oder / den 1. Mar= | tij / im 1556. | Jar. | E. E. G. | W. | Andreas Musculus | Doctor.

Unsignierter, mit 1556 datierter Titelholzschnitt, der sich über die ganze Titelseite erstreckt, von Grimm als bester Titelholzschnitt Eichorns und der gesamten Teufelliteratur bezeichnet[25].

Im Hintergrund des Holzschnitts schlägt ein Fuhrknecht auf sein Pferdegespann ein, während zwei Lästerer mit den Schwertern kämpfen. Im Vordergrund Christus am Kreuz, zu seinen Füßen lästernde Männer aller Art: Bürger, Geldhändler, Spieler. Aus den offenen Mündern zielen die Lästerpfeile wie Lanzen auf den bluttriefenden Leib, die Hände und Füße des Gekreuzigten. Dahinter steht ein zähnefletschender Satan, die schweren Fangketten in der Linken. Ganz vorne, neben den Spielern, zwei schadenfrohe höllische Gesellen, von denen einer in eine mit der Jahreszahl 1556 gekennzeichnete Schuldrolle die Flucher einschreibt, während der andere, ein Narr mit Schellenkappe, ihm über die Schulter schaut.

---

[24] *Cf. Grimm, Teufelbücher, a. a. O., Sp. 1766.*
[25] *Grimm, Teufelbücher, a. a. O., Sp. 1780.*

Nach Ansicht von Grimm und nach Vergleich mit ähnlichen signierten Stücken muß der Holzschnitt als Arbeit des dreißig Jahre für die Offizin Eichorn tätigen Frankfurt/ Oder-Graphikers und Medailleurs Frantz Friderich angesprochen werden[26].

Format: Quart.
Umfang: 9 Bogen = 36 Blätter.
Zählung: Bogenzählung A—J, ausgeführt bis Blatt iij.
    A iiij gezeichnet; H iij und J iij ungezeichnet.

Kustoden auf jeder Seite. Initialen zu Anfang der Kapitel.

Das Exemplar ist Nr. 4 in einem Sammelband mit fünf anderen 'Teufelbüchern' und Texten des 16. Jahrhunderts.
Beschreibung und Inhalt des Bandes, siehe Hosenteufel *B*[4]*, S. 284f.*

Standort: Bibliothek des Predigerseminars Braunschweig.
    Signatur: F 119 b.

A[2]   *Titel, Format, Umfang und Zählung wie bei A*[1]*.*

Das Exemplar ist Nr. 9 in einem Sammelband mit fünf anderen 'Teufelbüchern' und fünf Texten des 16. Jahrhunderts. Beschreibung und Inhalt des Bandes, siehe Hosenteufel *E*[4]*, S. 301f.*

Auf dem Titelblatt von der Hand des Herzogs August d. J.: (v. p. 5197. 3.).

Standort: Herzog August Bibliothek Wolfenbüttel.
    Signatur: 125. 43 Q.

---

[26] *Grimm*, Teufelbücher, *a. a. O., Sp. 1780.*

A³ *Titel, Format, Umfang und Zählung wie bei A¹.*

Sehr gut erhaltener zeitgenössischer Pergamentband, schwarzrote liturgische Handschrift mit blau ausgemalten Initialen. Erhabene Bünde. Inhalt handschriftlich auf dem Rücken. Handschriftliche Eintragungen; auf dem Titelblatt: (. p. 53. 10.) *und:* Verf. Andreas Musculus.

Das Exemplar ist mit zwei anderen 'Teufelbüchern' und sieben Texten des 16. Jahrhunderts zusammengebunden.

Standort: Herzog August Bibliothek Wolfenbüttel.
        Signatur: 184. 25 Th.

Inhalt des Sammelbandes:

1. Christliche Predigen | über ettliche Sonntåglis | che Euangelien. | Von Anstellung nutzlicher Ordnungen / in der Kirchen | Gottes / in wölchen auch neben andern / heilsamen vnd nutz= | lichen Lehren / grundtlich vñ einfeltig die Jrrthumben er= | klårt / vnd widerlegt / so diser zeit die Gemein | Gottes jrr machen vnd be= | trůben. | Gepredigt zů Lawgingen / durch | Jacobum Andree / der Heiligen | Schrifft Doctorn. | AN. M. D. LX. | Getruckt zů Tübingen bey Vl= | rich Morharts Wittib. | M. D. LXII.

g *3ᵛ: [Holzschnitt]* Getruckt zů Tübingen / bey | Vlrich Morharts Wittib. | M. D. LXij.

2. VErzeichnus etlich= | er fürnemer Sprůch / ausser | den Bůchern Doctor. Mar | tini Lutheri seelig / darinnen der recht | Verstandt / von der Gegenwürtigkeit des waren Leibs | vnd Blůts Christi / in dem heiligen Abentmal / auch von | der Himmelfart Christi / vnd seinem sitzen zů der | rechten Gottes des Allmåchtigen Vat= | ters / ꝛc erklårt würdt. | Auß sonderlicher gnådiger Ver= | willigung des Durchleüchtigen / Hochgebor= | nen Fürsten vnd Herrn / Herrn Christoffs | Hertzogen zů Würtemberg / vnnd zů | Teckh / Grauen zu Müm= | pelgart / ꝛc. | Getruckt zů Tüwingen / bey Vl= | rich Morharts Witwe / Anno | M. D. LX.

3. Warnung vnd verma= | nung wieder die greuliche vnnd | verdamliche sicherheit dieser | zeit / Durch | Andream

Musculum D. | Matth. 24. | Gleich aber wie es zur zeit Noe war / Also wird auch sein | die zukunfft des menschen Sons. Denn gleich wie sie waren | in den tagen vor der Sindflut / sie assen / sie truncken / freie= | ten / vnd liessen sich freien / bis an den tag da Noe zu der | Archen eingieng / Vnd sie achtens nicht / bis die Sindtflut | kam / vnd nam sie alle dahin / Also wird auch sein die zu= | kunfft des menschen Sons. | Gedruckt zu Franckfurt an der Oder | durch Johann Eichorn / | Anno. | M. D. LVIII.
k 3ʳ: Gedruckt zu Franckfurt an der | Oder durch Johann | Eichorn / | ANNO M. D. LVIII.

4. *Vom Gotslestern*

5. Vom Jüngsten | Tage. | Vier nützliche Predigten / inn Zwölff | Heuptartickel (zu rück dises blats ver= | zeichnet) auffs kürtzeste | gefasset. | Vber die Weissagung vnsers lieben Her= | ren vnd Heylands Jesu Christi. Von seiner | letzten zukunfft vnd jüngsten Gerichte / | aus den heiligen Euangelisten / | Durch | Bartholomeum Gernhardum | NEOPOLITANVM. | M. D. LVI.
P 3ʳ: Gedruckt zu Erffurdt / Zum bun= | ten Lawen / bey S. Paul. | Anno. M. D. LVI.

6. Antwort auff diese | Frag: | Ob auch die rechte vnd ware Christen | sein / vnnd der ewigen Seeligkeit inn gewieser | hoffnung sich trösten vnd versichern können / | welche sich von der Communion eussern / | deß offtern gebrauchs deß Sacra= | ments deß Leibs vnnd Bluts | Christi enthalten / etlich Jar | anstehn / oder auch wol | gar nach bleiben | lassen: | Andreas Musculus | Doctor. | Gedrückt zu Franckfurt an der | Oder / Durch Johann | Eichorn. | Anno M. D. LIX.
R 3ʳ: Gedrückt | zu Franckfurt an | der Oder / | durch | Johan. Eichorn. | Jm Jar | M. D. LIX.

7. Vom Himel vnd der | Hellen. | Was für ein gelegenheit in beiden | mit den Auserwelten vnnd Ver= | dampten haben werde. | Durch | Andream Musculum / D. | *[Titelblatt-Ornament]* | Gedruckt zu Franckfurt an der | Oder / durch Johann | Eichorn. | ANNO, M. D. LIX.
*A iij*ᵛ: ... Geben zu Franckfurt an der Oder am | Heiligen Christabent. ANNO, | M. D. LIX. | E. W. V. G. D. | Andreas Musculus.

8. Vom beruff vnd stand | der Kriegsleuth. | *[Holzschnitt]* D. Andreas Musculus. | ANNO. M. D. LVIII.
K 3ᵛ: Gedruckt zu Franck= | furt an der Oder / | durch Johann | Eichorn. | ANNO | M. D. LVIII.

9. Beider Antichrist / des | Constantinopolitanischen / vnd Rômi= | schen / einstimmig vnd gleichfôrmig Leer / | Glauben / vnd Religion / Wieder Christum den | Son deß lebendigen Gottes. | Durch | D. Andream Musculum. | *[Holzschnitt]* | Anno M. D. LVII.
M 4ʳ: Gedruckt zu Franckfurt an der Oder / | durch Johann. Eichorn / | Anno / | M. D. LVII.

10. Wider den Ehteuffel. | *[Holzschnitt]* | Gedruckt zu Franckfurt an der Oder / | durch Johann. Eichorn / | Anno / | M. D. LVI.
A 4ʳ: ... Datum | zu Franckfort an der Oder / Anno 1. 5. 56. den fûnff vnd | zwantzigsten Septemb. | E. W. G. | Andreas Musculus.

A⁴ *Titel, Format, Umfang und Zählung wie bei A¹.*

Neuerer Pappdeckelband, Rücken und Ecken aus Leder. Papier etwas stockig, Text sehr gut erhalten.

Standort: Herzog August Bibliothek Wolfenbüttel.
Signatur: Te 895.

A⁵ *Titel, Format, Umfang und Zählung wie bei A¹.*

Das Exemplar ist Nr. 4 in einem Sammelband mit zwei anderen 'Teufelbüchern' und einem Text des 16. Jahrhunderts. Beschreibung und Inhalt des Bandes, siehe Hosenteufel *E⁵, S. 303f.*

Standort: Universitätsbibliothek Rostock.
Signatur: Fm — 1054.

A⁶ *Titel, Format, Umfang und Zählung wie bei A¹.*

Dunkler marmorierter Pappdeckelband mit Leinenrücken. Titelblatt restauriert.

Standort: Privatbesitz Prof. Joh. Schultze, Berlin 33.

*A⁷ *Standort: Deutsche Staatsbibliothek Berlin W. 8.*
Signatur: Db 3141.

*A⁸ *Standort: British Museum, London.*
Signatur: 3905. g. 104.

B-*Drucke (1556)*

B¹ Wider den Fluchteuffel | *[Holzschnitt]* |
Jahreszahl links unten: 1556.
A 4ᵛ: ... Gegeben zu Franckfort an der | Oder / den 1. Mar= | tij / im 1556. | Jar. | E. E. G. | W. | Andreas Musculus | Doctor.

Titelholzschnitt wie die Erstausgabe; auch mit Sicherheit bei Johann Eichorn gedruckt. Satz fast gleich, doch mit Abweichungen und Fehlern, anscheinend noch im gleichen Jahre wie die Erstausgabe herausgebracht.

Format: Quart.
Umfang: 9 Bogen = 36 Blätter.
Zählung: Bogenzählung A—J, ausgeführt bis Bl. iij.

Das Exemplar ist Nr. 2 in einem Sammelband mit fünf anderen 'Teufelbüchern' und einem Musculus-Traktat.
Beschreibung und Inhalt des Bandes, siehe Hosenteufel *E²,*
S. 298 f.

Standort: Sächsische Landesbibliothek Dresden.
Signatur: Theol. ev. mor. 70.

B² *Titel, Format, Umfang und Zählung wie bei B¹.*

Das Exemplar ist Nr. 2 in einem Sammelband mit vier anderen 'Teufelbüchern'.

Beschreibung und Inhalt des Bandes, siehe Hosenteufel *E³, S. 300f.*

Standort: Staatliche Bibliothek Regensburg.
Signatur: Asc. 26.

B³ *Titel, Format, Umfang und Zählung wie bei B¹.*

Abgegriffener heller Lederband der Zeit, ins Leder gepreßte Ornamente, umgebogene Kanten, erhabene Bünde. Handschriftliche Eintragungen auf den Innendeckeln, Rücken und Buchblock, alte Sign.(?): Sammelband Che 250.

Das Exemplar ist zusammengebunden mit vier anderen 'Teufelbüchern' und einem Text des 16. Jahrhunderts.

Standort: Universitäts- und Landesbibliothek Sachsen-Anhalt, Halle/Saale.
Signatur: JG 5942.

Inhalt des Sammelbandes:

1. Wider den Ehteuffel. | *[Holzschnitt]* | Gedruckt zu Franckfurt an der Oder / | durch Johann. Eichorn / | Anno / | M. D. LXI.

2. Wider den Fluchteuffel | *[Holzschnitt]* | 1556.

3. Wider den Sauffteuffel / | Etliche wichtige vrsachen / | Warumb alle Menschen sich fur | dem Sauffen hůten | sollten. | Jtem / | Das das halb vnd gantz | Sauffen Sůnde / vnd in Got= | tes Wort verbo= | ten sey. | Jtem / | Etliche Einreden der | Seuffer / mit jren ver= | legungen / | Durch | Matthaeum Friderich von | Gőrlitz. | 1552.

4. Spielteuffel. | Ein gemein Ausschrei= | ben von der Spieler Brůderschafft vnd | Orden / sampt jren Stifftern / | guten wercken

vnd | Ablas / | Mit einer kurtzen angehengter er= |
klerung / nützlich vnd | lustig zu le= | sen. | Leiptzig / | Gedruckt durch | Andres Schneider / | Anno / M. D. LXI.

5. Der Jagteuffel / | Bestendiger vnd Wolgegründ= | ter bericht /
wie fern die Jagten rechtmes= | sig / vnd zugelassen. Vnd
widerumb worin= | nen sie itziger zeit des mehrertheils | Gottlos / gewaltsam / vnrecht / | vnd verdamlich sein / Vnd | derhalben billich vnter= | lassen / oder doch ge= | endert wer= | den sol= |
ten. | Durch | M. Cyria. Spangenberg. | ANNO | 1. 5. 60.
b 3ᵛ: Gedruckt zu Eisleben / bey | Vrban Gau= | bisch.

6. Wider den verfluch= | ten Wucher. | Vnd alle desselben anhangende | Geitzhendel: Vmbschlege: vorteili= | ge
Wechsel: Einreittung / Leisten ꝛc. | Warhafftiger / bestendiger / vnd in Gött= | lichen / Natürlichen / Keyserlichen / weltlichen | geschriebenen Rechten / wol gegründter
Be= | richt vnd trewe Warnung / aus vieler | Gelerten Bücher
alt vnd new | trewlich zusamen gezogen | Durch | Wolffgangum Kauffman | Sallueldensem. | Zwo Vorreden. Eine |
M. Hieronymi Mencelij / Superinten= | dentis / in der
Graffschafft Mansfelt. | Die Ander. | M. Cyriaci Spangenbergij. | ANNO M. D. LXV.
Aaaiijᵛ: Gedruckt zu Eisleben bey | Vrban Gaubisch.

B⁴ *Titel, Format, Umfang und Zählung wie bei B¹.*

Abgegriffener brauner Lederband der Zeit, erhabene Bünde, abgestoßene Kanten. 1561 auf Rücken. Schließen verloren. Ins Leder gestanzte Ornamente und biblische Motive. Papier zum Teil stockig, Texte gut erhalten.

Das Exemplar ist zusammengebunden mit drei anderen 'Teufelbüchern'.

Standort: Deutsche Staatsbibliothek der Stiftung Preuss. Kulturbesitz, Berlin-Dahlem.
   Signatur: Db 3001 R. [alte Sign.: Z 4899].

Inhalt des Bandes:

1. Der Jagteufel. | Bestendiger vnd wolgegründter | bericht / wie fern das Jagen | recht oder vnrecht sey / | *[Holzschnitt]* | Durch M. Cyriac. Spangenb. | auffs newe in Druck verfertigt. | 1561.
   b 4ʳ: Gedruckt zu Eisleben / in der | alten vnd löblichen Graffschafft Mans= | feld / durch Vrban Gaubisch / | wonhafftig auff dem | Graben. | 1561.

2. Widder den Sauffteuf= | fel / gebessert / vnd an vielen | örtern gemehret. | Jtem / Ein Sendbrieff des Hellischen | Sathans / an die Zutrincker / vor 45. | Jaren zuuor aus gegangen. | Jtem / Ein Sendbrieff Matthaei Friderichs / | an die Follen Brüder in Deutschem Lande. | *[Holzschnitt]* | M. D. LXI.
   S 4ʳ: Gedruckt zu Franckfurt an der Oder / | durch Johan. Eichorn / | Anno / | M. D. LXI.

3. *Fluchteufel*

4. Wider den Ehteuffel. | *[Holzschnitt]* | Gedruckt zu Franckfurt an der Oder / | durch Johann. Eichorn / | Anno / | M. D. LXI.

B⁵ *Titel, Format, Umfang und Zählung wie bei B¹.*

Heller Schweinslederband der Zeit, zwei Schließen, eine defekt. Rücken und Vorblatt zerfressen, auch sonst abgegriffen und verfleckt. Ins Leder gepreßte biblische Ornamente und Motive. Handschriftliches Inhaltsverzeichnis auf dem Rücken. 1027 *auf vorderem Innendeckel, auch Besitzervermerk:* Thomas Ludovicus Rupmensis possessor.

Das Exemplar ist zusammengebunden mit drei anderen 'Teufelbüchern' und einem Text.

Standort: Universitätsbibliothek Rostock.
   Signatur: Fm — 1182.

Inhalt des Sammelbandes:

1. Wider den Ehteuffel. | *[Holzschnitt]* | Gedruckt zu Franckfurt an der Oder / | durch Johann. Eichorn / | Anno / | M. D. LXI.

2. Fluchteufel

3. Widder den Sauffteuf= | fel / gebessert / vnd an vielen | örtern gemehret. | Jtem / Ein Sendbrieff des Hellischen | Sathans / an die Zutrincker / vor 45. | Jaren zuuor ausgegangen. | Jtem / Ein Sendbrieff Matthaei Friderichs / | an die Follen Brüder in Deutschem Lande. | *[Holzschnitt]* | M. D. LXI.
S 4ʳ: Gedruckt zu Franckfurt an der Oder / | durch Johan. Eichorn / | Anno / | M. D. LXI.

4. Der Jagteüffel | Bestendiger vnnd wolgegründter be= | richt / wie fern die Jagten rechtmessig / vnd zugelassen. | Vnd widerůmb worinnen sie jtziger zeit des mehrer= | theils Gottlos / gewaltsam / vnrecht / vnd verdamlich | sein / Vnd derhalben billich vnterlassen / oder | doch geendert werden solten. | *[Holzschnitt]* | Auffs new widerumb Corrigirt. | Durch | M. Cyriacum Spangenberg. | D. M. LXI.

5. Gründtliche vnnd war= | hafftige Bericht / von dem Erschrecklich= | en vnnd wunderbarlichen Zeichen / welchs | am Himel am Donnerstage nach Jnuocauit des LXj. Jahrs / zwischen Eißleben vnd Mansfelt auff | den Abend mit der Sonnen vndergang / | zwisschen v. vnd vj. vhr / von vielen | Personen ist gesehen worden. | An einem gutten Freund | zu Nůrmbergk ge | schrieben vnd | mitgetei= | let. *[Holzschnitt].*

B⁶ *Titel, Format, Umfang und Zählung wie bei B¹.*

Beschädigter, verfleckter grauer Pappdeckelband. Text stokkig, doch sehr gut lesbar. Handschriftliche Eintragungen auf Vorderdeckel innen: Z 4893; *Rückendeckel innen:* Z 4893 *und* Theol. Ascet. Evang. I 309.

*Standort: Deutsche Staatsbibliothek Berlin W. 8.
Signatur: Db 3143.*

*B7 *Standort: Sammlung Adam, Goslar.*
Signatur: Nr. 1436.

*B8 *Standort: Lipp. Landesbibliothek Detmold.*
Signatur: Th 727.

*B9 *Standort: Königl. Bibliothek Kopenhagen.*
Signatur:: *23. — 300. 4°.

*B10 *Standort: Bibliothèque Nationale et Universitaire Strassburg.*
Signatur: R 103 583.

C-*Drucke (1559)*

C1 Von dem vn= | christlichen / erschreck= | lichen / vnd grawsamen Fluchen vñ | Gottslestern / Trewe vnd wolmei= | nende vermanung vnd | warnung. | D. Andreas Musculus. | [Holzschnitt] | M. D. LIX.
F 8ʳ: Zu Erffurd truckts Geor= | gius Bawman / bey S. Paul.

Der unsignierte Titelholzschnitt ist in verkleinerter Ausführung dem Eichornschen Motiv der Erstausgabe nachgearbeitet. Beibehalten sind die offenen Münder mit den Lanzen auf den Gekreuzigten: Spieler, streitende Bürger, raufende Knechte; die Teufelstierfratze mit Ketten und der grinsende Teufel mit den Schuldbuch.

Außerdem ist dieser Druck zu Beginn eines jeden Abschnitts mit einem kleinen Holzschnitt geschmückt, der ein dem folgenden Text entsprechendes Motiv behandelt — die

Sünden der Lästerer gegen: 1. *Christi Geburt,* 2. *die Kreuzigung,* 3. *den Hl. Geist,* 4. *die Taufe und* 5. *das Abendmahl.*

Format: Oktav.

Umfang: 6 Bogen = 48 Blätter.

Zählung: Bogenzählung A—F, ausgeführt bis Blatt v.

Kustoden auf jeder Seite. Initialen zu Anfang der Kapitel.

Abgegriffener bräunlicher Lederband der Zeit. Ins Leder gestanzte Ornamente und Bibelmotive. Umgebogene Kanten, erhabene Bünde, zwei Metallschließen. Handschriftliche Eintragungen und unterstrichene Textstellen. Auf dem Titelblatt: p. 53. 26. *Texte gut erhalten.*

Das Exemplar ist zusammengebunden mit zwei anderen 'Teufelbüchern' und sechs Texten des 16. Jahrhunderts.

Standort: Herzog August Bibliothek Wolfenbüttel.

Signatur: 817. 59 Th.

Inhalt des Sammelbandes:

1. Eine Pre= | digt | IVSTI MENII. | Von der | Gleichnis des Haus= | vaters / der Arbeiter in sei= | nen Weinberg mietet / | Matth. 20. | *[Holzschnitt]* Wittemberg. | M. D. LVIII. C 7ᵛ: Gedrůckt zu | Wittemberg / durch | Georgen Rhaw= | en Erben. | M. D. LVIII.

2. Zwo Trostpre= | digten / Eine / das die seli= | gen einander im ewigen leben | wider sehen / vnnd kennen | werden. | Die ander / vom schlaff der | Christen. | Johan. Mathes. | Neben etlichen Collecten vnnd | Trostsprůchlein. | Mathe. 9. | Das Meidlein ist nicht todt / sondern es schlefft. etc. | Gedruckt zu Leipzig durch | Georg Hantzsch. | 1556.

3. Vrsach so die leut | te auffhaltē / das | sie das Abendtmal Jhesu | Christi nit empfangen / Vnd wie | den selbigen zu begegnen sey. | Durch | M. Hieronymum Rauscher. | 1. Corinth. 11. | Welcher vnwirdig isset vnd trincket / Der isset | vnd trincket jm selber das gericht / damit das er nit | vnterscheidet den leyb des Herrn. | Nůrnberg. | M. D. LIX.

B 8ʳ: Gedrůckt zu Nůrnberg / | durch Johann vom Berg / | vnd Vlrich Neuber.

4. Vnterrichtung | vom Himel vñ der Hell, | wie es in beiden / nach der zukunfft vñ | gericht des HErrn Christi / zugehen werde / | Mit was grosser vnd vnbegreifflicher frewd | vnd ewiger herrligkeit / die Auserwelten wer= | den gekrönet vnd begnadet werden. Vnd | dargegen / Mit was zorn Gottes / Ewiger | straff / vnd vnaussprechlicher pein vnd | hertzenleid / die Gottlosen vnd ver= | dampten / werden beladen | vnd beschweret | werden. | Durch Andream Mu= | sculum / D. | M. D. LIX.
G 7ᵛ: Gedruckt zu | Erffurdt / durch Georgi= | um Bawman / zu dem bun= | ten Lawen / bey S. | Paul.

5. Vom jůngsten | Tag. | *[Holzschnitt]* Durch | D. And. Musculum.
S 7ʳ: Gedruckt zu Franckfort an | der Oder / durch Johan. | Eichorn / Anno | M. D. LVII.

6. Wider den | Eheteuffel. | *[Holzschnitt]* D. Andreas Musculus. | M. D. LIX.
G 6ᵛ: Gedruckt zu Erffurdt / | durch Georgium Bawman / zu | dem bunten Lawen / bey | S. Paul.

7. Prophecey vnd | Weissagung / vnsers Herrn | Jesu Christi / von dem zuna= | henden vnglůck vber | Deutschland. *[Holzschnitt]* Durch | D. Andream Musculum. | ANNO, M. D. LIX.
G 7ᵛ: Gedruckt zu Franckfurt | an der Oder / durch Jo= | hann. Eichorn.

8. *Fluchteufel*

9. Vnterrichtung | Vom Wucher / | | Geitz vnd Reich= | thumb. | Jtem / von Christlichem | vnd Gottseligem gebrauch der zeit= | lichen gůter / Aus den heiligen alten Lehrern gezogen. | Jn diesen letzten fehrlichen vnd ge= | schwinden zeiten / do die lieb erkaltet / vnd | die Sorgfeltigkeit der Narung / Be= | trug / List vnd Finantzerey/ | vberhandt genom= | men. | Allen Frommen / Gott= | fůrchtigen Christen / nötig vnd | nützlich zu wissen. | D. Andreas Musculus. | Anno 1559.
D 8ʳ: Gedruckt zu Erffurdt / | durch Georgium Baw= | man / zu dem bun= | ten Lawen | bey Sanct | Paul.

C² *Titel, Impressum, Format, Umfang und Zählung wie bei C¹.*

Neuerer, gesprenkelter Pappdeckelband, handschriftlicher Titel, Autor und Jahr auf dem Rücken. Auf vorderem Innendeckel: E 8884 *und* 130, 038; *auf hinterem Innendeckel:* Theologie Moral. 346. *Papier sehr stockig, Text gut erhalten, Blatt A8 restauriert.*

Standort: Deutsche Staatsbibliothek Berlin W. 8.
Signatur: Db 3146.

D-*Druck (1561)*

D¹ Von dem vn= | christlichen / erschreck= | lichen / vnd grawsamen Fluchen vñ | Gottslestern / Trewe vnd wolmei= | nende vermanung vnd | warnung. | D. Andreas Musculus. | *[Holzschnitt]* | M. D. LXI.
F 8ʳ: Zu Erffurd truckts Geor= | gius Bawman / bey S. Paul.

Nachdruck von C, mit dem gleichen Titelholzschnitt, jedoch teilweise rubriziert.

Format: Oktav.
Umfang: 6 Bogen = 48 Blätter.
Zählung: Bogenzählung A—F, ausgeführt bis Bl. v.

Kustoden auf jeder Seite. Initialen zu Beginn der Kapitel.

Helles Schweinsleder der Zeit. Rollenstempel, Recifen. Erhabene Bünde. Zwei Schließen, eine defekt. Besitzervermerk Vorderspiegel: Johannes Krautheim, *auch auf hinterem Spiegel, darunter Jahreszahl* 1634. *Weitere Namen schwer lesbar. Texte gut erhalten.*

Das Exemplar ist zusammengebunden mit zwei anderen 'Teufelbüchern' und drei Texten.

Standort: Universitätsbibliothek Jena.
Signatur: 8 MS 29615.

Inhalt des Sammelbandes:

1. Vom jůng= | sten Tage. | *[Holzschnitt]* | Durch D. And. | Musculum.
  P 7ᵛ: Gedruckt zu | Erffurdt / durch Ge= | orgium Bawman / zum | bunten Lawen / bey | Sanct Paul.

2. Prophecey | vnd Weissagung vnsers | HERRN Jhesu Christi / von | dem zunahenden vnd allbereit | verhandenen zorn / straff / jam= | mer vnd vnglůck / vber | Deutschlandt. | Durch | D. Andream Muscu. | Esaiae Cap. IX. | Das Volck keret sich nicht zu dem / der | es schlecht / vnd fragen nichts nach dem | HERRN Zebaoth / Darumb wird der | HERR abhawen von Jsrael / beyde | Kopff vnd Schwantz / beyde Ast vnd | Strumpff / auff einen tag. | M. D. LXII.
  F 8ʳ: Gedruckt zu Erffurdt / durch Ge= | orgium Bawman.

3. Christliche | Trewe Warnung vn̄ | Vermanung / wider die grewli= | che vnd verdamliche Sicher= | heit der gantzen | Welt. | Jtem / was für glück / | fried vnd wolfart / hinfort | zu hoffen sey. | Alles aus dem Pro= | pheten Daniel / vn̄ vnsers Her= | ren Christi mund / Matth. | 24. geweissaget. | Durch | Andream Muscu= | lum D. | M. D. LX.
  G 4ʳ: Gedruckt zu Erffurdt / | durch Georgium Bawman.

4. Vnterrichtung | Vom Himmel vnd der Hell / wie | es in beyden / nach der zukunfft vnd ge= | richt des HERRN Christi / zugehen wer= | de / Mit was grosser vnd vnbegreifflicher | Frewd vnd ewiger Herrligkeit / die Auser= | welten werden gekrönet vnd begnadet wer= | den. Vnd dargegen / Mit was zorn Gottes / | Ewiger straff / vnd vnaussprechlicher pein | vnd hertzenleid / die Gottlosen vnd ver= | dampten / werden beladen | vnd beschweret | werden. | Durch Andream Mu= | sculum / D. | ANNO M. D. LXI.
  G 7ᵛ: Gedruckt zu | Erffurdt / durch Georgi= | um Bawman / zu dem bun= | ten Lawen / bey S. | Paul.

5. Fluchteufel

6. Wider den | Eheteuffel. | *[Holzschnitt]* | D. Andreas Musculus. | M. D. LXI.
G 6ᵛ: Gedruckt zu Erfurdt / | durch Georgium Bawman / zu | dem bunten Lawen / bey | S. Paul.

E-*Drucke (1561)*

E¹ Wider den Fluchteufel. | Von dem Vn | christlichen / erschreck= | lichen / vnd grausamen Flu= | chen vnd Gottslesterung / | trewe vnd wolmeine= | de Vermanung | vnd War= | nung. | Gedruckt zu Vrsel / durch | Nicolaum Henricum. | Anno 1561.

Format: Oktav.

Umfang: 6½ Bogen = 52 Blätter; Blatt G 4 leer.

Zählung: Bogenzählung A—G, ausgeführt bis Blatt v.

Kustoden auf jeder Seite. Initialen zu Anfang der Kapitel.

Alter abgegriffner Pergamentband, schwarz-rote Handschrift auf Vorder- und Rückendeckel, zum Teil losgelöst. Handschriftliche Inhaltsbeschreibung auf Rücken. Abgerissene Lederschließen. Innenblätter auf Pergament geklebt. Hs.Eintragungen auf Titelblatt.

Das Exemplar ist zusammengebunden mit drei anderen 'Teufelbüchern'.

Standort: Bayerische Staatsbibliothek München.
   Signatur: Mor. 378 [alte Sign. Th. Thet. 2609].

Inhalt des Bandes:

1. *Fluchteufel*
2. Wider den | Sauffteufel / | | Mit allem Vleiss gebessert / | vnd an vielen Orten | gemehret. | Jtem / Ein Sendbrieff | des Hellischen Sathans / an | die Zutrincker / vor 45. Ja= | ren

zuuor ausgangen. | Jtem / Ein Sendbrieff | Matthei Friderichs / an die | follen Brůder in Deud= | schem Lande. | Anno 1561.
O 7ʳ: Gedruckt zu Vrsel / durch Ni= | colaum Henricum. | 1561.
O 7ᵛ: [Druckersignet: Sanct Ursula mit Pfeil, im Gewand der Zeit; im Hintergrund die Stadtmauern von Ursel]

3. Wider den Eheteüfel. | Ein sehr Nutzli= | ches bůchlein / Wie man den | heimlichen listē / damit sich der leydige | Sathan wider die Ehestifftung auffleinet / auß | Gottes wort begegnen / vnnd den Ehestandt | Christlich anfahen / fridlich darinn leben / | vnd glücklich vollenden mőge. | Durch Andream Musculum. D. | *[Holzschnitt]* | Anno M. D. LXI. *[4 Bll. fehlen am Ende, irrtümlich zwischen Vorrede geheftet, s. Beschr. E 3]*
*4ᵛ: Getruckt zu Wormbs / bey Philips Kőpffel / in ver= | legung Weygand Han / | Anno M. D. LXI.

4. Spielteufel. | Ein Gemein | Ausschreiben / von der | Spieler Brůderschafft vnd | Orden / sampt jren Stiff | tern / guten Wercken | vnd Ablas. | Mit einer kurtzen ange= | hengter Erklerung / | nützlich vnd lustig | zu lesen. | Anno 1561.
G 3ᵛ: Gedruckt zu Vrsel / durch | Nicolaum Henricum.

E² *Titel, Format, Umfang und Zählung wie bei E¹.*

Abgegriffener brauner Lederband, erhabene Bünde. Handschriftliches Inhaltsverzeichnis auf vorderem Innenblatt. Exlibris auf vorderem Innendeckel: L. G. F. D. (Wappen).

Das Exemplar ist zusammengebunden mit drei anderen 'Teufelbüchern'.

Standort: Universitätsbibliothek Tübingen.
Signatur: Gf 551.

Inhalt des Bandes:

1. Von des Teüf= | fels Tyranney / Macht | vnd Gewalt / Sonderlich in | disen letsten tagen vn= | derrichtung. | Durch |

Andream Musculum. | *[Holzschnitt]* | Anno M. D. LXI.
J 8ʳ: Getruckt zu Wormbs / | bey Philips Köpffel / in ver= | legung Weygand Han / | Anno M. D. LXI.

2. Wider den Eheteüfel. | Ein sehr Nutzli= | ches büchlein / Wie man den | heimlichen listē / damit sich der leydige | Sathan wider die Ehestifftung auffleinet / auß | Gottes wort begegnen / vnnd den Ehestandt | Christlich anfahen / fridlich darinn leben / | vnd glücklich vollenden möge. | Durch Andream Musculum. D. | *[Holzschnitt]* | Anno M. D. LXI.
F 4ᵛ: Getruckt zu Wormbs / | bey Philips Köpffel / in ver= | legung Weygand Han / | Anno M. D. LXI.

3. *Fluchteufel*

4. Wider dē Sauff= | teüfel / gebessert / vnd an vi= | len örtern gemehret. | Jtem / Ein Sendbrieff des Hellischen Sa= | thans / an die Zutrincker / vor 45. Ja= | ren zuuor außgegangen. | Jtem / Ein Sendbrieff Matthei Friderichs / | an die Vollen Brüder in Deüd= | schem Lande. | *[Holzschnitt]* | Anno M. D. LXI.
N 4ᵛ: Getruckt zu Wormbs / | bey Philips Köpffel in ver= | legung Weygand Han / | Anno M. D. LXI.

E³ *Titel, Format, Umfang und Zählung wie bei E¹.*

Restaurierter Band; Rücken und ein Deckeldrittel Schweinsleder, das andere Drittel marmorierter Pappdeckel, darauf in Gold gestanzter Adler, 'R' auf Brust, mit Krone. Auf Leder neuere Inhaltsangabe auf dem Rücken. Vorblätter erneuert. Gebeizter Buchblock.

Das Exemplar ist zusammengebunden mit fünf anderen 'Teufelbüchern'.

Standort: Deutsche Staatsbibliothek der Stiftung Preuß. Kulturbesitz, Berlin-Dahlem.
Signatur: Db 3015 R.

Inhalt des Sammelbandes:

1. Der Jag= | teufel / | | Bestendiger vnd Wol= | gegründter bericht / wie fern | die Jagten rechtmessig / vnd zuge | lassen. Vnd widerumb worinnen | sie jtziger zeit des mehrer theils | Gottlos | gewaltsam / vn= | recht / vnd verdamlich | sein / Vnd derhalben | billich vnterlassen / | oder doch geen= | dert werden | solten. | Durch | M. Cyria. Spangenberg. | 1. 5. 61.

2. Wider den | Eheteuffel. | *[Holzschnitt]* | D. Andreas Musculus. | M. D. LXI.
G 6ᵛ: Gedruckt zu Erfurdt / | durch Georgium Bawman / zu | dem bunten Lawen / bey | S. Paul.

3. Gesind Teufel | Darin acht stück gehan= | delt werden / von des Gesindes | vntrew / welche im nachfolgenden blat | verzeichnet. Von | M. Peter Glaser Pre= | diger zu Dreßden / gestellet | vnd zusammen gezogen. | *[Holzschnitt]* | Leipzig.
J 2ʳ: Leipzig | Bey M. Ernesto Vôgelin. | M. D. LXIIII.

4. Wider den | Sauffteuffel / | Mit allem Vleiss gebessert / | vnd an vielen Orten | gemehret. | Jtem / Ein Sendbrieff | des Hellischen Sathans / an | die Zutrincker / vor 45. Ja= | ren zuuor ausgangen. | Jtem / Ein Sendbrieff | Matthei Friderichs / an die | follen Brüder in Deud= | schem Lande. | Anno 1561.
O 7ʳ: Gedruckt zu Vrsel / durch Ni= | colaum Henricum. | 1561.

5. Spielteufel. | Ein Gemein | Ausschreiben / von der | Spieler Brûderschafft vnd | Orden / sampt jren Stiff | tern / guten Wercken | vnd Ablas. | Mit einer kurtzen ange= | hengter Erklerunge / | nützlich vnd lustig | zu lesen. | Anno 1561.
G 3ᵛ: Gedruckt zu Vrsel / durch | Nicolaum Henricum.

6. *Fluchteufel*

E⁴ *Titel, Format, Umfang und Zählung wie bei E¹.*

Braunschwarz marmorierter Pappdeckelband. Handschriftlich auf Vorblatt, durchgestrichen: Theol N 33. Bibl. Metzler. *Texte stockig, doch gut lesbar.*

Das Exemplar ist zusammengebunden mit drei anderen 'Teufelbüchern'.

Standort: *Bayerische Staatsbibliothek München.*
Signatur: *Asc. 4313.*

Inhalt des Sammelbandes:

1. Wider den Sauffteufel / | Mit allem Vleiss gebessert / | vnd an vielen Orten | gemehret. | Jtem / Ein Sendbrieff | des Hellischen Sathans / an | die Zutrincker / vor 45. Ja= | ren zuuor ausgangen. | Jtem / Ein Sendbrieff | Matthei Friderichs / an die | follen Brůder in Deud= | schem Lande. | Anno 1561. *O 7ʳ:* Gedruckt zu Vrsel / durch Ni= | colaum Henricum. | 1561. *O 7ᵛ: [Druckermarke:* Hl. Ursula.*]*

2. Spielteufel. | Ein Gemein | Ausschreiben / von der | Spieler Brůderschafft vnd | Orden / sampt jren Stiff | tern / guten Wercken | vnd Ablas. | Mit einer kurtzen ange= | hengter Erklerunge / | nůtzlich vnd lustig | zu lesen. | Anno 1561. *G 3ᵛ:* Gedruckt zu Vrsel / durch | Nicolaum Henricum.

3. Wider den Fluchteuffel. | Von dem Vn | christlichen / erschreck= | lichen / vnd grausamen Flu= | chen vnd Gottslesterung / | trewe vnd wolmeine = | de Vermanung | vnd War= | nung. | Gedruckt zu Vrsel / durch | Nicolaum Henricum. | Anno 1561.

4. Der Jagteufel. | Bestendiger / | vnd wolgegründter be= | richt / Wie ferne die Jagten | rechtmessig / vnd zugelassen / | Vnd widerumb worinnen sie | jtziger zeit des mehrer theils | Gottlos / Gewaltsam / Vn= | recht / vnd verdamlich sein / | Vnd derhalben billich | vnterlassen / oder | doch geendert | werden sol | ten. | Durch | M. Cyria. Spangenberg. | 1561.

*E5   Standort: *Fürstl. Bibliothek Schloß Harburg.*
      Signatur: *XIII, 6, 8°, 793 (Suffix).*

*E6   Standort: *British Museum, London.*
      Signatur: *4374. de. 28.*

*E7   Standort: *Universitätsbibliothek Budapest.*
      Signatur: *Antiqua 5783.*

F-Druck (1561)

F *Titel, Format, Umfang und Zählung wie bei den A-Drucken.*

Früherer Standort: Privatbesitz Frankfurt/Oder.

Nach Grimm[27] *wurde dieses Exemplar 1945 vernichtet. Es ist auch sonst bei der Umfrage nicht ermittelt worden.*

G-Drucke (1562)

G¹ Wider den Flůchteufel. | Von dem Vn= | christlichen / Erschröckli= | chen / vnd Grausamen Flůchen vnd Gotts | lesterung / treůwe vnd wolmeine= | te Vermanung vnnd | Warnung. | Getruckt zů Franck= | furt ahm Meyn / bey Weygand | Han vnd Jörg Raben. | M. D. LXII.

Format: Oktav.
Umfang: 7 Bogen = 56 Blätter.
Zählung: Bogenzählung A—G, ausgeführt bis Blatt v.

Kustoden auf jeder Seite. Initialen zu Beginn der Kapitel.

Rötlich marmoriertes Pappdeckelbändchen, ziemlich gut erhalten. Titel auf Rücken in Goldschrift. Papier recht stockig, Text gut lesbar. Auf Titelblatt alte Sign.: Theol. Luth. 2170 *und handschriftlich* T 397, *beides durchgestrichen, darüber* moral 132; *außerdem hs.* 697. *Auf Innendeckel:* Th. Luth. mor. 132. *Alte Sammelband-Markierung.*

Standort: Sächsische Landesbibliothek Dresden.
Signatur: Theol. ev. mor. 442.

---

[27] *Grimm,* Teufelbücher, *a. a. O., Sp. 1765, Nr. 3d.*

G² *Titel, Format, Umfang und Zählung wie bei G¹.*

Lederband der Zeit, auf Holzdeckeln, erhabene Bünde, ins Leder gestanzte Ornamente und biblische Motive. Auf Vorderdeckel gestanzt: Jagteufel. *Zwei Metallschließen. Papier stockig, Texte gut erhalten. Auf vorderem Innendeckel:* D. 8. 32.

Das Exemplar ist zusammengebunden mit drei anderen 'Teufelbüchern'.

Standort: Thür. Landeshauptarchiv Weimar.
Signatur: 4, 6: 32.

Inhalt des Sammelbandes:

1. Der Jagteüfel. | Bestendiger vnnd Wolge= | gründter bericht / wie fern die Jagten | rechtmessig / vnd zugelassen. Vnnd widerumb / | warinn sie jetziger zeit des mehrerteils Gott= | loß / gewaltsam / vnrecht / vnd verdamlich | seind / Vnnd der halben billich vn= | derlassen / oder doch geende= | ret werden solten. | Durch M. Cyria. Spangenberg. | [Holzschnitt] | Anno M. D. LXI.
Q iij^v: Getruckt zu Wormbs / | bey Philips Köpffel / in ver= | legung Weygand Han / | Anno M. D. LXI.

2. Von des Teüf= | fels Tyranney / Macht | vnd Gewalt / Sonderlich in | disen letsten tagen vn= | derrichtung. | Durch | Andream Musculum D. | [Holzschnitt] | Anno M. D. LXI.
J 8^r: Getruckt zu Wormbs / | bey Philips Köpffel / in ver= | legung Weygand Han / | Anno M. D. LXI.

3. Fluchteufel

4. Spielteüfel | Ein gmein Auß | schreyben von der Spieler | Bruderschafft vñ Orden / sampt jren | Stifftern / guten Wercken | vnd Ablaß. | Mit einer kurtzen angehenckten erklerung / | nutzlich vnd lustig zulesen. | [Holzschnitt] | Anno M. D. LXI.

*G³ *Standort: Fürstl. Bibliothek Schloß Harburg.*
Signatur: XIII, 6, 8°, 795.

*G⁴ *Standort:* British Museum, London.
 Signatur: 4372. d. 30.

*G⁵ *Standort:* Königl. Bibliothek Stockholm.
 Signatur: Teol. Upphygg.

*G⁶ *Standort:* Österr. Nationalbibliothek Wien.
 Signatur: 22. 500 — A.

*G⁷ *Standort:* Zentralbibliothek Zürich.
 Signatur: 18. 1782.

H-*Drucke (1564)*

H¹ Fluchteuffel. | Wider das vn= | christliche / er-schröckliche / vñ | grausame fluchen vnd Gottsleste= | ren / treuwe vnd wolmeinende | vermanung vnd war= | nung. | [Holzschnitt] | Getruckt zu Franckfurt am Mayn / | M. D. LXIIII.

Der Titelholzschnitt stellt ein Teufelsungeheuer dar, eine Art Vogel Greif mit Flügeln und scharfen Krallen, der mit einer Kette an einen großen Block geschmiedet ist. Der gleiche Holzschnitt wurde auch bei den Frankfurt/Main-Drucken des Eheteufels *(E, F, G) verwandt*[28].

Format: Oktav.
Umfang: 5½ Bogen = 44 Blätter.
Zählung: Bogenzählung A—F, ausgeführt bis Blatt v.

Kustoden auf jeder Seite. Initialen zu Beginn der Kapitel.

Neuerer abgegriffener verfleckter Pappdeckelband. Viele handschriftlich unterstrichene Stellen. Exlibris auf vorderem Innen-

---

[28] *Siehe S. 369, 370f., 377.*

deckel: Aus der Bibliothek der Brüder Jacob und Wilhelm Grimm. 1865. Königliche Universitäts-Bibliothek zu Berlin. *Über Exlibris:* 41537.

Standort: *Humboldt Universität Berlin W. 8.*
Signatur: *746 rc.*

H² *Titel, Format, Umfang und Zählung wie bei H¹.*

Heller, gut erhaltener Pergamentband. Umgebogene Kanten. Inhaltsangabe handschriftlich auf dem Rücken. Handschriftliche Eintragungen auf der Innenseite des Vorderdeckels. Texte sehr gut erhalten. Das Exemplar ist zusammengebunden mit sieben anderen 'Teufelbüchern' des 16. Jahrhunderts, jeder 'Einzelteufel' rot markiert.

Standort: *Universitätsbibliothek Salzburg.*
Signatur: *90 709 I*
 [alte Sign.: Mj. ZIZ. III T. 3. C. 175/(7)].

Inhalt des Sammelbandes:

1. Der Zauber Teuffel: | Das ist / | Von Zauberey / | Warsagung / Beschwehren / | Segen / Aberglauben / Hexerey / vnd man= | cherley Wercken des Teuffels / wolgegründter / | vnd so viel einem Glaubigen dauon zu wissen dienstlich / | gnugsamer Bericht / nicht allein dem Gemeinen Mann / son= | der auch den Weltlichen Regenten / vnd einfeltigen Predi= | gern nützlich vnd kurtzweilig zu lesen / Auß heiliger | Schrifft vnd bewerten Scribenten / mit fleiß | zusammen getragen | Durch | Ludouicum Milichium. | *[Holzschnitt]* | Getruckt zu Franckfurt / M. D. LXVI.
p. 352: Getruckt zu | Franckfurt am Mayn / | bey Martin Lechler / in | verlegung Sigmund Feir= | abends vnd Simon Hůters. | *[Gemeinschaftssignet:* SIGMVND FEIRABENT. SIMON HVTTER*].*

2. Hofteuffel. | Das Sechßte | Capittel Danielis / Den | Gottförchtigen zu trost / den Gott= | losen zur warnung / Spil-

weiß | gestellet / vnd in Reimen | verfasset. | Durch Johannem | Chryseum. | Gedruckt zu Franckfurt / | M. D. LXIIII.

3. Jagteüffel. | Bestendiger vnd Wolge= | gründter bericht / wie ferrn die | Jagten rechtmessig / vñ zugelassen. Vnd / widerumb / warinn sie jetziger zeyt deß mehrertheils | Gottloß | gewaltsam / vnrecht / vnnd verdamlich | seind / Vnd derhalben billich vnderlassen / oder | doch geendert werden solten. | Durch M. Cyria. Spangenberg. | *[Holzschnitt]* | Anno M. D. LXII.
R 4ʳ: Getruckt zů Franckfurt | am Mayn / bey Weygand | Han vnd Georg | Raben.

4. Vom Juncker Geytz vnd | Wucherteüfel: | So jetzt inn der Welt in | allen Stenden gewaltig= | lich regieret. | An alle Stende des | Deüdschen Reychs | geschrieben / | Durch | Albertum von Blan= | ckenberg. | Getruckt zu Franckfurt | am Mayn / durch Georg Raben / | vnd Weygand Hanen Erben / | Anno M. D. LXIII.

5. *Fluchteufel*

6. Wider den | Huren Teuffel / | vnd allerley Vnzucht. | Warnung vnd Bericht auß Gött= | licher Schrifft: | Hurer vnd Ehebrecher wirdt Gott richten / | Hebreo. 13. | Gestellt vnd zusamen gezogen / | durch Andreas Hoppenrod. | Mit einer Vorrede M. Cyriaci Spangenbergs. | *[Holzschnitt]* | Getruckt zu Franckfurt am Mayn / 1565.
J 7ʳ: Getruckt zu | Franckfurt am Mayn / bey | Martin Lechler | in verlegung | Sigmund Feyerabends | vnd Simon | Hůters. | M. D. LXV.

7. Spielteuffel. | Ein gemein auß | schreiben / von der Spieler | Brůderschafft vnd Orden / sampt | jren Stifftern / guten Wercken | vnd Ablaß. | Mit einer kurtzen angehenckten erklå= | rung / nützlich vnd lustig zu lesen. | *[Holzschnitt]* | Anno / 1564.
F 3ʳ: Gedruckt zu Franckfurt | am Mayn / durch Georg | Raben / vnd Weygand | Hanen Erben.

8. Wider den Eheteuffel | Ein sehr nützli= | ches Bůchlin / wie man den | heimlichen listen / damit sich der leidige | Sathan wider die Ehestifftung aufflehnet / auß Got= | tes wort begegnen / vnd den Ehestandt Christlich | anfahen / friedlich

darinn leben / vnd | glücklich vollenden | mûge. | Durch Andream Musculum D. | *[Holzschnitt]* | Anno / 1564.
F 7ᵛ: Gedruckt zu Franckfurt | am Mayn / durch Georg | Raben / vnd Weygand | Hanen Erben.

H³ *Titel, Format, Umfang und Zählung wie bei H¹.*

Alter brauner Lederband auf Holzdeckeln. Abgestoßene Ecken und Kanten, Rücken leicht defekt, Leder abgeblättert. Papier braun und fleckig, jedoch im Ganzen gut erhalten. Inhaltsangabe in Goldschrift auf dem Rücken. Vereinzelte handschriftliche Eintragungen und unterstrichene Textstellen.

Das Exemplar ist zusammengebunden mit fünf anderen 'Teufelbüchern'.

Standort: Deutsche Staatsbibliothek Berlin W. 8.
Signatur: Db 3011 R.

Inhalt des Sammelbandes:

1. *Fluchteufel*
2. Spielteuffel. | Ein gemein auß | schreiben / von der Spieler | Brůderschafft vnd Orden / sampt | jren Stifftern / guten Wercken | vnd Ablaß. | Mit einer kurtzen angehenckten erklå= | rung / nützlich vnd lustig zu lesen. | *[Holzschnitt]* | Anno / 1564.
F 3ʳ: Gedruckt zu Franckfurt | am Mayn / durch Georg | Raben / vnd Weygand | Hanen Erben.
3. Wider den | Huren Teuffel / | vnd allerley Vnzucht. | Warnung vnd Bericht auß Gött= | licher Schrifft: | Hurer vnd Ehebrecher wirdt Gott richten / | Hebreo. 13. | Gestellt vnd zusammen gezogen / | durch | Andreas Hoppenrod. | Mit einer Vorrede M. Cyriaci Spangenbergs. | *[Holzschnitt]* | Getruckt zu Franckfurt am Mayn / 1565.
J 7ʳ: Getruckt zu | Franckfurt am Mayn / bey | Martin Lechler / in verlegung | Sigmund Feyerabends | vnd Simon | Hûters. | M. D. LXV.

4. Haußteuffel / | das ist / | Der Meister | SIEman / Wie die bôsen | Weiber jre fromme Mânner | vnd wie die bôsen leichtfertigen Buben / jre froṁe Weiber plagē / Sampt einer vermanung auß heiliger | Schrifft vnd schônen Historien / wie sich froṁe | Eheleut gegen einander verhalten sol= | len / nůtzlich vñ lustig zu lesen. | Beschrieben durch Adamum Schubart. | *[Holzschnitt]* | Getruckt zu Franckfurt am Mayn / 1565.
F 8ᵥ: Getruckt zu Franckfurt | am Mayn / bey Martin Lechler / | Jn verlegung Sigmund Feyerabends | vnd Simon Hûters / Jm jar nach Christi vnsers HErrn vnd | Seligmachers geburt / | M. D. LXV.

5. Schrap Teuffel. | Was man den | Herschafften schůldig sey / | Wo mit das Volck beschweret wer | de / Was solche Beschwerunge fůr Schaden bringen / Was die Sch= | rifft darwider zeuge / Wie sie Gott straffe / Vnd mit wel= | chen Sûnden sie das | Volck verdiene. | Alles aus heiliger Schrifft mit al= | lem vleis tractirt / vnd an vielen orten | gemehret vnd gebessert. | Durch | Ludowicum Milichium. | ANNO. M. D. LXX.
Cc 4ʳ: Gedruckt nach Christi Geburt / | im Jahr / als man zelet / tau= | sent / fůnffhundert vnd | siebentzig.

6. Wider den Kleider / Plu= | der / Pauss vnd | Krauß Teuffel. | Durch | Johan. Strauß Elsterberg. | *[Holzschnitt]*
F 6ᵥ: Gedruckt zu Leipzig / durch | Georg Defner / im Jahr | 1581.

H⁴ *Unvollständiges Exemplar (die Blätter A 2 und A 3 fehlen), sonst Titel, Format, Umfang und Zählung wie bei H¹.*

Braun und blau marmorierter Pappdeckelband, teilweise restauriert. Handschriftliche Eintragungen und rot unterstrichene Stellen bei einigen Texten.

Das Exemplar ist zusammengebunden mit vier anderen 'Teufelbüchern'.

Standort: Universitätsbibliothek Heidelberg.
   Signatur: G 5612.

Inhalt des Sammelbandes:

1. *Von des Teuffels Tyranney [unvollständig, A 1—A 7 fehlen]*
   K 7ᵛ: Getruckt zů Franckfurt | am Mayn / bey Georg Raben / | vnnd Weygand Hanen | Erben. 1563.

2. Jagteüffel. | Bestendiger vnd Wolge= | grůndter bericht / wie ferrn die | Jagten rechtmessig / vñ zugelassen. Vnd | widerumb / warum sie jetziger zeyt deß mehrertheils | Gottloß / gewaltsam / vnrecht / vnnd verdamlich | seind / Vnd derhalben billich vnderlassen / oder | doch geendert werden solten. | Durch M. Cyria. Spangenberg. | *[Holzschnitt]* | Anno M. D. LXII.
   R 4ʳ: Getruckt zů Franckfurt | am Mayn / bey Weygand | Han vnd Georg | Raben.

3. Wider den Eheteuffel. | Ein sehr nůtzli= | ches Bůchlin / wie man den | heimlichen listen / damit sich der leidige | Sathan wider die Ehestifftung aufflehnet / auß Got= | tes Wort begegnen / vnd den Ehestandt Christlich | anfahen / friedlich darinn leben / vnd | glůcklich vollenden | můge. | Durch Andream Musculum D. | *[Holzschnitt]* | Anno / 1564.
   F 7ᵛ: Gedruckt zu Franckfurt | am Mayn / durch Georg | Raben / vnd Weygand | Hanen Erben.

4. Spielteuffel. | Ein gemein auß | schreiben von der Spieler | Brůderschafft vnnd Orden / sampt jren | Stifftern / guten Wercken | vnnd Ablaß. | Mit einer kurtzen angehenckten erklå= | rung / nůtzlich vnd lustig zůlesen. | *[Holzschnitt]* | Anno / 1562.
   F 3ʳ: Getruckt zů Franckfurt | am Mayn / bey Weygand | Han vnd Georg | Raben.

5. *Fluchteufel*

H⁵ Standort: Stadtbibliothek Nürnberg.
      Signatur: Theol. 479. 8°.

H⁶ Standort: British Museum, London.
      Signatur: 8632. aaa. 53.

I-Drucke (1568)

I¹ Fluchteuffel. | Wider das vn= | christliche / erschreckliche / vnd | grausame fluchen vnd Gottesleste= | ren / treuwe vnd wolmeinende | vermanung vnd war= | nung. | *[Holzschnitt]* | Gedruckt zu Franckfurt am Mayn / | Anno M. D. LXVIII.
G 6ʳ: Gedruckt zu Franckfurt am | Mayn / durch Weygand Ha= | nen Erben.

Der Titelholzschnitt zeigt das gleiche Teufelsungeheuer wie in der H-Ausgabe von 1564.

Format: Oktav.
Umfang: 7 Bogen = 56 Blätter; 2 Bll. leer.
Zählung: Bogenzählung A—G, ausgeführt bis Blatt v.
 Aiij und Fiiij nicht gezeichnet.
Kustoden auf jeder Seite. Initialen zu Anfang der Kapitel.

Bräunlicher neuerer Pappdeckelband, stark abgegriffen, bestoßene Ecken und Kanten. Rücken eingerissen. Papier stockig, jedoch alle Texte gut erhalten.

Das Exemplar ist zusammengebunden mit sechs anderen 'Teufelbüchern'.

Standort: Bayerische Staatsbibliothek München.
 Signatur: Mor. 947.

Inhalt des Sammelbandes:

1. Spielteuffel. | Ein gemein auß | schreiben / von der Spieler | Brůderschafft vnd Orden / sampt | jren Stifftern / guten Wercken | vnd Ablaß. | Mit einer kurtzen angehenckten

erklå= | rung / nützlich vnd lustig zu lesen. | *[Holzschnitt]* | Anno / 1564.
F 3ʳ: Gedruckt zu Franckfurt | am Mayn / durch Georg | Raben / vnd Weygand | Hanen Erben.

2. *Fluchteufel*

3. Vom Juncker | Geitz vnnd Wucherteuffel / | so jetzt in der Welt in allen Sten= | den gewaltiglich regieret. An alle | Stende des Teutschen Reichs | geschrieben / | Durch | Albertum von Blanckenburg. | Gedruckt zu Franckfurt am | Mayn / bey Martin Lechler / in | verlegung Weygand Ha= | nen Erben. | M. D. Lxviij.
G 3ᵛ: Gedruckt zu Franckfurt am | Mayn / bey Martin Lechler / in | verlegung Weygand Ha= | nen Erben. | M. D. Lxviij.

4. Wider den | Huren Teuffel / | vnd allerley Vnzucht. | Warnung und Bericht auß Gött= | licher Schrifft: | Hurer vnd Ehebrecher wirdt Gott richten / | Hebreo. 13. | Gestellt vnd zusammen gezogen / | durch | Andreas Hoppenrod. | Mit einer Vorrede M. Cyriaci Spangenbergs. | *[Holzschnitt]* | Getruckt zu Franckfurt am Mayn / 1565.
J 7ʳ: Getruckt zu | Franckfurt am Mayn / bey | Martin Lechler / in verlegung | Sigmund Feyerabends | vnd Simon | Hüters. | M. D. LXV.

5. Tantzteuffel: | Das ist / wider | den leichtfertigen / vnuer= | schempten Welt tantz / vnd son= | derlich wider die Gottß zucht | vnd ehrvergessene | Nachttäntze. | Gestellet durch Florianum | Daulen von Fürstenberg / Pfarrherrn die | zeit zu Schnellewalde. | *[Holzschnitt]* | Franckfurt am Mayn / Anno 1569.
f. 113ᵛ: Gedruckt zu | Franckfurt am Mayn / | bey Martin Lechler / | in verlegung Simon | Hüters. | *[Verlegermarke Amphitrite auf Delphin':* SIMON HVTTER ANNO M. D. LXVIIJ*]* | Anno M. D. LXIX.

6. Wider den Eheteuffel. | Ein sehr nützli= | ches Büchlin / wie man den | heimlichen listen / damit sich der leidige | Sathan wider die Ehestifftung aufflehnet / auß Got= | tes wort begegnen / vnd den Ehestandt Christlich | anfahen / friedlich darinn leben / vnd | glücklich vollenden | müge. | Durch Andream Musculum D. | *[Holzschnitt]* | Anno M. D. LXVIII.
F 7ᵛ: Gedruckt zu Franckfurt am | Mayn / durch Weygand Ha= | nen Erben.

Nachwort 353

7. Wider den Bannteuffel / | Das ist / | Eine getrewe / | wolmeynende Christliche | warnung / wider die Gottlosen | Teuffelbeschwerer oder Banner / so | in diesen örtern herůmher | schleichen. | Auß Gottes Wort vnd | andern bewerten Scriben= | ten gestalt / | Durch | Jodocum Hockerium Oßnabur= | gensem / Prediger der Kirchen S. | Johans fůr Lemgaw. | Deutero. 21. | Alles was ich euch gebiete / das solt jhr | halten / das jhr darnach thut / Jhr solt | nichts darzu thun / noch daruon thun. | Getruckt zu Franckfurt am Mayn. | M. D. LXVI.

G 3ᵛ: Getruckt zu | Franckfurt am Mayn / | bey Martin Lechler / in verle= | gung Sigmund Feierabends / | vnd Simon Hůters / Jm Jar | nach Christi geburt / Tausent / | Fůnffhundert / Sechß | vnd sechtzig. | *[Gemeinschaftssignet:* SIGMVND FEIRABENT. SIMON HVTTER*].*

I² *Titel, Impressum, Format, Umfang und Zählung wie bei I¹.*

Kleiner Pergamentband, in lat. Hs. gebunden. Erneuerte Innenblätter, sehr gut erhaltener Text. Exlibris auf Innendeckel: Dono Friderici Wilhelmi IV. Regis Augustissimi D. V. NOV. MDCCCI. Ex Bibliotheca B. M. Kar. Hartw. Gregoris De Meusebach. Bibliotheca Regia Berolinensis.
Alte Sign.: Z 8798 *und* Theol. Moral. 346. *Hs. vermerkt:* ... um 12 d kauft ...

Standort: Deutsche Staatsbibliothek Berlin W. 8.
Signatur: Db 3152.

I³ *Impressum, Format, Umfang und Zählung wie bei I¹.*

Ohne Titelblatt, muß aber I-Exemplar sein, da Zählung und Impressum identisch.

Stark abgegriffener Lederband, eingestanzte Ornamente und Bruststücke. Defekter Rücken; eingerissen. Schließen verloren. Kanten bestoßen.

Das Exemplar ist zusammengebunden mit sieben anderen 'Teufelbüchern'.

Standort: Bibliothek des Predigerseminars Braunschweig. Signatur: F 119 e.

Inhalt des Sammelbandes:

1. Jagteuffel *[ohne Titelblatt]*.
   R 4ʳ: Getruckt zu Franckfurt | am Mayn / bey Georg Ra= | ben vnd Weygand Ha= | nen Erben.
2. *Zauberteufel [ohne Titelblatt]*.
3. Wider den | Huren Teufel / | vnd allerley Vnzucht. | Warnung vnd | Bericht / aus den | worten: | Hurer vnd Ehebrecher wird | GOTT richten / Heb. xiij. | Andreas Hoppenrod. | Mit einer Vorrede | M. Cyriacus | Spangenberg. | M. D. LXV.
   K 4ʳ: Gedruckt zu Eisleben durch | Vrban Gaubisch.
4. Gesind Teu= | fel / Darin acht stück ge= | handelt werden / von des Ge= | sindes vntrew / welche im nachfolgen = | den blat verzeichnet. | Von | M. Peter Glaser / Prediger zu | Dreßden gestellet vnd zusam= | men gezogen. | *[Holzschnitt]* | Franckfurt an der Oder.
   H 7ᵛ: Gedruckt zu Franckfurt | an der Oder / durch Johan. | Eichorn.
5. Vŏ Juncker | Geitz vnd Wucherteuffel: | so jetzt in der Welt in allen Sten | den gewaltiglich regieret. An alle | Stende deß Teutschen Reichs | geschrieben / | Durch | Albertum von Blanckenberg. | Getruckt zu Fräckfurt am Main / | durch Georg Raben / vnd Wey= | gand Hanen Erben / | 1565.
   F 6ᵛ: Getruckt zu Franckfurt am | Mayn / 1565.
6. Spielteuffel *[ohne Titelblatt]*.
   G 3ʳ: Gedruckt zu Franckfurt am | Mayn / bey Martin Lechler / in | verlegung Weygand Ha= | nen Erben. | M. D. Lxviij.
7. Fluchteuffel *[ohne Titelblatt]*.
   G 6ʳ: Gedruckt zu Franckfurt am | Mayn / durch Weygand Ha= | nen Erben.
8. Schmeichelteuffel: | Das ist / | Ein kurtze Ein= | faltige Erklerung. Was die | Placentz Prediger / So den obschwebenden / mit aller macht regierenden Lastern / nicht |

mit gebůrendem Ernst / vnd Priesterlichem | Eiuer begegnen / wehren vnd stewren / für | schreckliche Sůnd⸗/ wider Gott / den | Nechsten / vnd sich selbs | begehen. | Auch | Woher solcher Heuchelgeist sei⸗ | nen vrsprung neme. | Auß Gottes Wort / vnd etlicher Hoch⸗ | gelerten / Alten vnd Newen Kirchenlerer | Schrifften zusamen gezogen vnd | beschrieben. | Durch | M: Hermannum Heinrychum | Frey / Pfarherrn zu Schweinfurt | in Francken. *N 7ʳ:* Gedruckt zu Schweinfurt / bey | Valentin Krőner. | Anno M. D. LXXXI.

*I4   *Standort: Sammlung Adam, Goslar.*
       Signatur: Nr. 1437.

*I5   *Standort: Bibliothèque Nationale et Universitaire Strassburg.*
       Signatur: E 152 298.

*I6   *Standort: Zentralbibliothek Zürich.*
       Signatur: 18. 443.

K-*Druck (1569)*

Der Fluchteufel *steht als Nr. VI, f. CCXLIIIʳ—CCLIᵛ, im* Theatrum Diabolorum *von 1569 (Inhalt und Beschreibung, siehe* Teufelbücher *I, S. 464—469) sowie in den weiteren Ausgaben von 1575 und 1587/88.*

V

EHETEUFEL

Der Eheteufel ist in zehn Einzelausgaben 1556, 1559, 1561, 1562, 1564 und 1568 erschienen. Zwei — von Grimm und früher erwähnte — Ausgaben aus den Jahren 1566 und 1568, die eine von

Eichorn, die zweite von *Cunradus Horn zu Wolfenbüttel*, sind nicht belegbar und auch bei der Umfrage nicht zutage getreten[29].

Der Erstausgabe bei Eichorn folgten mehrere Nachdrucke: zwei bei Georg Bawman und vier bei dem Frankfurt/Main-Verleger Weygand Han und dessen Nachfolgern.

Im Jahre 1569 nahm der Verleger Sigmund Feyrabend den Eheteufel *in sein* Theatrum Diabolorum *auf, so daß weitere Einzelausgaben nicht mehr erschienen.*

A-*Drucke (1556)*

A¹ Wider den Ehteuffel. | *[Holzschnitt]* | Gedruckt zu Franckfurt an der Oder / | durch Johann. Eichorn / | Anno / | M. D. LVI.
A 4ʳ: ... Datum | zu Franckfort an der Oder / Anno 1. 5. 56. den fünff vnd | zwantzigsten Septemb. | E. W. G. | Andreas Musculus.

Der unsignierte Holzschnitt zeigt die Verehelichung Adams und Evas im Paradies; beide reichen sich die Rechte, und Gottvater spricht seinen Segen zu ihrem Bund. Auf jeder Seite aber kauert ein Teufel, der ihnen die Fallstricke um die Beine legt.

Format: Quart.
Umfang: 10 Bogen = 40 Blätter.
Zählung: Bogenzählung A—k, ausgeführt bis Blatt iij.

Kustoden auf jeder Seite. Initialen zu Beginn der Kapitel.

---

[29] *Grimm,* Teufelbücher, *a. a. O., Sp. 1766, Nr. 4h und Sp. 1767, Nr. 4k. Siehe auch H-Druck, S. 381 und K-Druck, S. 382.*

Braun marmorierter Pappdeckelband. Titelblatt und Papier etwas stockig. Text ausgezeichnet erhalten.

*Standort: Bayerische Staatsbibliothek München.
Signatur: Mor. 351.*

A² *Titel, Format, Umfang und Zählung wie bei A¹.*

Das Exemplar ist Nr. 5 in einem Sammelband mit fünf anderen 'Teufelbüchern' und Texten des 16. und 17. Jahrhunderts.

Beschreibung und Inhalt des Bandes, siehe Hosenteufel B², *S. 281f.*

*Standort: Humboldt Universität Berlin W. 8.
Signatur: Ff. 13703.*

A³ *Titel, Format, Umfang und Zählung wie bei A¹.*

Zeitgenössischer heller Lederband auf Holzdeckeln. Ins Leder gepreßte Ornamente, erhabene Bünde. Lederschließen verloren. Inhaltsverzeichnis auf Rücken und Vorderdeckel. Papier stockig, Texte gut erhalten.

*Standort: Bayerische Staatsbibliothek München.
Signatur: Polem. 2246 [alte Sign.: Th. thet. 2854].*

Inhalt des Bandes:

1. Des Hochgelehrten vnd Gottseligen | Bernhardini Ochini | Apologi. | Darin werden die Mißbreuch / Thor= | heiten / Aberglauben / Jrrthumben / Götzendienst / | vnd gottlosigkeiten der Papistischen Synagoga / | sonderlich der Pfaffen / Münich / vnd der | Brůder eröffnet / lieblich / darbey | auch nutzlich zů lesen. | Durch Christoff Wirsung | verdeütscht. | Apologus redt wol in schertz | Sticht doch dem Bapstumb ab das hertz. | M. D. LVI.

2. *Eheteufel*

3. Ein Kurtzer außzug | auß dem Bebstlichen rechten | der Decret vnd Decretalen / Jn den ar= | tickeln / die vngeuerlich Gottes wort | vnd Euangelio gemeß sein / oder | zum wenigsten nicht wi= | derstreben. | M. D. LVj.
J 4ʳ: Straßburg. | B. F. C.

4. REFVTATIO | MISSAE. | Widerlegung des So= | phistischen Bůchs des Schwartzen | Münchs von der Opffer Meß / | Anno 1555. außgan= | gen. | Jtem die beschreibung der Meß oder | Coṁunion dreyer alten våtter / als Justini / | welcher zů Rhom vngefåhr 150. Jar nach | Christo gelebt / Clementis / welcher 200. vnnd | Dionisij / der 300. jar nach Christi geburt | gewesen ist / sehr nützlich zulesen | Durch Matth. Flac. | Jllyricum. | Hebr. Cap. x. | Wo vollkoṁen geopffert / vnd vergebung der | sünden ist / da ist kein opffer mehr | für die sünde. ꝛc. | M. D. LVII.

A⁴ *Titel, Format, Umfang und Zählung wie bei A¹.*

Das Exemplar ist Nr. 5 in einem Sammelband mit vier anderen 'Teufelbüchern' und fünf Texten des 16. Jahrhunderts.

Beschreibung und Inhalt des Bandes, siehe Hosenteufel *E⁴, S. 301 f.*

Standort: Herzog August Bibliothek Wolfenbüttel.
Signatur: 125. 43 Q.

A⁵ *Titel, Format, Umfang und Zählung wie bei A¹.*

Zeitgenössischer heller Lederband, Holzdeckel zur Hälfte bespannt, ins Leder gepreßte Ornamente. Metallschließen. Erhabener Rücken mit Inhaltsangabe. Vereinzelte handschriftliche Eintragungen, rot unterstrichene Stellen und rot ausgefüllte Initialen. Papier stockig, Außenblätter zerfressen. Auf Titelblatt: p. 5197. 9.

Das Exemplar ist mit vier anderen Texten des 16. Jahrhunderts zusammengebunden.

Standort: Herzog August Bibliothek Wolfenbüttel. Signatur: 335. 7 Th.

Inhalt des Bandes:

1. REFVTATIO | MISSAE. | Widerlegung des So= | phistischen Bůchs des Schwartzen | Münchs von der Opffer Meß / | Anno 1555. außgan = | gen. | Jtem die beschreibung der Meß oder | Comunion dreyer alten våtter / als Justini / | welcher zů Rhom vngefåhr 150. Jar nach | Christo gelebt / Clementis / welcher 200. vnnd | Dionisij / der 300. jar nach Christi geburt | gewesen ist / sehr nůtzlich zulesen | Durch Matth. Flac. | Jllyricum. | Hebr. Cap. x. | Wo vollkomen geopffert / vnd vergebung der | sünden ist / da ist kein opffer mehr | für die sünde. ꝛc. | M. D. LVII.

2. Verleugnung | Des Jůdischen jrrthumbs vnd aber= | glaubens / vnd bekentnis des waren Christli= | chen glaubens / Hieronymi Hartmanni / so er | für einer Christlichen versamlung am 21. Martij | im 1557. jar / zu Franckfurdt ge= | than / als er jtzt getaufft | solt werden. | Sampt | Einer vorgehenden Predigt / so der | verordent Predicant dabey gethan | hat / von bekerung etlicher ubrigen | auß den Jůden zu dem Christ | lichen Glauben. | Roma. xj. | Gott hat sein Volck nicht verstossen / | welches er zuuor verse= | hen hat.

3. ASSVMPTIO MARIAE. | Von der schiedūg Ma | rie / der mütter Christi auß diser welt: | Vnd jhrer seligkeyt: etlich Predigten / Postillen | weiß zusammen getragen. | Auch vom Engellischen grůß / vnd ewigs lob Marie. | Durch Jacob Ratz Predi= | canten zů Pfortzheym. | Luce j. | Es werden mich selig preisen alle kindskind. | Gedruckt zů Straßburg | bey Jacob Frőlich. | M. D. LVI.

4. *Eheteufel*

5. Des Hochgelehrten vnd Gottseligen | Bernhardini Ochini | Apologi. | Darin werden die Mißbreuch / Thor= | heiten / Aberglauben / Jrrthumben / Gőtzendienst / | vnd gottlosigkeiten der Papistischen Synagoga / | sonderlich der Pfaffen / Münich / vnd der | Brůder erőffnet / lieblich / darbey | auch

nutzlich zu lesen. | Durch Christoff Wirsung | verdeütscht. | Apologus redt wol in schertz | Sticht doch dem Bapstumb ab das hertz. | M. D. LVI.

A⁶ *Titel, Format, Umfang und Zählung wie bei A¹.*

Zeitgenössischer heller Lederband, Holz nur zur Hälfte bezogen. Metallschließen, erhabene Bünde. Inhaltsverzeichnis auf Rücken und auf vorderem Innendeckel. Papier stockig, Texte gut erhalten. Auf Titelblatt: 3403 — 39.

Das Exemplar ist zusammengebunden mit dreizehn anderen Texten des 16. Jahrhunderts.

Standort: Herzog August Bibliothek Wolfenbüttel. Signatur: 193. 19 Th.

Inhalt des Sammelbandes:

1. An die hoch= | geborne Furstin / | | fraw Sibilla Hertzogin zu | Sachsen / Oeconomia Chri= | stiana / das ist / von Christ= | licher haushaltung | Justi Menij. | Mit einer schönen Vorrede | D. Martini Luther. | Wittemberg. | M. D. XXIX.
Oiij^v: Gedruckt zu Wittemberg | durch Hans Lufft. | Jm Jare / | M. D. XXIX.

2. *Eheteufel*

3. Von Ehesachen. D. | Mart. Luth. | Jtem. | Vom Ehebruch vnd | Weglauffen / D. Johan Bu= | genhagen Pomer / an Königliche Ma= | iestat zu Denemarcken / ᛕ. | DE ARBORE CONSANGVI= | NITATIS ET AFFINITATIS. | sive de Gradibus. | PHILIP. MELANTH. | Wittemberg. | M. D. XL.
T 4^r: Gedruckt in der Churfürstli= | chen Stadt Wittemberg / | durch Joseph Klug. | Anno. M. D. XLI.

4. Was auff | dem Reichstag zu | Nuremberg / von wegen | Bepstlicher heiligkeit / an Keiserlicher | Maiestat Stathalter vnd Stende / Lu= | therischer sachen halben belangt / vnd | darauff geantwort worden ist / | Auch etliche ding / wie die | folgende kurtze Vor= | rede vnd Register | anzeigt. | Mit einer Vorred | D. Mart. Luth. | Wittemberg. 1538.
S 3^v: Gedruckt zu Wittemberg / durch | Hans Frischmut.

5. Von dem Geist | der Widerteuffer. | Justus Menius. | Mit einer Vorrede. | D. Mart. Luth. | Wittemberg. | M. D. XLIIII.
   T 4^v: Gedruckt zu Wittem | berg / Durch Nickel Schirlentz | M. D. XLIIII.

6. Widderle= | gung der Münsteri= | schen newen Valentinianer vnd | Donatisten bekentnus / an die | Christen zu Osnabrugk / | jnn Westfalen / | durch | D. Vrbanum Reg. | Mit einer Vorrhede Doctor | Martini Luthers. | Wittemberg. 1535.
   R 4^r: Zu Zell jnn Saxen / im Hornung | Anno dominj. xxxiiij.

7. Epistel. | An den Landgra= | uen zu Hessen etc. | Philippi Melanth. Ver= | deutscht durch / | Justum Jonam. | Wittemberg. | 1540.
   Ciij^v : Datum. j. Januarij. Anno Domini / | M. D. XL.

8. Eine Schrift Phi= | lip. Melanth. new= | lich latinisch gestellet / Wid= | der den vnreinen Bapsts | Celibat / vnd verbot der Prieste= | ehe. Verdeudtschet durch | Justum Jonam. | Wittemberg. | Anno. M. D. XLI.
   Jiij^v: Gedruckt zu Wittemberg / | durch Joseph Klug.

9. Die drey | Symbola oder Be | kentnis des glau= | bens Christi jnn der | kirchen eintrechtig | lich gebraucht. | Mart. Luther D. | Wittemberg M. | D. XXXVIII.
   F 4^r: Gedruckt zu wittemberg durch | Joh. weis M. D. XXXVIII.

10. Bekendnis Lazari | Spengler wei | land Syndici | Der Stadt Nurm= | berg. | Mit Vorrhede. | D. Mart. Luth. | Wittemberg. | M. D. XXXV.
    C 4^r: Gedruckt zu Wittemberg durch Joseph | Klug. M. D. XXXV.

11. Confession vnd be= | kentnis Johanns Agricole | Eisslebens / Vom Ge= | setze Gottes. | Gedruckt zu Berlin durch | Hans Weissen M. D. XLI.

12. Kurtz bekent= | nis D. Mart. Luthers / vom | heiligen Sacra= | ment. | Gedruckt zu Wittemberg / | Durch Hans Lufft. | M. D. XLIIII.

13. Tro= | stunge an die | Christen zu | Halle vber | Er Georgen yhres | predigers tod. | Marti. Luther. | Wittemberg. | M. D. xxvij.
    Dij^v: Gedruckt zu Wittemberg. | durch Hans Lufft.

14. Ob man | fur dem ster | ben fliehen | muge. | Mart. Luther | Wittemberg. | M. D. XXVII.
    D 2^r: Gedruckt zu Wittemberg. | durch Hans Lufft.

A⁷ *Titel, Format, Umfang und Zählung wie bei A¹.*

Das Exemplar ist Nr. 10 in einem Sammelband mit zwei anderen 'Teufelbüchern' und sieben Texten des 16. Jahrhunderts.

Beschreibung und Inhalt des Bandes, siehe Fluchteufel *A³, S. 325f.*

*Standort: Herzog August Bibliothek Wolfenbüttel.
Signatur: 184. 25 Th.*

A⁸ *Titel, Format, Umfang und Zählung wie bei A¹.*

Broschur, anscheinend aus altem Sammelband herausgelöst, Nr. 14 auf dem Titelblatt. Handschriftliche Eintragungen.

Text gut erhalten, etwas stockig. Alte Sign.: QK. 347, 2.

*Standort: Universitäts- und Landesbibliothek Sachsen-Anhalt, Halle/Saale.
Signatur: II i 1489.*

A⁹ *Titel, Format, Umfang und Zählung wie bei A¹.*

Das Exemplar ist Nr. 1 in einem Sammelband mit vier anderen 'Teufelbüchern' und vier Texten des 16. Jahrhunderts.

Beschreibung und Inhalt des Bandes, siehe Hosenteufel *H³, S. 314f.*

*Standort: Landesbibliothek Coburg.
Signatur: Cas. A 513.*

A¹⁰ *Titel, Format, Umfang und Zählung wie bei A¹.*

Anscheinend Erstabzug, da Fehler in der Zählung — ij statt b ij — bei den weiteren A-Drucken korrigiert.

Das Exemplar ist Nr. 2 in einem Sammelband mit fünf anderen 'Teufelbüchern' und Texten des 16. Jahrhunderts.

Beschreibung und Inhalt des Bandes, siehe Hosenteufel *B*⁴, *S. 284f.*

    Standort: Bibliothek des Predigerseminars Braunschweig.
    Signatur: F 119 b.

*A¹¹ *Standort: Deutsche Staatsbibliothek Berlin W. 8.*
    Signatur: Db 3131.

*A¹² *Standort: Württemb. Landesbibliothek Stuttgart.*
    Signatur: Theol. 4° K. 1056.

*A¹³ *Standort: Bibliothek des Predigerseminars Braunschweig.*
    Signatur: S 4 (Konv.) 54.

*A¹⁴ *Standort: British Museum, London.*
    Signatur: 8415. dd. 12.

*A¹⁵ *Standort: Universitätsbibliothek Budapest.*
    Signatur: Antiqua 4199.

*A¹⁶ *Standort: Königl. Bibliothek Kopenhagen.*
    Signatur: *24, — 300, 4°.

*A¹⁷ *Standort: Bibliothèque Nationale Paris.*
    Signatur: A. K. Rés. D². 15965.

*A¹⁸ *Standort: Universitätsbibliothek Wrocław.*
    Signatur: 409 061.

B-*Drucke (1559)*

B¹ Wider den Eheteuffel. | *[Holzschnitt]* | D. Andreas Musculus. | M. D. LIX.
G 6ᵛ: Gedruckt zu Erffurdt / | durch Georgium Bawman / zu | dem bunten Lawen / bey | S. Paul.

Kleiner vergröbernder Nachschnitt des Titelholzschnittes der Erstausgabe.

Format: Oktav.
Umfang: 7 Bogen = 56 Blätter. Blatt G7 und G8 leer.
Zählung: Bogenzählung A—G, ausgeführt bis Blatt v. Fv ungezeichnet.

Kustoden auf jeder Seite. Initialen zu Beginn der Kapitel.

Neuerer Pergamentband, Umschlag liturgische Handschrift. Auf dem hinteren Innendeckel: Theologia moral. 346. *Papier stockig, Text gut erhalten.*

Standort: Deutsche Staatsbibliothek Berlin W. 8.
Signatur: Db 3134.

B² *Titel, Impressum, Format, Umfang und Zählung wie bei B¹.*

Das Exemplar ist Nr. 6 in einem Sammelband mit zwei anderen 'Teufelbüchern' und sechs Texten des 16. Jahrhunderts.

Beschreibung und Inhalt des Bandes, siehe Fluchteufel C¹, *S. 333f.*

Standort: Herzog August Bibliothek Wolfenbüttel.
Signatur: 817. 59 Th.

***B³** *Standort: Staats- und Stadtbibliothek Augsburg.*
Signatur: Th H.

***B⁴** *Standort: Sammlung Adam, Goslar.*
Signatur: Nr. 1558.

***B⁵** *Standort: British Museum, London.*
Signatur: 8416. de. 47.

***B⁶** *Standort: Königl. Bibliothek Kopenhagen.*
Signatur: *92, — 185, 8°.

C-*Drucke (1561)*

C¹ Wider den | Eheteuffel. | *[Holzschnitt]* | D. Andreas Musculus. | M. D. LXI.
G 6ᵛ: Gedruckt zu Erfurdt / | durch Georgium Bawman / zu | dem bunten Lawen / bey | S. Paul.

Holzschnitt und Titelseite wie bei der B-Ausgabe, nur ist im Holzschnitt 'Gottvater' rubriziert. Scheint Neusatz von B, Unregelmäßigkeiten in der Zählung (Fᵛ ungezeichnet) beibehalten.

Format: Oktav.
Umfang: 7 Bogen = 56 Blätter. Blatt G 7 und G 8 leer.
Zählung: Bogenzählung A—G, ausgeführt bis Blatt v. Fᵛ ungezeichnet.

Kustoden auf jeder Seite. Initialen zu Anfang der Kapitel.

Das Exemplar ist Nr. 6 in einem Sammelband mit sechs anderen 'Teufelbüchern'. Beschreibung und Inhalt des Bandes, siehe Hosenteufel *K²*, *S. 319f.*

Standort: Universitätsbibliothek Erlangen.
Signatur: Thl. V. 242ᵃ.

C² *Titel, Impressum, Format, Umfang und Zählung wie bei B¹.*

Das Exemplar ist Nr. 2 in einem Sammelband mit fünf anderen 'Teufelbüchern'. Beschreibung und Inhalt des Bandes, siehe Fluchteufel *E³*, *S. 340f.*

Standort: Deutsche Staatsbibliothek der Stiftung Preuss. Kulturbesitz, Berlin-Dahlem.
Signatur: Db 3015 R.

C³ *Titel, Impressum, Format, Umfang und Zählung wie bei C¹.*

Neuerer regenbogenartig kolorierter Pappdeckelband. Titel auf aufgesetztem roten Lederstück auf Vorderdeckel. Papier recht stockig, Text gut erhalten.

*Standort: Stadt- und Universitätsbibliothek Frankfurt/ Main.
Signatur: Flugschriften-Sammlung G. Freytag VI, 123.*

C⁴ *Titel, Impressum, Format, Umfang und Zählung wie bei C¹.*

Das Exemplar ist Nr. 6 in einem Sammelband mit zwei anderen 'Teufelbüchern' und drei Texten. Beschreibung und Inhalt des Bandes, siehe Fluchteufel *D¹, S. 336f.*

*Standort: Universitätsbibliothek Jena.
Signatur: 8 MS 29615.*

*C⁵ *Standort: Fürstl. Bibliothek Schloß Harburg.
Signatur: XIII, 6, 8°, 793 (Suffix).*

*C⁶ *Standort: Bibliothèque Nationale et Universitaire Strassburg.
Signatur: E 162 368.*

*C⁷ *Standort: La Biblioteca Apostolica Vaticana, Vaticano.
Signatur: Palat. V. 605.*

D-*Drucke (1561)*

D¹ Wider den Ehteuffel. | *[Holzschnitt]* | Gedruckt zu Franckfurt an der Oder / | durch Johann. Eichorn / | Anno / | M. D. LXI.

A 4ʳ: ... *Datum zu Franckfort an der Oder | An= | no 1556. den Fůnff vnd | zweintzigsten Sep= | tembris. | E. W. G. | Andreas Musculus.*

Titelholzschnitt wie bei der Erstausgabe. Nachdruck des Textes, jedoch stimmen die Druckzeilen des Vorworts nicht ganz mit A¹ überein.

Format: Quart.
Umfang: 10 Bogen = 40 Blätter.
Zählung: Bogenzählung A—k, ausgeführt bis Blatt iij.
Kustoden auf jeder Seite. Initialen zu Beginn der Kapitel.

Das Exemplar ist Nr. 5 in einem Sammelband mit vier anderen 'Teufelbüchern'. Beschreibung und Inhalt des Bandes, siehe Hosenteufel *E³, S. 300f.*

Standort: Staatliche Bibliothek Regensburg.
Signatur: Asc. 26.

D² *Titel, Format, Umfang und Zählung wie bei D¹.*

Das Exemplar ist Nr. 4 in einem Sammelband mit drei anderen 'Teufelbüchern'. Beschreibung und Inhalt des Bandes, siehe Fluchteufel *B⁴, S. 330f.*

Standort: Deutsche Staatsbibliothek der Stiftung Preuss. Kulturbesitz, Berlin-Dahlem.
Signatur: Db 3001 R. [alte Sign.: Z 4899].

D³ *Titel, Format, Umfang und Zählung wie bei D¹.*

Das Exemplar ist Nr. 1 in einem Sammelband mit vier anderen 'Teufelbüchern' und einem Text des 16. Jahrhunderts.

Beschreibung und Inhalt des Bandes, siehe Fluchteufel B^3, *S. 329f.*

Standort: Universitäts- und Landesbibliothek Sachsen-Anhalt, Halle/Saale.
Signatur: JG 5942.

D⁴ *Titel, Format, Umfang und Zählung wie bei* D^1.

Das Exemplar ist Nr. 1 in einem Sammelband mit drei anderen 'Teufelbüchern' und einem Text. Beschreibung und Inhalt des Bandes, siehe Fluchteufel B^5, *S. 331f.*

Standort: Universitätsbibliothek Rostock.
Signatur: Fm — 1182.

D⁵ *Titel, Format, Umfang und Zählung wie bei* D^1.

Neuerer dunkler Pappband. Handschriftliche Eintragungen. Aiij und A 4 restauriert. Papier stockig, Text gut erhalten und vollständig.

Standort: Privatbesitz Prof. Joh. Schultze, Berlin 33.

*D⁶ *Standort: German. Nationalmuseum Nürnberg.*
Signatur: V. 260.

*D⁷ *Standort: Königl. Bibliothek Kopenhagen.*
Signatur: *24, — 87, 4°.

*D⁸ *Standort: Universitätsbibliothek Wrocław.*
Signatur: 4 0 217, 1/4/.

*D⁹ *Standort: Zentralbibliothek Zürich.*
Signatur: 18. 1782.

E-*Drucke (1561)*

E¹ Wider den Eheteüfel. | Ein sehr Nutzli= | ches bůchlein / Wie man den | heimlichen listē / damit sich der leydige | Sathan wider die Ehestifftung aufflei- net / auß | Gottes wort begegnen / vnnd den Ehestandt | Christlich anfahen / fridlich darinn leben / | vnd glück- lich vollenden môge. | Durch Andream Musculum. D. *[Holzschnitt]* | Anno M. D. LXI.

* *4ᵛ*: Getruckt zu Wormbs / | bey Philips Kôpffel / in ver= | legung Weygand Han / | Anno M. D. LXI.

Titelholzschnitt zeigt das an der Kette angeschlossene Teufels- ungeheuer in der Art des Vogel Greif wie auch bei dem Flucht- teufel *von 1564 und 1568.*

Format: Oktav.
Umfang: 6 Bogen = 48 Blätter.
Zählung: Bogenzählung A—F; *1—4; ausgeführt bis Blatt v.
  Fehler in der Zählung: iij statt Fiij; Ciiij, Eiiij, Fiiij ungez.

Kustoden auf jeder Seite. Initialen zu Beginn der Kapitel.

Stark abgegriffener alter Pergamentband auf Holzdeckeln, umgebogene Kanten. Innenblätter beschädigt, zum Teil zer- rissen. Vereinzelte handschriftliche Eintragungen. Papier stockig, Texte gut erhalten.

Das Exemplar ist zusammengebunden mit einem anderen 'Teufelbuch'.

Standort: Universitätsbibliothek Bonn.
  Signatur: Gd 389ᵃ.

Inhalt des Bandes:

1. *Eheteufel*
2. Der Jag= | teufel / | Bestendiger vnd wolgegründ= | ter Bericht / wie fern die Jagten | rechtmessig / vnd zugelassen. Vnd | widerumb worinnen sie jtziger zeit | des mehrerteils Gottlos / gewalt= | sam / vnrecht / vnd verdamlich | sein / Vnd derhalben bil= | lich vnterlassen / oder | doch geendert | werden sol= | ten. | Durch | M. Cyria. Spangenberg. | M. D. LXI.

E² *Titel, Impressum, Format, Umfang und Zählung wie bei* E¹.

Das Exemplar ist Nr. 2 in einem Sammelband mit drei anderen 'Teufelbüchern'. Beschreibung und Inhalt des Bandes, siehe Fluchteufel *E², S. 339f.*

Standort: Universitätsbibliothek Tübingen.
Signatur: Gf 551.

E³ *Titel, Impressum, Format und Umfang wie bei* E¹.

Die gleichen Fehler in der Zählung, außerdem fehlen vier Blätter (F 1—F 4) am Ende; sie sind irrtümlich zwischen die Vorrede geheftet.

Das Exemplar ist Nr. 3 in einem Sammelband mit drei anderen 'Teufelbüchern'. Beschreibung und Inhalt des Bandes, siehe Fluchteufel *E¹, S. 338f.*

Standort: Bayerische Staatsbibliothek München.
Signatur: Mor. 378 [alte Sign. Th. Thet. 2609].

F-*Drucke (1562)*

F¹ Wider den Eheteuffel. | Ein sehr nützli= | ches büchlin / wie man den | heimlichen listen / damit sich der leydige | Sathan wider die Ehestifftung auffleh-

net / auß Got= | tes wort begegnen / vnd den Ehestandt Christlich | anfahen / friedlich darinn leben / vnd | glůcklich vollenden | mǔge. | Durch Andream Musculum. D. | *[Holzschnitt]* | Anno / 1562.
F 7v: Getruckt zů Franckfurt | am Mayn / bey Weygand | Han vnd Georg | Raben.

Der Titelholzschnitt ist der gleiche wie in der E-Ausgabe von 1561.

Format: Oktav.
Umfang: 7 Bogen = 56 Blätter; Blatt F 8 leer.
Zählung: Bogenzählung A—F, ausgeführt bis Blatt v.

Kustoden auf jeder Seite. Initialen zu Anfang der Kapitel.

Stark abgegriffener heller Lederband der Zeit auf Holzdekkeln, Schließen verloren. Umgebogene Kanten, ins Leder gepreßte Ornamente. Inhaltsangabe auf Rücken und Innenblatt. Papier fleckig und stockig, Texte jedoch gut erhalten. Alte Signatur (durchgestrichen) auf vorderem Innendeckel: G 1697; außerdem LXXXIII.

Das Exemplar ist zusammengebunden mit acht anderen 'Teufelbüchern'.

Standort: Universitätsbibliothek Tübingen.
   Signatur: Gg 514.

Inhalt des Sammelbandes:

1. Jagteuffel. | Bestendiger vnd Wolge= | gründter bericht / wie ferrn die | Jagten rechtmessig / vnd zugclassen. Vnd | widerumb / warinn sie jetziger zeit deß mehrntheils | Gottloß / gewaltsam / vnrecht / vnd verdamlich | seind / Vnd der-

halben billich vnderlassen / oder | doch geendert werden solten. | Durch M. Cyria. Spangenberg. | *[Holzschnitt]* | Anno M. D. LXVI.
R *4ʳ*: Getruckt zu Franckfurt | am Mayn / bey Georg Ra= | ben vnd Weygand Ha= | nen Erben.

2. Wider dē Sauff | teuffell gebessert / vnd an vie= | len örtern gemehret. | Jtem / Ein Sendtbrieff deß Hellischen | Sathans / an die Zutrincker / vor 45. Jaren | zuvor außgegangen. | Jtem / Ein Sendtbrieff Matthei Fride= | richs / an die vollen Brüder in Teut= | schem Land. *[Holzschnitt]* | Anno M. D. LXVII.
P *7ᵛ*: Getruckt zu Franckfurt am | Mayn / Durch Weygand | Hanen Erben | 1567.

3. Hofteufel. | Das Sechste | Capitel Danielis / Den | Gottfürchtigen zu trost / den Gott | losen zur warnung / Spielweiß | gestellet vnd in Reimen | verfasset. | Durch Johannem | Chryseum. | Gedruckt zu Franckfurt / | am Mayn / M. D. | LXVI.

4. Faul Teuffel / | Wider das La | ster des Müssigganges / | Christlicher warhafftiger vnder= | richt vnd warnung / auß grund der heyli= | gen Schrifft / vnnd den alten Christli= | chen Lerern / Auch ander Wei= | sen Sprüchen / mit fleiß | zusamen bracht / | Durch | Joachimum Westphalum Jßle= | biensem / Kirchendiener zu San= | gerhausen. | Getruckt zu Franckfurt am Mayn. | M. D. LXIII.
F *8ᵛ*: Getruckt zu Franckfurt | am Mayn / durch Johann Lech= | ler / Jn verlegung Sigmundt | Feyerabent vnd Simon | Hůter. *[Verlegersignet: Feyrabends 'Fama']* | 1563.

5. *Eheteufel*

6. Gesind Teufel / | Darin acht stück gehandelt | werden von des Gesindes vntrew / | welche im nachfolgenden blat | verzeichnet. | Von | M. Peter Glaser / Prediger zu | Dreßden gestellet vnd zusam= | men gezogen. | *[Holzschnitt]* | Gedruckt zu Franckfurt am Mayn / | Anno M. D. LXVI.
H *7ᵛ*: Gedruckt zu Franckfurt am | Mayn / Durch Thomam | Rebart.

7. Vō Juncker | Geitz vnd Wucherteuffel: | so jetzt in der Welt in allen Sten | den gewaltiglich regieret. An alle | Stende deß Teutschen Reichs | geschriben / | Durch | Albertum von Blanckenberg. | Getruckt zu Fräckfurt am Main

/ | durch Georg Raben / vnd Wey= | gand Hanen Erben / |
1565.
F 6ᵛ: Getruckt zu Franckfurt am | Mayn / 1565.

8. Von deß Teuf= | fels Tyranney / Macht | vnnd Gewalt / Sonderlich in | diesen letsten tagen / vnder= | richtung. | Durch | Andream Musculum D. *[Holzschnitt]* | M. D. LXIII.
K 7ᵛ: Getruckt zů Franckfurt | am Mayn / bey Georg Raben / | vnnd Weygand Hanen | Erben. 1563.

9. Spielteuffel. | Ein Gemein | Ausschreiben / von der | Spieler Brůderschafft vnd | Orden / sampt jren Stiff | tern / guten Wercken | vnd Ablas. *[Handschriftlich:* Eustachius Schildo*]* Mit einer kurtzen ange= | hengter Erklerunge / nůtzlich vnd lustig | zu lesen. | Anno 1561.
G 3ᵛ: Gedruckt zu Vrsel / durch | Nicolaum Henricum.

F² *Titel, Impressum, Format, Umfang und Zählung wie bei F¹.*

Stark verbeulter, zum Teil eingerissener, fleckiger Pergamentband. Lederschließen verloren. Umgebogene Kanten. Unleserliches Inhaltsverzeichnis auf dem Rücken. Eingeklebtes Exlibris mit Wappen auf dem Innendeckel. Texte sehr gut erhalten.

Das Exemplar ist zusammengebunden mit fünf anderen 'Teufelbüchern'.

Standort: Stadtbibliothek Nürnberg.
Signatur: Theol. 102. 8°.

Inhalt des Sammelbandes:

1. Von deß Teuf= | fels Tyranney / Macht | vnnd Gewalt / Sonderlich in diesen letsten tagen / vnder= | richtung. | Durch | Andream Musculum D. | *[Holzschnitt]* | M. D. LXIII.
K 7ᵛ: Getruckt zů Franckfurt | am Mayn / bey Georg Raben / | vnnd Weygand Hanen | Erben. 1563.

2. Eheteufel

3. Faul Teuffel / | Wider das La | ster des Mûssigganges / | Christlicher warhafftiger vnder | richt vnd warnung / auß grund

der hey= | ligen Schrifft / vnd den alten Christli= | chen Lerern / Auch ander Wei= | sen Sprůchen / mit fleiß | zusam̃en bracht / | Durch | Joachimum Westphalum Ißle= | biensem / Kirchendiener zu San= | gerhausen. | Getruckt zu Franckfurt am Mayn. | M. D. LXIIII.
G 8ᵛ: Getruckt zu Franckfurt | am Mayn / durch Merten Lech | ler / Jn verlegung Sigmund | Feyerabent vnd Simon | Hůter. | *[Druckersignet: Feyrabends 'Fama']* | 1564.

4. Gesind Teuf= | fel / Darin acht stůck ge= | handelt werden / von des Ge= | sindes vntrew / welche im nach= | folgenden blat verzeychnet. | Durch | M. Peter Glaser Predi= | ger zu Dreßden / gestellet vnd zu= | sammen gezogen. | *[Holzschnitt]* | Gedruckt zů Franckfurt am Mayn. / M. D. LXIIII.

5. Der Zauber Teuffel: | Das ist / | Von Zauberey / | Warsagung / Beschwehren / | Segen / Aberglauben / Hexerey / vnd | mancherley Wercken deß Teuffels / wolge= | gründter / vñ so vil einem Glaubigen davon zu wissen dienst= | lich gnugsamer Bericht / nicht allein dem Gemeinen Mann / | sonder auch den Weltlichen Regenten / vnd einfeltigen Pre= | digern nützlich vnd kurtzweilig zu lesen / auß heyli= | ger Schrifft vnd bewerten Scribenten / mit | fleiß zusammen getragen / Durch | 15 Ludouicum Milichium. 64 *[Holzschnitt]* | Getruckt zu Franckfurt am Mayn.
p. 352: Getruckt zu Franckfurt | am Mayn / durch Merten Lech | ler / Jn verlegung Sigmund | Feyerabent vnd Simon | Hůter. | *[Druckersignet: Feyrabends 'Fama']*.

6. Wider den Bannteuffel / | Das ist / | Eine getrewe / | wolmeynende Christliche | warnung / wider die Gottlosen Teuffelbeschwerer oder Banner / so | in diesen örtern herum̃her | schleychen. | Auß Gottes Wort vnnd an= | dern bewerten Scriben | ten gestalt / | Durch | Jodocum Hockerum Oßnabur | gensem / Prediger der Kirchen S. | Johans für Lemgaw. | Deutero. 21 | Alles was ich euch gebiete / das solt jhr halten / daß jhr darnach thůt / Jhr solt nichts darzu thůn / noch daruon thůn. | Gedruckt zů Franckfurt am Mayn. | M. D. LXIIII.
G 3ᵛ: Getruckt zu Franckfurt | am Mayn / bey Johann Lechler / | Jn verlegung Sigmund Feirabend / | vnd Simon Hůter / Jm Jar nach | Christi geburt / Tausent fůnff | hundert / vier vnd | sechtzig. / *[Gemeinschaftssignet:* SIGMVND FEIRABENT. SIMON HVTTER*]*.

F³ *Titel, Impressum, Format, Umfang und Zählung wie bei F¹.*

Sammeleinband der Zeit, gepreßtes helles Leder auf Holzdeckeln, eingestanzte Ornamente und religiöse Motive. Erhabene Bünde. Ecken und Kanten bestoßen, Schließen verloren. Namens (Besitzer?) vermerk auf dem vorderen Innendeckel. Text sehr klar, wenige Stockflecken.

Das Exemplar ist zusammengebunden mit fünf anderen 'Teufelbüchern'.

Standort: Stadtbibliothek Schweinfurt.
          Signatur: 3.

Inhalt des Sammelbandes:

1. *Eheteufel*

2. Vom Juncker Geytz vnd | Wucherteüfel: | So jetzt inn der Welt in | allen Stenden gewaltig⸗ | lich regieret. | An alle Stende des | Deüdschen Reychs | geschriben / Durch / Albertum von Blan⸗ | ckenberg. | Getruckt zu Franckfurt | am Mayn / durch Georg Raben / | vnd Weygand Hanen Erben / | Anno M. D. LXIII.

3. Gesind Teufel | Darin acht Stück gehan⸗ | delt werden / von des Gesindes | vntrew / welche im nachfolgenden | Blat verzeichnet. Von | M. Peter Glaser Predi⸗ | ger zu Dressden / gestellet | vnd zusammen gezogen. | *[Holzschnitt]* | Leipzig.
J 7ᵛ: Gedruckt zu Leipzig/ durch | Hans Rhambaw. | M. D. LXIIII.

4. Faul Teuffel / | Wider das La | ster des Müssigganges / | Christlicher warhafftiger vnder⸗ | richt vnd warnung / auß grund der heyli⸗ | gen Schrifft / vnnd den alten Christli⸗ | chen Lerern / Auch ander Wei⸗ | sen Sprüchen / mit fleiß | zusamen bracht / | Durch | Joachimum Westphalum Ißle⸗ | biensem / Kirchendiener zu San⸗ | gerhausen. | Getruckt zu Franckfurt am Mayn. | M. D. LXIII.
F 8ᵛ: Getruckt zu Franckfurt | am Mayn / durch Johann Lech⸗ | ler / Jn verlegung Sigmundt | Feyerabent vnd Simon | Hüter. | *[Verlegersignet: Feyrabends 'Fama']* | 1563.

5. Wider den Bannteuffel / | Das ist / | Eine getrewe / | wolmeynende Christliche | warnung / wider die Gottlosen | Teuffelbeschwerer oder Banner / so | in diesen örtern herum̄her | schleychen. | Auß Gottes Wort vnnd an= | dern bewerten Scriben= | ten gestalt / | Durch | Jodocum Hockerium Oßnabur | gensem / Prediger der Kirchen S. | Johans für Lemgaw. | Deutero. 21. / Alles was ich euch gebiete / das solt jhr halten / | daß jhr darnach thůt / Jhr solt nichts darzu thůn / noch daruon thun. | Gedruckt zů Franckfurt am Mayn. | M. D. LXIIII.
G 3ᵛ: Getruckt zu Franckfurt | am Mayn / bey Johann Lechler / | Jn verlegung Sigmund Feirabend / | vnd Simon Hůter / Jm Jar nach | Christi geburt / Tausent fünff | hundert / vier vnd | sechtzig. | [*Gemeinschaftssignet:* SIGMVND FEIRABENT. SIMON HVTTER].

6. Der Zauber Teuffel. | Das ist / | Von Zauberei | Warsagung / Beschweh= | ren / Segen / Aberglauben / Hexe= | rey / vnd mancherley Wercken des Teu= | fels / wolgegründter / vnd so viel einem Glaubigen daruon zu wissen dienstlich / | genugsamer Bericht / nicht alleyn dem | gemeynen Mañ / sonder auch den Welt= | lichen Regenten vnd einfåltigen Predi= | gern nützlich vnd kurtzweilig zulesen / auß | heyliger Schrifft vnnd bewerten | Scribenten / mit fleiß zu= | samen getragen / | Durch | LVDOVICVM MILICHIVM. | Getruckt zu Franckfurt | am Mayn. | ANNO M. D. LXIII.
p. 319: Getruckt zu Franckfurt | am Mayn / Bey Johañ Lechler / | Jnn verlegung Sigmund Fei= | erabend / vnd Simon | Hůter. | [*Verlegersignet: Feyrabends 'Fama', ein posaunender Engel*] | Jm jar nach Christi Geburt / | 1563.

*F4 Standort: Niedersächs. Landesbibliothek Hannover.
Signatur: Lh 5218.

*F5 Standort: Sammlung Adam, Goslar.
Signatur: Nr. 1441.

*F6 Standort: British Museum, London.
Signatur: 8416. de. 48.

*F7 Standort: Bibliothèque Nationale et Universitaire Strassburg.
Signatur: E 152 297.

*F8 *Standort: Österr. Nationalbibliothek Wien.*
   Signatur: 22. 485 — A.

G-*Drucke (1564)*

G1 Wider den Eheteuffel. | Ein sehr nůtzli= | ches Bůchlin / wie man den | heimlichen listen / damit sich der leidige | Sathan wider die Ehestifftung aufflehnet / auß Got= | tes wort begegnen / vnd den Ehestand Christlich | anfahen / friedlich darinn leben / vnd | glůcklich vollenden | mŭge. | Durch Andream Musculum D. | *[Holzschnitt]* | Anno / 1564.
 F 7ᵛ: Gedruckt zu Franckfurt | am Mayn / durch Georg | Raben / vnd Weygand | Hanen Erben.

Der Holzschnitt hat das gleiche Teufelsungeheuer wie in den Ausgaben von 1561 und 1562.

Format: Oktav.
Umfang: 6 Bogen = 48 Blätter; Blatt F 8 leer.
Zählung: Bogenzählung A—F; ausgeführt bis Blatt v.

Kustoden auf jeder Seite. Initialen zu Beginn der Kapitel.

Ausgezeichnet erhaltener, sehr sauberer heller Lederband auf Holzdeckeln, umgebogene Kanten, erhabene Bünde. Anscheinend neu eingebunden und restauriert lt. Notiz 1956 auf hinterem Innendeckel. Auf Rücken Spielteuffel.

Das Exemplar ist zusammengebunden mit sieben anderen 'Teufelbüchern'.

Standort: Bayerische Staatsbibliothek München.
  Signatur: Mor. 947ᶜ.

Inhalt des Sammelbandes:

1. Spielteuffel. | Ein gemein auß | schreiben / von der Spieler | Brůderschafft vnd Orden / sampt | jren Stifftern / guten Wercken | vnd Ablaß. | Mit einer kurtzen angehenckten erklå= | rung / nůtzlich vnd lustig zu lesen. | *[Holzschnitt]* | Anno / 1564.
F 3ʳ: Gedruckt zu Franckfurt | am Mayn / durch Georg | Raben / vnd Weygand | Hanen Erben.

2. Faul Teuffel / | Wider das La | ster des Můssigganges / | Christlicher warhafftiger vnder= | richt vnd warnung / auß grund der heyli= | gen Schrifft / vnnd den alten Christli= | chen Lerern / Auch ander Wei= | sen Sprůchen / mit fleiß | zusamen bracht / | Durch | Joachimum Westphalum Jßle= | biensem / Kirchendiener zu San= | gerhausen. | Getruckt zu Franckfurt am Mayn. | M. D. LXIII.
F 8ᵛ: Getruckt zu Franckfurt | am Mayn / durch Johann Lech | ler / Jn verlegung Sigmundt | Feyerabent vnd Simon | Hůter. | *[Druckersignet: Feyrabends 'Fama']* | 1563.

3. Hofteuffel. | Das Sechßte | Capittel Daniels / Den | Gottförchtigen zu trost / den Gott= | losen zur warnung / Spilweiß | gestellet / vnd in Reimen | verfasset. | Durch Johannem | Chryseum. | Gedruckt zu Franckfurt / | M. D. LXIIII.

4. Võ Juncker | Geitz vnd Wucherteuffel: | so jetzt in der Welt in allen Sten | den gewaltiglich regieret. An alle | Stende deß Teutschen Reichs | geschriben / | Durch | Albertum von Blanckenberg. | Getruckt zu Fråckfurt am Main / | durch Georg Raben / vnd Wey= | gand Hanen Erben / | 1565.
F 6ᵛ: Getruckt zu Franckfurt am | Mayn / 1565.

5. Eheteufel

6. Wider den | Huren Teufel / | vnd allerley Vnzucht. | Warnung vnd | Bericht / aus den | worten: | Hurer vnd Ehebrecher wird | GOTT richten / Heb. xiij. | Andreas Hoppenrod. | Mit einer Vorrede | M. Cyriacus | Spangenberg. | M. D. LXV. [A—J 7; *weitere Bll. fehlen*].

7. Haußteuffel / | das ist / | Der Meister | SJEman / Wie die bösen | Weiber jre fromme Månner / vnd wie die | bösen leichtfertigen Buben / jre fromē Weiber | plagē / Sampt einer vermanung auß heiliger | Schrifft vnd schönen Historien / wie sich frōme |

Eheleut gegen einander verhalten sol= | len / nůtzlich vñ lustig zu lesen. | Beschrieben durch Adamum Schubart. | *[Holzschnitt]* | Getruckt zu Franckfurt am Mayn / 1565.

F 8ᵛ: Getruckt zu Franckfurt | am Mayn / bey Martin Lechler / | Jn verlegung Sigmund Feyerabends | vnd Simon Hůters / Jm jar nach | Christi vnsers HErrn vnd | Seligmachers geburt / | M. D. LXV.

8. Gesind Teuffel | Darin acht stůck gehandelt | werden / von des Gesindes vntrew / | welche im nachfolgenden blat | verzeichnet. Von | M. Peter Glaser Prediger | zu Dreßden / gestellet vnd | zusammen gezogen. | *[Holzschnitt]* | Weissenfels.

J 4ᵛ: Gedruckt zu Weissenfels / durch | Georg Hantzsch Anno 1564.

G² *Titel, Impressum, Format, Umfang und Zählung wie bei G¹.*

Das Exemplar ist Nr. 3 in einem Sammelband mit vier anderen 'Teufelbüchern'. Beschreibung und Inhalt des Bandes, siehe Fluchteufel *H⁴, S. 349f.*

Standort: Universitätsbibliothek Heidelberg.
Signatur: G 5612.

G³ *Titel, Impressum, Format, Umfang und Zählung wie bei G¹.*

Das Exemplar ist Nr. 8 in einem Sammelband mit sieben anderen 'Teufelbüchern'. Beschreibung und Inhalt des Bandes, siehe Fluchteufel *H², S. 346f.*

Standort: Universitätsbibliothek Salzburg.
Signatur: 90 709 I [alte Sign.: Mj. ZIZ. III. T. 3. C. 175/(7)].

G⁴ *Titel, Impressum, Format, Umfang und Zählung wie bei G¹.*

Alter Lederband, Lederschließen. Deckel z. T. hell, der andere Teil dunkel, koloriert. Ins Leder gestanzte Ornamente, erhabene Bünde. Inhaltsangabe handschriftlich auf Rücken und auf vorderem Innendeckel, rotbraun gebeizter Buchblock. Papier stockig, Texte gut erhalten. Auf Titelblatt: (v. p. 4522. 5.).

Das Exemplar ist zusammengebunden mit drei anderen Texten des 16. Jahrhunderts.
Standort: Herzog August Bibliothek Wolfenbüttel.
Signatur: 1173. 2 Th 8°.

Inhalt des Bandes:

1. Tischsprůch / | Nicht allein der lieben | Jugend / sondern auch den Al | ten vnd gemeinen Tischgenossen / | erbåwlich vnd fõrderlich / zu | Gottes vnd seines reichs | Erkendtnis. *[Holzschnitt]* | M. D. LXII.
F 4ʳ: Gedruckt zu Eisleben / | durch Vrban Gau= | bisch.

2. Von dem | Geistlichen Acker= | baw des HErrn Christi. | Das ist / | Von der Christlichen Kir= | chen / Wie dieselben mit jren zugehö= | rungen / am Jrdischen Ackerbaw | Gebildet ist. | Allen Christen / so | sonderlich mit Ackerbaw | vmbgehen / Eine nützliche | Augenpredigt. | M. Petrus Streuberus, Sorischer | Hoffprediger / vnd Super= | intendens. | M. D. LXXXIX.
F 7ʳ: Gedruckt zu Eiszle= | ben / durch Vrban Gau= | bisch / wonhafftig auff dem | Graben / Jm Jahr / | M. D. LXXXIX.

3. Haußfried. | Was für Vrsa= | chen den Christlichen ehe= | leuten zubedencken / den lieben | Haußfriede in der Ehe | zu erhalten. | Jn kurtzer summa ge= | prediget / vnd Schrifftlich | weiter erkleret / | Durch | Paulum Rebhun / Pfarr= | herr zu Olßnitz. | Du / Mann liebe dein Weib / Weib gehorche deinem Mann. | Das machet Haußfried. | Nůrnberg. | M. D. LXVIII.
Q 8ʳ: Gedruckt zu Nůrnberg / durch | Dieterich Gerlatz.

4. *Eheteufel*

*G⁵ *Standort: Staats- und Stadtbibliothek Augsburg.*
Signatur: Th H.

*G⁶ *Standort: Deutsche Staatsbibliothek Berlin W. 8.
     Signatur: Db 3138.*

*G⁷ *Standort: Zentralbibliothek Zürich.
     Signatur: E 373₃.*

H-*Druck (1566)*

H *Titel, Format, Umfang und Zählung wie bei den A-Drucken.*

Früherer Standort: Marienkirchbücherei Frankfurt/Oder.

Nach Grimm³⁰ war in der Marienkirchbücherei, Frankfurt/ Oder, im Jahre 1940 ein Originaldruck aus dem Jahre 1566 vorhanden, der ihm bei Sichtung der dortigen Bestände vorgelegen hat.

Es ist anzunehmen, daß auch dieses Exemplar beim Brande der Marienkirche 1945 vernichtet wurde.

I-*Drucke (1568)*

I¹ Wider den Eheteuffel. | Ein sehr nützli= | ches Büchlin / wie man den | heimlichen listen / damit sich der leidige | Sathan wider die Ehestifftung aufflehnet / auß Got= | tes wort begegnen / vnd den Ehestandt Christlich | anfahen / friedlich darinn leben / vnd | glücklich vollenden | müge. | Durch Andream Musculum D. | *[Holzschnitt]* | Anno. M. D. LXVIII.
F 7ᵛ: Gedruckt zu Franckfurt am | Mayn / durch Weygand Ha= | nen Erben.

---

³⁰ *Grimm*, Teufelbücher, *a. a. O., Sp. 1766, Nr. 4h.*

Der Holzschnitt ist das gleiche Teufelsungeheuer wie in den drei Mainfrankfurter Ausgaben von 1561, 1562, 1564.

Format: Oktav.
Umfang: 6 Bogen = 48 Blätter; Blatt F 8 leer.
Zählung: Bogenzählung A—F, ausgeführt bis Blatt v.

Kustoden auf jeder Seite. Initialen zu Beginn der Kapitel.

Das Exemplar ist Nr. 6 in einem Sammelband mit sechs anderen 'Teufelbüchern'. Beschreibung und Inhalt des Bandes, siehe Fluchteufel *I¹, S. 351 f.*

Standort: Bayerische Staatsbibliothek München.
Signatur: Mor. 947.

*I²   *Standort: Staats- und Stadtbibliothek Augsburg.*
Signatur: Th H.

*I³   *Standort: Württemberg. Landesbibliothek Stuttgart.*
Signatur: Theol. 8° 5557.

*I⁴   *Standort: Zentralbibliothek Zürich.*
Signatur: 28. 443₂.

K-*Druck (1568)*

K   *Titel, Format, Umfang und Zählung wie die* A-*Drucke.*

Gedruckt zu Wulfenbüttel durch Cunradum Horn M. D. LXVII. — 4°, 40 Bl.

Diese von Grimm[31] erwähnte Ausgabe war nicht auffindbar und ist auch bei der Umfrage nicht zutage getreten.

---

[31] Grimm, Teufelbücher, a. a. O., Sp. 1767, Nr. 4k.

L-*Druck (1569)*

Der Eheteufel *steht als Nr. XI, f. CCCXL^r — CCCL^r, im* Theatrum Diabolorum *von 1569 (Inhalt und Beschreibung, siehe* Teufelbücher *I, S. 464—469) sowie in den weiteren Ausgaben von 1575 und 1587/88.*

VI

HIMMEL UND HELLE

Die Schrift Vom Himel vnd der Hellen *ist in drei Einzelausgaben 1559 und 1561 erschienen. Zwei von Grimm*[32] *und in einer früheren Erfassung erwähnte Ausgaben aus den Jahren 1561 und 1599 sind nicht belegbar und auch bei der Umfrage nicht zutage getreten*[33].

Der Erstausgabe bei Eichorn folgten zwei Nachdrucke bei Georg Bawman 1559 und 1561. In das Theatrum Diabolorum *wurde das Werk nicht aufgenommen.*

A-*Drucke (1559)*

A¹ Vom Himel vnd der | Hellen. | Was für ein gelegenheit in beiden | mit den Auserwelten vnnd Ver= | dampten haben werde. | Durch | Andream Musculum / D. | *[Titelornament]* | Gedruckt zu Franckfurt an der | Oder / durch Johann | Eichorn. | ANNO, M. D. LIX.

---

[32] *Grimm*, Teufelbücher, a. a. O., Sp. 1742, Nr. 7.
[33] *Siehe D-Druck, S. 392 und E-Druck, S. 393.*

25 Teufelbücher 4

Aiij^v: ... Geben zu Franckfurt an der Oder am | Heiligen Christabent. ANNO, | M. D. LIX. | E. W. V. G. D. | Andreas Musculus.

Format: Quart.
Umfang: 10 1/2 Bogen = 42 Blätter; ein ungez. Blatt, ein leeres.
Zählung: Bogenzählung A—K, ausgeführt bis Blatt iij. Fehler in der Zählung: Jiij statt Kiij.

Kustoden auf jeder Seite. Initialen zu Beginn der Kapitel.

Ungebundenes Einzelexemplar, scheinbar aus Sammelband herausgenommen, da Teil eines erhabenen Bundes noch sichtbar. Außenblätter stockig, letztes Blatt beschädigt, jedoch Text gut erhalten.

Standort: Universitätsbibliothek München.
Signatur: 4° Theol. 2979.

A² *Titel, Format, Umfang und Zählung wie bei A¹.*

Zeitgenöss. abgegriffener heller Lederband auf Holzdeckeln, ins Leder gestanzte biblische Motive und Ornamente, zwei Metallschließen verloren. Erhabene Bünde. Handschriftliche Eintragungen in den meisten Texten und Marginalien. Papier stockig, z. T. zerfressen, Texte gut erhalten. Auf Titelblatt: Collegii Societ. Jesu Monaci, j. *Alte Signatur auf vorderem Innenblatt:* Th. Thet. 1176.

Das Exemplar ist zusammengebunden mit einem anderen 'Teufelbuch' und sechs Texten des 16. Jahrhunderts.

Standort: Bayerische Staatsbibliothek München.
Signatur: Exeg. 32.

Inhalt des Bandes:

1. APOCALYP | SIS. | Der Offenbarung / | Künfftiger geschicht Johannis / Von wider= | wertigkeit vnd verfolgung der waren Christlichen Kirch= | en / sind der Apostel zeit / bis an der welt ende / | Auslegung. | Darin die Bilder vnd Figuren / nach dem radt | vnd anleitung Doctor Marthini Luttheri / | gegen die Ergangenen Historien treulich | vnd vleisig gehalten / erkleret sindt.] Jtem | Etliche Fürnemste vnd Schwereste ortt aus dem | Ezechiele / Daniele / vnd anderen / ausgeleget. | Jtem | Von den zeychen des Jüngsten tages. | 1558.

2. *Himmel und Helle*

3. Warnung vnd verma= | nung wieder die greuliche vnnd | verdamliche sicherheit dieser | zeit / Durch | Andream Musculum D. | Matth. 24. | Gleich aber wie es zur zeit Noe war / Also wird auch sein | die zukunfft des menschen Sons. Denn gleich wie sie waren | in den tagen vor der Sindflut / sie assen / sie truncken / freie= | ten / vnd liessen sich freien / bis an den tag da Noe zu der | Archen eingieng / Vnd sie achtens nicht / bis die Sindtflut | kam / vnd nam sie alle dahin / Also wird auch sein die zu= | kunfft des Menschen Sons. | Gedruckt zu Franckfurt an der Oder | durch Johann Eichorn / | Anno. | M. D. LVIII.
k 3ʳ: Gedrückt zu Franckfurt an der | Oder durch Johann | Eichorn / | ANNO M. D. LVIII.

4. Vom beruff vnd stand | der Kriegsleuth. | *[Holzschnitt]* D. Andreas Musculus. | ANNO. M. D. LVIII.
K 3ᵛ: Gedruckt zu Franck= | furt an der Oder / | durch Johann | Eichorn. | ANNO | M. D. LVIII.

5. Beider Antichrist / des | Constantinopolitanischen / vnd Römi= | schen / einstimmig vnd gleichförmig Leer / | Glauben / vnd Religion / Wieder Christum den | Son deß lebendigen Gottes. | Durch | D. Andream Musculum. | *[Holzschnitt]* | Anno M. D. LVII.
M 4ʳ: Gedruckt zu Franckfurt an der Oder / | durch Johann. Eichorn / | Anno / | M. D. LVII.

6. Spilteufel. | Ein gemein Ausschrei= | ben von der Spiler Brüderschafft | vnd Orden / sampt jren Stifftern / | guten Wercken vnd | Ablas / | Mit einer kurtzen angehengter | erklerung / nützlich vnd | lüstig zu lesen. | Gedruckt zu

Franck= | furt an der Oder / durch Johann | Eichorn / Anno / | M. D. LVII.

7. Eine Predigt vber den | Spruch des Herrn Chri | sti / Matthei am zwey vnd | zwentzigsten: | Gebet dem Keyser was des Keisers ist / | vnd Gott was Gottes ist. | Gepredigt in S. Jochimsthal / am | XXIII. Sontag nach Trinitatis. | Durch | Johan. Mathesium. | M. D. LVIII.
Ciij^v: Gedruckt zu Nůrmberg / durch | Johan vom Berg / vnd | Vlrich Newber.

8. Der XIII. Psalm / | Gesangweis gestellet / vnd | kurtz ausgelegt. | Jtem / | Ein ander schön vnd tröstlich Lied / | zur zeit der Pestilentz mit grosser | andacht zusingen. | Durch | D. Simonem Sinapium / zu | Franckfurt an der Oder. | ANNO, M. D. LIX.

A³ *Titel, Format, Umfang und Zählung wie bei A¹.*

Ungebundene Broschur. Papier etwas stockig, Text gut erhalten.

Standort: Stadt- und Universitätsbibliothek Frankfurt/Main.
    Signatur: Flugschriften-Sammlung G. Freytag XVII, 288.

A¹—A³ sind identisch; sie haben den gleichen Fehler in der Zählung: Jiij statt Kiij.
A⁴ und A⁵ scheinen beide verbesserte Abzüge von A¹ zu sein, da der geringfügige Fehler korrigiert ist.

A⁴ *Titel, Format, Umfang und Zählung wie bei A¹.*

Braun gesprenkelter Pappdeckelband. Papier stockig, Text sehr sauber.

Standort: Universitätsbibliothek Göttingen.
    Signatur: Theol. thet. II, 656/11.

A⁵ *Titel, Format, Umfang und Zählung wie bei A¹.*

Brauner Pappdeckelband, beschädigt, Hinterdeckel verfleckt. Text stockig, z. T. zerfressen und wurmstichig. Handschriftliche Eintragungen auf dem vorderen Innenblatt. Alte Sign.: E. 5330a. Theologia Dogmat. II. 10. eschat. 1000.
Standort: Deutsche Staatsbibliothek Berlin W. 8.
Signatur: Cz 766.

A⁶ *Unvollständiges Exemplar (die Blätter Kiij und K 4 fehlen!), sonst Titel, Format, Umfang und Zählung wie bei A¹.*

Bräunlicher Pappdeckelband. Exlibris auf vorderem Innendeckel [Wappen]: Bibliotheca Regia Monacensis. *unter dem Titel:* I 57. *Anscheinend Nr. 7 aus altem Sammelband, da Numerierung und Markierung vorhanden. Text sehr gut erhalten.*
Standort: Bayerische Staatsbibliothek München.
Signatur: Dogm. 402.

A⁷ *Unvollständiges Exemplar (die Blätter Kiij und K 4 fehlen!), sonst Titel, Format, Umfang und Zählung wie bei A¹.*

Grünlich marmorierter Pappdeckelband. Anscheinend Nr. 4 aus altem Sammelband, da Markierung und Numerierung noch vorhanden. Fortlaufend handschriftliche Eintragungen in den Marginalien.
Standort: Bayerische Staatsbibliothek München.
Signatur: Dogm. 402ª.

A⁸ *Unvollständiges Exemplar (die Blätter Kiij und K 4 fehlen!), sonst Titel, Format, Umfang und Zählung wie bei A¹.*

Das Exemplar ist Nr. 7 in einem Sammelband mit zwei anderen 'Teufelbüchern' und sieben Texten des 16. Jahrhunderts. Beschreibung und Inhalt des Bandes, siehe Fluchteufel *A*³, *S. 325f.*

*Standort: Herzog August Bibliothek Wolfenbüttel.
Signatur: 184. 25 Th.*

A⁹ *Unvollständiges Exemplar (die Blätter E 2—k fehlen!), Diij ist ungezeichnet, sonst Titel, Format, Umfang und Zählung wie bei A*¹.

Stark beschädigter, verfleckter, zerlöcherter Pergamentband mit Lederschlaufen. Handschriftliches Inhaltsverzeichnis auf Vorsatzblatt, hs. Eintragungen auf dem Innendeckel.

Das Exemplar ist zusammengebunden mit drei anderen Texten des 16. Jahrhunderts.

*Standort: Herzog August Bibliothek Wolfenbüttel.
Signatur: Yj 85 Helmst. 8°.*

Inhalt des Bandes:

1. Ein Geistlich | Zeughauß | voller Wehr vnd | Waffen. | Wider etliche Anfech= | tung fromer Christen / allen be= | trůbten Gewissen zur Lere vnd | trost gestellet / Durch | Esaiam Tribauer / von der | Jglaw / Prediger zum Brig | in Schlesien. | Den Jnhalt findestu im anfang | dieses Bůchlins. | Wittemberg | Gedruckt durch Hans Lufft / | 1567.

2. Vnterrichtung | Vom Wucher / | Geitz vnd Reich= | thumb. | Jtem / von Christlichem | vnd Gottseligem gebrauch der zeit= | lichen gůter / Aus den heiligen alten | Lehrern gezogen. | Jn diesen letzten fehrlichen vnd ge= | schwinden zeiten / do die lieb erkaltet / vnd | die Sorgfeltigkeit der Narung / Be= | trug / List vnd Finantzerey / | vberhandt genom= | men. | Allen Frommen / Gott= | fůrchtigen Christen / nôtig vnd | nůtzlich zu wissen. | D. Andreas Musculus. | Anno 1559.

D 8ʳ: Gedruckt zu Erffurdt / | durch Georgium Baw= | man / zu dem bun= | ten Lawen | bey Sanct | Paul.

3. Etliche fürne= | me Haubtartickel vnsers | allgemeinen Christlichen | Glaubens / kurtz verfast / vnd | mit gutem grund der heiligen | Gôttlichen schrifft | bewert. | Durch den alten Herrn | M. Johann Mathesium / Pfarr= | herrn inn S. Jochimsthal / | vor seinem seligen ende | verfertiget. | Nûrnberg. | M. D. LXVII. *K 6ᵛ: [Holzschnitt]* | Psalm. LXXXIX. | Wol dem Volck das jauchtzen kan. | Gedruckt zu Nûrnberg | durch Dieterich Gerlatz / in | Johann von Berg selig | Druckerey.

4. *Himmel und Helle*

*A¹⁰ *Standort:* *Universitätsbibliothek Jena.*
Signatur: *4. Bud. Jus can. 199.*

*A¹¹ *Standort:* *Sächs. Landesbibliothek Dresden.*
Signatur: *Exeg. C 494, 2.*

*A¹² *Standort:* *Bibliothek der Hansestadt Lübeck.*
Signatur: *Theol. 4° 2660.*

*A¹³ *Standort:* *Thür. Landeshauptarchiv Weimar.*
Signatur: *Autogr. I, M: 43.*

*A¹⁴ *Standort:* *British Museum, London.*
Signatur: *4257. bbb. 14.*

*A¹⁵ *Standort:* *Universitätsbibliothek Budapest.*
Signatur: *Antiqua 2723.*

*A¹⁶ *Standort:* *Königl. Bibliothek Kopenhagen.*
Signatur: **23, — 301, 4°.*

*A¹⁷ *Standort:* *Bibliothèque Nationale et Universitaire Straßburg.*
Signatur: *E 152 172.*

*A¹⁸ *Standort:* *Universitätsbibliothek Wrocław.*
Signatur: *4 0 217, 1/3/.*

B-*Drucke (1559)*

B¹ Vnterrichtung | vom Himel vñ der Hell, | wie es in beiden / nach der zukunft vñ | gericht des HErrn Christi / zugehen werde / | Mit was großer vnd vnbegreiff- licher frewd | vnd ewiger herrligkeit / die Auserwelten wer= | den gekrönet vnd begnadet werden. Vnd | dargegen / Mit was zorn Gottes / Ewiger | straff / vnd vnaussprechlicher pein vnd | hertzenleid / die Gottlosen vnd ver= | dampten / werden beladen | vnd beschweret | werden. | Durch Andream Mu= | sculum / D. *[Titelornament]* | M. D. LIX.
G 7ᵛ: Gedruckt zu | Erffurdt / durch Georgi = | um Bawman / zu dem bun= | ten Lawen / bey S. | Paul.

Format: Oktav.
Umfang: 7 Bogen = 56 Blätter, Blatt G 8 leer.
Zählung: Bogenzählung A—G, ausgeführt bis Blatt v.
  Dij ungezeichnet.

Kustoden auf jeder Seite. Initialen zu Anfang der Kapitel.

Pergamentband (Handschrift schwarz-rot-blau), Papier stockig, Text gut erhalten. Handschriftliche Eintragungen. Alte Signatur: E 5411ª. *Theologia Dogmat. II. spec. 1014.*

Standort: Deutsche Staatsbibliothek Berlin W. 8.
  Signatur: Cz 770.

B² *Titel, Impressum, Format, Umfang und Zählung wie bei B¹.*

Das Exemplar ist Nr. 4 in einem Sammelband mit zwei anderen 'Teufelbüchern' und sechs Texten des 16. Jahrhunderts.

Beschreibung und Inhalt des Bandes, siehe Fluchteufel C¹, *S. 333f.*

Standort: Herzog August Bibliothek Wolfenbüttel.
Signatur: 817. 59 Th.

C-*Drucke (1561)*

C¹ Vnterrichtung | Vom Himmel vnd der Hell / wie | es in beyden / nach der zukunfft vnd ge= | richt des HERRN Christi / zugehen wer= | de / Mit was grosser vnd vnbegreifflicher | Frewd vnd ewiger Herrligkeit / die Auser= | welten werden gekrönet vnd begnadet wer= | den. Vnd dargegen / Mit was zorn Gottes / | Ewiger straff / vnd vnaussprechlicher pein | vnd hertzenleid / die Gottlosen vnd ver= | dampten / werden beladen | vnd beschweret | werden. | Durch Andream Mu= | sculum / D. | *[Titelornament]* | ANNO M. D. LXI.
G 7ᵛ: Gedruckt zu | Erffurdt / durch Georgi= | um Bawman / zu dem bun= | ten Lawen / bey S. | Paul.

Nachdruck der B-Ausgabe von 1559, geringe Änderung im Impressen-Schmuck, dazu eine weitere rote Zeile auf dem Titelblatt.

Format: Oktav.
Umfang: 7 Bogen = 56 Blätter; Blatt G8 fehlt.
Zählung: Bogenzählung A—G, ausgeführt bis Blatt v.
   Dij ungezeichnet.

Neuerer kartonierter Einband. Text stockig, doch gut leserlich. Titelblatt restauriert.

Standort: Sächs. Landesbibliothek Dresden.
   Signatur: Theol. ev. dogm. 1142ʰ.

C² *Titel, Impressum, Format, Umfang und Zählung wie bei C¹.*

Neuerer braun marmorierter Pappdeckelband, Krone auf Vorderdeckel. Text stockig, doch gut leserlich. In Bleistift über dem Titelblatt: 1893. 6124. *Alte Signatur auf hinterem Innendeckel:* Dogmatik 3. 19.

Standort: Deutsche Staatsbibliothek Berlin W. 8.
Signatur: Cz 772.

C³ *Titel, Impressum, Format, Umfang und Zählung wie bei C¹.*

Das Exemplar ist Nr. 4 in einem Sammelband mit zwei anderen 'Teufelbüchern' und drei Texten des 16. Jahrhunderts. Beschreibung und Inhalt, siehe Fluchteufel *D¹, S. 336f.*

Standort: Universitätsbibliothek Jena.
Signatur: 8 MS 29615.

D-Druck (1561)

Nach Grimm[34] *existierte noch ein Oderfrankfurter Druck im Quartformat, der auch in einer älteren Erfassung erwähnt wird.*

Früherer Standort: Marienkirchbücherei
Frankfurt/Oder.

Es ist anzunehmen, daß auch dieser Band beim Brande der Marienkirche 1945 vernichtet wurde.

---

[34] *Grimm,* Teufelbücher, *a. a. O., Sp. 1742, Nr. 7d.*

E-*Druck (1599)*

Nach Grimm[35] *war in seiner eigenen Sammlung ein Exemplar aus dem Jahre 1599 im Oktavformat, gedruckt bei Andreas Kelner Erben, Stettin.*

Auch diese Ausgabe ist nicht feststellbar und wohl verloren gegangen.

VII

TEUFELS TYRANNEY

Das Traktat Teufels Tyranney *ist in drei Einzelausgaben aus den Jahren 1561 und 1563 erhalten. Die Erstausgabe erschien bei Georg Bawman als dessen erster Original-Teufeldruck; er hatte allerdings vorher schon andere Schriften von Musculus herausgebracht*[36].

Noch im gleichen Jahre druckte der Verleger Weygand Han eine Ausgabe in Frankfurt am Main, und seine Nachfolger brachten eine weitere Ausgabe im Jahre 1563.

Zwei weitere von Grimm erwähnte Frankfurt/Main-Drucke aus den Jahren 1564 und 1568 waren durch Umfrage nicht zu ermitteln und sind auch sonst nicht feststellbar[37].

Weitere Einzelausgaben sind nicht erschienen, und der Verleger Sigmund Feyrabend übernahm das Traktat in sein Theatrum Diabolorum *von 1569, 1575 und 1587/88.*

---

[35] *Grimm*, Teufelbücher, a. a. O., Sp. 1742, Nr. 7e.
[36] Cf. Inhalt des Sammelbandes, S. 337f., 394f. auch Fußnote 13 und 22.
[37] Siehe D-Druck, S. 403 und E-Druck, S. 403.

A-*Drucke (1561)*

A¹ Von des Teu= | fels Tyranney / Macht | vnd Gewalt / Sonderlich in die= | sen letzten tagen / vnter= | richtung. | Durch | Andream Musculum D. | 1. Petri 5. | Seid nůchtern vnd wachet / Denn ewer | Widersacher / der Teuffel / gehet vmbher / | wie ein brůllender Lewe / vnd suchet / wel= | chen er verschlinge / Dem widerstehet feste | im glauben / etc. | Anno 1561.
M 8ʳ: Gedruckt zu Erffurdt / | | durch Georgium Bawman / | bey S. Paul.

Format: Oktav.
Umfang: 12 Bogen = 96 Blätter.
Zählung: Bogenzählung A—M, ausgeführt bis Blatt v.

Kustoden auf jeder Seite. Initialen zu Anfang der Kapitel.

Schweinslederband der Zeit auf Holzdeckeln mit Prägungen: Einzel- und Rollenstempel.

Das Exemplar ist zusammengebunden mit sieben anderen Texten von Andreas Musculus.

Standort: Staats- und Stadtbibliothek Augsburg.
Signatur: Th H.

Inhalt des Sammelbandes:

1. Vom Miss= | brauch / vnd dargegen | rechtem gebrauch / des Sacra= | ments des Leibs vnd Bluts Christi / | Vnterrichtung / Gestelt | durch | Andream Musculum D. *[Holzschnitt]* | M. D. LXI.
M 6ʳ: Gedruckt zu | Erffurdt / durch Georgi= | um Bawman / zu dem Bun= | ten Lawen / bey | S. Paul. / *[Druckersignet: Kirchenbaudarstellung mit Monogramm G. B.]*

2. Antwort auff | diese Frag: | Ob auch die rechte vnd | ware Christen sein / vnd der ewigen | Seligkeit in gewieser hoffnung sich | trôsten vñ versichern kônnen / welche | sich von der Communion eussern / | des offtern gebrauchs des Sacra= | ments des Leibs vnd Bluts Christi | enthalten / etlich jhar anstehn / | oder auch wol gar nach bleiben lassen? | Andreas Musculus | Doctor. | ANNO M. D. LX.
L 3ᵛ: Gedruckt zu | Erffurdt / durch Georgi= | um Bawman / zu dem bunten | Lawen / bey Sanct. | Paul.

3. Betbûch= | lein gestellet | Durch | Andream Muscu= | lum D. | Gedrůckt zu Franckfurt | an der Oder / Durch | Johan. Eichorn. | Anno | M. D. LIX.
p. 71ʳ: Gedrůckt zu Franckfurt | an der Oder / Durch | Johan. Eichorn. | Anno | M. D. LIX.

4. *Teufels Tyranney*

5. Christliche | Trewe Warnung vnd | Vermanung / wider die grewliche | vnd verdamliche Sicherheit | der gantzen welt. | Jtem / Was für glück / | fried vnd wolfart / hinfort | zu hoffen sey. | Alles aus dem Prophe | ten Daniel / vnd vnsers Herren | Christi mund / Matth. 24. | geweissaget. | Durch | Andream Muscu= | lum D. | Anno M. D. LIX.
G 4ʳ: Gedruckt zu Erffurdt / | durch Georgium Bawman.

6. Prophecey | vnd Weissagung vn= | sers HERRN Jhesu Christi / | von dem zunahenden vnd allbe= | reit verhandenen zorn / straff / | jammer vnd vnglück / | vber Deudsch= | landt. | Durch D. Andream | Musculum. | Esaiae CAP. IX. | Das Volck keret sich nicht zu dem / der es | schlecht / vnd fragen nichts nach dem HErrn | Zebaoth / Darumb wird der HErr abhawen | von Jsrael / beide kopff vnd schwantz, beide ast | vnd strumpff / auff einen tag. | M. D. LX.
F 8ʳ: Gedruckt zu Erffurdt / | Durch Georgium Bawman / zu dem | bunten Lawen / bey S. | Paul.

7. Vom jûng | sten Tage. | *[Holzschnitt, teilweise rubriziert]* | Durch D. And. | Musculum.
P 7ᵛ: Gedruckt zu | Erffurdt / durch Ge= | orgium Bawman / zum | bunten Lawen / bey | Sanct Paul.

8. Vnterrichtung | Vom Wucher / | Geitz vnd Reich= | thumb. | Jtem / von Christlichem | vnd Gottseligem gebrauch der zeit= | lichen gûter / Aus den heiligen alten | Lehrern gezogen. | Jn diesen letzten fehrlichen vnd ge= | schwinden

zeiten / do die lieb erkaltet / vnd | die Sorgfeltigkeit der Narung / Be= | trug / List vnd Finantzerey / | vberhandt genom= | men. | Allen Frommen / Gott= | fůrchtigen Christen / nőtig vnd | nůtzlich zu wissen. | D. Andreas Musculus. | Anno 1559.

D 8ʳ: Gedruckt zu Erffurdt / | durch Georgium Baw= | man / zu dem bun= | ten Lawen | bey Sanct | Paul.

A² *Titel, Impressum, Format, Umfang und Zählung wie bei A¹.*

Zeitgenössischer Pergamentband, liturgische rot-schwarze Handschrift, auf Pappdeckel gezogen. Umgebogene Kanten, gesprenkelter Buchblock. Handschriftliches Verzeichnis auf Rücken. Texte stockig, doch gut lesbar.

Das Exemplar ist zusammengebunden mit vier anderen Texten des 16. Jahrhunderts.

Standort: Herzog August Bibliothek Wolfenbüttel.
  Signatur: 1164. 74 Th.

Inhalt des Sammelbandes:

1. Sieben Predigten: | Vom Reich vn= | sers HErren vnd | Kőniges JEsu Christi / | Der Hundert vnd Zehende | Psalm: | Geprediget vnd außgeleget zu | Breßlaw / in der Pfarrkirchen zu | S. Elisabeth. | Durch | Esaiam Heydenreich / | der heiligen Schrifft | Doctorn. | Leipzig / | M. D. LXXXVII.
Aa 6ᵛ: Gedruckt zu | Leipzig / Durch | Abraham Lamberg. | ANNO | M. D. LXXXVII.

2. Sechs | Predigten | vom Hirtenampt | vnsers HErrn Jesu Chri= | sti / vber den XXIII. Psalm | Dauidis / Der HERR ist | mein Hirte / etc. | Bekůmmerten vnd betrůbten | hertzen dieser letzten trawrigen zeit / | zur lehr vnd trost geschrieben / | Durch | Esaiam Heidenreich / | der heiligen Schrifft | Doctor / ꝛc. | Psal. CXIX. | HERR / Ich bin wie ein verirret vnd | verloren Schaff / suche deinen | Knecht / etc. | Leipzig. | M. D. LXXXIII.

J 6ᵛ: [*Holzschnitt*] | Gedruckt zu Leipzig / durch | Georg Defner. | Jm Jahr / | M. D. LXXXIII.

3. Teufels Tyranney

4. Vom Geitz= | wagen Sanct Bern= | hardi Gleichnus. | Mit vielen schönen sprü= | chen / Exempeln vnd Histori= | en erkleret vnd ausgelegt. | Durch Sigismundum | Sueuum Freistadiensem. | Vnde tot in mundo caedes? cur conscia recti | Rara ferè mens est? cur tanta angustia rerum | Vna seges scelerum, ac radix est vna malorum, | Currus Auaritiae, toto quem luridus orbe | Vector agit, sternitq̃; solo terrestrium amantes | Heu nimiū populos, penitus coelestium inanes. | A. C. | Gedruckt zu Jhena / | Anno M. D. LXX.
J 4ᵛ: Gedruckt zu Jhena durch Do= | natum Richtzenhan.

5. Bergwercks Geschöpff / vnd | wunderbare Eigenschafft der | Metalsfrüchte. | Darinnē gründ= | licher bericht der Gebirge / | Gestein / Genge vnd derselben an= | hengenden safften / krefften vnd wirckung / | als an Gold / Silber / Kupffer / Zinn / Bley / | Quecksilber / Eisen / vnd andern | Mineralien. | Auch wie die Edlen Gestein / | so wol die Metals arten geferbet / er= | kand / vnd mit Gottes Wort vergli= | chen werden. | Vornemlich dem Allmechtigen | Gott zu lobe / vnd aller Christlichen | Obrigkeit zu ehren / auch menniglichen zu | nutz vnd guter nachrichtung in | Druck verfertiget | Durch | Georgen Meyern. | M. D. XCV. | CVM GRATIA ET PRIVILEGIO.
M 7ᵛ: [*Holzschnitt*] | Gedruckt zu Leiptzig / | durch Abraham Lamberg / | Jn verlegung Henning | Grossen. | Jm Jahr / | 1595.

*A³ *Standort: British Museum, London.*
Signatur: 4371. de. 6.

*A⁴ *Standort: Universitätsbibliothek Graz.*
Signatur: I. 23 841.

*A⁵ *Standort: Universitätsbibliothek Wrocław.*
Signatur: 455 095.

B-*Drucke (1561)*

B¹ Von des Teüf= | fels Tyranney / Macht | vnd Gewalt / Sonderlich in | disen letsten tagen vn= | derrichtung. | Durch | Andream Musculum D. | *[Holzschnitt]* | Anno M. D. LXI.

J 8ʳ: Getruckt zu Wormbs / | bey Philips Köpffel / in ver= | legung Weygand Han / | Anno M. D. LXI.

Der Titelholzschnitt zeigt ein thronendes Teufelsungeheuer mit Schnabel, Fledermausohren und Geierbeinen, auf dem Rumpf eine bärtige Maske. In beiden Krallenhänden hält es Bündel von Fall- und Fangstricken.

Der gleiche Holzschnitt wurde von den Mainfrankfurter Verlegern auch bei dem Spielteufel *verwandt.*

Format: Oktav.
Umfang: 10 Bogen = 80 Blätter.
Zählung: Bogenzählung A—J, ausgeführt bis Blatt v.
  Vorrede C 1—8.
  A 4 ungezeichnet.

Kustoden auf jeder Seite. Initialen zu Beginn der Kapitel.

Das Exemplar ist Nr. 1 in einem Sammelband mit drei anderen 'Teufelbüchern'.
Beschreibung und Inhalt des Bandes, siehe Fluchteufel *E², S. 339f.*
  Standort: Universitätsbibliothek Tübingen.
    Signatur: Gf 551.

B² *Titel, Impressum, Format, Umfang und Zählung wie bei B¹.*

Restaurierter brauner Leinenband. Beschädigte alte rot-schwarze Handschrift auf Vorder- und Rückendeckel. Exlibris auf altem Innenblatt, handschriftliche Eintragungen.

Das Exemplar ist zusammengebunden mit vier anderen Texten des 16. Jahrhunderts.

Standort: Stadtbibliothek Ulm.
Signatur: Schud 9725 — 30.

Inhalt des Bandes:

1. Von mancher | ley Straff vñ Plagen Got= | tes / als Feüwrsnot / Wasserflů= | ten / Windgestürm / Erdbidmē / Donner / | Hagel / Kelte / Schne / Heüwschrecken / | Theürung / Pestilentz / Krieg vnd Blůt= | vergiessen / ꝛc. mit welchen er die sündig | Welt zů disen vnsern letsten zeytē zur bůß | vnd besserung deß sündtlichen lebens ver | manet vñ reitzt: Auß den Chronikken vnd | Jarbůchern durch Georgen Christoff | Dreßl von Tachaw in Bǒhem | treüwlich zůsamen | gelåsen. | Lobet Gott von der erden jr Wallfisch vnd | alle tieffenen. Feüwr vnnd hagel / schne vnd | dampff / wind vnd vngewitter / richt seinen be | felch auß. Psalm. 148. | Getruckt zů Pfortzheym bey | Georg Raben / 1559.

2. Teufels Tyranney

3. Ein Trǒstliche Historia. | Vom seligen | Abscheid des Durch= | leuchtigsten Hochgebornen Fůr= | sten vnd HERRN / Herrn Chri= | stian des Dritten zu Denne= | marck vnd Nortwegen | Kǒnigs etc. | An welchem alle Chri | sten / sonderlich aber die Regenten ein | schǒn vnd trǒstlich Exempel haben / | wie wol vnd Christlich leben / | auch Gottselig abschei= | den sollen. | Gedruckt zu Franckfort am | Main / durch Peter Bru= | bach / im Jar | 1561.

4. Warhafftige ge= | schicht / von einem Juden / | so zů Weyssenstein inn | Schwaben gericht / | vñ zů dem Christ= | lichen Glau= | ben ist bekert | worden. | Anno M. D. LX.

5. Verzeichnis | Wie offt / wann vnd wor | ůmb die Stad Rom von den | Deutschen gewonnen. | M. Cyriacus Span= | genberg. | Gedruckt zu Eisleben / | bey Vrban Gau= | bisch. | ANNO. | M. D. LX.

6. Kurtze Histo= | ria / des Ehrwirdigen | vnd hochgelarten Herrn Phi= | lippi Melanthonis / von Ludo= | uico Bauard dem ein vnd drei= | sigsten Deudtschen Keiser / | jtziger zeit allen so in Regie= | rung sind / Vieler wichti= | gen vrsachen halben / |

nützlich zu lesen | vnd zubewe= | gen. | Gedruckt zu Wittemberg / | Durch Veit Creutzer. | 1559.
D 6ᵛ: Gedruckt zu | Wittemberg | durch Veit | Creutzer. | 1559.

B³ *Titel, Impressum, Format, Umfang und Zählung wie bei B¹.*

Das Exemplar ist Nr. 2 in einem Sammelband mit drei anderen 'Teufelbüchern'. Beschreibung und Inhalt des Bandes, siehe Fluchteufel *G², S. 344 f.*
  Standort: Thür. Landeshauptarchiv Weimar.
  Signatur: 4, 6: 32.

*B⁴ Standort: British Museum, London.
  Signatur: C. 125. a. 16.

*B⁵ Standort: Bibliothèque Nationale et Universitaire Strassburg.
  Signatur: E 159 863.

C-*Drucke (1563)*

C¹ Von deß Teuf= | fels Tyranney / Macht | vnnd Gewalt / Sonderlich in | diesen letsten tagen / vnder= | richtung. | Durch | Andream Musculum D. | *[Holzschnitt]* M. D. LXIII.

K 7ᵛ: Getruckt zů Franckfurt | am Mayn / bey Georg Raben / | vnnd Weygand Hanen | Erben. 1563.

Der Titelholzschnitt zeigt das gleiche Teufelsungeheuer wie in der Ausgabe von 1561, jedoch ist die ganze Titelseite schwarz.
Format: Oktav.
Umfang: 10 Bogen = 80 Blätter; Blatt K 8 leer.
Zählung: Bogenzählung A—K, ausgeführt bis Blatt v.

Kustoden auf jeder Seite. Initialen zu Anfang der Kapitel.

Das Exemplar ist Nr. 1 in einem Sammelband mit fünf anderen 'Teufelbüchern'. Beschreibung und Inhalt des Bandes, siehe Eheteufel *F², S. 373f.*

Standort: Stadtbibliothek Nürnberg.
Signatur: Theol. 102. 8°.

C² *Titel, Impressum, Format, Umfang und Zählung wie bei C¹.*

Das Exemplar ist Nr. 8 in einem Sammelband mit acht anderen 'Teufelbüchern'. Beschreibung und Inhalt des Bandes, siehe Eheteufel *F¹, S. 370f.*

Standort: Universitätsbibliothek Tübingen.
Signatur: Gg 514.

C³ *Titel, Impressum, Format, Umfang und Zählung wie bei C¹.*

Brauner, zeitgenössischer Lederband, erhabene Bünde, Metallschließen, umgebogene Kanten. Ins Leder gestanzte Ornamente. Texte sehr gut erhalten. Auf vorderem Innendeckel: Ex libris Francisci Husmani.

Das Exemplar ist zusammengebunden mit einem anderen 'Teufelbuch' und zwei Texten des 16. Jahrhunderts.

Standort: Herzog August Bibliothek Wolfenbüttel.
Signatur: 490 Qu. 8°.

Inhalt des Bandes:

1. *Teufels Tyranney*
2. Wieder den Bañteufel / | Das ist / | Eine getrewe / | wolmeinende Christli⸗ | che warnung / wieder die Gottlosen | Teufelbeschwerer oder Banner / | so in diesen örtern

her=| ůmbher schlei=| chen. | Aus Gottes Worte vnd an=| dern bewerten Scri=| benten gestalt / | Durch| Jodocum Hockerium Ossnaburgen=| sem / Prediger der Kirchen S. Johans fur Lemgaw. | Deutero. 21. | Alles was ich euch gebiete / das solt jhr halten / | das jhr darnach thut / | Jhr solt nicht dazu thun / | noch dauon thun.
G 8ʳ: Gedruckt zu Magde=| burgk / durch Joachim | Walden . | Anno | M. D. LXIIII.

3. Von dem Lob | deß Eigen Nutzen. | Der Eigen Nutzen bin ich genannt / | Hoch vnd nidren Stenden wol bekañt. | Doch nicht so bôß als man mich macht / | Wo man die Sachen recht betracht. Manchem vil guts durch mich beschicht / | Hergegn man mir kein lob vergicht. | Mit vil schönen Exempeln vnd Historien auß / heyliger Göttlicher Schrifft zusam=| men gezogen / Durch | Leonhard Fronsperger an tag geben. | *[Holzschnitt. In der Mitte:* Alls in | Mein Sack.*]* Getruckt zu Franckfurt am Mayn. | M. D. LXIIII.
G 8ʳ: Getruckt zu | Franckfurt am Mayn / | bey Merten Lechler / Jn | verlegung Sigmund Feier=| abends vnd Simon | Hûters. | M. D. LXIIII. | *[Druckersignet:* Sigmund Feirabent. Simon Hvtter*]*.

4. Colloqvia. | Gespräche deß Hochgelerten vnd weyt=| berůmpten Erasmi von Roterodam / erstlich in Latein beschri | ben / nachmals dem gemeinē Mann / so deß | Lateins vnerfaren / zů gůt verteütscht durch | Justum Alberti von Volckmarsen / Lieblich | zů låsen / auch nůtzlich zů wissen. Vnd | yetzt mit sonderm fleyß über=| sehen vnnd ge=| bessert. | Zů Franckfurt am Mayn / | M. D. LXI.
Z 6ᵛ: Gedruckt zů Frankfurt am | Mayn / durch Weygand | Han vnnd Georg | Raben.

C⁴ *Unvollständiges Exemplar (Titelblatt A 1 und die Blätter bis A 7 fehlen!), sonst Format, Umfang und Zählung wie bei C¹.*

Das Exemplar ist Nr. 1 in einem Sammelband mit vier anderen 'Teufelbüchern'. Beschreibung und Inhalt des Bandes, siehe Fluchteufel *H⁴, S. 349f.*

Standort: Universitätsbibliothek Heidelberg.
   Signatur: G 5612.

*C⁵ *Standort:*   Sächs. Landesbibliothek Dresden.
      Signatur: Theol. ev. dogm. 916ᵐ.

*C⁶ *Standort:*   Zentralbibliothek Zürich.
      Signatur: 18.1787.

D*-Druck (1564)*

Nach Grimm[38] *existierte noch ein Frankfurt/Main-Druck aus dem Jahre 1564 (Nachdruck der Ausgabe von 1563, auch Oktavformat).*

Standort: Herzog August Bibliothek Wolfenbüttel.

Dieser Druck war jedoch nicht am Standort zu ermitteln.

E*-Druck (1583)*

Weiterhin hat Grimm eine Frankfurt/Main-Ausgabe im Oktavformat aus dem Jahre 1583 vorgelegen[39].

Früherer Standort: Marienkirchbücherei Frankfurt/Oder.

Auch diese Ausgabe ist nicht zu ermitteln und wohl bei dem schon früher erwähnten Brande der Marienkirche 1945 vernichtet worden.

---

[38] *Grimm*, Teufelbücher, a. a. O., Sp. 1742, Nr. 9d.
[39] *Grimm*, Teufelbücher, a. a. O., Sp. 1742, Nr. 9e.

F-*Druck (1569)*

Von des Teufels Tyranney *steht als Nr. II, f. CXLVI^v— CLXIIII^r, im* Theatrum Diabolorum *von 1569 (Inhalt und Beschreibung, siehe* Teufelbücher *I, S. 464—469) sowie in den weiteren Ausgaben von 1575 und 1587/88.*

VIII

1. *Die in* Teufelbücher *I im Nachwort unter IV, Punkt 2. 3. 4. und 6 (S. 488—493), in* Teufelbücher *II unter VII (S. 453— 456) und in* Teufelbücher *III unter III (S. 437—445) gegebenen allgemeinen Hinweise gelten auch für Band IV.*

Da die meisten Traktate von Andreas Musculus bis zu zehn Einzelausgaben aufweisen, war es aus Umfangsgründen nicht möglich, Variantenverzeichnisse zu liefern. Im übrigen sind die wesentlichen Unterschiede zwischen den ost- und westdeutschen Druckzentren bereits aus den Variantenverzeichnissen der Teufelbücher *I—III und den Eichorn-Ausgaben dieses Bandes hinreichend ersichtlich.*

Beim Vergleich der Erstausgaben mit den nachfolgenden Ausgaben — besonders den Ausgaben bei Eichorn und Bawman, wo man wohl mit Sicherheit einen Einfluß oder besondere Absichten des Verfassers, Änderungen vorzunehmen, vermuten könnte — ergaben sich jedoch, außer den dialektbedingten Substitutionen und Abweichungen, keine wesentlichen Textveränderungen.

Lediglich beim Hosenteufel *sind ab Druck D und in allen folgenden Ausgaben kleinere Abweichungen und auch einige größere Auslassungen festzustellen:*

    10,14 Kopff in die aschen *ABCDEF*; kopff in die achseln *HKL*. **11,31** tragen werde können *AB*; tragē werde

künden *C*; werde tragen kőnnen *DEFHKL*. **11,34** Wie denn albereit in verstockung und boßheit / das meiste theil / die Teuffel ubertreffen / welche / da inen solche gnad / als uns jtzunder / angebotten wůrde / nimmer so frevenlich und mutwillig die selbige würden verachten / unnd mit fůssen tretten / als jtzunder geschicht *ABC*; *fehlt DEFHKL*. **12,6** bis sie schreien *AB*; biß sy schreyen *C*; und schreie *DEFHKL*.
12,12 so mit *ABC*; mit so *DEFHKL*. **13,7** zu anreitzung *ABC*; — anreitzung *DEFHKL*. **13,8** unzucht — *ABC*; unzucht dienstlich *DEFHKL*. — alles *ABC*; solchs alles *DEF*; solches alle *HKL*. **13,30** auch nicht ander leut / sich irer nackenheit schewen / *ABCDEFH*; auch nicht ab anderer leüt nackenheyt sich schewen *K*; auch nicht ob anderer Leuth nackenheit sich scheuwen *L*. **14,4** auffs best er kan *ABC*; auffs beste er kan *DEF*; auffs aller beste *HKL*. **14,5** was er ausgericht *ABCDEFH*; ausgerichtet hatt *KL*. **14,14** anfang und ursprung *ABCDEFH*; ursprung und anfang *KL*. **14,18** — angereitzet *ABC*; zum bösen angereitzet *DEFHKL*. **15,14** zum vordamnis *AB*; zū verdamnuß *C*; *fehlt DEFHKL*. **15,17** Unnd entlich auch wie mit grossem frolocken und triumphieren der hosen Teuffel am jůngsten Gericht auff sie warten / und nach ergangenem Gottesurtheil / mit iren hosen flammen / in die ewige / hellische flammen ziehen und reissen wird *ABC*; *fehlt DEFHKL*. **16,30** geschehe — / *ABC*; geschehen mage *DEF*; geschehen mag *HKL*.
17,7 darvon ablassen *ABC*; nit / nicht ablassen *DEFHKL*.
17,17 wenig jaren *BCDEFH*; etlich jaren *KL*. **17,21** daraus dann genugsam abzunemen / das Gott eben der hosen halben / solche straffe uber die Deutschen hat gehen lassen *ABC*; *fehlt DEFHKL*. **18,1** groß wunder *ABCDEFH*; — wunder *KL*. **18,9** als der greulicher heimsucht *ABCDEFH*; als desto grewlicher heimsucht *KL*. **18,12** mit ewiger straff *ABC*; mit der straff *DEFHKL*. **19,29** Das in unsere junge gesellen lassen *ABC*; Das unsere junge gesellen inen lassen *DEFHKL*. **21,3** geben *AB*; gegeben *CDEFHKL*.
21,9 gestellet / und zu ewiger vordamnis vorurteilt und gefůret werden *ABC*; gestellet — werden *DEFHKL*. **27,15** gůter — *ABC*; gůther gemacht hat *DEFHKL*. **28,10** Chur und Land Fürst / Marggraff Joachim von Brandenburg *ABC*; Land Fürst — zu Brandenburg *DEFHKL*. **29,1** so bůbisch *ABC*; also bůbisch *DEFHKL*. **29,6** Gott gebe *ABC*; Wolt Gott *DEFHKL*.

2. *Der Text aller Drucke folgt den Erstausgaben, die Bogen-, Blatt- oder Seitenzählung erscheint in ⟨ ⟩ im laufenden Text vor Beginn jeder Seite.*

Die Faksimilia aller Titelblätter erscheinen ungefähr in Originalgröße.

3. *Die Abbreviaturen deutscher und lateinischer Wörter haben wir unter Beachtung der vorhandenen Belege oder der üblichen grammatischen Form aufgelöst.*

In den Texten dieser Ausgabe sind keine weiteren Abbreviaturen zu den bereits in Band I (S. 489f., 3d), Band II (S. 454, 3) und Band III (S. 438, 3) angegebenen zu verzeichnen.

4. *Der Text der Vorlage wurde im Rahmen des vorgelegten Prinzips ausgeglichen und fast alle Eingriffe in den Erstausgaben durch die nachfolgenden Drucke abgesichert.*

Allgemein ausgeglichen wurden dan > dann, den > denn, denn > den, dem Sinn entsprechend; ferner wen > wenn.

An folgenden Stellen ist in die Texte der Erstausgabe eingegriffen worden:

HOSENTEUFEL

10,10 noch] nach *A*; noch *BCDEFKL*. **10,30** noch] nach *A*; noch *BCDEFKL*. **10,34** wir] mir *A*; wir *BCDEFKL*. **11,34** würden werden] werden werden *AB*; were worden *C*; were werden *DEF*; würden werden *HKL*. **18,31** wir] mir *A*; wir *BCDEFKL*. **29,3** der] des *A*; der *BCDEFKL*. **30,15** Carolo] Caralo *A*; Carolo *BCDEFKL*.

FLUCHTEUFEL

37,11 gewesen] gewewesen *A*; gewesen *BCDE*. **62,18** zusebelt] zuschebelt *AC*; zusebelt *BEHIK*. **68,20** ohn] ahn *A*; on / ohn *CDGHIK*. **70,3** Nach] Noch *A*; Nach *CDEGHIK*. **70,9,31** ohn] ahn *A*; on / ohn *CDEGHIK*.

EHETEUFEL

90,11 darnach] darnoch *A*; darnach *BCFGIL*. **93,32** Nonnen Clôster] Nonne Clôster *AD*; Nonnen Clôster *BCEFGIL*. **95,18** angesicht] angesich *A*; angesicht *BDL*; angesichte *C*. **95,30** Ölzweige] Olezweige *ABC*; ôlzweige *EFGIL*. **102,27** anfang] anfand *A*; anfang *BCDL*. **114,35** haben] habe *AD*; haben *BCL*. **117,31** das] des *ABC*; deß *F*; daß *GIL*. **123,21** follend] folten *AD*; follend *BC*.

HIMMEL UND HELLE

142,2 unausssprechliche] unausprechliche *A*; unausssprechliche *BC*. **144,27** uberflûssiger] ubergûßiger *A*; uberflûssiger *BC*. **147,29** angezeiget] angezeuget *A*; angezeiget *BC*. **148,20** grôsser] grûsser *A*; grôsser *BC*. **151,6** wo] wue *A*; wo *BC*. **152,30** redemptio] redemtio *A*; redemptio *BC*. **153,21** deßgleichen] geßgleichen *A*; deßgleichen *BC*. **160,13** gehart] gahart *A*; gehart *BC*. **163,33** auffhôrenden] auffhôrende *A*; auffhôrenden *BC*. **168,27** dienen] dienem *A*; dienen *BC*. **174,15** wo] wue *A*; wo *BC*. **178,25** werden] wenden *A*; werden *BC*. **179,3** uberzeugen] uberzeigen *A*; uberzeugen *BC*. **180,8** 16.] 19. *A*; 16. *BC*.

TEUFELS TYRANNEY

191,6 freundt] frundt *A*; freundt *BC*. **192,7** Christi ungeacht] Christi / ungeacht *A*; Christi ungeacht *BC*. **198,26** zipflein] zipflen *A*; zipflein *BCF*. **204,29** listigkeit] ligstigkeit *A*; listigkeit *BCF*. **205,32** gegend] gegenheit *A*; gegend *BCF*. **217,9** Brûnnen] Brûnne *A*; Brunnen *BCF*. **224,26** verkert] verkart *A*; verkehret *CF*. **234,20** gestrôhe] gestrôde *A*; gestrôhe *BCF*. **237,7** vermuten] ermuten *A*; vermuten *BCF*. **249,7** 34.] 43. *A*; 34. *BCF*. **252,13** Wasserstrom] Wasserstram *AB*; Wasserstrom *CF*. **256,9** zuvorkommen] zuverkommen *AC*; zuvorkommen *F*. **260,3** Abcontrafetung] Abcontrafectung *A*; Abcontrafetung *BCF*. **260,14** herberge] herberunge *A*; herberge *BC*; Herberg *F*. **261,6** und] und und *A*; und *BCF*.

IX

Den Bibliotheken, die durch ihre Auskünfte und prompte Übersendung der Texte diese Ausgabe unterstützt haben, möchte ich wiederum meinen herzlichen Dank aussprechen.

Für die Hilfe beim Lesen der Korrekturen bin ich Frau Anke Roloff zu besonderem Dank verpflichtet sowie dem Herausgeber, Herrn Professor Dr. Hans-Gert Roloff, für stete Unterstützung und Anregung.

Für finanzielle Unterstützung habe ich der American Philosophical Society zu danken, ebenso der Stiftung Volkswagenwerk, Hannover, für ein Gaststipendium.

Ganz besonders aber möchte ich der Herzog August Bibliothek zu Wolfenbüttel mit ihren Bibliothekaren und Mitarbeitern danken, die mir mehrere Sommer lang unermüdlich hilfsbereit zur Seite gestanden haben.

Chapel Hill, N. C., im Herbst 1976   *Ria Stambaugh*

Inhalt des vierten Bandes

HOSENTEUFEL	*1—32*
FLUCHTEUFEL	*33—79*
EHETEUFEL	*81—132*
HIMMEL UND HELLE	*133—185*
TEUFELS TYRANNEY	*187—270*
Nachwort des Herausgebers	*271—409*

Walter de Gruyter
Berlin · New York

Ausgaben Deutscher Literatur **A**
des XV. bis XVIII. Jahrhunderts **D**
Unter Mitwirkung von Käthe Kahlenberg **L**
herausgegeben von Hans-Gert Roloff

Alle Bände sind in Leinen gebunden

1   Georg Wickram, Sämtliche Werke · Band 1: Ritter Galmy. Hrsg. v. Hans-Gert Roloff. Mit 1 Taf. u. Abb. VI, 338 S. 1967.

2   Georg Wickram, Sämtliche Werke · Band 2: Gabriotto und Reinhart. Hrsg. v. Hans-Gert Roloff. VI, 297 S. 1967.

3   Johann Rist, Sämtliche Werke · Band 1: Dramatische Dichtungen. Unter Mitw. v. Helga Mannack hrsg. v. Eberhard Mannack. IV, 289 S. 1967.

4   Georg Wickram, Sämtliche Werke · Band 3: Knaben-Spiegel. Dialog vom ungeratnen Sohn. Hrsg. v. Hans-Gert Roloff. IV, 208 S. Mit Abb. 1968.

5   Georg Wickram, Sämtliche Werke · Band 5: Der Goldtfaden. Hrsg. v. Hans-Gert Roloff. IV, 294 S. 1968.

6   Johann Christoph Gottsched, Ausgewählte Werke · Band 1: Gedichte und Gedichtübertragungen. Hrsg. v. Joachim Birke. VI, 533 S. 1968.

7   Johann Christoph Gottsched, Ausgewählte Werke · Band 4: Reineke der Fuchs. Hrsg. v. Joachim Birke. IV, 481 S. Mit Abb. 1968.

8   Sebastian Brant, Tugent Spyl · Nach der Ausgabe des Magister Johann Winckel von Straßburg (1554) hrsg. v. Hans-Gert Roloff. IV, 165 S. Mit 1 Bildn. 1968. (Reihe Drama I)

Ausgaben Deutscher Literatur des XV. bis XVIII. Jahrhunderts

9 Georg Wickram, Sämtliche Werke · Band 12: Apostelspiel. Knaben Spiegel. Hrsg. v. Hans-Gert Roloff. VI, 281 S. Mit Abb. 1968.

10 Georg Wickram, Sämtliche Werke · Band 4: Von Guten und bôsen Nachbaurn. Hrsg. v. Hans-Gert Roloff. IV, 207 S. Mit Abb. 1969.

11 Alexander Seitz, Sämtliche Schriften · Band 3: Tragedi vom Großen Abentmal. Hrsg. v. Peter Ukena. IV, 132 S. 1969.

12 Sixt Birk, Sämtliche Dramen · Band 1. Hrsg. v. Manfred Brauneck. VI, 307 S. 1969.

13 Der Patriot · Nach der Originalausgabe Hamburg 1724 — 1726 in drei Textbänden und einem Kommentarband kritisch hrsg. v. Wolfgang Martens. Band 1: Jahrgang 1724, Stück 1—52. VI, 446 S. Mit 1 Taf. 1969.

14 Johannes Kerckmeister, Codrus · Ein neulateinisches Drama aus dem Jahre 1485. Hrsg. v. Lothar Mundt. IV, 185 S. Mit 2 Faks. 1969. (Reihe Drama III)

15 Das Künzelsauer Fronleichnamspiel · Hrsg. v. Peter Klaus Liebenow. Gr.-Okt. VI, 296 S. Mit 7 Kunstdrucktaf. 1969. (Reihe Drama II)

16 Johann Christoph Gottsched, Ausgewählte Werke · Band 2: Sämtliche Dramen. Hrsg. v. Joachim Birke. IV, 481 S. 1970.

17 Johann Christoph Gottsched, Ausgewählte Werke · Band 3: Sämtliche Dramenübertragungen. Hrsg. v. Joachim Birke. VI, 393 S. 1970.

18 Alexander Seitz, Sämtliche Schriften · Band 1: Medizinische Schriften. Hrsg. v. Peter Ukena. IV, 299 S. 1970.

19 Spieltexte der Wanderbühne · Band 1: Engelische Comedien und Tragedien. Hrsg. v. Manfred Brauneck. VIII, 692 S. 1970.

Ausgaben Deutscher Literatur
des XV. bis XVIII. Jahrhunderts

20 Spieltexte der Wanderbühne · Band 3: Schau-Bühne englischer und frantzösischer Comödianten. Hrsg. v. Manfred Brauneck. VI, 605 S. 1970.

21 Der Patriot · Nach der Originalausgabe Hamburg 1724 — 1726 in drei Textbänden und einem Kommentarband kritisch hrsg. v. Wolfgang Martens.
Band 2: Jahrgang 1725, Stück 53—104. IV, 428 S. 1970.

22 Der Patriot · Nach der Originalausgabe Hamburg 1724 — 1726 in drei Textbänden und einem Kommentarband kritisch hrsg. v. Wolfgang Martens. Band 3: Jahrgang 1726, Stück 105—156. Register. IV, 460 S. 1970.

23 Teufelbücher in Auswahl · Band 1: Ludwig Milichius: Zauberteufel · Schrapteufel. Hrsg. v. Ria Stambaugh. IV, 495 S. 1970.

24 Philipp von Zesen, Sämtliche Werke · Band 8: Simson. Bearb. v. Volker Meid. VI, 677 S. Mit 1 Taf. 1970.

25 Philipp von Zesen, Sämtliche Werke · Band 9: Deutscher Helikon (1641). Bearb. v. Ulrich Maché. VI, 601 S. 1971.

26 Georg Wickram, Sämtliche Werke · Band 11: Der verlorene Sohn. Tobias. Hrsg. v. Hans-Gert Roloff. IV, 375 S. 1971.

27 Christian Weise, Sämtliche Werke · Band 1: Historische Dramen I. Hrsg. v. John D. Lindberg. IV, 629 S. Mit 8 Faks. 1971.

28 Christian Weise, Sämtliche Werke · Band 3: Historische Dramen III. Hrsg. v. John D. Lindberg. IV, 433 S. Mit 2 Faks. 1971.

29 Wolfhart Spangenberg, Sämtliche Werke · Band 1: Von der Musica. Singschul. Hrsg. v. András Vizkelety. 173 S. Mit 1 Faks. 1971.

Ausgaben Deutscher Literatur
des XV. bis XVIII. Jahrhunderts

30/31 Johannes Agricola, Die Sprichwörtersammlungen · Hrsg. v. Sander L. Gilman. 2 Bände. Band 1: IV, 555 S. Mit 1 Faks. Band 2: IV, 434 S. 1971.

32 Georg Wickram, Sämtliche Werke · Band 8: Die sieben Hauptlaster. Hrsg. v. Hans-Gert Roloff. IV, 241 S. 1972.

33 Teufelbücher in Auswahl · Band 2: Johannes Strauss, Kleiderteufel · Florian Daul, Tanzteufel · Andreas Hoppenrod, Hurenteufel · Adam Schubart, Hausteufel · Nicolaus Schmidt, Zehn Teufel. Hrsg. v. Ria Stambaugh. IV, 457 S. Mit Faks. 1972.

34 Spieltexte der Wanderbühne · Band 4: Schau-Bühne englischer und frantzösischer Comoedianten (1670). Hrsg. v. Manfred Brauneck. VIII, 619 S. 1972.

35 Johann Rist, Sämtliche Werke · Band 2: Dramatische Dichtungen (Das Friedewünschende Teutschland. Das Friedejauchtzende Teutschland). Unter Mitw. v. Helga Mannack u. Klaus Reichelt hrsg. v. Eberhard Mannack. IV, 465 S. Mit Faks.-Taf. 1972.

36 Georg Wickram, Sämtliche Werke · Band 6: Der irr reitende Pilger. Hrsg. v. Hans-Gert Roloff. IV, 205 S. 1972.

37 Johann Rist, Sämtliche Werke · Band 4: Epische Dichtungen (Das alleredelste Nass, Das alleredelste Leben). Unter Mitw. v. Helga Mannack u. Klaus Reichelt hrsg. v. Eberhard Mannack. IV, 313 S. 1972.

38 Wilhelm Ehrenfried Neugebauer. Der Teutsche Don Quichotte oder die Begebenheiten des Marggraf von Bellamonte. Komisch und satyrisch beschrieben. Mit einem Anhang der Fabeln und Totengespräche hrsg. v. Lieselotte E. Kurth u. Harold Jantz. IV, 418 S. 1972. (Reihe Roman I)

39 Johann Christoph Gottsched, Ausgewählte Werke · Band 6, 1. Teil: Versuch einer Critischen Dichtkunst: Erster Allgemeiner Theil. Hrsg. v. Joachim Birke † u. Brigitte Birke. IV, 496 S. 1973.

Ausgaben Deutscher Literatur des XV. bis XVIII. Jahrhunderts

40 Johann Christoph Gottsched, Ausgewählte Werke · Band 6, 2. Teil: Versuch einer Critischen Dichtkunst: Anderer Besonderer Theil. Hrsg. v. Joachim Birke † u. Brigitte Birke. IV, 819 S. 1973.

41 Teufelbücher in Auswahl · Band 3: Joachim Westphal, Hoffartsteufel. Hrsg. v. Ria Stambaugh. IV, 446 S. 1973.

42 Christian Weise, Sämtliche Werke · Band 4: Biblische Dramen I. Hrsg. v. John D. Lindberg. IV, 440 S. 1973.

43 Christian Weise, Sämtliche Werke · Band 5: Biblische Dramen II. Hrsg. v. John D. Lindberg. IV, 486 S. 1973.

44 Philipp von Zesen, Sämtliche Werke · Band 6: Die afrikanische Sofonisbe. Bearb. v. Volker Meid. IV, 765 S. 1972.

45 Johann Christoph Gottsched, Ausgewählte Werke · Band 6, 3. Teil: Versuch einer Critischen Dichtkunst: Variantenverzeichnis. Hrsg .v. Joachim Birke † u. Brigitte Birke. IV, 187 S. Mit 1 Bildn. 1973.

46 Georg Wickram, Sämtliche Werke · Band 7: Das Rollwagenbüchlein. Hrsg. v. Hans-Gert Roloff. IV, 330 S. 1973.

47 Philipp von Zesen, Sämtliche Werke · Band 11: Spraach-Übung, Rosen-Mand, Helikonische Hechel, Sendeschreiben an den Kreutztragenden. Bearb. v. Ulrich Maché. IV, 464 S. 1973.

48 Wolfgang Caspar Printz, Ausgewählte Werke · Band 1: Die Musikerromane. Hrsg. v. Helmut K. Krausse. IV, 540 S. Mit 6 Faks. 1974.

49 Jos Murer, Sämtliche Dramen · Hrsg. v. Hans-Joachim Adomatis, Manfred Escherig, Inge Hoppe, Gerhard Knoll, Helmut Krause, Hans-Gert Roloff, Klaus P. Schmidt. 2 Teile. Gr.-Okt. IV, 940 S. 1974. (Reihe Drama IV)

50 Thomas Naogeorg, Sämtliche Werke · Band 1: Tragoedia nova Pammachius, mit der deutschen Übersetzung des Johann Tyrolff. Hrsg. v. Hans-Gert Roloff. IV, 627 S. 1975.

Ausgaben Deutscher Literatur des XV. bis XVIII. Jahrhunderts

51 Johann Rist, Sämtliche Werke · Band 5: Epische Dichtungen (Die alleredelste Torheit, die alleredelste Belustigung). Unter Mitw. v. Helga Mannack u. Klaus Reichelt hrsg. v. Eberhard Mannack. IV, 418 S. 1974.

52 Johannes Adelphus, Ausgewählte Schriften · Band 1: Barbarossa. Hrsg. v. Bodo Gotzkowsky. IV, 372 S. 1974.

53 Johann Christoph Gottsched, Ausgewählte Werke · Band 7: Ausführliche Redekunst. Hrsg. v. P. M. Mitchell. 1. Teil: Erster Allgemeiner Theil. Bearb. v. Rosemary Scholl. IV, 445 S. 1975.

54 Johann Christoph Gottsched, Ausgewählte Werke · Band 7: Ausführliche Redekunst. Hrsg. v. P. M. Mitchell. 2. Teil: Besonderer Theil. Bearb. v. Rosemary Scholl. IV, 329 S. 1975.

55 Alexander Seitz, Sämtliche Schriften · Band 2: Politische und theologische Schriften. Monucleus Aureus. Briefe. Hrsg. v. Peter Ukena. IV, 481 S. u. 7 S. Kunstdr. 1975.

56 Johann Christian Hallmann, Sämtliche Werke · Band 1: Trauerspiele I: Theodoricus Veronensis. Mariamne. Hrsg. v. Gerhard Spellerberg. IV, 398 S. 1975.

57 Spieltexte der Wanderbühne · Band 2: Liebeskampff (1630). Unter Mitw. v. Hildegard Brauneck hrsg. v. Manfred Brauneck. IV, 665 S. 1975.

58 Christian Weise, Sämtliche Werke · Band 8: Biblische Dramen I. Hrsg. von John D. Lindberg. IV, 456 S. u. 8 S. Kunstdr. 1976.

59 Wolfhart Spangenberg, Sämtliche Werke · Band 2: Salomon. Bearb. von Martin Bircher. Glückswechsel — Wie gewunnen so zerrunnen — Mammons Sold — Saul. Bearb. von András Vizkelety. IV, 420 S. 1975.

60 Johann Christoph Gottsched, Ausgewählte Werke · Band 7: Ausführliche Redekunst. Hrsg. von P. M. Mitchell. 3. Teil: Anhang, Variantenverzeichnis, Nachwort. Bearb. v. Rosemary Scholl. IV, 257 S. 1965.

Ausgaben Deutscher Literatur des XV. bis XVIII. Jahrhunderts

61 Lateinische Osterfeiern und Osterspiele. Hrsg. von Walther Lipphardt. Teil I: XIV, 215 S. 1975. (Reihe Drama V, 1)
62 Lateinische Osterfeiern und Osterspiele. Hrsg. von Walther Lipphardt. Teil II: XVI, S. 217—702. 1976. (Reihe Drama V, 2)
63 Lateinische Osterfeiern und Osterspiele. Hrsg. von Walther Lipphardt. Teil III: X, S. 703—1090. 1976. (Reihe Drama V, 3)
64 Lateinische Osterfeiern und Osterspiele. Hrsg. von Walther Lipphardt. Teil IV: XII, S. 1091—1452. 1976. (Reihe Drama V, 4)
65 Lateinische Osterfeiern und Osterspiele. Hrsg. von Walther Lipphardt. Teil V: VIII, S. 1453—1721. 1976. (Reihe Drama V, 5)
66 Johann Rist, Sämtliche Werke · Band 6: Epische Dichtungen (Die alleredelste Erfindung, die alleredelste Zeitverkürzung). Hrsg. von Eberhard Mannack. IV, 453 S. 1976.
67 Sixt Birck, Sämtliche Dramen · Band 2: Die deutschen Stücke. Bearb. von Manfred Brauneck. Die lateinischen Stücke. Bearb. von Manfred Wacht. VI, 527 S. 1976.
68 Christian Weise, Sämtliche Werke · Band 11: Lustspiele II. Hrsg. von John D. Lindberg. IV, 412 S. 1976.
69 Johann Christoph Gottsched, Ausgewählte Werke · Band 9: Gesammelte Reden. Bearb. von Rosemary Scholl. Teil 1: VI, 366 S. 1976.
70 Johann Christoph Gottsched, Ausgewählte Werke · Band 9: Gesammelte Reden. Bearb. von Rosemary Scholl. Teil 2: IV, S. 367—633. 1976.
71 Philipp von Zesen, Sämtliche Werke · Band X: Bearb. von Ulrich Maché. Teil 1: IV, 372 S. 1977.
72 Philipp von Zesen, Sämtliche Werke · Band X: Bearb. von Ulrich Maché. Teil 2: IV, S. 373—788. 1977.
73 Wolfhart Spangenberg, Sämtliche Werke · Band 3: Bearb. von András Vizkelety. Teil 1: IV, 289 S. 1977.

Ausgaben Deutscher Literatur des XV. bis XVIII. Jahrhunderts

74 Philipp von Zesen, Sämtliche Werke · Band V: Hrsg. von Volker Meid. Teil 1: IV, 630 Seiten. 1977.

75 Philipp von Zesen, Sämtliche Werke · Band V: Hrsg. von Volker Meid. Teil 2: IV, S. 631—1331. 1977.

76 Christian Weise, Sämtliche Werke · Band 21: Gedichte II. Hrsg. von John D. Lindberg. IV, 623 S. u. 2 S. Kunstdr. 1978.

77 Teufelbücher in Auswahl · Band 4: Andreas Musculus, Hosenteufel · Fluchteufel · Eheteufel · Himmel und Helle · Teufels Tyranney. Hrsg. v. Ria Stambaugh. VI, 409 S. 1978.

78 Johann Christoph Gottsched, Ausgewählte Werke · Band 6, 4. Teil: Versuch einer Critischen Dichtkunst. Kommentar. Hrsg. v. P. M. Mitchell. IV, 391 S. 1978.

79 Wolfhart Spangenberg, Sämtliche Werke · Band 3: Bearb. von András Vizkelety. Teil 2: IV, 327 S. 1978.